- 国家社科基金重点项目（课题编号：18AKS023）
- 吉林大学重点马克思主义学院建设学术文库

大学文化传承中坚持社会主义核心价值体系研究

常艳芳 著

中国社会科学出版社

图书在版编目(CIP)数据

大学文化传承中坚持社会主义核心价值体系研究/常艳芳著. -- 北京：中国社会科学出版社，2024.5
ISBN 978-7-5227-3596-2

Ⅰ.①大… Ⅱ.①常… Ⅲ.①大学生—社会主义核心价值观—研究—中国 Ⅳ.①G641

中国国家版本馆 CIP 数据核字(2024)第 101522 号

出 版 人	赵剑英
责任编辑	刘 艳
责任校对	陈 晨
责任印制	郝美娜

出　　版	中国社会科学出版社
社　　址	北京鼓楼西大街甲 158 号
邮　　编	100720
网　　址	http://www.csspw.cn
发 行 部	010-84083685
门 市 部	010-84029450
经　　销	新华书店及其他书店
印刷装订	北京君升印刷有限公司
版　　次	2024 年 5 月第 1 版
印　　次	2024 年 5 月第 1 次印刷
开　　本	710×1000　1/16
印　　张	25.5
插　　页	2
字　　数	367 千字
定　　价	148.00 元

凡购买中国社会科学出版社图书，如有质量问题请与本社营销中心联系调换
电话:010-84083683
版权所有　侵权必究

目 录

导 论 ………………………………………………………… (1)

第一章 大学文化传承与社会主义核心价值体系的内涵意蕴与理论阐释 ……………… (45)

 第一节 大学文化传承的基本内涵与核心理念 ……………… (49)

 第二节 西方现代大学文化传承的历史变迁与价值遵循 ………………………………………………… (87)

 第三节 中国特色大学文化传承的人本选择与价值实践 ………………………………………………… (96)

 第四节 大学文化传承与社会主义核心价值体系的逻辑契合 ……………………………………… (104)

 第五节 大学文化传承中坚持社会主义核心价值体系的中国实践 ………………………………… (112)

 第六节 大学文化传承中坚持社会主义核心价值体系的新时代诉求 …………………………… (124)

第二章 大学文化传承中坚持社会主义核心价值体系的现实境遇与时代使命 …………… (133)

 第一节 大学文化传承中坚持社会主义核心价值体系的发展脉络 ……………………………… (137)

第二节　大学文化传承中坚持社会主义核心价值
　　　　体系的国内现状 ………………………………（161）

第三节　大学文化传承中坚持社会主义核心价值
　　　　体系的国际困境 ………………………………（191）

第四节　大学文化传承中坚持社会主义核心价值
　　　　体系的新时代机遇 ……………………………（205）

第五节　大学文化传承中坚持社会主义核心价值
　　　　体系的新时代使命 ……………………………（215）

第三章　新时代大学文化传承中坚持社会主义
　　　　核心价值体系的基本方略 ………………………（221）

第一节　大学文化传承中坚持意识形态领域
　　　　马克思主义指导思想的基本方略 ……………（224）

第二节　大学文化传承中坚定中国特色社会主义
　　　　共同理想的基本方略 …………………………（258）

第三节　大学文化传承中凝聚与弘扬民族精神和
　　　　时代精神的基本方略 …………………………（277）

第四节　新时代大学文化传承中培育和践行
　　　　社会主义荣辱观的基本方略 …………………（307）

第四章　新时代大学文化传承中坚持社会主义核心
　　　　价值体系的世界贡献 ……………………………（324）

第一节　新时代大学文化传承中坚持社会主义核心价值
　　　　体系遵循的共同价值理念 ……………………（327）

第二节　新时代大学文化传承中坚持社会主义核心价值
　　　　体系建构的基本内容框架 ……………………（346）

第三节　新时代大学文化传承中坚持社会主义核心价值
　　　　体系落实立德树人的根本任务 ………………（353）

第四节　新时代大学文化传承中坚持社会主义核心价值
　　　　体系实施的多元方法策略 …………………………（360）

第五节　新时代大学文化传承中坚持社会主义核心价值
　　　　体系厚植的命运与共情怀 ………………………（365）

第六节　新时代大学文化传承中坚持社会主义核心价值
　　　　体系培育的世界公民素质 ………………………（370）

结　语 ………………………………………………………（377）

参考文献 ……………………………………………………（384）

访谈提纲（教师版） …………………………………………（398）

访谈提纲（学生版） …………………………………………（400）

后　记 ………………………………………………………（401）

导　　论

　　人类栖息的这个文化多样性的星球已经历经千年文明变迁，世界正在经历前所未有的深刻变革，对教育的人才培养和素质能力要求产生了许多新的时代诉求："教育必须引导人们学会如何在承受压力的地球上共处。它必须重视文化素养，立足于尊重和尊严平等，有助于将可持续发展的社会、经济和环境方面结为一体。"面向今日所需和明日之求，如何在教育文化传承中"超越识字和算术，聚焦学习环境和新的学习方法，以促进公平正义、社会平等和全球团结"[1]。为达到此目标，教育作为公共事业的基本原则将承受怎样的压力？由于世界各民主国家正规教育与非正规教育的整体推进，教育机会的增加与普及，个人的能力和文化水平得以提升，从而使普通民众也获得在公共事务中的更多话语权。公共事务的治理模式在全球受到挑战：人们在公共事务中越来越对问责、公平、公开、正义和话语权提出强烈要求。这些要求已经跨越国界成为全球诉求。《联合国教科文组织组织法》所遵循的人文主义教育观，在今天被赋予了全新的意义，就是将"教育视为最根本的共同利益"[2]，这是全球教育在新时代的新需求。从这个意义上说，教育与知识是公共利益的提出具有建设性，联合国教科文组织对公共利益的定义

---

[1] 联合国教科文组织编：《反思教育：向"全球共同利益"的理念转变？》，联合国教科文组织总部中文科译，教育科学出版社2017年版，序言，第1页。
[2] 联合国教科文组织编：《反思教育：向"全球共同利益"的理念转变？》，联合国教科文组织总部中文科译，教育科学出版社2015年版，第2页。

就是指社会群体的善意，是"人们的紧密联合，而不仅仅是个人美德的简单累计"，"人类在本质上共享并且交流的各种善意，例如价值观、公民美德和正义感"。人类通过对共同利益的追求而实现自身的幸福，因此共同利益就是："通过集体努力紧密团结的社会成员关系中的固有因素。"① 习近平总书记在文化传承发展座谈会上的讲话中深刻阐释的中华文明所具有的突出的连续性、创新性、统一性、包容性与和平性，充分说明了中华文明所蕴含、追求和弘扬的价值观念与全人类共同利益不仅高度契合，而且也是中华文明为全人类共同利益做出巨大贡献的"最大法宝"②。

　　当今世界处于一个日新月异的变革与动荡年代，科技、教育、文化在世界各国综合国力竞争中的地位愈益凸显，谁在激烈的国际竞争中占据了教育、科技、文化发展的制高点，谁就能够占据国际竞争的显著优势和有力把握高质量发展的主动权。已经步入新时代的中国大学始终坚信，教育是一种强大的变革力量。在大学文化传承中既立足本土，又面向世界；既致力于面向 21 世纪大学教育宗旨，又植根于解决人类的基本问题，"教育将促进人权和尊严，消除贫穷，强化可持续性，为所有人建设更美好的未来。教育立足于权利平等和社会正义、尊重文化多样性、促进国际团结和分担责任，所有这些都是人性的基本共同点"③。同时，中国大学文化传承中具有自己鲜明的中国特色、中国方案、中国智慧和中国选择。习近平总书记在中国共产党第二十次代表大会的报告中指出，"推进文化自信自强，铸就社会主义文化新辉煌""广泛践行社会主义核心价值观""深入开展社会主义核心价值观宣传教育""用

---

① 联合国教科文组织编：《反思教育：向"全球共同利益"的理念转变?》，联合国教科文组织总部中文科译，教育科学出版社 2015 年版，第 69 页。
② 《习近平在文化传承发展座谈会上强调 担负起新的文化使命 努力建设中华民族现代文明》，《人民日报》2023 年 6 月 3 日第 1 版。
③ 联合国教科文组织编：《反思教育：向"全球共同利益"的理念转变?》，联合国教科文组织总部中文科译，教育科学出版社 2015 年版，序言，第 2 页。

社会主义核心价值观铸魂育人"。① 在我国，社会主义核心价值观是在社会主义核心价值体系之后提出来的，而社会主义核心价值体系首次提出就是在社会主义文化建设中，2006年10月，在党的十六届中央委员会第六次会议上通过的《中共中央关于构建社会主义和谐社会若干重大问题的决定》中指出："建设和谐文化，巩固社会和谐的思想道德基础。""建设社会主义核心价值体系，形成全民族奋发向上的精神力量和团结和睦的精神纽带。"进一步阐明构成社会主义核心价值体系的基本内容："马克思主义指导思想，中国特色社会主义共同理想，以爱国主义为核心的民族精神和以改革创新为核心的时代精神，社会主义荣辱观"，并提出要"坚持把社会主义核心价值体系融入国民教育和精神文明建设全过程"。② 建设社会主义核心价值体系是党在思想道德建设上的一个重大理论创新，也是党在新形势下对思想道德建设提出的一项重大任务。为建设社会主义和谐文化和巩固和谐社会的思想道德基础，胡锦涛同志在2006年10月中国文联第八次全国代表大会、中国作协第七次全国代表大会上的讲话中指出，"我们要牢牢把握社会主义先进文化的前进方向，建设社会主义核心价值体系，弘扬民族优秀文化传统"③；李长春同志在2006年12月全国宣传部部长会议上的讲话中指出，"全面准确理解社会主义核心价值体系的深刻内涵，牢牢把握和谐文化建设的正确方向"，进一步阐明社会主义核心价值体系的重要地位和作用："马克思主义指导思想是社会主义核心价值体系的灵魂。中国特色社会主义共同理想是社会主义核心价值体系的主题。民族精神和时代精神是社会主义核心价值体系的精髓。社会主义荣辱观是社会主义核心价值体

---

① 习近平：《高举中国特色社会主义伟大旗帜　为全面建设社会主义现代化国家而团结奋斗——在中国共产党第二十次全国代表大会上的报告》，人民出版社2022年版，第42—44页。

② 中共中央文献研究室编：《十六大以来重要文献选编》下（2005.10—2007.8），中央文献出版社2011年版，第660—661页。

③ 中共中央文献研究室编：《十六大以来重要文献选编》下（2005.10—2007.8），中央文献出版社2011年版，第753页。

系的基础。"① 2007年1月，胡锦涛同志在主持中共十六届中央政治局第三十八次集体学习时的讲话中指出，要加强网络文化建设和管理，要坚持社会主义先进文化的发展方向，唱响网上思想文化主旋律，"建设社会主义核心价值体系，形成全社会共同理想信念、道德规范、精神追求，打牢全党全国各族人民团结奋斗的思想道德基础，是我国文化建设的重要任务"②。社会主义核心价值体系建设不断扎实推进，社会主义文化建设不断开创新局面。胡锦涛同志在党的十七大报告中指出："社会主义核心价值体系深入人心，良好思想道德风尚进一步弘扬。"③ 为推动社会主义文化大发展大繁荣，提高国家文化软实力，就要"建设社会主义核心价值体系，增强社会主义意识形态的吸引力和凝聚力。社会主义核心价值体系是社会主义意识形态的本质体现。要巩固马克思主义指导地位，坚持不懈地用马克思主义中国化最新成果武装全党、教育人民，用中国特色社会主义共同理想凝聚力量，用以爱国主义为核心的民族精神和以改革创新为核心的时代精神鼓舞斗志，用社会主义荣辱观引领风尚，巩固全党全国各族人民团结奋斗的共同思想基础"④，"推进马克思主义理论研究和建设工程，深入回答重大理论和实际问题，培养造就一批马克思主义理论家特别是中青年理论家。切实把社会主义核心价值体系融入国民教育和精神文明建设全过程，转化为人民的自觉追求。积极探索用社会主义核心价值体系引领社会思潮的有效途径，主动做好意识形态工作，既尊重差异、包容多样，又有力抵制各种错误和腐朽思想的影响"⑤。

大学文化传承与社会主义核心价值体系具有内在的同构性，在新时代大学文化传承中坚持社会主义核心价值体系的基本方略研究是一个具

---

① 中共中央文献研究室编：《十六大以来重要文献选编》下（2005.10—2007.8），中央文献出版社2011年版，第788—790页。
② 胡锦涛：《胡锦涛文选》第二卷，人民出版社2016年版，第560页。
③ 胡锦涛：《胡锦涛文选》第二卷，人民出版社2016年版，第628页。
④ 胡锦涛：《胡锦涛文选》第二卷，人民出版社2016年版，第639页。
⑤ 胡锦涛：《胡锦涛文选》第二卷，人民出版社2016年版，第639—640页。

有理论价值和实践意义的研究选题，是一个永恒的研究主题。"人类文明进步的历史发展充分表明，没有先进文化的积极引领，没有人民精神世界的极大丰富，没有全民族创造精神的充分发挥，一个国家、一个民族不可能屹立于世界先进民族之林。"[1] 在世界上最古老的大学博洛尼亚大学建校900周年之际，欧洲大学校长齐聚博洛尼亚签署了《欧洲大学宪章》，大学校长们认为，"人类的未来很大程度上取决于文化、科学和技术的发展"，而真正的大学是"文化、知识和研究"的当然中心。现代大学因地理位置、历史文化传统等因素形成在不同的社会中，大学通过教学与科研，"以批判的方式，创造和传递文化"。在一定程度上，追求普遍知识成为现代大学人文主义传统的永久情怀，为了履行大学文化传承的职责使命，"大学淡漠了地理与政治疆域，并申明相互认识和文化互动的至关必要性"。[2] 基于此，文明因交流互鉴而丰富和发展，大学文化传承中要尊重文化的多样性，习近平总书记在庆祝中国共产党成立100周年大会上的讲话中所倡导的"和平、发展、公平、正义、民主、自由"[3] 全人类共同价值，是人类在漫长的历史进程中所共同追求的价值观和共同创造的文明成果，现代大学应以全人类共同价值、包容差异和平等交流对话成为吸引教师学者与学生学人的理想聚集之地。

一 新时代大学文化传承中坚持社会主义核心价值体系基本方略的选题背景

文化传承与创新是大学的基本功能之一。中国共产党的第十九次全国代表大会提出，中国特色社会主义进入新时代这个新的历史方位，新

---

[1] 中共中央文献研究室编：《十六大以来重要文献选编》下（2005.10—2007.8），中央文献出版社2011年版，第752页。

[2] 王晓辉主编：《全球教育治理：国际教育改革文献汇编》，教育科学出版社2008年版，第17—18页。

[3] 习近平：《在庆祝中国共产党成立100周年大会上的讲话》，人民出版社2021年版，第16页。

时代大学文化传承中要坚持和发展中国特色社会主义先进文化,在党的十九大报告中提出了构成新时代坚持和发展中国特色社会主义的十四个基本方略,其中,与大学文化密切相关的是坚持社会主义核心价值体系;习近平总书记在党的十九大报告中指出:"文化自信是一个国家、一个民族发展中更基本、更深沉、更持久的力量。必须坚持马克思主义,牢固树立共产主义远大理想和中国特色社会主义共同理想,培育和践行社会主义核心价值观,不断增强意识形态领域主导权和话语权,推动中华优秀传统文化创造性转化、创新性发展,继承革命文化,发展社会主义先进文化,不忘本来、吸收外来、面向未来,更好构筑中国精神、中国价值、中国力量,为人民提供精神指引。"① 党的十九大将社会主义核心价值体系确定为基本方略就是要以社会主义核心价值体系统领社会主义文化,大学文化传承是社会主义文化建设的重要组成部分,必然是在社会主义核心价值体系基本方略的统领下展开。大学文化承载着文化育人、精神育心和培育德才兼备的社会主义事业建设者和接班人的重要使命,因此,如何在新时代大学文化传承中坚持社会主义核心价值体系基本方略是一个具有重大理论价值和实践意义的研究选题。

在新时代坚持和发展中国特色社会主义基本方略研究的基础上,选择以大学文化传承为研究角度,具体表述方面限定在与大学文化密切相关的社会主义核心价值体系是构成新时代坚持和发展中国特色社会主义的基本方略之一为研究主题,符合大学文化传承的基本功能和价值原则:大学文化传承是为了让学生获得有意义的学习经历,塑造价值观和形塑信仰;是为了让学生通过课程学习和交流切磋为世界带来正向的变化,寻找让世界变得更加美好的路向;培养师生的好奇心和在终身学习、终身教育中体会"学习的乐趣";② 获得选择行业的能力并从所从

---

① 习近平:《决胜全面建成小康社会 夺取新时代中国特色社会主义伟大胜利——在中国共产党第十九次全国代表大会上的报告》,人民出版社2017年版,第23页。
② [美] L. 迪·芬克:《创造有意义的学习经历——综合性大学课程设计原则》,胡美馨、刘颖译,浙江大学出版社2006年版,第7页。

事的行业中获得成就感和幸福感；学会尊重职业的差异和团队建设的重要性，学会改变的必要性并为世界变革带来积极影响；培养沟通的能力和创造性解决生活中的各种问题的能力；运用大学文化传承中的基本原理，理性乐观面对这个充满脆弱感和不确定感的纷繁世界，保持积极面对人生的态度，敢于面对生活中和职业发展中的挑战与挫折；发展批判性思维，以综合性的思维方式考虑复杂问题并保持不断变革的动力和能力；对世界的理解和对社会问题的包容理性、全面而不带偏见，客观公正而不迷信和不盲从。大学文化传承的方向性、系统性和正规性，更多传递给大学师生的是正确的政治站位、社会主义方向上的坚定性和认知能力的不断提升；在道德规范和价值观塑造方面，对社会和个人的生活世界产生越来越重要的影响，在大学文化传承中所获得的信念和知识会塑造师生的文化自信并将推动社会进步和发展。

现代社会的纷繁多变，人们需要面对和解决的问题越来越多，也越来越复杂，需要更多的新知识、新技能和新的更为广阔的视野，这些都需要在正规的大学文化传承中予以提供认识世界与改变生活的素质与能力，人们高质量的幸福美好生活才有真正实现的可能和保障。因此，从大学文化传承的视角对新时代社会主义核心价值体系基本方略理论建构与实践落实的研究，截止到课题结项之时，在国内还属于开创、起步阶段，需要全面、系统和综合的研究。但是，关于社会主义核心价值体系、大学文化研究与传承以及以社会主义核心价值体系统领大学文化传承的研究成果非常丰厚，具有很扎实和高质量的研究基础，这些已有研究成果和政策文献资料对本书的研究具有重要的借鉴意义和启发价值。

二 新时代大学文化传承中坚持社会主义核心价值体系基本方略的研究意义

从新时代坚持社会主义核心价值体系的时代背景和实施方略入手并以大学文化传承为研究视域，对新时代坚持社会主义核心价值体系基本方略进行整体性梳理和全面性分析，深入挖掘和系统概括大学文化传承在坚持社会主义核心价值体系的新时代背景下面临的挑战、存在的问题、创新的机遇与可能、运用的实际效果，有利于在现实层面上推进大学文化传承模式创新探索的实践路径，促进学生的精神成长和坚持坚定正确的方向，形成正确的世界观、价值观和人生观，完善自身并推动中国特色社会主义大学教育事业发展，进而以大学文化传承来实现文化自信。为此，新时代大学文化传承中坚持社会主义核心价值体系基本方略的研究遵循三个面向，以彰显本研究的理论意义与实践价值："面向新时代的文化现实"，即立足中国当下新时代的现实背景，论证大学文化传承的可能与功用，以期"凸显"大学文化传承对新时代社会主义核心价值体系基本方略的当代价值和现实意义。"面向社会主义核心价值体系的基本方略"，即以大学文化传承为逻辑起点来探索社会主义核心价值体系基本方略落实的理论根基和现实路径，以期"还原"新时代社会主义核心价值体系基本方略的本真理论意蕴和实践价值；"面向大学文化传承的历史与现实使命"，即通过研读、领悟和整合大学文化传承的演变与发展的相关经典文献，回归中外教育思想发展史，对大学文化传承经典样态进行梳理与厘定，以此透视中国大学文化传承的历史与现实，旨在比较研究中理性"定位"大学文化传承的历史地位和教学、研究模式的选择与创新可能。具体而言，本书的研究意义体现在以下五个方面：

第一，以大学文化传承对新时代坚持社会主义核心价值体系基本方略进行探索和阐释、探究二者之间的相互关系，这是一个研究新时代坚持社会主义核心价值体系基本方略的重要视角，也是当前学界理论研究者需要关注和完成的迫切任务。

在对新时代坚持社会主义核心价值体系基本方略文本考证的基础上，对新时代提出的时代背景和理论渊源，社会主义核心价值体系基本方略的理论基础，新时代坚持社会主义核心价值体系基本方略的基本内涵、基本内容、基本原则、基本功能、基本思路等本体论问题展开理论探究和全面阐释，力图在大学文化传承中深入理解领会、系统挖掘、整体梳理中坚持和发展新时代社会主义核心价值体系基本方略，旨在大学文化传承中全面、综合、系统探究新时代坚持社会主义核心价值体系基本方略的落实。

第二，深化认识教育强国内涵发展的大学发展背景下实现大学文化传承与创新，以新时代坚持社会主义核心价值体系基本方略充实中国特色大学文化传承与发展的内涵，统领对大学文化及文化传承理论和实践模式的研究，阐明大学文化传承中坚持社会主义核心价值体系是历史与时代必然。通过梳理大学文化传承的历史变迁与探究大学文化传承的新时代机遇与使命：大学是社会主义先进文化繁荣发展的重镇，担负着文化自信和文化强国的铸魂工程；通过分析坚持社会主义核心价值体系在大学文化传承创新发展中的战略考量、内涵实质和时代要求；深刻探究大学文化传承中坚持社会主义核心价值体系的战略价值与战略举措。

第三，有利于创新和运用大学文化传承在人才培养中树立正确的世界观、人生观和价值观，引导大学生追求有灵魂的卓越。

新时代大学文化传承中坚持中国特色，以应对现代大学面临着的世界格局诸多不确定性的困境与价值多元的挑战。立足新时代的客观要求，以坚定文化自信和中国特色社会主义文化作为大学文化传承的方向指引；客观探析政治多极化、经济全球化、文化多元化的复杂背景以及改革开放不断深化、经济社会转型的客观现实给大学文化传承带来的困境与挑战；以中国精神、中国价值和中国力量来应对大学文化传承中面临的文化多样与价值多元挑战。

第四，有利于大学文化传承中坚持社会主义先进文化方向，在大学文化传承发展中要坚持不忘中国特色大学文化发展的本来、吸收借鉴国外大学文化的经典样态、面向实现全人类共同利益的教育未来，更好构筑大学文化传承中国精神、实现中国价值、彰显中国力量的"文化长城"，以新时代大学文化传承发展为人民提供精神价值指引，真正做到文化自信。

习近平总书记在党的二十大报告中指出："把马克思主义思想精髓

同中华优秀传统文化精华贯通起来、同人民群众日用而不觉的共同价值观念融通起来，不断赋予科学理论鲜明的中国特色，不断夯实马克思主义中国化时代化的历史基础和群众基础，让马克思主义在中国牢牢扎根。"① 新时代大学文化传承的原则方法及国外大学文化传承模式借鉴遵循"不忘本来、吸收外来、面向未来"的基本原则；通过比较研究以大学文化传承原则、方法及模式为逻辑起点来深刻剖析中西方大学教育发展史上大学文化传承的生成路线，阐明对中国大学文化传承模式建构的启示和影响；根据中国大学文化传承的传统和国家的特殊国情，提供一个理想化的大学文化传承的基本框架：综合模式，即这种传承范型的理性选择，既体现国家意志的意识形态性，同时又保护大学教学研究的自由和人的全面发展的创造性；以文化传统资源和核心价值来增强大学文化传承的价值引领和人才培养规格与质量的价值与追求。

第五，大学文化传承中坚持社会主义核心价值体系基本方略的世界贡献。

在务实操作性层面建构大学文化传承创新的实践路向，这不仅是一种规范性的理论或者分析框架，而且也是一种直面大学文化传承中坚持社会主义核心价值体系基本方略的具体实践；在共同价值理念遵循、基本内容框架建构、根本原则立场坚守、多元方法策略实施、命运与共情怀厚植、世界公民素质培育六个维度创新现代大学文化传承理念，以学生为本、服务育人、开放包容为原则路向，从宏观到微观，从根本到具体，兼顾文化传承的问责性、适切性、适应性和创造性；凝练以社会主义核心价值体系基本方略统领大学文化传承是中国大学文化传承发展对世界文化的独特贡献。

总体来看，本书研究的创新体现在两方面：一是研究内容的创新。从学界来看，以大学文化传承视角对新时代坚持社会主义核心价值体系基本方略展开系统、综合研究的还非常鲜见，以往多是在社会主义核心

---

① 习近平：《高举中国特色社会主义伟大旗帜　为全面建设社会主义现代化国家而团结奋斗——在中国共产党第二十次全国代表大会上的报告》，人民出版社2022年版，第18页。

价值体系对大学文化建设的引领方面进行研究，迄今为止还很少有人对此课题做出专门的、全面的、深入的研究。本书以新时代大学文化传承为研究视角，综合多学科的知识，在大学文化传承视域下从文本与现实结合的角度对新时代坚持社会主义核心价值体系基本方略进行开创性的具体研究和阐释。二是研究方法的特色：本书采用的文献研究法、深度访谈法和跨学科研究法，通过综合研究来归纳整理新时代坚持社会主义核心价值体系基本方略落实和大学文化传承的现实问题，寻求建构大学文化传承创新的实践路向以落实新时代坚持社会主义核心价值体系基本方略的具体操作框架。

三 新时代大学文化传承中坚持社会主义核心价值体系基本方略的研究现状

国内学术界关于"新时代大学文化传承中坚持社会主义核心价值体系"研究在党的十八大前后有明显的分界，前后存在明显的研究转向，分析这些转向，对本书的研究展开具有极为重要的意义和价值。

第一，话语体系的转变。党的十八大以来，中国特色社会主义进入了新时代，这是我国发展新的历史方位。党出台一系列重大战略方针政策，推出了一系列重大变革性举措，推进了一系列重大变革性实践工作，"解决了许多长期想解决而没有解决的难题，办成了许多过去想办而没有办成的大事，推动党和国家事业取得历史性成就、发生历史性变革"[①]。这种时空观上的巨大变革毫无疑问会引起学者们对同一问题的不同思考，反映在文献中则表现为话语体系的转变，如在党的十八大之前，关于大学文化传承中坚持社会主义核心价值体系的研究在研究背景或研究目的表述时更多体现在诸如"和谐社会""和谐文化""和谐校园""精神文明建设""文化软实力"等时代特征显著的概念，这些概念符合十八大之前党和国家的政治宣传与政治要

---

① 《中共中央关于党的百年奋斗重大成就和历史经验的决议》，人民出版社2021年版，第27页。

求；进入新时代这一新的历史方位，学者们在关注同一命题时更多从"中国梦""文化自信""新发展理念""双一流""文化治理""高质量发展"等新概念进行思考，体现了新的时代要求。在话语体系中，最为显著的变化是"社会主义核心价值观"在一定程度上成为了"社会主义核心价值体系"的新时代最新表达，从而成为新时代大学文化传承发展研究新的关注点和生长点。

第二，研究视角的多元。通过对党的十八大前后研究文献的梳理，相关研究成果清晰地呈现出明显的研究视角多元化趋向，如从宏观社会文化视角到大学自身视角的转变。社会主义价值体系一经提出便成为引领我国先进文化发展的航向标，自然也成为大学文化传承的航向标；十八大之前，学者们更多的是在宏观文化建设的角度探讨社会主义核心价值体系引领大学文化建设和社会先进文化建设，对提升国家文化软实力的意义与价值，如"大学作为知识的集中地，是保存、传承、传播和创造先进文化的重要场所。大学文化建设对弘扬和发展社会主义先进文化起着重要的引领和辐射作用。坚持不懈地用社会主义核心价值体系引领高校文化建设和思想政治教育工作，是高校在新的时代条件下所肩负的重大历史使命"[1]。党的十八大以来，一是研究视角开始更多回归大学本身，如"现代大学要在充分认识社会主义核心价值体系与大学文化建设的内在关系基础上，结合自身的文化优势，从大学文化的发展定位、思想引领、特色文化、改革创新、人才培养等方面探索和推进大学文化建设"[2]，研究成果更多关注具体路径。二是研究视角的多元化，党的十八大之前，学界对于大学文化传承中坚持社会主义核心价值体系问题的研究大多数是从文化建设的角度切入，如"社会主义核心价值体系是社会主义意识形态的本质

---

[1] 刘川生：《建设社会主义核心价值体系与高校的时代使命》，《中国高等教育》2009年第10期。

[2] 刘新跃：《论以社会主义核心价值体系引领大学文化建设》，《江淮论坛》2013年第3期。

体现，高校校园文化是社会主义先进文化的重要组成部分"①，"社会主义核心价值体系是社会主义意识形态的本质体现，是社会主义和谐文化建设的根本和灵魂所在。大学文化建设必须以社会主义核心价值体系作为根本，加以引领以保证大学文化建设的正确方向，培养高素质的社会主义事业接班人和建设者"②，"大学精神体现了社会主义核心价值体系的本质要求，是中国先进文化的重要载体"③，围绕坚持大学文化传承中坚持社会主义核心价值体系对社会主义先进文化建设的意义展开研究并不断深化。

进入中国特色社会主义新时代，在大学文化建设的视角上，学者们开始用更多视角、更多理论分析这一命题，引入冲突论，"当社会转型或者经济社会发生重大变革时，大学与社会之间的矛盾冲突往往具有典型与范本意义，大学文化也是在这样的冲突和解构冲突的过程中不断地更新与重塑"④；从新发展理念的角度展开研究，"新发展理念作为我国经济社会发展的理论和实践指南，是在总结国内外深刻变化形势基础上提出的，对大学文化建设具有重要指导意义和指引作用"⑤；从治理理论的视角开展研究，"大学文化治理是近些年随着文化治理、大学治理体系、大学治理能力、大学治理现代化等概念的提出和大学文化的治校功能不断被挖掘而逐渐得到热议的一个学术术语，是一个理论问题与实践问题交织糅合而形成的研究论题"⑥。

第三，研究范式的转换。党的十八大提出以社会主义核心价值观凝

---

① 张西峰：《社会主义核心价值体系引领高校校园文化建设研究》，《云南民族大学学报》（哲学社会科学版）2012年第2期。

② 孙泊、陈瑶：《以社会主义核心价值体系引领大学文化建设》，《思想教育研究》2010年第10期。

③ 李朝鲜、曹子超、李锟：《社会主义核心价值体系是大学精神的基石》，《思想教育研究》2011年第7期。

④ 黄进：《大学文化的冲突与重塑》，《学海》2013年第2期。

⑤ 杨燕江、陈征平、段从宇：《基于新发展理念的大学文化建设路径研究》，《四川理工学院学报》（社会科学版）2018年第6期。

⑥ 牛军明：《大学文化治理：大学治理范式转型的重要路径》，《江苏高教》2022年第8期。

练社会主义核心价值体系内核，引发了新的研究热潮。关于大学文化传承中坚持社会主义核心价值体系以及社会主义核心价值观的研究范式也发生了转化，具体而言，可以总结为由"价值理性研究"到"工具理性研究"的转变。从已有研究文献中可以明显看出，党的十八大之前学者们关注大学文化传承中坚持社会主义核心价值体系问题时，大多数是一种价值理性的研究范式，即以社会主义核心价值体系对大学文化传承的重要价值为研究基点，突出社会主义核心价值体系对大学文化建设的全局性作用，如有学者认为，社会主义核心价值体系"在尊重差异、包容多样、统摄多元的基础上最大限度地形成社会思想共识和统一行为规范，对大学校园文化建设无疑同样具有积极的引领作用"[①]，这些论断通常以专门论述出现。党的十八大以来，学者们更多转为工具理性的研究范式，以社会主义核心价值体系或社会主义核心价值观服务大学文化传承为研究基点，将社会主义核心价值体系或社会主义核心价值观融入大学文化传承路径中、融入大学文化的相关研究中，如学者在研究大学文化治理时指出，"加强核心价值观建设，必须以社会主义核心价值观为基础，要着眼于大学自身长远发展，集社会共性与自身个性于一体，集大学自身传统与现代创新相结合，最终体现在促进人才培养能力的提升，实现大学使命"[②]，服务于研究主题。

总体而言，新时代大学文化传承中坚持社会主义核心价值体系基本方略的研究，经历了较为明显的研究转向，深刻表明本书具有巨大的研究空间，国内外研究现状呈现出以下几种研究趋向：

（一）大学文化传承中坚持社会主义核心价值体系研究现状的量化分析趋向

量化分析能够直接反映学界对新时代大学文化传承中坚持社会主义

[①] 蒋德勤：《社会主义核心价值体系引领大学校园文化建设的基本要求》，《高校理论战线》2011年第5期。

[②] 罗婷、万春林：《文化建设：大学内部治理的必然选择》，《江西师范大学学报》（哲学社会科学版）2017年第6期。

核心价值体系研究的基本问题和热点趋向的变化情况。"新时代大学文化传承中坚持社会主义核心价值体系基本方略"研究中包含了"大学文化""坚持社会主义核心价值体系""基本方略"等关键词,分别以"大学文化"和"社会主义核心价值体系"为关键词在 CNKI 中检索 CSSCI 论文,以这些关键词为检索词进行检索得到的结果能够直观反映学界对相关研究的发展历程,为本书开展研究提供丰厚的前期研究成果和为进一步深化研究提供有力支撑,其中,有关"大学文化"的学术文献共 489 篇,有关"社会主义核心价值体系"的学术文献共 2461 篇,同时包含"大学文化"与"社会主义核心价值体系"的学术文献共 14 篇。如图 1 所示。

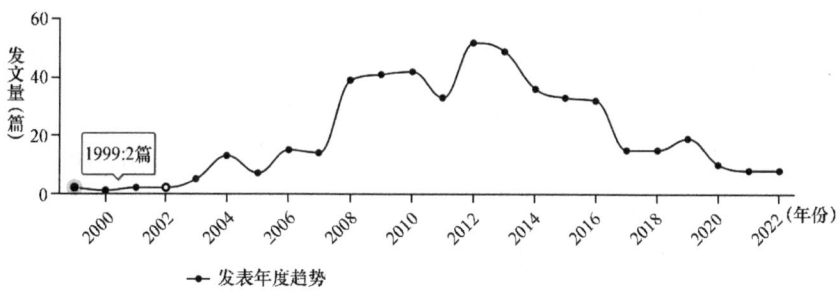

图 1 包含"大学文化"文献逐年发表数量图

1. "大学文化"研究文献的量化分析趋向

从图 1 可以看出,学界对大学文化的研究肇始于 1999 年,钱理群先生在为《二十世纪中国文学与大学文化》丛书作序时指出,大学文化与出版文化和政治文化共同组成了与文学现代化最为紧密的三大要素,从文学发展的视角,以历史逻辑对五四运动前后至 20 世纪末期间,对大学以及由大学产生的独特文化与文学发展的互动关系进行了梳理与论述,进而明确指出:"现代大学教育既具有对既成思想文化的批判与新的思想文化创造的功能,又担负着将既成的思想文化积淀下来、承传下去的使命。"① 钱理群先生所作的论述虽然只是就大学文化对文学发展的裨益进行的阐释，但可以看出，大学文化已然作为一种独立的文化样态开始进入研究者视野中，对大学文化的独特价值所进行的肯定，对后续的大学文化研究具有十分重要的启示价值。

进入21世纪以后，从图1可以看出，围绕大学文化的研究者开始逐渐增多，学术成果也大量涌现，并在2012年度达到顶峰，共有52篇高质量成果发表。这一现象出现的原因除高等教育理论发展以及对我国高等教育质量提升建设的现实思考之外，与当时国家的政治形势推动关系密切。2011年胡锦涛同志参加清华大学建校百年庆祝大会并发表重要讲话中指出，"全面提高高等教育质量，必须大力推进文化传承创新"，为我国高等教育的质量提升找到了文化路径，为实现我国高等教育内涵式发展指明了方向。胡锦涛同志还进一步做出了"高等教育是优秀文化传承的重要载体和思想文化创新的重要源泉"②的重要论断，点明了高等教育在文化传承与创新中的重要地位，将高等教育发展放在发展社会主义先进文化、提升国家文化软实力的重要高度。2012年，教育部出台的《关于全面提高高等教育质量的若干意见》第十八条"推进文化传承创新"中提出要"发挥文化育人作用，把社会主义核心价值体系融入国民教育全过程，建设体现社会主义特点、时代特征和学校特色的大学文化"③，对大学文化的政治性、时代性与历史性特征进行了概括，为大学文化发展规定了政治和时代的正确方向。以上政治因素与现实要素一道，促使学者开始关注大学在文化传承与创新中担负的价值与功能，"大学文化"这一概念成为当时高等教育学界的研究热点，吸引了众多

---

① 钱理群：《现当代文学与大学教育关系的历史考察——"二十世纪中国文学与大学文化"丛书序》，《中国现代文学研究丛刊》1999年第1期。
② 胡锦涛：《在庆祝清华大学建校一百周年大会上的讲话》，《清华大学教育研究》2011年第3期。
③ 中华人民共和国教育部：《教育部关于全面提高高等教育质量的若干意见》，2012年3月16日，中华人民共和国教育部官网（http://www.moe.gov.cn/srcsite/A08/s7056/201203/t20120316_146673.html）。

学者行文著述。这也为更好地研究本书奠定了坚实的研究基础。

2012年以后,以"大学文化"为关键词的文献每年都保持较多的发表数量,这表明学者对大学文化相关问题保持了持久的关注。但从图1中还可以看出,2012年以后以"大学文化"为关键词的高质量文献发表数量总体呈下降趋势,发文数量的减少并不能说明大学文化失去了研究价值。进入新时代,我国高等教育进入新的发展阶段,党的二十大报告中进一步强调,"教育、科技、人才是全面建设社会主义现代化国家的基础性、战略性支撑",[①] 要加快建设高质量教育体系,到2035年要实现建成教育强国的目标。要实现以上目标,离不开高等教育的现代化发展,离不开大学文化的现代化发展,在《中国教育现代化2035》中也明确指出要"大力推进校园文化建设","大力推进教育理念、体系、制度、内容、方法、治理现代化",对大学文化传承与创新提出了新的、更高的要求。不难看出,大学文化作为我国高等教育体系的重要观念组成部分,在实现社会主义现代化教育强国进程中扮演着重要角色,值得进行深入研究与广泛探讨。

2. "社会主义核心价值体系"研究文献的量化分析趋向

2006年10月,党的十六届六中全会首次提出"社会主义核心价值体系"这一重大命题,在引起理论界广泛关注的同时也掀起了学术界的研究热潮,从图2中可以清晰看出,以"社会主义核心价值体系"为关键词的文献从2006年开始快速增加,呈井喷态势,短短一年多便达到了一年400篇的顶峰,并在2008年到2013年的6年内保持年均280篇以上的高速发展,这也证明了社会主义核心价值体系这一命题的极端重要性。2012年,党的十八大提出培育社会主义核心价值观的"三个倡导"后,围绕社会主义核心价值体系的研究逐渐减少,学术界的研究重心逐渐转入社会主义核心价值观,这与图3以"社会主义核心价值观"为关键词进行检索呈现的研究发展趋势一致。

---

① 习近平:《高举中国特色社会主义伟大旗帜 为全面建设社会主义现代化国家而团结奋斗——在中国共产党第二十次全国代表大会上的报告》,人民出版社2022年版,第33页。

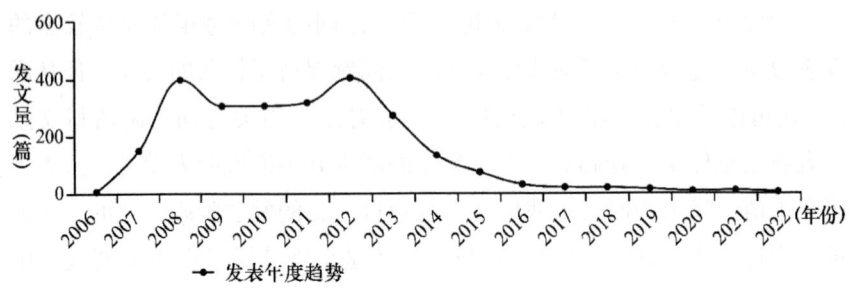

图 2 "社会主义核心价值体系"文献年度发表数量图

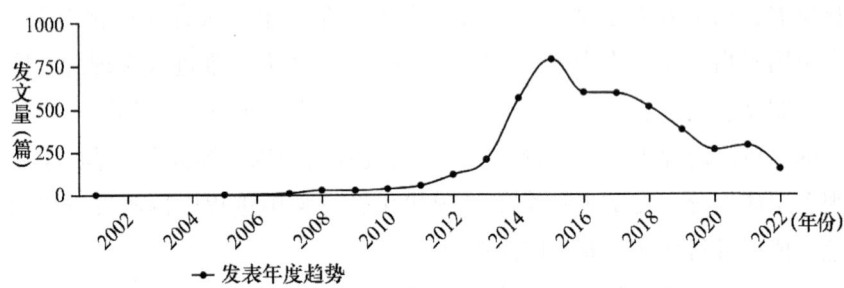

图 3 "社会主义核心价值观"文献年度发表数量图

在已有研究文献中涉及社会主义核心价值体系的研究，首见于将社会主义核心价值体系的终极价值取向界定为"建设社会主义和谐社会，亦即中国特色社会主义现代化"①，认为和谐文化是社会主义核心价值体系的内核，以此为基础分别对和谐文化的时代表征与历史沿承进行了梳理，并对建设和谐文化的实践途径进行了论述。将和谐与社会主义核心价值体系建立关联是早期研究社会主义核心价值体系的普遍研究视角选择，大学文化传承这一研究视角的选定与坚持社会主义核心价值体系这一命题的提出与《中共中央关于构建社会主义和谐社会若干重大问题的决定》的实施密切相关。学者们尝试探析社会主义核心

---

① 李宗桂：《和谐文化的时代精神和历史传统》，《学术研究》2006 年第 12 期。

价值体系与和谐社会构建的内在逻辑，推出了一系列的研究成果，如在《当代青年研究》发表的《和谐社会视野下高校德育价值》中提出"高校德育要自觉适应社会建设的需要，引导学生树立与和谐社会相一致的思想价值观念，培育他们的核心价值体系"①，社会主义核心价值体系为高校德育设定了目标体系；在《中国高等教育》发表的《以社会主义核心价值体系为根本　大力推进和谐校园建设》中提出要"坚持以社会主义核心价值体系为根本……大力推进和谐校园建设"②，等等。已有的研究文献呈现出两种研究向度：一是对社会主义核心价值体系的应用研究是学术界研究的一个重要方向；二是将社会主义核心价值体系作为社会建设、行业发展、单位发展等的总体的或具体的目标、手段、衡量标准等来进行考察。

3. "大学文化"与"社会主义核心价值体系"相关联的研究文献量化分析趋向（如图4所示）

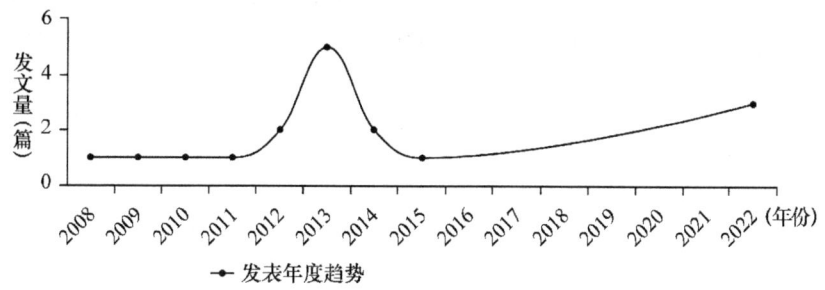

图4　"大学文化"与"社会主义核心价值体系"相关联
研究文献年度发表数量图

检索同时包含"大学文化"与"社会主义核心价值体系"的研究文献是梳理学术界对大学文化与社会主义核心价值体系相结合的研究进

---

①　王利华：《和谐社会视野下高校德育价值》，《当代青年研究》2006年第12期。
②　朱之文：《以社会主义核心价值体系为根本 大力推进和谐校园建设》，《中国高等教育》2007年第12期。

展的重要前提。从图4中可以看出,学术界自2008年开始关注大学文化与社会主义核心价值体系的相互关系研究,在《教育理论与实践》发表的《社会主义核心价值体系引领大学文化建设的四维度研究》,探析社会主义核心价值体系四大组成部分在大学文化建设中发挥的不同功能,深入阐释社会主义核心价值体系引领大学文化建设的实践理路,提出"大学文化建设必须把握社会主义核心价值体系的灵魂、主题、精髓和基础,巩固马克思主义一元化的指导地位,切实开展大学生理想信念教育,彰显大学精神,突出办学特色,培养良好的校风学风"[①]。这也是后来学者探讨二者关系的重要切入点。

从图4中可以发现,对"大学文化"与"社会主义核心价值体系"相关联的研究成果在2013年达到发文顶峰,在一定程度上这与党的十八大报告中对以社会主义核心价值观诠释社会主义核心价值体系应该有密切联系。同时可以看出,自2015年以后,同时包含"大学文化"与"社会主义核心价值体系"的文献较少,这是不是意味着学术界不再关注二者之间的关联?将检索方式转换为全文检索后,这一问题的答案一定程度呈现出来(如图5所示):

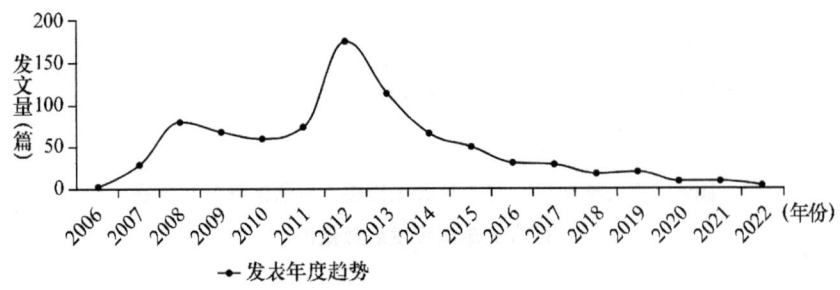

图5 "大学文化"与"社会主义核心价值体系"相关联
研究文献全文检索年度发表数量图

---

① 王成文、王秉琦:《社会主义核心价值体系引领大学文化建设的四维度研究》,《教育理论与实践》2008年第22期。

从图 5 中可以看出，在全文中同时出现"大学文化"和"社会主义核心价值体系"的文献自 2006 年开始出现，该文中大学文化与社会主义核心价值体系之间存在的关联度还有提升空间与可能。特别是对检索到的研究文献进行整体梳理后发现，学者们更加注重从工具理性维度思考社会主义核心价值体系之于大学文化传承的价值，认为大学文化的传承创新需要以社会主义核心价值体系为引领，保证大学文化不变质、不走歪路；在规定大学文化论域的前提下，学者们多从结构主义视角论证社会主义核心价值体系对大学精神文化、物质文化、制度文化和行为文化的价值统领，或者是单独成文或者是综合论述。除此以外，还有学者以组织文化、新制度主义理论等视角分析大学文化时，不同程度地论及社会主义核心价值体系。

（二）新时代大学文化传承中坚持社会主义核心价值体系的必要性研究

文化的传承与创新是大学的四大职能之一。无论是从大学作为文化传承创新的重要场所的场域学视角来看，还是从大学"从本质上来说是一种具有独特功能的文化机构"[①] 的文化学视角来看，大学在社会主流文化的创新发展中扮演着重要角色，基于此，大学文化自然成为社会亚文化的重要组成部分，对"社会文化起着传承、示范和辐射的作用"。[②] 学者们普遍关注到了大学以及大学文化的独特地位和价值，分别从不同角度对"大学文化的传承必须坚持社会主义核心价值体系为引领"的必要性与可能性展开阐释：

1. 坚持问题导向，从意识形态斗争出发，肯定大学文化在维护意识形态安全的独特价值的基础上，学者们强调大学文化传承必须坚持社会主义核心价值体系的引领。

一是面对意识形态领域愈演愈烈的斗争态势，有学者指出，"加强

---

① 廖志琼、李志峰：《从文化冲突到文化自觉：新常态下大学文化体系的建构》，《甘肃社会科学》2016 年第 5 期。

② 杨建新：《论大学文化建设的核心价值主导》，《南京政治学院学报》2009 年第 3 期。

高校先进文化建设，巩固传播马克思主义的坚强阵地，就要推动马克思主义中国化和大众化，注重宣传和善于以社会主义核心价值体系引领多样化的社会思潮"①，用高校文化增强文化软实力，"把加强社会主义核心价值体系建设作为重要的教学任务，对提升国家文化软实力，抵制西方敌对势力的文化渗透和意识形态演变具有十分重要的作用"②。二是关注到大学内的意识形态斗争，有学者指出大学越来越成为西方敌对势力的攻击重点，大学生越来越成为西方分化腐化的目标群体，"西方敌对势力越来越将渗透、'西化'中国的主体重点转移到了高校学生上，而将内容重点转移到了生活方式和价值观趋同上"③，这种对意识形态攻击的隐蔽化与生活化，要求在做好大学文化传承时要增强大学的文化维稳功能，增进高校的文化认同，其中就要以"社会主义核心价值体系引导高校的文化传承和文化选择……引导大学生正确看待社会转型期中的种种矛盾和问题，决定高校文化传承和文化选择的内容和方向"④。三是从文化冲突的视角切入，有学者指出随着社会转型加快，"大学文化的价值传统和自我塑造之间的矛盾、市场经济功利化倾向与大学治学法则之间的矛盾、市场多样化需求与大学相对固化的人才培养系统之间的矛盾等也渐趋尖锐"⑤，导致大学面临表现为"精英文化与大众文化"在内的多种文化冲突，而要弥合文化冲突，就要以核心价值体系为指导，实现大学文化重塑。

2. 坚持现实导向，从功能发挥的视角，阐释大学文化传承中坚持社会主义核心价值体系对大学功能实现的重要意义。

大学要实现人的社会化，完成培育社会主义建设者和接班人的使

---

① 王金华：《论新时期大学文化建设》，《湖北民族学院学报》（哲学社会科学版）2013年第5期。
② 李冬：《发挥高校在提升国家文化软实力中的作用》，《中国高校科技》2015年第11期。
③ 罗志佳：《高校文化维稳的三个基本问题》，《中国青年研究》2015年第3期。
④ 罗志佳：《高校文化维稳的三个基本问题》，《中国青年研究》2015年第3期。
⑤ 黄进：《大学文化的冲突与重塑》，《学海》2013年第2期。

命，势必要实现学科专业知识教育与社会主义价值观教育的内在统一，"培养人才是大学的根本任务，文化传承创新最根本的是要通过人才培养来实现"①，这主要涉及坚持什么方向的问题。党的二十大报告中指出，实现中国式现代化，必须"深入实施科教兴国战略、人才强国战略、创新驱动发展战略"②，加快建设教育强国，需要坚持社会主义核心价值体系在大学文化传承中的指导地位，把社会主义核心价值体系融入高校教学工作全过程，树立师生高度的核心价值体系自觉。还有学者指出，"大学对社会民族文化的历史、现状和未来趋向有着敏锐的体悟和感知，对于适应新环境、新时代的新型文化培育与重构具有强烈的自主意识和行动使命"③，大学具有文化传承与创新的功能，大学承担着"文明再造的历史重任"④，大学文化是时代性与历史性的统一、继承性与超越性的统一，处理好大学文化传承与创新的辩证关系，走向大学文化自觉，需要社会主义核心价值体系把舵定向。此外，还有学者从大学文化对大学其他要素的净化功能出发，指出了要克服官僚主义等负面文化样态对高校制度理念的侵蚀，必须加强高校的文化治理，需要学习贯彻社会主义核心价值体系，"发挥社会主义理论体系的指导作用，突出大学模式和大学文化的中国特色，将党的领导和社会主义信仰有机融合到大学制度体系之中"⑤。

3. 坚持系统导向，从结构主义出发，以社会文化结构以及大学文化结构层级为切入点，肯定大学文化传承中坚持社会主义核心价值体系的合法性。

文化是人类创造的各类成果的总和，可以划分为不同层级。从社会

---

① 曹国永：《文化传承创新：大学的责任与使命》，《高校理论战线》2012年第3期。
② 习近平：《高举中国特色社会主义伟大旗帜 为全面建设社会主义现代化国家而团结奋斗——在中国共产党第二十次代表大会上的报告》，人民出版社2021年版，第33页。
③ 徐锐：《大学的"文化自觉"浅析》，《重庆社会科学》2015年第2期。
④ 黄英杰：《中国大学文化传承创新的路径探析》，《国家教育行政学院学报》2016年第2期。
⑤ 张继明、余敏：《论现代大学制度建设中的大学文化治理——基于社会学新制度主义的视角》，《中国地质大学学报》（社会科学版）2017年第5期。

文化结构来看，有学者指出，社会主义核心价值体系是官方文化，以其崇高性与科学性对低层级的社会文化起主导作用。大学文化作为一种亚文化，在结构上要受到官方文化的主导，这种结构中上下位关系决定了"社会主义核心价值体系引领大学文化具有客观的必然性和现实的合理性"[1]。同时，有学者还以微观视角观察大学文化的结构层级，为大学文化传承中坚持社会主义核心价值体系引领寻求支撑。关于大学文化的构成，学者们大致有两种观点：一是三要素说，即大学文化由大学精神文化、大学物质文化要素和大学制度文化要素组成[2]；二是四要素说，即大学文化包含"大学物质文化、大学制度文化、大学精神文化和大学行为文化"[3]。无论哪种划分方式，精神文化要素都在大学文化中占领导地位，是大学文化的灵魂与核心，引领其他文化的发展方向。而这种精神文化要素作为一种纯粹观念存在，"必然具有某种价值观，具有某种价值判断和价值导向的功能"[4]，需要做到与社会主流文化相呼应、相协调，其发展离不开社会主义核心价值体系在方向上的引领。

4. 坚持价值导向，以社会主义核心价值体系之于大学文化传承的价值为切入点，论证大学文化传承中坚持社会主义核心价值体系的合理性。

大学文化走向成熟的标志是作为大学文化践行者的广大师生能够在文化冲突中做出正确的文化选择，保持文化定力，做到择其善、从其优。有学者从这一视角出发，指出大学文化是在文化冲突中成长起来的，大学的文化选择总是在矛盾中进行的，这就需要"以社会主义核心价值体系引导大学文化选择"[5]；有学者运用历史逻辑，对近代以来我国大学制度的从无到有的历史发展与大学文化的嬗变加以关注，对大

---

[1] 赵野田：《社会主义核心价值体系引领大学文化研究》，《东北师大学报》（哲学社会科学版）2013年第5期。
[2] 王冀生：《现代大学文化学的基本框架》，《中国高教研究》2002年第1期。
[3] 张国骥：《大学与大学文化》，《湖南师范大学教育科学学报》2011年第1期。
[4] 杨建新：《论大学文化建设的核心价值主导》，《南京政治学院学报》2009年第3期。
[5] 王新华、刘永志：《大学的文化选择》，《教育理论与实践》2014年第9期。

学文化总特征进行总结归纳，提出我国大学制度虽是"舶来品"，但自从进入到中国以来，在大学理念上表现出极强的政治品格，在服务国家与社会中贡献力量，以此为经验指导，认为今天大学文化传承中必须坚持社会主义核心价值体系，才能在价值多样化中保持主流价值，保证大学文化的独立品格。[①] 有学者则认为，在大学文化传承中坚持社会主义核心价值体系有助于我国大学实现建设世界一流高校的目标，世界一流大学在大学的四大职能发挥方面都应是处在世界一流的，我国高校要在文化传承创新职能中迈向世界一流，首先需要找到正确的文化功能定位，这是基础与前提。而从国情出发、从社会主义中国出发是找到正确文化功能定位的首要条件，"国内高校建设世界一流大学，就必须充分认识到这一国情，自觉主动地将社会主义核心价值体系教育融入到人才培养的整个过程"[②]，坚定社会主义办学方向，以彰显社会主义文化的中国特色。

（三）新时代大学文化传承中坚持社会主义核心价值体系面临的问题与桎梏研究

大学文化传承中坚持社会主义核心价值体系是一个兼具现实意义与理论价值的课题，充满了对当前我国高等教育发展的理论关切与现实观照。大学文化传承中坚持社会主义核心价值体系的基本方略离不开对大学文化现实的深入考察，"用社会主义核心价值体系引领大学文化，应基于大学及大学文化的现状，从现实出发，针对症结，把握关键，以利切实采取行动"[③]。学者们对该命题的现实审视取得了丰富的研究成果，从两个维度关注大学文化传承中坚持社会主义核心价值体系的问题与桎梏研究：

---

① 戴军、雷鸣强、娄小平：《中国近代大学文化的嬗变及其启示》，《大学教育科学》2014 年第 1 期。
② 向波涛、马宁：《建设世界一流大学视域下的文化传承创新》，《高校理论战线》2012 年第 1 期。
③ 赵野田：《社会主义核心价值体系引领大学文化研究》，《东北师大学报》（哲学社会科学版）2013 年第 5 期。

1. 大学文化传承中坚持社会主义核心价值体系面对社会问题的挑战。大学是社会结构的重要组成部分，并且逐步走向社会舞台的中央，影响社会的同时受到社会的塑造与改变。同理，大学文化传承工作也要在社会中进行，一些社会问题投射到大学中，反映在大学文化上。学者们十分清楚这一点，从物质环境与文化环境两个维度对社会影响大学文化传承进行了阐释：

一是大学文化传承中坚持社会主义核心价值体系面临的基本社会物质环境问题。毫无疑问，大学文化传承中坚持社会主义核心价值体系离不开一定的社会物质环境。根据历史唯物主义的基本观点，社会存在的变化发展会导致社会意识的变化发展。大学文化与社会主义核心价值体系同属社会意识范畴，我国社会的变化发展自然会对二者产生影响。有学者指出，改革开放以来我国社会结构的巨大变化，"经济资本对大学的侵入，导致大学的文化资本和经济资本结合，这种缺乏限度和边界的结合使大学丧失文化资本与经济资本相交换时应有的原则和限度，使得大学的文化资本的再生产被经济资本的逻辑所支配"[1]。

二是大学文化传承中坚持社会主义核心价值体系面临的主要文化困境。有学者从我国所处的国际环境的深刻变化出发，指出政治多极化影响与改变着大学文化传承的现实境遇。改革开放以来，与西方国家经济文化教育交流增加的同时，西方各种错误思潮同时更多地涌入国内，意识形态安全形势严峻；同时市场经济的逐利性消解了传统道德的权威，引起了部分国民道德滑坡，社会不良思想一定程度滋生蔓延。总之，社会文化冲突形势严峻，多元文化在社会中你争我斗，"多元文化对大学产生了一定的冲击，功利主义、拜金主义、利己主义、享乐主义、官僚主义、形式主义等歪风，影响了大学文化的建设和发展"[2]。

三是大学文化传承中坚持社会主义核心价值体系面临的新兴媒体环

---

[1] 龙佳解：《论社会主义核心价值观念对大学文化建设的引领》，《大学教育科学》2014年第1期。

[2] 蔡红生、胡中月：《新中国70年大学文化审视》，《中国高等教育》2019年第20期。

境。多媒体技术的出现创新了文化传播的方式、提升了文化传播的效率、拓展了文化产生的途径、扩大了文化参与的规模，学者们肯定新媒体技术对大学文化传承中坚持社会主义核心价值体系的积极作用的同时，指出新媒体技术的广泛运用对大学文化传承与社会主义核心价值体系教育造成了消极影响，对大学文化传承的影响主要表现在：网络一定程度上限制了社会主义核心价值体系认知主体的能动性、网络遮蔽了社会主义核心价值体系认知客体的科学性、网络增加了社会主义核心价值体系认知情境的复杂性。①

2. 大学文化传承中坚持社会主义核心价值体系的实践场域是大学。结构主义认为，结构决定功能，结构运行不畅直接影响功能的发挥。有学者指出，"大学文化是学校全体人员在长期的办学实践中逐步形成的具有学校特色的群体意识以及体现、承载这种群体意识的行为方式和物质形态"②，大学文化由精神文化、物质文化、制度文化与行为文化四要素组成，对每一要素进行分析是了解大学文化传承中坚持社会主义核心价值体系面临的主要问题的基本视角。在结构因素之外，立足时代，还应该考虑多媒体技术的影响，理性看待多媒体技术在大学文化传承中坚持社会主义核心价值体系的作用与功能：

一是大学精神文化的失落。大学精神是"大学在办学的历史过程中形成的办学理念和大学人共同的价值追求，是大学文化的精髓、核心，是大学之魂"③，大学精神集中体现了大学的价值取向，是学校行事风格的理念内核，在校史中凝练，在社会互动中发展。从与其他要素的关系来看，大学精神文化是大学文化的核心，统领物质文化、制度文化和行为文化，表现在其他三项中。基于大学精神文化的指引性，有学者指出，如今大学精神文化面临困境，表征为官本位意识明显、片面理

---

① 白毅：《社会主义核心价值体系认知的网络化探索》，《安徽师范大学学报》（人文社会科学版）2014 年第 5 期。
② 王新华、刘永志：《大学的文化选择》，《教育理论与实践》2014 年第 9 期。
③ 李延保：《现代大学文化精神与历史传承》，《中山大学学报》（社会科学版）2004 年第 6 期。

解科学精神，忽视人文精神、科研活动被"物化"，创新能力不足与缺乏批判精神①；有学者指出，在市场经济体系背景下，工具理性主义的蔓延，造成大学精神的失落与危机，"表现为部分高校的行为取向带有明显的工具理性主义特征，教育功利主义局部泛滥"②。

二是大学物质文化同质化、单一化。大学物质文化是大学精神文化的外显，是大学精神文化外化的结果。大学物质文化是校园的物质的客观存在，具有直接现实性③，主要包括大学的课程和教学体系、师生生活学习的场所、高校文化标志物与人造景观等，承载了大学的价值观与审美观。大学物质文化能够直观反映大学的风格、理念，在历史、理念、地域等因素具有显著的独特性。但目前来看，大学物质文化趋同性明显，同质化现象比较严重，有学者指出，较多大学由于"办学模式同质化导致缺乏活力"④；而大学物质文化的"单一化"指大学建筑设计与建造重形式轻内涵，对建筑所带有的文化功能没有给予足够的重视，有学者指出，要"在大学物质文化的建设中，不仅要注重物质形态的构建，更要注意其文化内涵的意蕴与表现"⑤，注重建筑设计与校史、校风的沿承性。

三是大学制度文化"异化"。大学制度文化"主要是指大学在进行育人时所制定的、起规范保证作用的管理制度、管理方法和管理政策以及由之构成的一种大学文化氛围"⑥，是以成文制度的形式将大学精神文化固定的产物，将大学精神文化的软约束转化为硬约束的产物。大学

---

① 迟海波：《大学精神文化建设路径探析》，《社会科学战线》2013年第8期。
② 叶宗波：《大学精神的价值理性与和谐校园的文化自觉》，《广西民族大学学报》（哲学社会科学版）2009年第5期。
③ 王珺：《加强大学校园文化建设培养造就高素质合格人才》，《毛泽东思想研究》2013年第6期。
④ 周倩、吴宏亮、乔丹：《大学文化软实力：中国语境与建设取向》，《国家教育行政学院学报》2012年第10期。
⑤ 王珺：《加强大学校园文化建设培养造就高素质合格人才》，《毛泽东思想研究》2013年第6期。
⑥ 王菁华、杨向荣：《论组织文化视角下的大学文化构建》，《贵州社会科学》2008年第9期。

制度文化要体现大学的价值追求与人文关怀，但部分大学制度在制定之前缺乏必要的"文化的前提论证"[①]，导致部分制度在制定实施后偏离了促进人的发展的目标，反而束缚了人的发展，出现了大学制度文化的"异化"现象。

四是大学行为文化错位。在大学文化中，行为文化"是大学基于精神文化的激发、遵从大学制度文化的规范、围绕大学核心价值而开展的各种行为活动"[②]，是大学人在大学日常行为中表现出的价值取向与处事规则，如教师的教学行为体现的教学观念、科研行为体现的伦理原则，学生学习行为表现的学风、生活行为中表现的校风，管理人员的管理行为体现的人文关怀和规则意识，等等。这种行为文化是评价大学文化传承的重要指标，因为文化作为一种抽象的观念，最终要通过人的实践实现对象化，大学师生是大学文化传承中坚持社会主义核心价值体系的主体，是主要创造者与享用者，所以大学人的行为习惯是大学文化作用人的思想意识形成的稳定表现。但大学文化传承中坚持社会主义核心价值体系要面对大学行为文化错位，这是最直接的障碍，也是最终的价值旨归。从主体来看，这种错位表现为大学教师与学生行为应然与实然的张力。从教师角度看，教师是行为文化的引导者，是大学文化传承中坚持社会主义核心价值体系的主导力量，社会主义核心价值体系下教师应当树立高尚的师德师风，率先垂范，市场经济功利化的负面影响，评价体系不科学等问题导致部分高校教师急功近利、道德败坏、作风腐化，导致"大学生核心价值体系教育缺乏一支强有力的思想健康、作风正派的主导力量"[③]。从学生视角来看，学生长期处在学校环境中，缺乏社会经验，在多样化社会意识形态的冲击下学生的价值认知、判断与选择出现障碍，"引起了不同价值观念的相互冲突和碰撞，从而产生

[①] 王培玲：《大学精神视域下的文化建设》，《河南师范大学学报》（哲学社会科学版）2014年第5期。

[②] 钟凯雄：《大学学风的文化属性及其建构摭探》，《高教探索》2013年第4期。

[③] 陈章龙：《论大学生核心价值体系教育模式的完善》，《江西师范大学学报》（哲学社会科学版）2015年第5期。

了大学生归属感困境"①；此外，学生应当是社会主义核心价值体系的积极拥护者与实践者，但因为社会主义核心价值体系教育不够深入，学生对社会主义核心价值体系与社会主义核心价值观的认同大部分停留在表面，没有做到深层次的文化认同，而"对社会主义核心价值观所体现文化的理解、接受和认同的程度，从根本上决定了社会主义核心价值观被他们接受和践行的程度"②，这就导致部分学生出现行为错位。

五是新媒体技术对新时代大学文化传承中坚持社会主义核心价值体系的影响。进入新媒体时代，新媒体技术在大学的广泛应用给大学带来的影响是全方面的，可以说信息技术使得大学的运行方式发生了根本性转变。这种转变表现在大学文化中，导致大学文化面临全局性的挑战，更对新时代大学文化传承中坚持社会主义核心价值体系的理论与实践提出了有待深入研究和探讨的新议题：首先，新媒体技术对大学生的影响。学生是大学文化传承中坚持社会主义核心价值体系的主体，新媒体技术使得文化传播的主体、内容以及速率都以惊人的方式增长，带来了信息大爆炸，造成大学生在海量信息中迷茫；同时，信息生产批量性与信息传播的便利性造成信息快餐化，这些快餐式信息逻辑性、思辨性和科学性较差，消化吸收容易的同时，也容易遗忘，无法对学生的思想和行为产生长远而深刻的影响，对学生的批判性与创造性也会造成消极影响；信息生产的平等性与参与的全民性消解了传统语境权威。③ 其次，要警惕多媒体技术对大学文化的冲击。其一，在表达方式上的泛娱乐化冲击，是指在新媒体技术带来的信息浪潮中，大学人对正式、传统、严肃的信息逐渐失去兴趣，转而对表达方式更加轻浮、内容更加娱乐化的

---

① 陈羿竹：《当代大学生归属感困境与文化价值观重构》，《辽宁大学学报》（哲学社会科学版）2017年第3期。
② 罗迪：《文化认同视角下的大学生社会主义核心价值观教育》，《思想教育研究》2014年第2期。
③ 顾璟：《新媒体时代大学文化的建设路径》，《南通大学学报》（社会科学版）2018年第3期。

信息兴趣倍增，逐渐形成一种泛娱乐化的文化消费倾向，主流文化被消解，导致作为载体的大学文化娱乐化①。其二，在传播方式中泛自由化冲击。在新媒体时代，每个人都是信息的创造者与传播者，校园电视台、广播站等传统媒体的主流地位受到严重冲击，信息传播更加隐蔽化、便利化、快速化、非官方化，这些新特质有利于校园信息传递，同时也为消极落后思想、流言蜚语、谣言等负能量信息提供了快速传播的渠道，"消极落后的思想、文化利用校园网络媒体广泛传播，使高校的部分大学生出现思想困惑、信仰缺失、主流意识淡薄的现象，这对社会主义核心价值观的主导地位形成了巨大的冲击和挑战"②。从一定意义上说，"新媒体带来的内容繁复性和多元化、媒体掌控难度加大等特性，给大学的文化建设造成了极大的冲击和挑战"③，如果不能对这些冲击做出有力回应，那主流大学文化式微的趋势就会愈演愈烈，在大学文化传承中坚持社会主义核心价值体系更是无从谈起。

总之，新时代大学文化传承中坚持社会主义核心价值体系面临诸多现实问题，从本质上来看，这些问题总结起来都指向大学文化中的文化认同问题。无论是社会问题对大学文化的影响还是大学文化自身架构问题以及新媒体时代的传播问题，这些问题的表现形式虽然存在差异，但是，追根溯源，这些问题最终都将影响个体对大学文化认同和对大学主流价值认同，而这些问题正是新时代大学文化传承中坚持社会主义核心价值体系要着力解决的关键问题，因此，"重建文化认同成为社会主义核心价值体系建设的关键问题之一"④，而大学文化认同的首要问题是

---

① 陈章龙：《论大学生核心价值体系教育模式的完善》，《江西师范大学学报》（哲学社会科学版）2015年第5期。
② 李丹、张森林：《校园网络文化对大学生社会主义核心价值观培育的影响及对策》，《黑龙江高教研究》2014年第8期。
③ 顾璟：《新媒体时代大学文化的建设路径》，《南通大学学报》（社会科学版）2018年第3期。
④ 罗迪：《文化认同视角下的大学生社会主义核心价值观教育》，《思想教育研究》2014年第2期。

有凝聚力强的核心，能够在多元文化中引领大学人求同存异。大学文化中的文化核心就是社会主流文化高度凝结的社会主义核心价值体系，但主流大学文化的式微意味着主流价值话语权的丧失，也就意味着社会主义核心价值体系在大学文化中的话语权丧失。一旦核心价值的话语权丧失，我国大学文化也就失去了灵魂与方向，大学文化传承便失去了意义，故而要依靠社会主义核心价值体系着力提升大学文化的向心力与凝聚力，确保大学文化不变质，这是大学文化传承中坚持社会主义核心价值体系的根本目标所在。

（四）新时代大学文化传承中坚持社会主义核心价值体系基本方略研究

中国特色社会主义进入新时代，这是我国新的历史方位，也是大学文化建设新的历史方位。大学文化要正视其传承发展所处的新方位、新机遇、新使命、新诉求，回应新时代对大学文化传承的时代呼唤，以实际行动"做好大学文化的提档升级工作"[①]。新时代大学文化传承中坚持社会主义核心价值体系重在实践，在现实审视的基础上，学者们对"怎么做"进行了多维度阐述，构建起新时代大学文化传承中坚持社会主义核心价值体系的基本方略和行动指南。

1. 关于新时代大学文化传承中坚持社会主义核心价值体系的目标体系

目标指引方向，确立合理可行的目标体系是做好新时代大学文化传承中坚持社会主义核心价值体系工作的首要任务。要扎根大学文化论域确立目标时，基于大学文化的历史传统构成、传承发展作用等维度，综合大学的文化使命，设置大学文化传承中坚持社会主义核心价值体系能够实现的、可以实现的目标，以此为大学文化教育工作提供动力。关于目标体系设置，学者们从多维度提出了较多有建设性的观点：有学者从大学文化传承保持社会主义特质的角度，指出大学文化传承不能失去我

---

① 蔡红生、胡中月、李恩：《新时代大学文化的提档升级：驱动、困境与路径》，《现代教育管理》2021年第2期。

国社会主义大学的特质，要在同质化大潮中坚守本色，而坚持社会主义核心价值体系是建设有民族和国家特色大学的精神保障，基于提出的大学文化建设的短期目标之一是"社会主义核心价值体系成为统领大学文化的核心内容"[1]，这是从大学文化传承的现实处境出发提出的，是新时代大学文化传承中坚持社会主义核心价值体系的首要目标。有学者从社会主义核心价值体系对大学文化的价值导向功能出发，指出要将社会主义核心价值体系的导向融入大学四大职能的实际工作中，在这个过程中"提炼高校核心价值观，将国家层面的价值导向具体化"[2]，"新时代大学文化建设必须以社会主义核心价值观为根本遵循，将其融入到广大师生的理想信念、价值理念、道德观念之中，使大学主体拥有共同的信念理念，逐渐形成各校主流价值观"[3]。要"推动社会主义核心价值体系与高校具体办学实践的结合，最终形成具有自身大学特色的校园文化价值观"[4]，形成高校的价值体系是中期目标，这是新时代大学文化传承中坚持社会主义核心价值体系的重要环节。在形成高校核心价值的基础上，按照认识的一般规律，要使组织内部的全体成员形成文化自觉，即"同质文化中的人对自己的文化有自知之明"[5]，要促进大学成员对大学文化形成清晰认知，对大学核心价值形成的历史过程、内涵等有清楚认识，知其然更知其所以然，内化到大学人的认知体系中，从文化自知走向文化自觉，这是新时代大学文化传承中坚持社会主义核心价值体系的长期目标。对衡量价值观改变的根本标准是行为习惯的改变，新时代大学文化传承中坚持社会主义核心价值体系工作的根本目标是实现大学师生行为的转变，"核心价值体系教育的效果最终是通过思想和

---

[1] 南海：《论我国的大学文化领导现状及改善策略》，《教育理论与实践》2014年第30期。

[2] 陈章龙：《应然与实然：高校核心价值体系教育生态的建构》，《江苏高教》2012年第4期。

[3] 蔡亮、张策华：《论新时代大学文化的创建途径》，《江苏高教》2019年第12期。

[4] 王永友、王莹：《校园文化价值观的培育、凝炼与建设》，《中国高等教育》2015年第1期。

[5] 黄进：《大学文化的冲突与重塑》，《学海》2013年第2期。

行动表现出来的"①，以社会主义核心价值体系的要求审视自身思想行为，改变之前与社会主义核心价值体系要求不相符的行为，最终做到师生价值观从内化到外化的转变。从学界已有的研究成果可以归纳出以下结论：新时代大学文化传承中坚持社会主义核心价值体系的目标体系构成：短期目标是确保社会主义核心价值体系领导地位，中期目标是凝练高校核心价值，长期目标是形成高校文化自觉，最终目标是实现师生价值观内化到外化，四个层面着手整体构建与贯彻落实。

2. 关于新时代大学文化传承中坚持社会主义核心价值体系的实践诉求

新时代大学文化传承中坚持社会主义核心价值体系不能毫无目的地随意开展，必须遵循一定的原则和要求，以确保工作的实效性。为了更好地以社会主义核心价值体系引领大学文化传承，学者们进行了丰富的研究阐释和创新探索，可以概括为以下几个维度：

一是要将社会主义核心价值体系融入大学文化传承的全方位、各环节与全过程。进入新时代，助力中国式现代化实现中华民族伟大复兴，高等教育必须走向现代化，将服务中华民族伟大复兴作为其教育使命与责任担当，发展中国特色世界先进水平的高质量高等教育。完成时代重任，不仅要在实践中推进高等教育改革，更要在文化理念方面落实党和国家的要求，发展中国特色大学文化，传承中国特色大学文化。社会主义核心价值体系不仅为建设传承中国特色大学文化"提供了理论视野和方法论指导"②，要以社会主义核心价值体系为理论指导，各项工作都要以社会主义核心价值体系为主心骨。新时代大学文化建设要坚持马克思主义的指导地位、把握中国特色社会主义共同理想主题、以民族精神与时代精神为精髓突出办学特色、以社会

---

① 陈章龙：《应然与实然：高校核心价值体系教育生态的建构》，《江苏高教》2012年第4期。

② 王成文、王秉琦：《社会主义核心价值体系引领大学文化建设的四维度研究》，《教育理论与实践》2008年第22期。

主义荣辱观为基础优化学风校风①，还"体现了文化建设和教育实践活动的一般规律，更是今天我国学校教育事业科学、和谐发展的现实要求"②。

二是新时代大学文化传承中坚持社会主义核心价值体系要贴近大学生活。"高校核心价值体系教育根植于师生生活世界，受制于生活实践。"③ 大学是大学文化的生成源泉，大学师生生活是大学文化的活动场域，离开了大学生活，大学文化传承就成了无根之木，无源之水，失去了传承的基础与依靠。基于此，新时代大学文化传承中坚持社会主义核心价值体系在保持理论品格的同时，要关注大学生活，复归大学生活；要以校园生活为锚点思考社会主义核心价值体系深度融入大学文化传承，做到真融入，避免出现"教条化、形式化、表层化"弊端；要将社会主义核心价值体系做出贴近大学生活的诠释，做到师生入脑入心，实现"社会主义核心价值体系教育生活化"④。

三是新时代大学文化传承中坚持社会主义核心价值体系要因地制宜、因校制宜。教育部的最新数据显示，截至 2021 年 9 月，我国共有高等学校 3012 所⑤，分布在我国大江南北，在地域分布、历史渊源、学科体系、办学特色、学校层级等维度各不相同又各有相似，组成了我国规模庞大的高等教育体系。在这些既有个性又存在共性的高校中，历史生成了内涵丰富且各具特色的大学文化，这就要求新时代大学文化传承中坚持社会主义核心价值体系，不能"一刀切"，固然要探索其中的

---

① 王成文、王秉琦：《社会主义核心价值体系引领大学文化建设的四维度研究》，《教育理论与实践》2008 年第 8 期。

② 李金奇、袁小鹏：《大学主体性文化与社会主义核心价值体系》，《中国高等教育》2007 年第 9 期。

③ 陈章龙：《应然与实然：高校核心价值体系教育生态的建构》，《江苏高教》2012 年第 4 期。

④ 杨建新：《论社会主义核心价值体系在校园文化中的普及教育》，《思想教育研究》2009 年第 4 期。

⑤ 中华人民共和国教育部《2021 年全国教育事业发展统计公报》2022 年 9 月 14 日，中华人民共和国教育部网站（http://www.moe.gov.cn/jyb_sjzl/sjzl_fztjgb/202209/t20220914_660850.html）。

规律，但也要关注各个高校、各个大学文化的个别差异和地域差异，做到因地制宜、因校制宜，寻找适合本校的基本方略，要切实做到因地因校制宜。地域文化对大学文化的形成有着显著影响，一方面，地方大学是地域文化传承创新的重要载体；另一方面，地域文化是大学文化的重要来源，二者的互动关系决定了大学发挥文化传承创新职能要"立足地域精神，建构地方性大学文化资本"[①]。同时，社会主义核心价值体系要与地域文化精神结合才能更好地落地生根，提高理论吸引力，提升群众认可度。可以看出，地域文化精神与大学文化和社会主义核心价值体系都具有密切联系，因此，在新时代大学文化传承中坚持社会主义核心价值体系应当抓住地方大学在地域文化创新中的辐射作用，充分利用地域文化精神，借助地域文化精神为社会主义核心价值体系引领大学文化寻找切入点与突破口，同时要做到因校制宜。我国大学数量众多，且各具特色，形成的大学文化也各具特质，这就要求在大学文化传承中坚持社会主义核心价值体系的实践中要具体问题具体分析，落实到每一所大学中，思考不同类型高校的工作方针，有的放矢。从学科来看，理工科大学更加强调理性思维、逻辑思维，其大学文化带有严谨、细致的特质，就"理工科大学而言，不同程度地存在着'高、玄、虚、浅、散'的现象"[②]；而人文社科大学更加偏重人文主义思维传统，人文气息浓厚，大学文化带有浓厚的感性色彩，大学文化传承条件更加成熟的同时对文化建设工作的要求也就更高。从特色院校来看，该类院校的大学文化带有显著的价值取向，例如，民族类院校的学生少数民族占比要高于一般院校，且民族院校的办学宗旨是为了服务我国民族事业，增进各民族团结，这就决定了"民族院校在民族文化方面特色的彰显和优势的发挥，不仅继承、弘扬了各民族优秀传统文化，丰富中华文化宝库，而

---

① 刘莉萍：《论地域精神在地方性大学文化资本中的建构》，《教育理论与实践》2014年第24期。

② 黎志强、程兰华、齐伟建、杨莉：《以生活化、人文化、诗意化为指导构建理工科院校大学生文化素质教育教学体系》，《中国大学教学》2013年第2期。

且在文化创新的同时，形成一种新的共享文化，增强中华民族共同体意识"①，值得我们关注；又如农林类院校的大学文化则是由服务"三农"事业宗旨决定的带有"强烈的社会服务意识和现实责任感的文化"②；师范院校"学高为师，身正为范"的特质也决定了"师范院校的大学文化有其自身的特征"③，以此类推，财经院校、艺术院校等，这些特色院校的大学文化不仅有共性，个性也更突出，需要我们抓住矛盾的特殊性，提高工作针对性。比如职业院校，相比于普通本科院校，职业院校的办学目的是培养专业人才，其大学文化带有明显的现实指向，这也是社会主义核心价值体系引领的职业院校大学文化的重要抓手，要"以社会主义核心价值体系为指引，以师生的全面自由发展作为归宿和落脚点，立足区域和企业文化资源，构建具有职业特征和时代气息的校园文化"④。从已有研究成果中可以得出结论，新时代大学文化传承中坚持社会主义核心价值体系不存在一套放之四海而皆准的实践方法，必须以求真务实的工作作风，在大学文化传承与坚持社会主义核心价值体系中遵循教育规律的基础上，做到理论与实际相结合，根据教育内容不断调整实施方式。

3. 新时代大学文化传承中坚持社会主义核心价值体系的具体路径

"用社会主义核心价值体系引领大学文化建设，重要实践就是探索特色鲜明的大学文化建设路径"⑤，这是新时代大学文化传承中坚持社会主义核心价值体系的终极向度。探索切实可行的实践路径也是学术界

---

① 杨胜才：《增强中华文化认同是民族院校的核心使命》，《中南民族大学学报》（人文社会科学版）2015年第2期。

② 江英飒：《论农林院校特色文化的育人功能及其实现》，《国家教育行政学院学报》2012年第6期。

③ 孟静雅：《文化育人视域下师范院校大学文化建设探析》，《思想教育研究》2013年第6期。

④ 张培方：《高职院校特色化校园文化建设刍议》，《思想理论教育导刊》2012年第9期。

⑤ 孙泊、陈瑶：《以社会主义核心价值体系引领大学文化建设》，《思想教育研究》2010年第10期。

关注的重点,学者们从不同角度对如何在大学文化传承中坚持社会主义核心价值体系做出了积极探讨:

一是以社会主义核心价值体系为大学精神文化定位传承核心。大学精神文化是大学文化的灵魂,"大学精神是大学文化的核心,是支持高等教育和大学发展的核心力量,是一所大学最宝贵的财富"[①]。学者们在考察社会主义核心价值体系引领大学文化传承时,首要关注的就是实现社会主义核心价值体系对大学精神文化的引领建设,提出了"社会主义核心价值体系也应该成为大学文化尤其是精神文化建设的指导原则"[②],"通过大学精神的弘扬并使其作用于新时代的弄潮儿——大学生,可以把社会主义核心价值体系内化为当代大学生的价值理念,有力抵御西方不良价值观的入侵,捍卫中华民族的优良传统文化和社会主义先进文化"[③]等论述,对大学精神文化建设在大学文化传承中坚持社会主义核心价值体系的优先性与重要性进行了明确阐述。关于如何建设大学精神文化,学者们主要从大学精神文化的来源与表现形式的维度进行论证。一方面,在校史建设中挖掘社会主义核心价值体系元素。校史记载了大学从创立到发展的全部历史,而大学文化的形成过程是与大学历史一致的,所以校史是大学文化的重要来源与载体,可以称得上是大学精神的"母体"。开展校史建设、做好校史研究,是新时代大学文化传承中坚持社会主义核心价值体系的必要途径,因为校史承载了高校在办学宗旨、育人理念等方面的历史,是高校价值观念不断成熟发展的精神史书,"校史(尤其是历史较长的公立大学的校史)作为时代发展的缩影,还凝聚着丰富的爱国主义内涵,体现着社会主义核心价值体系,是对师生进行思想政治教育的

---

① 李元元:《对加强我国大学文化建设的几点思考》,《高等工程教育研究》2007年第4期。
② 迟海波:《大学精神文化建设路径探析》,《社会科学战线》2013年第8期。
③ 杨影:《大学生价值观教育中大学精神的缺失及对策》,《教育理论与实践》2013年第6期。

重要素材"①,"校史研究就是要把这种体现社会主义核心价值体系的内涵融入到教育、教学的全过程,以文化为载体,把它贯穿到学校精神文化、环境文化、制度文化、行为文化建设的各个方面,在全校形成统一的指导思想、共同的理想信念;就是要融入学生成长的全过程"②。另一方面,以社会主义核心价值体系引领学风建设。学风是高校学习风气、学习态度与学习品格的凝结,与大学文化建设水平呈正相关,学风端正与否是衡量大学文化建设水准的重要尺度。新时代大学文化传承中必须以社会主义核心价值体系优化学风,引领学风建设,重建高校学术伦理,重塑高校的学术形象。有学者指出,"大学文化建设也只有自觉以社会主义核心价值体系引领学风,才能有效推进文化育人、以文化人"③,要"坚定不移地以社会主义核心价值体系引领学风建设,努力构建深刻蕴含着精神文化、制度文化和行为文化的可持续的优良学风"④,要在高校学术诚信提高、学术氛围塑造、创新精神激发等方面下功夫,同时加强高校制度建设,以制度保障学风。除以上观点外,学者们还关注到了校训、校徽等大学精神文化的表现形式。

二是以社会主义核心价值体系为大学物质文化增添底色。大学物质文化建设不是单纯的校园规划问题,而是要在顶层设计中融入社会主义核心价值体系,实现科学精神与人文精神的融合,给枯燥的大学建筑增添文化底色。其一,"大学校园文化建设应具有自己的鲜明特色"⑤。特色来源于历史,要在大学规划时注重协调性。新建建筑要与学校的历史风格相协调,在引入时代设计理念的同时做好高校历史传统的统筹,体现大学文化的历史沿承。其二,要充分开放现有建筑

---

① 刘文健、迟海波、吕春宇:《校史建设与大学精神凝炼》,《东北师大学报》(哲学社会科学版)2015年第2期。
② 吴咏梅:《校史研究:提升高校文化软实力的重要举措》,《湖北社会科学》2013年第1期。
③ 田建国:《以文化之魂引领学风建设》,《中国高等教育》2011年第22期。
④ 钟凯雄:《大学学风的文化属性及其建构摭探》,《高教探索》2013年第4期。
⑤ 王亚杰、乔建永:《加强校园文化建设 推动大学持续健康发展》,《中国高等教育》2014年第20期。

的大学文化功能。大学各类建筑,人造景观等在本身主要功能外兼具潜在的育人功能与文化功能,新时代大学文化传承要开发这些现有建筑在社会主义核心价值体系教育中的功能。学者们主要关注包括图书馆、档案馆等建筑所承担的社会主义核心价值体系教育功能。以图书馆为例,图书馆本身就是文化传承创新的重要基地,校园文化建设是图书馆必须承担的责任,有学者就指出,要"利用重大的节日、纪念日(如中国共产党建党日、辛亥革命纪念日、中秋端午等传统节日)以及国家、学校的一些重大事件,组织各种形式的活动,对师生进行社会主义核心价值体系和爱国主义教育,使大学生在爱国主义氛围的感染下,自觉地追求并确立正确的世界观、人生观、价值观"[①]。同样,还有学者提出,"大学档案机构所藏档案不但可以单独完成大学管理者、教师、学生(包括毕业生)的文化传承创新活动,而且可因原始性、真实性、直观性、鲜明性等特征以补充素材的方式辅助以活动为载体的文化传承创新"[②],要充分利用档案馆翔实的校史材料,制作体现社会主义核心价值体系的校史书籍、名师传记等材料;开放参观,在讲解时融入社会主义核心价值体系等。另外,博物馆在渗透融入式教育中要帮助大学生增强民族自尊心、自信心和自豪感,这是深化社会主义核心价值体系教育的重要课堂。[③] 其三,塑造校园文化环境。学者们主要关注在大学校园文化环境中创造社会主义核心价值体系的引领与融入问题,主张通过校园标语、宣传栏、电子大屏等方式打造社会主义核心价值体系引领环境。同时,开展多种形式的文化活动,寓教于乐,提高学生参与度,实现社会主义核心价值体系的全员参与和全校覆盖,"高校可以根据学校和学生的特点,组织开展积极向上、形式多样,与学校精神相吻合,符合人才培养目标,体现社会主义核心价值观

---

① 黄幼菲:《试论校园文化建设与高校图书馆的社会责任》,《图书馆工作与研究》2013年第5期。
② 张长海:《大学档案机构职能延伸——基于高等教育文化传承职能的分析》,《档案学通讯》2012年第4期。
③ 杜玉波:《充分发挥高校博物馆育人功能》,《高校理论战线》2012年7期。

的文化活动"①。还有学者提出以社会主义核心价值体系引领班级文化建设。"班级文化建设具有把社会主导文化渗透到学生中并被学生吸收、内化的功能"②，班级是大学最基础的单位，通过班级文化建设形成大学文化建设合力。

三是以社会主义核心价值体系规范大学制度文化。"将社会主义核心价值体系中蕴含的科学精神和人文精神融入大学的教学制度、科研制度以及各种管理制度中"③，做到从制度设计到制度执行全过程的社会主义核心价值体系的融入。在制度设计中要坚持"以人为本"的价值取向，以服务学生，促进学生全面发展为追求，切实满足学生合理需求，减少制度脱离学生、脱离大学实际的现象。要注重各项制度之间的衔接性与协调性，形成大学文化传承的制度合力，打造尊重人才、鼓励创新的制度文化。在制度执行中要杜绝官僚化、行政化，做到依法治校。

四是以社会主义核心价值体系引领行为文化。大学行为文化建设水平体现在高校师生的行为取向上，要以社会主义核心价值体系引领行为文化，提升教师师德师风以及学生对社会主义核心价值体系认同，"要把社会主义核心价值体系建设融入到师生群体和个体发展的需求中，通过生动有效的教育和理念引领，使社会主义核心价值观成为师生的人生发展需要和自觉追求"④。其一，要以社会主义核心价值体系净化教师精神世界，构建积极向上的师德师风。要以社会主义核心价值体系为指导，通过理论教育、榜样示范、实践引导等方式，将社会主义核心价值体系的价值导向指引教师行为取向，"必须用社会主义核心价值体系来

---

① 刘春风、齐鑫：《文化自信与社会主义核心价值观》，《人民论坛·学术前沿》2016年第23期。

② 孙晓明、李艳：《论大学班级文化建设：功能、问题与行动》，《大学教育科学》2014年第5期。

③ 张自慧、董国文：《社会主义核心价值体系与大学文化建设》，《思想理论教育》2013年第17期。

④ 王艳秋：《引领和建设和谐文化是高校的重要职能》，《前沿》2009年第13期。

武装教师队伍"①，打造社会主义核心价值观教育的坚实队伍。其二，要充分利用思想政治教育理论课主渠道作用，多措并举提升大学生对社会主义核心价值体系的认同。大学文化与思想政治教育在育人的目的一致性、价值取向的趋同性与内涵拓展的融通性等方面，为大学文化传承中坚持社会主义核心价值体系、发挥思想政治教育功能提供现实基础。② 要关注学生现实需求，提高思想政治教育的针对性与亲和力；用社会主义核心价值体系铸魂育人，培育大学生的信仰、信念、信心，形成正确的世界观、人生观和价值观。"培育受教育者坚定走中国特色社会主义道路的信念，加强社会主义核心价值体系的建设和践行，做中国特色社会主义合格的建设者和接班人，是大学文化自觉的首要表现"③，要促进大学文化与思想政治教育深度融合，"在社会主义核心价值体系和核心价值观的统一要求下，体现自己的特色，增强核心价值观教育的针对性、有效性、吸引力和感染力"④，将校史校训等大学文化要素纳入思想政治教育内容体系，以大学文化形式丰富开展思想政治教育活动。

五是新媒体技术助力大学文化传承中坚持社会主义核心价值体系。新媒体技术对社会生活与发展改变的全局性，同样，新媒体技术对大学文化传承中坚持社会主义核心价值体系的影响也是根本性的。要以新媒体技术重塑大学文化传承工作，其一，在内容开放方面，实现现有文化资源的网络化、数字化。要利用学校网站、新媒体平台等载体，将大学丰厚的核心价值体系资源上网，形成资源共享。其二，在形式创新方面，要"建立和办好网上党校、团校、就业指导、心理热线"⑤，不断

---

① 冉春桃：《论社会主义核心价值体系大众化与高校师德师风建设》，《中南民族大学学报》（人文社会科学版）2013年第1期。
② 王辉：《论大学文化建设中的思想政治教育》，《思想教育研究》2017年第3期。
③ 刘新生：《大学文化自觉是大学发展的内动力》，《中国高等教育》2013年第11期。
④ 王永和、张琳：《论凝炼和培育民族院校大学生核心价值观》，《北方民族大学学报》（哲学社会科学版）2014年第3期。
⑤ 张蓉蓉、白林立：《利用现代媒体培养大学生社会主义核心价值观》，《兰州大学学报》（社会科学版）2012年第6期。

创新新形式，开发新载体。同时要对现有形式进行改造升级，"切实加强红色网站建设，使之成为传播社会主义核心价值体系的重要阵地"[①]。另外，学者们还就加强内容管理与引导、人才队伍建设等方面进行了研究探讨。整体而言，学者们对新媒体技术给予了充分关注，对其在大学文化传承中坚持社会主义核心价值体系的重要价值给予了充分肯定，将新媒体技术作为一项重点工作，加强网络阵地建设。

六是要科学设计大学文化传承中坚持社会主义核心价值体系的评价体系。评价与反馈是系统设计的必要环节，新时代大学文化传承中坚持社会主义核心价值体系是一项长久工作，必须不断根据实际效果进行评价反馈，不断调整工作，有学者在这一方面进行了关注，提出要依据大学文化内涵，构建科学合理评价体系，"用定性与定量相结合的办法进行大学文化水平评估"[②]，为后续工作提供充分支持。

总体而言，目前学界对"新时代大学文化传承中坚持社会主义核心价值体系"这一课题的研究已取得较为丰硕的前期成果，初步建构起理论框架，为后续研究打下了较为坚实的研究基础。但还存在可以不断深入发掘的研究空间，在对新时代大学文化传承中坚持社会主义核心价值体系基本方略研究的关注与深耕还有很大的拓展空间与研究可能。中国特色社会主义进入新时代，我国高等教育面临高质量发展的新机遇与新挑战，《中国教育现代化2035》中明确指出要"大力推进教育理念、体系、制度、内容、方法、治理现代化"，大学文化作为"理念、体系、制度、内容、方法、治理"的凝练与升华，走向现代化是必然要求。但是，对于如何实现大学文化的现代化，如何在大学文化的现代化传承与创新中坚持社会主义核心价值体系基本方略的研究，是一个尚待拓宽和不断深化的研究领域。这些尚待拓展的研究可能，是本书的主要研究向度。

[①] 仇道滨：《现实与虚拟交织下的文化自觉——新媒体环境下高校校园文化的特点和发展规律》，《山东社会科学》2013年第2期。

[②] 王汝发：《大学文化建设的量化评价》，《当代教育与文化》2014年第1期。

四　新时代大学文化传承中坚持社会主义核心价值体系基本方略的研究方法

本书充分运用文献研究法、深度访谈法和跨学科研究法全面、系统和深入地研究了新时代大学文化传承中坚持社会主义核心价值体系基本方略的理论建构和实践落实。

1. 文献研究法

重点搜集、阅读、梳理和大学文化传承模式与坚持社会主义核心价值体系研究的相关专著、论文、文件和报告，以对新时代坚持社会主义核心价值体系基本方略和大学文化传承的研究内容密切相关的基本概念和理论进行综述评析，揭示其最新动态和研究进展，以期对新时代大学文化传承与坚持社会主义核心价值体系基本方略所研究的问题有更为全面、深入和系统的整体认识和研究整理。

2. 实证研究法

通过调查研究和深度访谈相结合的方法，整体把握新时代大学文化传承的目标理念、基本内容、基本原则、基本方法和价值遵循，了解社会主义核心价值体系基本方略落实和大学文化传承的现实问题及创新机遇与挑战，寻求解决的现实路向。

3. 跨学科研究法

新时代大学文化传承中坚持社会主义核心价值体系基本方略的研究是一项综合运用马克思主义理论、高等教育学、社会学、哲学、文化学等多学科研究方法的研究选题，跨学科视角与综合运用多学科理论、观点和方法是本书研究创新与突破的方法论基础。

第一章

大学文化传承与社会主义核心价值体系的内涵意蕴与理论阐释

习近平总书记在庆祝中国共产党成立100周年大会的讲话中向全世界庄严宣告,中国共产党同一切爱好和平的国家和人民一道,"弘扬和平、发展、公平、正义、民主、自由的全人类共同价值"[1],全人类共同价值是对人类共同理想的集体愿景,"期待人类享有尊严,获得尊重,不受其他差异和差别的影响,并且可以获得充分的机会来实现全面发展。然而,通过国际规范框架和执行国际规范框架之间的差距,表明权力和以法律形式体现出来的权利规则之间的矛盾日益加深。在某些情况下,无论是国际还是国内,实现法治和伸张正义的愿望在强大的利益集团形成的霸权面前败下阵来。当前的挑战是如何通过法治以及社会、文化和道德规范来确保普遍人权"[2]。世界教育政策的制定和执行只有做到包容才能让教育不会再生产暴力和政治动荡的"不平等和社会矛盾",人权教育可以帮助人们认识冲突的根源并寻求有效解决的策略:坚持不歧视、消除暴力和冲突的重要原则,坚持保护所有人的生命和尊严是首要原则。确保人们能够拥有没有暴力、充满包容、务实有效且安

---

[1] 习近平:《在庆祝中国共产党成立100周年大会上的讲话》,人民出版社2021年版,第16页。

[2] 联合国教科文组织编:《反思教育:向"全球共同利益"的理念转变?》,联合国教科文组织总部中文科译,教育科学出版社2015年版,第17页。

全的学习环境。

　　大学文化传承中面临的最大挑战之一是如何培养学生宽容、善良、礼貌的个性品质，使其拥有成为奉献他人与社会的好公民的社会责任感并能有效践行，这是大学文化传承中不是只供选择而是目标标准的基本价值诉求之一。为此，大学文化传承中需要深层关注的价值问题：一是通过培养音乐艺术欣赏能力和培养深刻的生活哲学意识以提高生活价值；二是引导学生在其所生活的社会组织，即家庭、社区、国家、兴趣组织乃至世界中贡献力量；"使学生能为将置身其间的许多社会群体作出贡献：家庭、当地社区、国家、宗教、特殊爱好小组、世界"；三是通过学习或发展某一方面或更多专业领域的专业知识、技能和情感，帮助学生做好就业所需要的各种准备。① 大学文化传承中的价值期许的成效如何，可以在学生结束大学教育课程学习后获得检验：在日常生活、职业生活、社会生活和家庭生活中是否能有效应用得上在大学中所学的专业知识以外的文化传统和价值取向；是否寻找到让个人生活和我们共同生活的世界带来变化、变革甚至变得更好的可行路径；在离开大学校园后的生活中，是否还能体会到"终身学习的乐趣"，并保有强烈的求知欲和好奇心，为自己的职业生涯所付出的努力、所获得的成就感到骄傲和自豪；在存在众多差异的世界中，是否能够尊重信仰、价值选择的多样性与差异性，理解分工的不同、尊重劳动的重要性与劳动的价值感；是否能在精神世界和现实世界中以综合的思维方式思考问题、建立不同观点之间的联系并创造性地解决问题；是否能够在生活中持续培养自身的沟通能力、运用大学教育中所学过的原理应对生活和工作中遇到的挫折与挑战，始终保持乐观积极的态度，坚持批判性思维并能成为他人可以接受的良师诤友，成为对他人、社会乃至这个复杂世界能发挥积极作用的建设者、守护者和传承者。

　　中国古代文化教育的主要功用就是培养修身美德与治国齐家的本

---

① ［美］L. 迪·芬克：《创造有意义的学习经历——综合性大学课程设计原则》，胡美馨等译，浙江大学出版社2006年版，第5—6页。

第一章　大学文化传承与社会主义核心价值体系的内涵意蕴与理论阐释

领，以维护家国稳定。文化传承中的价值观教育在中西方大学文化教育中都是题中应有之义："人类所取得的成就之规模远远超过任何学校或大学课程所能涵盖的范围，但这不应该成为学校用文化资源和人类文明激发学生学习、丰富学生精神世界的障碍。"如果学生未能接触到人类文明的精华，能说为学生提供了适合的教育了吗？"如果教育不把欣赏各个领域内伟人巨匠们的成就作为核心内容，那么教育就是不值一提的。"① 因此，人们不禁要追问：大数据和人工智能如何应用于大学教育教学？教育伴随着人类社会发展总是会遇到各种各样的问题：面对人工智能时代的讨论，人们也会质疑："教师能否被人工智能取代？""传统大学何时消亡？""大数据分析对学生隐私保护的伦理问题如何解决？"人工智能（AI）与中文拼音的"爱"能否联系到一起？人是教育的对象，教师的职责是爱与责任，这份爱在人工智能时代是否还是教育和教师的责任？教育的对象是人，"不是技术，更不是机器"②。人工智能在英美发达国家的发展现状呈现出诸多相同趋势：人工智能的迅速崛起让人类始料不及，未来的教育会因人工智能而变得更好，还是会被科技的巨轮压垮？目前为止，我们还无法预测和研判人工智能的未来发展图景。世界上的顶尖科技公司，包括中国在内，都在研究人工智能技术，"因为人工智能，我们做事变得更高效、更私人化，也更安全可靠，这在之前都是很难实现的。如今，科技巨头们正进行着一场激烈的角逐赛，意图垄断人工智能资源，甩掉别的竞争对手。规模较小的科技公司也在想方设法地超越巨头，赢得小众市场。可以说，这是一场硝烟弥漫的战役"③。

面对新一轮科技革命的发展机遇与挑战并存的教育未来，大学文化传承中应弘扬这样一种大学精神文化：受过最完全、充分教育的人应该

---

① ［英］安东尼·赛尔登、奥拉迪梅吉·阿比多耶：《第四次教育革命：人工智能如何改变教育》，吕晓志译，机械工业出版社2019年版，第22页。
② ［英］安东尼·赛尔登、奥拉迪梅吉·阿比多耶：《第四次教育革命：人工智能如何改变教育》，吕晓志译，机械工业出版社2019年版，推荐序二，Ⅻ。
③ ［英］安东尼·赛尔登、奥拉迪梅吉·阿比多耶：《第四次教育革命：人工智能如何改变教育》，吕晓志译，机械工业出版社2019年版，第111页。

是发挥全部潜能、拥有快乐充实生活的人，具有个人生活智慧。智力发展和知识积累是教育给学习者带来的良性结果，避免学科教学对学生视野的窄化，否则将会损害学生的批判精神、创造力和身心健康："大学往往是仅考虑智力发展，而把学习范围缩小到一个学科，而且常常是学生进步越大，该学科的学习范围就越窄。"① 这样就会使得教育体制走向封闭：教育体制内的学者们无法与普通大众开展交流，普通大众缺乏认识学者们所描述的人类生存的现实世界的能力，大学的学者们普遍迷失甚至丧失在充满学术辩论和专业术语的远离人间的所谓的"学术世界"中了，被定义为"STEM"的科学、技术、工程、数学这四大类学科以外的研究都大体如此。

中国步入了继往开来的新时代，伴随着现代化进程的加快，开放的广度和深度都在改进着中国的生活和发展，作为社会发展繁荣"发动机"的大学，也面临重大变革的机遇与挑战。大学的创新发展，对于推动经济发展、培养富有抱负和才华的青年创业就业、促进社会流动顺畅进行等方面发挥了重大作用。大学应该培养学生对社会负责的理想人格和人文精神，开放心灵服务社会，培养学生的创造性与想象力。大学文化鼓励自由交流思想，怀有敬意地开展讨论，这才是真正的大学，大学文化才能源远流长，"在服务社会的过程中，大学一直是发明和创造的源泉。……大学里研究与教学的结合，让那些最杰出的专家与最有前途的学生面对面接触"②。世界大学存在这样一个趋势："学校越出名，就越强调在教师、学生和经费市场上的竞争力。"③ 然而，也存在一种声音在追问：大学忘却了什么？迷失了什么？大学作为知识的创造者与集散地，其最基本的职责使命是培养人，这一神圣使命

---

① [英] 安东尼·赛尔登、奥拉迪梅吉·阿比多耶：《第四次教育革命：人工智能如何改变教育》，吕晓志译，机械工业出版社2019年版，第35—36页。
② [美] 哈瑞·刘易斯：《失去灵魂的卓越：哈佛是如何忘记教育宗旨的》，侯定凯等译，华东师范大学出版社2012年版，英文版序言，第9页。
③ [美] 哈瑞·刘易斯：《失去灵魂的卓越：哈佛是如何忘记教育宗旨的》，侯定凯等译，华东师范大学出版社2012年版，英文版序言，第10页。

似乎正在被大学忘记，大学教育的目的是认识自己、树立远大理想和成长为真正的有责任感的公民。大学教育培养学生完善的人格、富有同情心、善于合作、建设更加美好的世界等品质。课程内容比以往更加丰富和名目繁多，但是，课程设计普遍认同的理念已经不复存在；教师给学生所打的分数不再是教师向学生提供的教学反馈，而逐步成为学生评奖评优乃至面试进入研究生院攻读学位的资格。纪律、规范和大学章程，演变为可以讨论和论辩的"小小法庭"，而最初制度设计的大学宗旨是进行道德教育，将培育青年学生成长为具有社会责任感的公民途径。[①] 学生满怀希望进入大学，而大学却忘记了其教育的宗旨和目标，敷衍塞责，国外大学一些新生抱怨：家庭对学费投入的期待回报不满意有些学生对未来目标明确，也有学生对学校提供的服务不满意：住宿的舒适度、教授的课程要求合理性问题、职业导向课程缘何被放弃、课余生活缺乏有效组织，"为了维护自己的市场吸引力，大学对这些抱怨尽量有求必应，却没有设法拓展学校的教育视野。大学改善了学校的体育设施，建立了校园酒吧等。只要人们对课程有任何异议，大学就放松课程要求，于是学生就可为所欲为了。但是大学不会时常给教授们施加压力——他们在市场竞争中是自由的。大学不理解的是：对于它们的努力，为什么学生仍不满意"[②] 青年学生是刚刚步入知识殿堂并受到现代大学教学和研究陶冶的新生力量，大学教学质量提高的唯一途径是向学生传授大学生应该掌握的知识，而不能仅凭教授的兴趣来组织教学内容。因此，大学需要真正的大学精神文化和核心价值观念的指引。

第一节 大学文化传承的基本内涵与核心理念

联合国教科文组织总干事阿祖莱于 2022 年 11 月在《共同重新构想

[①] [美]哈瑞·刘易斯：《失去灵魂的卓越：哈佛是如何忘记教育宗旨的》，侯定凯等译，华东师范大学出版社 2012 年版，英文版序言，第 10 页。
[②] [美]哈瑞·刘易斯：《失去灵魂的卓越：哈佛是如何忘记教育宗旨的》，侯定凯等译，华东师范大学出版社 2012 年版，导言，第 12 页。

我们的未来：一种新的教育社会契约》报告全球发布仪式上曾如此表述："如果有什么东西将我们聚集起来的话，那就是我们当下的脆弱感和对未来的不确定感。"[1] 针对世界百年未有之大变局和新冠疫情加剧的全球诸多不确定性、脆弱感和不稳定性，联合国教科文组织提出面向和平、公正和可持续的未来的教育倡议，致力于重塑学习与知识对人类未来发展的价值与作用，人类当前共同面临着满足"为何学、怎样学、学什么、哪儿学和何时学"迫切需要的重新构想，由于世界各国在追求经济发展的过程中，人类的创造活动和科技发展的无限拓展已经超出了自然环境的承受能力，进而开始反噬到人类自身的生存和发展，正是建基于这样一个人类共同的历史节点上，在我们共同生活的文化星球上，教育应该担负起建构和传递一种满怀希望的文化，将人性与对未来的创造融合起来，联合国教科文组织将教育视为一种可以重新构想的公共目的社会契约："一种社会成员间为了共享的利益而合作达成的默示协议。""社会契约反映了已通过立法形式确定并融入文化的规范、承诺和原则。"教育作为重新构想的社会契约，通过提供人类发展和面对未来的知识和创新，通过集体努力将人类联合起来，弘扬的是一种共享共建的教育文化，"帮助我们塑造面向所有人的可持续和和平的未来"[2]。

在人类千年接近尾声之际的 1988 年 9 月 18 日，在欧洲最古老的大学、也是全世界大学的母校的博洛尼亚大学建校 900 周年之际，欧洲大学的校长们齐聚意大利的博洛尼亚签署了《欧洲大学宪章》，在共同体意识不断增强和日益国际化的社会里，大学校长们达成共识："人类的未来很大程度上取决于文化、科学和技术的发展，并由以真正大学为代表的文化、知识和研究的中心所构建。"大学教育的基本功能与使命是

---

[1] 《联合国教科文组织发布全球性报告——共同重新构想我们的未来》，《中国教育报》2021 年 11 月 11 日第 9 版。

[2] 《联合国教科文组织发布全球性报告——共同重新构想我们的未来》，《中国教育报》2021 年 11 月 11 日第 9 版。

第一章 大学文化传承与社会主义核心价值体系的内涵意蕴与理论阐释

向年青一代传播知识，以培养年青一代的方式服务整个社会、经济和文化的发展，世界所有大学所要遵循的基本原则是"通过研究与教学，以批判的方式，创造和传递文化"①。

习近平总书记指出，中华文明产生于中华大地并与其他文明在不断交流互鉴中形成发展，中华五千多年的文明史始终一脉相承，"积淀着中华民族最深层的精神追求，代表着中华民族独特的精神标识，为中华民族生生不息、发展壮大提供了丰厚滋养"②。中国式现代化在开拓进程中，不断超越曾经的挫折与困境，在经济全球化进程中，文化政治的独立思考能力在世纪之交的转折点上更是逆势而上，中国整体的综合实力从文化边缘日益走向世界舞台的中央，正致力于建立完全独立的话语体系的新时代高质量发展的伟大征程上，加快构建中国特色、中国风格、中国气派的哲学社会科学是中国式现代化发展阶段的产物，是中国特色社会主义文化发展成熟的标志，是我国文化自信和价值观自信的体现。习近平总书记在党的二十大报告中强调，全面建设社会主义现代化国家，必须坚持中国特色社会主义文化发展道路，致力于文化强国建设，"推进文化自信自强，铸就社会主义文化新辉煌"③。中国特色社会主义文化是民族的科学的大众的社会主义文化，是面向中国式现代化、面向世界、面向未来的社会主义文化，是不断提升国家文化软实力和中华文化影响力的社会主义文化。

一 大学文化传承的基本内涵

文化使人们之间得以沟通和联系，文化使每一个个体的发展成为可能，在一定意义上，文化规定了人的发展的最终目标和归宿："文化规

---

① 王晓辉主编：《全球教育治理——国际教育改革文献汇编》，教育科学出版社2008年版，第17页。
② 《习近平外交演讲集》第一卷，中央文献出版社2022年版，第99页。
③ 习近平：《高举中国特色社会主义伟大旗帜 为全面建设社会主义现代化国家而团结奋斗——在中国共产党第二十次全国代表大会上的报告》，人民出版社2022年版，第42页。

定了人如何与自然、与周遭的物质环境发生联系，文化决定了人如何看待人与地球、人与宇宙之间的关系，文化决定了人对其他生命形式（无论是动物还是植物）的态度。正是在这种意义上，包括人的发展在内的所有形式的发展，归根结底都取决于文化因素。"[1] 21 世纪的最初 20 年，人类生活发展其中的世界，无论是个人生活还是社会生活都是栖息在一个科学技术不断深入甚至"掌控"的世界，大学教育不仅在传播和创新科学技术知识方面，在影响人们生活和改变人们行为方式方面也发挥着重大作用。时至今日，大学教育始终都承载着社会的平衡器的作用，担负着不可替代的社会重任："在作为方法的科学技术与作为人类生活与行动目的的价值观之间建立平衡。"[2]

（一）大学文化的概念界定

习近平总书记在文化传承发展座谈会上的重要讲话中强调，在新的历史起点上坚定文化自信，推进文化繁荣，"要秉持开放包容，坚持马克思主义中国化时代化，传承发展中华传统文化，促进外来文化本土化，不断培育和创造新时代中国特色社会主义文化"[3]。英国 19 世纪诗人、社会评论家和教育家马修·阿诺德在《文化与无政府主义》中对文化的意义作了如下论述："了解世界上最深邃的思考和最精炼的话语。"[4] 美国人类学家克利福德·格尔茨强调，文化具有"深厚意蕴"，文化"指一个社会的全部生活方式，包括它的价值观、习俗、象征、体制及人际关系等等"[5]。文化指"一个社会中的价值观、态度、信念、

---

[1] 联合国教科文组织、世界文化与发展委员会：《文化多样性与人类全面发展——世界文化与发展委员会报告》，张玉国译，广东人民出版社 2006 年版，导论，第 3 页。

[2] ［罗马尼亚］拉塞克、［伊朗］维迪努：《从现在到 2000 年教育内容发展的全球展望》，马胜利等译，教育科学出版社 1996 年版，第 86 页。

[3] 《习近平在文化传承发展座谈会上强调 担负起新的文化使命 努力建设中华民族现代文明》，《人民日报》2023 年 6 月 3 日第 1 版。

[4] ［英］安东尼·赛尔登、奥拉迪梅吉·阿比多耶：《第四次教育革命：人工智能如何改变教育》，吕晓志译，机械工业出版社 2019 年版，第 22 页。

[5] ［美］塞缪尔·亨廷顿、劳伦斯·哈里森主编：《文化的重要作用——价值观如何影响人类进步》，程克雄译，新华出版社 2010 年版，前言，第 8 页。

第一章
大学文化传承与社会主义核心价值体系的内涵意蕴与理论阐释

取向以及人们普遍持有的见解"①。对于文化在经济社会发展中的作用，美国社会学家丹尼尔·帕特里克·莫伊尼汉从两个方面发表了最明智的说法："保守地说，真理的中心在于，对一个社会的成功起决定作用是文化，而不是政治。开明地说，真理的中心在于，政治可以改变文化，使文化免于沉沦。"② 大学教育是文化与人的双向构建。对大学文化渊源的追溯，一方面源于对优秀文化的传承创新，另一方面源于对外来文化价值观和教育模式的突破，大学文化中内含着国家和地区的文化价值观、发展远景与规划目标，因为"教育不仅在传播文化价值观方面，而且在更新文化价值观念上都能发挥重大作用"。"教育能够而且应该在发展伦理，培养未来社会必需的性格、品质方面负起责任。这些必需的性格、品质包括：向他人开放，有个人判断能力，能适应变化并能积极、创造性地掌握这些变化。"③ 走出象牙塔的现代大学承担了更多的社会责任，直接面对社会问题，不仅创造和传递知识，而且还担负让人们具备以正确的态度对待知识的使命，从这个意义上来说，大学教育"应该培养人的批判精神，培养对不同思想观念的理解与尊重，尤其应该激发他发挥其特有的潜力"④。大学文化应该让青年学生获得"对道德、精神和美学的价值的认识。……这些价值观念中包括人的尊严、对他人的爱、同大自然的和谐等等"⑤。大学文化中所传承的这些价值观念不仅源远流长，而且还将不断地自我更新，在任何时代都充满活力；如何在原有价值观的基础上创造新的价值观，让青年一代适应新时代的

---

① ［美］塞缪尔·亨廷顿、劳伦斯·哈里森主编：《文化的重要作用——价值观如何影响人类进步》，程克雄译，新华出版社2010年版，前言，第9页。
② ［美］塞缪尔·亨廷顿、劳伦斯·哈里森主编：《文化的重要作用——价值观如何影响人类进步》，程克雄译，新华出版社2010年版，前言，第8页。
③ ［罗马尼亚］拉塞克、［伊朗］维迪努：《从现在到2000年教育内容发展的全球展望》，马胜利等译，教育科学出版社1996年版，第101页。
④ ［罗马尼亚］拉塞克、［伊朗］维迪努：《从现在到2000年教育内容发展的全球展望》，马胜利等译，教育科学出版社1996年版，第86页。
⑤ ［罗马尼亚］拉塞克、［伊朗］维迪努：《从现在到2000年教育内容发展的全球展望》，马胜利等译，教育科学出版社1996年版，第87页。

要求，大学文化应成为道德和公民价值观的灯塔。

　　大学文化是一种弘扬真善美的文化。大学文化所传递给青年学生的知识与价值观，受到信息技术和大众传媒的冲击与挑战，信息技术和大众传播媒介极大地开阔了学生的视野，同时也丰富了大学教育内容；与此同时，对大学教师的核心素养提出了新的要求，曾有人预言信息技术、远程教育和网络大学会加速学校的衰落，但是，今天的大学教育在培养各级各类人才方面，仍然担负着主体的责任并将继续发展，学生的学习地点可以通过学校课堂教学，也可以通过在学校之外的任何地点开展在线学习，学习时间具有了更多的自主选择和自由安排，进而彰显了教育和学习的灵活性。科学和技术是当代文明的两大支柱，科学与技术在解决世界性的灾难、无知、饥饿、疾病等人类基本问题上具有超强能力，特别是第三世界发展中国家的发展与崛起，对西方发展模式发起了挑战；与此同时，西方发达国家正在经历着经济衰退的困境，不断在教育与文化方面寻找解困之策，尝试"从提高文化和人道价值的角度重新确定增长目标"[①]。文艺复兴时期欧洲最著名的人文主义者弗朗索瓦·拉伯雷指出："没有良知的科学只会是灵魂的废墟。"[②] 人类在经历了"人人为己"的发展时期后，事关全球性的生存和发展问题日益凸显，"在所有人相互依存的基础上实现共同发展的意识开始在具体现实中反映出来"[③]。在全世界建构人类共同体的最大障碍，价值观念的差异和不确定性并不是最为次要的问题，"各个社会内部以及全世界的规范和价值系统日益多样化。同时，人类还面临着对其自身在社会中一贯遵循的规范和价值观的相对化乃至彻底否定的挑战。新的行为模式在中青年中正在扩展：暴力、不择手段地获取金钱和权力、色情变态、不承

[①] ［罗马尼亚］拉塞克、［伊朗］维迪努：《从现在到 2000 年教育内容发展的全球展望》，马胜利等译，教育科学出版社 1996 年版，第 96 页。

[②] ［罗马尼亚］拉塞克、［伊朗］维迪努：《从现在到 2000 年教育内容发展的全球展望》，马胜利等译，教育科学出版社 1996 年版，第 87 页。

[③] ［罗马尼亚］拉塞克、［伊朗］维迪努：《从现在到 2000 年教育内容发展的全球展望》，马胜利等译，教育科学出版社 1996 年版，第 96 页。

第一章
大学文化传承与社会主义核心价值体系的内涵意蕴与理论阐释

担任何义务的性爱等等。这些行为模式有的已经从发达国家传播到经济上不太先进的社会，并且动摇了这些社会的所有社会结构"①。

新时代的中国在全面建设社会主义现代化强国的征程上，以民族复兴梦的共同理想引领中国人民努力奋斗，在文化建设方面的伟大复兴内含着在创造性发展和创新性转化中华民族最深远的文化价值观基础上全面建设社会主义现代化，追求进步而不背离自身的价值观是中国特色社会主义文化的重要体现之一。面对这些世界性的诸多难题：人口剧增与负增长并存、政治官僚化与贪污腐败、普遍性的脆弱感、不稳定性和不安全感、信仰迷失甚至丧失、青年的叛逆与反叛、道德滑坡与政局频繁变更以及领导无能等，对这些世界性问题的状况分析和发展判断，在第二次世界大战结束之时，就有人倡议建立一个以生态人道主义为全球治理理念的世界政府，出于世界主义的观点，基于对全球核战争可能毁灭人类的深刻忧虑，针对世界的经济、政治、文化等方面的问题存在一定的普遍性，以圣-马克（Saint-Marc）为主要代表的学者提出了关于生态人道主义基础上的新文明观念，"今后，保护大气、海洋及其生物资源的任务应该落在全世界肩上。为了这一行动，全世界应团结起来，组成一个国际保护自然共同体，它将是世界政府的雏形。唯有一种世界性政策才能结束世界性悲剧"②。然而，人类通往全球范围的团结统一的道路布满荆棘和曲折坎坷，其中最大距离之一就是世界各国的文化价值观念的巨大差异和相容困难："要回答的问题是：文化因素对经济和政治发展能影响到何种程度？如果确有影响，又该如何消除或改变文化对于经济和政治发展的障碍，以促进进步？"③

人与世界之间的关系是人与人之间关系的外在表现，今天的人类撕

---

① ［罗马尼亚］拉塞克、［伊朗］维迪努：《从现在到2000年教育内容发展的全球展望》，马胜利等译，教育科学出版社1996年版，第96—97页。
② ［罗马尼亚］拉塞克、［伊朗］维迪努：《从现在到2000年教育内容发展的全球展望》，马胜利等译，教育科学出版社1996年版，第98页。
③ ［美］塞缪尔·亨廷顿、劳伦斯·哈里森主编：《文化的重要作用——价值观如何影响人类进步》，程克雄译，新华出版社2010年版，前言，第8页。

毁了将其与自然共融共生的文明契约，"如果说人类仍然统治着世界，那么世界则也总在伺机粉碎人类"①。索罗金、汤因比等学者曾对世界状况作出当代文明将会死亡、新的适应新时代的精神价值观念将会很快产生的判断也未能如期实现。文艺复兴以来，人类一度成为自然的主宰，伴随着科学技术发展的高歌猛进，人类似乎无所不能，将自然视作经济增长的原料库和垃圾处理场的发展观，产生了非人道的增长方式和强化了"征服者"伦理观念，这种发展伦理观念使西方社会一直处在"弱肉强食的个人主义和视民如蚁的专制主义之间摇摆，并且使西方与世界其他地区之间建立起主人与奴仆的关系"。这种关系造成了印第安种族灭绝、旧奴隶制度的恢复和流放等历史创伤，也造成了今天美西方发达国家对"'教师爷'般颐指气使的说教"的偏执与怀想。② 东西方文明之间若能够真正实现彼此尊重、相互学习、交流和互鉴，世界文明新秩序才有可能建立起来。面对人类的生存困境与社会问题及弊端，人类生活的空间已经拓展到全球范围，教育理应以培养青年一代广阔的视野并塑造其开放的世界观，因为"教育不可能置身于思想和行动的新潮流之外，它在更新价值观念方面大有可为。人们指望教育不仅能满足人与社会的基本要求（和谐的个人发展、社会正义等），而且还希望它也能面对世界的重大问题，培养青年一代适应明天的世界及其要求"③。

20 世纪末期，联合国教科文组织曾经提出全球存在着带有生态问题的普遍性、问题在人类生活各方面和各部门的整体性、各方面问题紧密联系并相互渗透的复杂性、问题难除病根的深刻性和人类所面临的重大问题几乎均可以威胁到人类生存的严重性等特征的世界性问题，时至

---

① ［罗马尼亚］拉塞克、［伊朗］维迪努：《从现在到 2000 年教育内容发展的全球展望》，马胜利等译，教育科学出版社 1996 年版，第 99 页。
② 习近平：《在庆祝中国共产党成立 100 周年大会上的讲话》，人民出版社 2021 年版，第 15 页。
③ ［罗马尼亚］拉塞克、［伊朗］维迪努：《从现在到 2000 年教育内容发展的全球展望》，马胜利等译，教育科学出版社 1996 年版，第 101 页。

第一章 大学文化传承与社会主义核心价值体系的内涵意蕴与理论阐释

今日，这些世界性问题在生态环境、人类生活各方面相互渗透，难以解决并依然威胁着人类的生存境遇与发展可能。[1] 为此，世界各国高等教育机构的课程设置中占有重要地位，即不断开设面向未来的世界重大问题分析的课程，联合国教科文组织也鼓励成员国，"把培养青年爱好和平、尊重人权、重视其他国家和民族的文化的课程列入教学大纲"。人类所生活的文化星球"犹如一条漂泊于惊涛骇浪之中的航船，团结对于全人类的生存是至关重要的"。从最广泛的意义上讲，当代大学文化传承的任务是"教育与灾难的赛跑"[2]，能否建立起全人类的团结和持久和平，这是大学文化教育传承和探讨的永恒课题。

（二）大学文化的类型特征

现实昭示着未来，大学教育的未来不仅取决于教育制度的内在因素，还受到政治、经济、社会和文化的发展等外在因素的影响。但是，对于全球化的影响程度、作用方式和力量根源以及不同回应，我们还缺乏系统深入的认识和理解。中国已经拥有世界上最庞大的高等教育体系，但是，我们仍然奋斗在创建高等教育强国的伟大征程中，而且中国的高等教育发展历程也是颇多曲折，特别是学术的精神传统在这些曲折中也倍受消磨，因此，如何在融入经济全球化的过程中仍能保有自己文化价值观的独立和自信，在全球化的契机中，既增加了"学术的原始资本积累"，又能对学术传统进行补课和认同，进而不断促进全球视野和本土根基协同，是中国学术智慧的一种行动方案。否则，我们将遭遇高等教育国际地位与世界影响的难堪与不自信。

1. 人才培养文化

大学的宗旨是培育道德和发展智力，大学是为公共利益而建立的，大学的发展与国家的福祉休戚与共。高等教育机会问题在中国通过规模

---

[1] ［罗马尼亚］拉塞克、［伊朗］维迪努：《从现在到2000年教育内容发展的全球展望》，马胜利等译，教育科学出版社1996年版，第94页。

[2] ［罗马尼亚］拉塞克、［伊朗］维迪努：《从现在到2000年教育内容发展的全球展望》，马胜利等译，教育科学出版社1996年版，第102页。

扩张和制度改革已经实现了跨越式发展，进入高等教育普及化的高质量发展阶段。这将对未来的大学教育产生重要的影响。现代大学虽与最初产生之日相比已经相去甚远，但是大学必须要具有拯救自身的卓越灵魂，人类始终坚信，大学在人才培养方面能够承担起更多的社会责任。"双一流建设高校"和"双万计划"的启动是为了引领中国高等教育的发展方向，中国未来发展的希望需要这些著名高校源源不断地输送人才、从事基础研究和创新技术发展。"何谓卓越？为何卓越？"世界大学的学术政策和学术项目都开展了"追求卓越"的未来发展方案，大学应有的反思和理性精神却不断被资金和声望的重要性替代和淹没。"有灵魂的教育"是包含这些因素的教育："大学对于学术、学生和国家的责任感；体现整体性的通识课程；恪守教书育人的本份；独立于社会流行观念的判断力；强调教育过程和方法甚于教育内容；对学生严爱相济、情理相融等。"[①] 大学自现代以来的教育目标就是"让学生做好准备，面对世界上积极生活的荆棘，无论是当前存在的还是未来会出现的。教育一直以来都是为社会需要提供服务。现在，教育必须如此，而且应比以往更要做到这一点。这是因为高等教育是进步和改变的引导者。而改变是我们这个时代的推动力"[②]。

2. 学术价值文化

学术研究应该了解学术或思想的历史背景，而了解历史最有效率的方式就是认识和阅读经典。我们不能说经典是学术史或思想史的全部，但是，经典常常以最浓缩的方式承载了不同时代历史上人类智慧和思想的沉积和凝练。学术价值观是学术共同体建构的逻辑前提，"大学应该塑造学生成为专业人士，但是也应培养创造者。创造力不仅是经济活动的基础，而且对于人类未来而言亦是如此。智能机器会将数以百万计的

[①] ［美］哈瑞·刘易斯：《失去灵魂的卓越：哈佛是如何忘记教育宗旨的》，侯定凯等译，华东师范大学出版社2012年版，译者序，第1页。

[②] ［美］约瑟夫·E.奥恩：《教育的未来——人工智能时代的教育变革》，李海燕等译，机械工业出版社2019年版，前言，Ⅺ—Ⅻ。

劳动力从日常劳动中解放出来，但是仍然有大量的工作需要我们人类去完成。伟大的事业，如治疗疾病、修复环境、消除贫困等需要集中全人类的智慧。机器将能够帮助我们探索宇宙，但是人类将面对探索发现后的后果"[1]。人类还是要阅读经典名著、会为充满想象力的艺术和音乐作品而感动、无私高尚的道德仍是人类的品行追求、为增进人类福祉而共同行动以改造世界。学术价值观对大学的治理模式和变革路向都将产生影响，大学的改革方案要与学术共同体公认的价值观保持一致，否则将会遭到大学教师的抵制而最终失败；如果改革推动者们能够让教师们设身处地地认识到：学校目前的做法同教师的专业形象、教学原则和学术责任发生冲突和矛盾，与学术职业的理想抱负产生分歧，教师们就会支持改革，学术共同体共有的"学术价值观也可能成为带来高等教育结构性改革的强大动力"[2]，并以获得认同的学术价值观来推动高等院校改革方案的实施。新经济形态叠加在后疫情时代，静态僵化的科层组织的铁笼被打碎、被摆脱的过程中，新的自由模式应该建构起来，但是新经济形态也给人们带来了新的社会和情感创伤，新的资本文化对个体提出新的要求："越来越要求来自更加简洁意义上的自我，注重潜能而不是已经取得的成就，人们必须轻视甚至放弃以往的经验，努力适应新经济的'改革'要求。"[3]

3. 职业价值文化

展望未来，社会分工将日趋复杂，但是，大学教育仍是青年一代攀登更高社会经济地位的晋升阶梯，教育引发的社会问题也将更加棘手，特别是由于世界范围内接受过普及化的大学教育的劳动力的供给逐年增加，青年通过接受更高层次教育而产生了更高的期待，即"既高薪又

---

[1] [美]约瑟夫·E.奥恩：《教育的未来——人工智能时代的教育变革》，李海燕等译，机械工业出版社2019年版，前言，X—XI。

[2] [美]德里克·博克：《大学的未来——美国高等教育启示录》，曲强译，中国人民大学出版社2017年版，第7页。

[3] [美]理查德·桑内特：《新资本主义的文化》，李继宏译，上海译文出版社2017年版，导论，第1页。

高效的工作岗位的净数量在逐渐减少。想要让更多的人就业，那么就需要创造出更多的就业机会"①。在哪里可以创造出就业岗位？需要怎样的创意解决方案？这并非大学教育的应然问题，却给大学教育的职业价值文化带来新的挑战并需作出符合人的发展和社会发展需要的回应。对于国际社会热议的人工智能现象，是否可以说人工智能经济时代已经来临？高等教育需要作出怎样的结构调整和提出可行的应对方案？"21世纪的大学不应培训学生从事那些在科技浪潮中即将消失的职业，而应把学生从过时的职业模式中解放出来，让他们可以掌握自己的未来。大学应让学生具备在科技定义的新经济环境下掌握其需要的读写能力与技能，并继续为学生提供在多样化全球环境中面对生活挑战所需要的继续学习的机会。高等教育需要新的模式、新的定位，不再是只以培养本科生和研究生为两大教育目标。大学教育应该扩宽其教育面，成为终身学习的引擎。"②

4. 学术共同体文化

中国是世界上最大的发展中国家，发展中国家的现代大学及研究人员对西方经典大学制度模式研究和探索的目的就是要创办中国特色的世界卓越大学，为民族国家服务，为社会培养精英人才。小马丁·路德·金博士在著作《何去何从：混乱还是社会》中写道："我们获得的是一个大型的家园，巨大的世界家园，无论我们白人还是黑人，非犹太人还是犹太人，天主教徒还是新教徒，穆斯林还是印度教徒，都得居住其中，这个大家庭在观点、文化和兴趣方面分歧过大，因为我们绝不可能再次分开，因此必须学会如何和平共处……我们不能忽略这个更大的世界家园，我们也居于其中。"③ 在一定意义上，这也是大学文化共同体

---

① [美]约瑟夫·E.奥恩：《教育的未来——人工智能时代的教育变革》，李海燕等译，机械工业出版社2019年版，前言，Ⅷ。
② [美]约瑟夫·E.奥恩：《教育的未来——人工智能时代的教育变革》，李海燕等译，机械工业出版社2019年版，前言，Ⅶ。
③ [美]玛莎·纳斯鲍姆：《培养人性：从古典学角度为通识教育改革辩护》，李艳译，上海三联书店2013年版，第168页。

第一章
大学文化传承与社会主义核心价值体系的内涵意蕴与理论阐释

的思想萌芽。

在现代大学世界中,历史悠久、传统深厚、资源丰富的发达国家学术团体在学术工作的各个领域处于领导和支配地位,发展中国家的学术体系大多是"舶来品",欧洲模式和现代美国模式在一些发展中国家战胜本土学术传统,即使一些国家在殖民独立后有机会改革大学的性质,但是,这些国家没有选择这样做。全球化进程的深化已经有力地改变着全球学术活动及其已有地位,全球化给全世界大学和学者创造了参与国际知识体系和交流平台的机会,特别是一些发展中国家研究型大学快速、高质量地发展成长,也有可能在可预见的未来让其摆脱国际学术知识体系的边缘化状态。

大学理应是一个思想之邦,学术语境的变化能否让学者跟得上对学术自由和大学自治的持续关注?然而,学术界的自由平等与独立思考何以可能?在学术界,自由最不能被放弃,在学术共同体内"以谋求他们彼此间的舒适、安全与和平的生活,以便安稳地享受其财产,并且获得更大的保障来防止共同体以外的任何人的侵犯"[1]。知识分子在公共理性的典范和理智的旁观者之间应该做出怎样的选择?孤独与沉思是学术职业人必须面对的生活方式选择。学术共同体是"直接交往的、团结信任的关系,不断进行协商与不断更新的关系,一个共同体的领域,身处其中的人们会关心他人的需求。……大型社会机构的分裂使得许多人的生活处于碎化的状态:他们工作的地方更像是火车站,而不是村庄,因为家庭生活被工作中的各种需求弄得失去了方向。迁移是全球时代的标志,人们四处流动,不再固定下来。可是拆分社会机构并没有生产出更多的共同体"[2]。在学术共同体内部,人与人之间比较弱的相互依赖性和对个体独立生活尊重的必要性,强调学术职业人独立体验主体

---

[1] [美]玛莎·C.纳斯鲍姆:《正义的前沿》,朱慧玲等译,中国人民大学出版社2016年版,第7页。

[2] [美]理查德·桑内特:《新资本主义的文化》,李继宏译,上海译文出版社2017年版,导论,第2页。

的意味要比其他群体更强烈。

5. 大学制度文化

欧洲大学制度文化理念有两个渊源：一是英国纽曼的古典人文主义大学理念；二是德国洪堡的新人文主义大学理念，"大学是社会中有能力沟通知识模式、文化形态和制度创新之间关系的关键机构"[①]。美国大学对欧洲制度模式在学习借鉴的基础上，结合美国本土特色，建构了服务创新的制度模式，加速了美国高等教育规模的扩张，但对其学术职业带来了普遍的、两方面的负面影响：一方面，无论是精英大学还是大众化大学都曾出现过，现在问题变得更加严重："有一些既不热爱教师职业也没有达到其标准的人获得了终身教职；他们当中的一些人无视大学教师的职业要求，另一些人忽视他们的教学和学生，还有一些人则很少进行研究或者缺乏研究的兴趣和信念，并且不关心自己的学校。"[②]另一方面，伴随着高等教育的大众化，美国高等院校教师人数出现了"过大和过快的增长，以至它们无法提供足够多的、拥有杰出才能的、受过严格训练并且愿意献身于自己的使命的教师。此外，为大批缺乏兴趣的本科生授课还会让一些教师感到泄气。这些缺乏兴趣的教师又会让他们的学生感到厌烦。由于本科生和研究生的数目都十分庞大，所以连最有抱负和最有才能的学生也很难设法接近那些能够指导他们并且发现他们的天赋和潜能的教师"。学术职业的聘任标准未能将教学能力与教学兴趣考虑在内，"一些缺乏兴趣的教师得到大学的聘任"[③]。

(三) 大学文化的传承创新

大学文化传承的是一种文化传统，创新的是一种人文精神。由于文化之间的差异巨大，可以通过不同的方式来感受不同的历史与文化传

[①] [英] 杰勒德·德兰迪：《知识社会中的大学》，黄建如译，北京大学出版社2010年版，导论，第11页。

[②] [美] 爱德华·希尔斯：《教师的道与德》，徐弢等译，北京大学出版社2010年版，第11页。

[③] [美] 爱德华·希尔斯：《教师的道与德》，徐弢等译，北京大学出版社2010年版，第11页。

第一章 大学文化传承与社会主义核心价值体系的内涵意蕴与理论阐释

统。而且文化并不是铁板一块或静止不变的，因此学习非本民族文化，特别是西方文化具有极大的挑战性，包括诸如宗教和冲突等很多内容，而且随着时间的推移而发展变化，需要不断吸收新观点，有时这些新观点来自其他文化。因此，在课程设置中加入其他文化的研究会出现一系列难题也是自然的事情。① 人文学科与艺术的重要性，它们的作用比赚钱重要，"在一个冰冷和思维定势的世界里，我们仍然可以拥有畅想，可以挑战贫乏的想象力，可以拥有无限的可能"②。正如泰戈尔曾说的："欲使我们的头脑获得真正的自由，不是依靠获得求取知识的材料和占有别人的思想，而是依靠使头脑形成它自己的判断标准，产生它自己的思想。"③ 美国诗人惠特曼认为，诗人是其"时代和国家的平衡器"。当下，知识分子通过对自由、公平的追求与追问是否还能充当这样的角色呢？美国政治哲学家努斯鲍姆理解并重视文化传统，通过批判美国功利教育以建构面向人文传统的通识教育人本进路。因为人文传统思想中的革新特质表现在：虽然苏格拉底自称无知，孔子遵循传统，但是，两位教育家的基本目标就是"为了既革新而又保守，宣告众人而又不言之过多"④。耶鲁大学曾有一位校长这样来评价大学文化生活："大学友谊的温暖，大学竞争的诚挚，个性的显露，成长的展现，对报应与羞耻中的恶行和激情的争论，胜利与荣誉中毅力的回报……"⑤ 这是大学中的文化生活和人文精神的真实体现。努斯鲍姆认为，以旁观者的身份讲究实际和精于算计不应该是知识分子的理性选择和人生哲学。在分工越来

---

① ［美］玛莎·纳斯鲍姆：《培养人性：从古典学角度为通识教育改革辩护》，李艳译，上海三联书店2013年版，第103页。
② ［美］玛莎·努斯鲍姆：《诗性正义：文学想象与公共生活》，丁晓东译，北京大学出版社2010年版，代译序，第20页。
③ ［美］玛莎·努斯鲍姆：《功利教育批判——为什么民主需要人文教育》，肖聿译，新华出版社2017年版，第59页。
④ ［美］玛莎·纳斯鲍姆：《培养人性：从古典学角度为通识教育改革辩护》，李艳译，上海三联书店2013年版，第100页。
⑤ ［美］安德鲁·德尔班科：《大学：过去，现在与未来——迷失的大学教育》，范伟译，中信出版社2014年版，第85页。

越细、职业越来越专业化的世界里,"体现个人自主性和自发性的途径被限制在社会机构的有限空间里。在当今世界,任何别的事情都在逃离理性的非理性控制。一个'无法忍受时代命运'的个人可以在已有的宗教或在新的神秘主义形式中寻求庇护,但这些都只能是对现代社会秩序的要求的一种逃避"①。

二 大学文化传承的基本类型

大学文化的形成是一个历史承继的过程,在人工智能、信息化变革引领的教育实践中,如何寻找人类学习的时代密钥?如何为教学改革的丰富实践和创意落实提供可能?对于各种信息的操作技能是21世纪的学习者必须要重视的重要生命技能,大学文化传承中对科学一致性、整体性和关联性的创新诠释与理解,教师的课程设计和教学设计应有力支持学生的个性化学习。大学学习模式的改革实践聚焦于远程教育与传统课堂教学模式的相互携手并进,从而有效提升青年学生在大学校园中学习经历的人文价值。基于此,大学文化传承的基本类型有多种划分,本书的划分遵循现代大学教学、科研、服务社会、文化传承与创新的四大功能维度展开。

(一)大学教学文化的传承与变革

今天,我们生活在一个由计算机从数据推动人工智能发展的科技创造奇迹的时代,"我们正经历又一场革命,这次人类又要为生计而奔波,此次革命让恒久以来的确信在历史的灰烬上土崩瓦解。这次革命的动力来自新技术。但是,本次革命的引擎不再是培育的谷物种子,也不是轧棉机或蒸汽机,而是数字和机器"②。新技术为人类带来令人不可想象的福祉,让我们拥有了消除贫困、扫清饥饿和治愈疾病的能力与本领。

---

① [英]安东尼·吉登斯:《资本主义与现代社会理论》,郭忠华等译,上海译文出版社2013年版,第305—306页。
② [美]约瑟夫·E.奥恩:《教育的未来——人工智能时代的教育变革》,李海燕等译,机械工业出版社2019年版,前言,Ⅲ。

第一章 大学文化传承与社会主义核心价值体系的内涵意蕴与理论阐释

如何培训教育者学习和使用数据分析和沟通技巧来提高教学实践的有效性是大学教学必须正面回应的关键问题。工业革命时期，受到拖拉机和纺织机挑战的农民和手工纺织者经受了经济和职业的艰难转型，通过接受培训，在新工厂工作。在21世纪20年代的今日，"当信息技术大面积席卷生产领域时，许多人通过获得知识，接受培训，仍可以在需要更高技术的生产领域、服务部门或办公园区找到工作"[1]。是否可以说人工智能经济时代已经来临？大学教育教学需要作出如何调整？2013年牛津大学的研究人员发现，在未来的20年，美国有一半的工作面临被自动化取代的风险；金融界的交易平台面临被机器人算法席卷的威胁，据不完全估计，在未来10年，该软件可能取代1/2或1/3的金融工作岗位；即使仅仅使用现有的技术，美国麦肯锡一份2015年的报告发现，45%的付薪工作现在就能实现自动化，如果实现，可以每年为美国节省2万亿美金的人类雇员的工资。[2] 德国思想家马克斯·韦伯对事关大学教学价值立场的问题指出："我坚持必须不掺杂价值判断地对学生进行学术说明的立场，而且，至今还以自己一直忠实于这种理想的教学活动而自豪。"[3] 这种价值中立的教学立场在今天的大学教学中似乎已经无法自存，因为无论是对于大学教师还是青年学生都是科技飞速发展时代需要不断提升参与竞争的素质能力的同时代人。

大学教学文化始终坚持传承教学育人使命责任，同时根据时代发展需要和个人成长可能，培养新一代人的核心素养以适应和服务时代发展需要，同时，引领年青一代不断提高自身的和谐发展，成为具有健康心态与现代素养的时代新人。现代大学教学的教育承诺是变革教育教学模式，面向已经到来的未来，在分工日趋复杂的现代，始终秉持"教育

---

[1] [美] 约瑟夫·E. 奥恩：《教育的未来——人工智能时代的教育变革》，李海燕等译，机械工业出版社2019年版，前言，Ⅷ。

[2] [美] 约瑟夫·E. 奥恩：《教育的未来——人工智能时代的教育变革》，李海燕等译，机械工业出版社2019年版，前言，Ⅷ。

[3] [德] 马克斯·韦伯：《韦伯论大学》，孙传钊译，江苏人民出版社2006年版，第105—106页。

仍然是人们攀登到更高经济地位的阶梯"①，为青年学生提供高质量的教学，以应对新一轮科技革命为人的生存境遇和职业发展带来的机遇与挑战。现代大学教学文化的变革应聚焦大学自现代以来的教育目标："让学生做好准备，面对世界上积极生活的荆棘，无论是当前存在的还是未来会出现的。教育一直以来都是为社会需要提供服务。"② 大学通过教学培养社会需要的人和全面发展的高级专门人才，大学的所有利益相关者都应坚信并努力成为我们这个时代进步和变革的引导者和推动力。

(二) 大学科学研究文化

大学的科学研究是一种拓展学生理解和改变世界能力的努力，追求真理的崇高使命是学术人生活的本质。大学文化传承是培育大学生形成个人意识和社会自觉，建构自我需要与社会需要的和谐同行、反省自我和改革社会能力的成长场域。大学文化是形塑语言、塑造价值与意识形态、支持规则和文化认同发挥着不可取代功用的关键场所。大学人所从事的科学研究是提供更多的可能性，坚定青年学生为社会发挥青春能量的能动作用，通过个体和集体科学研究成果的力量参与社会实践，在服务人民、奉献社会和发展自我的过程中，体验人生的意义和价值。思想自由是学术人的羽翼，能动的理性就是意志。大学人精神世界的和谐应该是什么？听从精神世界的召唤，不断提升自己，把握学术世界，在精神世界里发挥作用。学术研究是大学师生理性世界的精神纽带。开展学术研究是大学师生精神交往的主要发展原则之一。以道德律令规范学术生活，这是学术界的真实生活，学术人应该听从于此。对于大学师生而言，追求真理和遵守学术规范"应该是我心灵中首要的和最高的东西，一切其他东西都以这个东西为准则，而这个决断却既不以任何其他东西

---

① [美] 约瑟夫·E. 奥恩：《教育的未来——人工智能时代的教育变革》，李海燕等译，机械工业出版社2019年版，前言，Ⅷ。
② [美] 约瑟夫·E. 奥恩：《教育的未来——人工智能时代的教育变革》，李海燕等译，机械工业出版社2019年版，前言，Ⅺ—Ⅻ。

第一章 大学文化传承与社会主义核心价值体系的内涵意蕴与理论阐释

为准则,也不以任何其他东西为转移;这个决断应该是我精神生活中最内在的原则"①。学术生活世界是为追求使命意义的超凡世界,这也是一个理性的世界。"为这个世界的目的服务。"② 在学术世界生活,如果没有目标使命和坚定的学术信仰,是很难坚持采取行动的。从事学术职业强大的人需要强大的精神世界,在这个精神世界中,学术人是自由的,追求良知的至善性,构成学术人的真正价值。

大学文化传承中,涉及意义、知识和价值在不同的文化传统和文化背景下是如何产生并进一步合法化的问题。费孝通不认为大学"教师的任务是在传授已有的知识,这些学生们自己可以从书本上去学习,而主要是在引导学生敢于向未知的领域进军。作为教师的人就得带个头。至于攻关的结果是否获得了可靠的知识,那是另一个问题。实际上在新闻的领域中,这样要求也是不切实际的"③。马克斯·韦伯的著作中蕴含着大学文化传承中所崇尚的自由思想基础,"人类一边接受这难以摆脱的命运,一边考虑着尽管处于这样的社会结构中,如何保持和守卫个人自由的神圣领域"④。大学教师作为知识分子,不仅自身要追求真理和从事科学研究,而且还要形塑、引领美好生活的样态。思考如何作出独特学术贡献而服务社会。歌德规劝人们"走出去在不受羁绊的自然界中汲取教益"⑤,大学学术生活是一种特殊的与众不同的人类生活,改进学术人的生活品质需要理性的选择,首先要求学术人投身学术生活的追求与坚守。构建学术共同体健康学术生态的目的是发展学术,完善学人;在学术共同体内遵守学术道德与承担学术道德责任,以此推进学

---

① [德] 费希特:《论学者的使命 人的使命》,梁志学等译,商务印书馆1997年版,第179页。
② [德] 费希特:《论学者的使命 人的使命》,梁志学等译,商务印书馆1997年版,第179页。
③ 费孝通:《乡土中国》,北京大学出版社2012年版,第3—4页。
④ [德] 马克斯·韦伯:《韦伯论大学》,孙传钊译,江苏人民出版社2006年版,第113页。
⑤ [英] 路德维希·维特根斯坦:《文化和价值》,黄正东等译,译林出版社2011年版,第14页。

术界的学术生态的良性改进。学术共同体所激发的学术激情才能发挥有益的追求真理的健康导向。因此，以人为本是构建学术共同体的不易旨归，以学术研究为基础是大学学术共同体发展的永恒密钥。学者学人的生活环境有利于读书治学的舒适怡然是学术研究必不可少的条件之一。如何营建学术共同体富有创新激情的研究环境和健康良好的学术生态，不断拓展和积累学术资源、打造宽松自由的生活环境，这是学术职业人需要着力建构的生存发展环境。

（三）大学服务社会文化

文化不是一个自变量，文化价值观尽管变化缓慢，但是，文化价值观是会发生变化的，丹尼尔·埃通加-曼格尔说："文化是制度之母。"[1] 历史传统、地域环境和政治制度、经济体制等都对文化价值观产生影响。哲学家费希特认为，人的本质是完成其社会使命，这是"人的本质中最深邃、最纯粹的地方"，人的社会使命应符合道德规律，道德规律是人的使命达成的最高规律。[2] 这种理性觉醒是需要通过"锻炼获得和提高的技能"，并将这种技能称作文化："文化只有程度的不同，但是文化程度可以表现为无止境的。如果人被看作是有理性的感性生物，文化就是达到人的终极目的、达到完全自相一致的最终和最高手段；如果人被看作是单纯的感性生物，文化本身则是最终目的。感性应当加以培养，这是用感性可以做到的最高的、最终的事情。"[3] 人永远在追求达到自我完善、全面发展的最终、最高使命目标的路上。

习近平总书记在全国教育大会上的重要讲话中强调："要把立德树人融入思想道德教育、文化知识教育、社会实践教育各环节，贯穿基础教育、职业教育、高等教育各领域，学科体系、教学体系、教材体系、

---

[1] ［美］塞缪尔·亨廷顿、劳伦斯·哈里森主编：《文化的重要作用——价值观如何影响人类进步》，程克雄译，新华出版社2010年版，第37页。
[2] ［德］费希特：《论学者的使命 人的使命》，梁志学等译，商务印书馆1997年版，第20页。
[3] ［德］费希特：《论学者的使命 人的使命》，梁志学等译，商务印书馆1997年版，第10页。

管理体系要围绕这个目标来设计，教师要围绕这个目标来教，学生要围绕这个目标来学。凡是不利于实现这个目标的做法都要坚决改过来。"①因此，大学文化传承创新中需要明确并坚定政治立场，以学术研究成果和教学改革成效进一步丰富主流价值观的思想、价值和理论。大学精神文化传统不仅要承担对学生、社会、国家的责任，还要承担对世界和平发展的责任，对民主社会而言，道德状况是文明社会的最终检验尺度，大学文化的精神传统仍然要肩负道德承诺的责任，重建对教学和学生的责任，激励青年学生将来在各行各业担负起服务公共生活的社会责任与社会角色。全球文化的多样性主张包容和尊重所有的文化，文化的重要性体现在价值观与社会进步之间的关系，文化价值观的重要性在以往未能给予应有的重视并常常被忽视。解构大学文化传统边界，赋予大学文化新颖洞见是新时代大学文化传承发展的重要责任；在不断的学术追求中，丰富大学教学与研究的张力与活力，体现大学生活的辩证本质，在批判与建构中将大学文化传承创新作为持续努力的第一动力。在现代大学文化发展史上，大学文化的广泛传承，为最大多数人所认同与享有，大学文化为人类文明发展所做的贡献在全球通过交流、交往而实现教育文化的传播、创新和共享，进而推动了人类文明整体性进步与发展，在德国柏林大学第一任校长、哲学家费希特的观念中，只有这样，"人们就会没有停顿和倒退，而不断地用共同的力量和统一的步伐把自己提高到我们现在还缺乏了解的文明境界"②。

（四）大学精神传统传承与文化创新

大学要始终不渝地坚持一种追求真理和以人为本的精神传统。大学教育不能蜕变为职业训练场所和无休止的评价检测机构，更不应该屈从市场逻辑仅仅为消费者服务。新时代中国特色社会主义大学为学生提供

---

① 王战军主编：《新时代研究生教育研究资料汇编（2010—2020）》，中国科学技术出版社2021年版，第3—4页。
② [德] 费希特：《论学者的使命 人的使命》，梁志学等译，商务印书馆1997年版，第171页。

服务人民和奉献社会的扎实知识、适应性技能和学习迁移能力得以形成的资源与平台，将新一代培养成为具有批判性思维的新时代公民，获得积极融入社会生活实践的力量与本领，大学精神文化传统引领青年学生将个人的理想与实现中国梦的伟大工程紧密结合，塑造和鼓励青年学生成为具有创新能力和批判思维的社会主义建设者和接班人，超越自身已有认知，构想更加美好的世界，为富强民主文明和谐美丽的现代化强国贡献智慧与力量。因此，在复杂多变的国际形势之下，现代大学更应体现一种具有直面社会问题勇气的精神气质，这既是一种教养的力量，也是一种将人类命运与共的责任与担当。维特根斯坦曾说："一个新词犹如在讨论园地里播下的一粒新种。"① 文化观念新颖与传承与否，均是独立思考和自主选择的结果，而任何人不能替代你自身的独立思考。

　　大学文化传承中的创新范型不仅包括创造新的知识和技能，还包括在创造新的、更容易为学生所接受的教学话语、教学方法的可接受性、提高教师队伍的整体素质能力、提升政治文化的自信与魅力、对公共生活作出伦理道德的回应。大学文化传承中要增强文化自信，发展文化是使人们的社会行为方式与社会的政治经济制度所释放的信号和激励密切相关。大学文化的传承与创新的第一要义就是要善于学习、敢于变革，例如，20世纪70年代初期，日本不放过任何学习的机会，派出一个高级代表团历时两年，遍访美国和欧洲的造船厂、工厂、炼铁厂、兵工厂、运河与铁路，回国时"满载着学到的知识和要求改革的'火一般的激情'"②，代表团高层人物充分认识到与"世界上更先进的强国"无法比拟，进而体会到自强的价值与意义；日本以德国"全神贯注壮大国家实力"为榜样，学习德国人"勤劳、节俭、朴实"③，从而使日

---

① [英]路德维希·维特根斯坦：《文化和价值》，黄正东等译，译林出版社2011年版，第2页。
② [美]塞缪尔·亨廷顿、劳伦斯·哈里森主编：《文化的重要作用——价值观如何影响人类进步》，程克雄译，新华出版社2010年版，第53—54页。
③ [美]塞缪尔·亨廷顿、劳伦斯·哈里森主编：《文化的重要作用——价值观如何影响人类进步》，程克雄译，新华出版社2010年版，第54页。

本开创后来者居上并进入发达国家行列的先例。大学的精神传统追求自由独立而避免随波逐流。在千差万别的世界中，真理不会被压制得安然无声，德行与理性散发着智慧的光芒和力量，人的理性是否能够抵挡住人世的物质欲求？大学人追求理性和伦理生活是为了文明和进步，为了人类文明的进步发展而从事学术研究和教书育人，这是大学始终不渝的精神传统。

三 大学文化传承的主要特征

大学文化是大学人的一种生存方式、感受大学生活的方式、自我表达方式和创造方式。因此，大学文化传承中呈现出的方向性、整合性、学术性、人文性、创新性和批判性特征，都是大学文化共同体的本质特征，是大学的历史文化传统、道德精神和人文价值的时代表征。任何一种大学文化传承都不能要求抽象的普遍性，因为每种大学文化都表现出自身的同一性，大学文化传承的同一性和多样性是不可分的。

（一）大学文化传承的方向性

文化和思想是人类智慧的结晶。大学文化传承不仅要从中华优秀传统文化中汲取精华，还要从多样化的世界文化宝库中汲取思想文化的营养，才能真正铸就中国特色社会主义文化的新辉煌。在学术界，"我们应该设立有关尊重、宽容和友谊的高标准，让更多的人来遵守。我们应该教育学生，将来使更多地方能够多一些尊重而少一些暴力"[1]。中国创建世界一流大学与国家现代化建设目标紧密相联，中国特色世界一流大学打造坚定而自觉努力的一流教师团队；为来自社会不同阶层的优秀青年提供迈向成功的机会和可能；使青年学生的天资得到发挥，获得感和幸福感得到增强。真正的世界一流大学应该弘扬这样的大学文化，"依靠自己的努力，尤其是通过毕业生的生活和工作，大学能够努力使

---

[1] ［美］玛莎·纳斯鲍姆：《培养人性：从古典学角度为通识教育改革辩护》，李艳译，上海三联书店2013年版，第244页。

世界变得更美好。在校园之内，依靠艺术、人文和基础科学，我们能够把人们的生活条件提高到一个前所未有的高度。而走出校园，我们及我们的毕业生有无限的机会去改善很多人的生活。在维护健康、发展经济、保障安全及提高生活质量方面，我们创造的知识、认识的事物、研制的设备都将起促进作用"[1]。国家与大学教育之间的新关系不同于以往：如果大学和政府对彼此说，"请勿干涉"已不再是一个可行的明智选择，"因为各国政府越来越认识到高等教育可作为全球经济和社会里国家角色的一项长远战略"[2]。

（二）大学文化传承的整体性

文化具有多样性，每一种文化都不是完美无缺的。文化价值观影响人类进步，世界各国不同的大学制度建构是不同大学文化的升华，更是不同大学文化传承发展的体现。在我们所处的多样化的文化星球上，不是文化的对抗，而是文化的共存与对话。大学学术共同体是学术人愿意交往，放弃强权，建立合理的大学秩序的文化载体。学术人应该警醒自身，保持对自己时代、自己人生境遇的认识，并以此展开学术职业生活方式：为防止大学生活的支离破碎，就必须建立学术秩序和现代大学制度。如果大学处于支离破碎的世界，大学传统的承继就会非常困难，学术职业人内心志趣与追求的丧失，就会使学术职业人走向空虚的无所事事。学术职业人依靠追求真理的力量让自己有所建树。学术人会因缺乏对学术职业的热爱而陷入自我迷失的状态，为此，学术职业需要制度保障，大学制度之所以能够延续至今就在于在大学漫长的发展史上一直为西方大学所尊崇的共同的文化信念："大学自治""学术自由"是在与世俗势力和教会权威的抗争中生发出来的。学术职业反映的是知识与学科特性，培育并维护其固有的文化与信念，即学术自由，大学所倡导的

---

[1] [美] 查尔斯·维斯特：《麻省理工学院如何追求卓越》，蓝劲松主译，北京大学出版社2013年版，第230页。

[2] [美] 菲利普·G．阿特巴赫主编：《世界级大学领导力》，姜有国译，中国人民大学出版社2014年版，第25页。

第一章 大学文化传承与社会主义核心价值体系的内涵意蕴与理论阐释

学术自由精神包括教学自由、研究自由和学习自由。学术职业是一个微小的世界,也是一个差异的世界,因为在同一所大学的不同学术领域,其学术文化信念也是具有差异的。大学是从事与知识技能对应的教学、研究和服务社会等活动的组织。作为组织和制度的大学如果任由各知识技能之间的抵牾和冲突存在,大学最终将会陷入功能失调甚至被淘汰的困境。因此,以知识为核心,大学面临实现教学、科研和服务社会三大功能有机统一的实现要求。大学作为一个文化组织,为了保持自身的发展,既要尊重大学三大功能的独立性,同时又要调和三者之间的矛盾,使大学的发展与社会发展保持一致,顺应社会发展潮流,推动社会重大变革。大学作为社会发展的动力站和轴心机构,在推动社会变革和履行社会职责方面被寄予更高的期望。基于此,就大学文化传承的本质而言,大学在探索组织的统一性和整体性时,一定要适应外部社会的变化,从而以管理来应对社会变化给大学所带来的矛盾、障碍和时代性的误导。

(三) 大学文化传承的学术性

哲学家卡尔·雅斯贝尔斯曾说:"人依靠自己无论如何都关联着的正面的东西而生活,真理才会驻留于世。"① 卡尔·雅斯贝尔斯在二战期间坚韧不拔,写于纳粹专政时期的《论真理》中有这样一句话:"人充满挚爱的探寻是永无止境的。"② 纪念卡尔·雅斯贝尔斯诞辰125周年的奥尔登堡庆典的座右铭是:"将我们联结起来的,是真理。"③ 学者应具有催生思想运动的勇气和努力,但是也具有看待自己成就的谦逊,"我现在似乎只是在使用一种旧的思想运动"④。高等教育商业化的发展

---

① [德] 卡·雅斯贝尔斯等:《哲学与信仰:雅斯贝尔斯哲学研究》,鲁路译,人民出版社2010年版,第12—13页。
② [德] 卡·雅斯贝尔斯等:《哲学与信仰:雅斯贝尔斯哲学研究》,鲁路译,人民出版社2010年版,第95页。
③ [德] 卡·雅斯贝尔斯等:《哲学与信仰:雅斯贝尔斯哲学研究》,鲁路译,人民出版社2010年版,第95页。
④ [英] 路德维希·维特根斯坦:《文化和价值》,黄正东、唐少杰译,译林出版社2011年版,第27页。

趋势势必影响学术人的士气。世界上有的人文学者开始质疑高等教育的责任是否也是商业的一部分?"学术研究被描述成了一种叫卖活动,却无人对这种贬损之言提出抗议",学术质量是否能够仅仅被引用次数、影响因子、刊物等级来衡量?著名历史学家斯特凡·柯里尼曾著文表达了这样的抗议之声:"对人文科学的冲击:研究人员现在必须站在推销员的立场上,或像推销员那样被评定并获得报酬。"① 这是对人文学科发展现状正在或可能面临的毁灭性的深刻分析。学术职业人应始终怀有独立判断与自由思考的勇气,来应对时代精神状况的困惑与生存境遇的桎梏;学术职业人是追问自身与自身存在意义的生灵,是思想自由、精神独立的生灵;学术职业人的思维深刻来源于交往、参与与理解,来源于学术本身所具有的永远的未完成性,学术生活方式赋予学术人思想自由空间与塑造人文生活的可能性。因此,自由平等的学术思考与对话不应因交流环境的恶化而被窒息。

(四)大学文化传承的人文性

在大学学术共同体内部应充满人文精神与理性智慧的交锋与碰撞。因为正义公平影响人的生活机会、思考方式、理性的合作与互惠。人类思想史上有责任感的思想家为谋求人类发展的模式而殚精竭虑:功利主义以最大多数人的最大幸福作为衡量标准;经济学以效率最优或财富最大化作为标准;塞内加在《论愤怒》中说:"……只要我们还活着,只要我们身为人类一员,就让我们来培养人性吧。"② 著名历史学家斯特凡·柯里尼认为人文学科的研究是"一种汇集工作,它汇集了应对人类活动记录的丰富性及多样性的各种方法"③。由此,人文学科的研究很有价值,人文学科的研究者必须坚信这一点。斯特

---

① [美]玛莎·努斯鲍姆:《功利教育批判:为什么民主需要人文教育》,肖聿译,新华出版社2017年版,第166页。
② [美]玛莎·纳斯鲍姆:《培养人性:从古典学角度为通识教育改革辩护》,李艳译,上海三联书店2013年版,扉页。
③ [美]玛莎·努斯鲍姆:《功利教育批判:为什么民主需要人文教育》,肖聿译,新华出版社2017年版,第166页。

第一章
大学文化传承与社会主义核心价值体系的内涵意蕴与理论阐释

凡·柯里尼如果不发出这样的抗议之声,英国的人文科学就会用越来越多的时间,"为实现一个庸俗的目标——不断增加以市场为导向的'产品',让自己变成挨门挨户的推销员"①。英国的人文学者认为存在这种情况的原因是:"政府审批研究基金申请时,极少考虑研究的人文价值,而私人基金会有时做得更好。……研究基金的审批体系用于审批自然科学研究基金虽然可能有效,但并不适用于人文学科,并往往会败坏人文学术研究的使命。……人文学科如果只能得到一些公共基金的无力支持,其未来就很令人担忧。英国的这种情况,在当今的欧洲相当普遍。"②

(五)大学文化传承的创新性

时代发展进程速度之快让人无法喘息,当今时代较之以往任何时代都危机重重,与科学技术相伴而生的现代生活面临怎样的危险?雅斯贝尔斯在《原子弹与人类未来》中曾这样论述:"在今天,只有改变人,才可能有获救……因为今天借助于技术所做的准备,只有靠理性意志的滔滔洪流引导向救赎。"③ 人类将以怎样的竞技状态来应对这样一个充满危机挑战同时也存在无限发展机遇的世界?对大学人而言,建构一个平等交流和志在创新的大学学术共同体,是一种可供参考的路径选择;伟大的思想源于伟大时代的真实生活,大学教师从事的是思想性志业,专注的精神气质,从事独立性的创造,学术职业要有勤奋、思想与职业良知,"谁想依赖工匠气来赋予自己的精神以价值,就是个毫无希望的书呆子,最终会迷失在无尽的素材中"④。席勒在一首致自然研究者与哲学家的两行诗中讲道:"你们彼此敌视,晚些团结不

---

① [美]玛莎·努斯鲍姆:《功利教育批判:为什么民主需要人文教育》,肖聿译,新华出版社2017年版,第166页。
② [美]玛莎·努斯鲍姆:《功利教育批判:为什么民主需要人文教育》,肖聿译,新华出版社2017年版,第166—167页。
③ [德]卡·雅斯贝尔斯等:《哲学与信仰:雅斯贝尔斯哲学研究》,鲁路译,人民出版社2010年版,第222页。
④ [德]卡·雅斯贝尔斯等:《哲学与信仰:雅斯贝尔斯哲学研究》,鲁路译,人民出版社2010年版,第235页。

迟；研究各行其是，真理才现端倪。"① 真正的信仰是自由而本源，而非强制。学术职业人的使命来自对各种时代变迁境遇的深刻领悟与整体把握。信仰与坚持是学术职业人获得自由的前提之一。学术职业人如何做出自由而负责任的选择？第二次世界大战后，人类面临着追求自由与进步的双重危险：一是人类因使用核武器而面临灭亡的危险；二是形成世界帝国的危险。② 面对双重危险，大学中的学术职业人的使命是什么？通过什么手段才能实现学术职业人的使命？学者作为"最高尚、最真诚的人"③，学者的使命是什么？学者之所以为学者，在于社会对其评判的标准为尺度。大学里学者的使命是什么？"学者不仅是社会的一个成员，他同时又是一个特殊社会阶层的成员。"④ 学术共同体对真理的共同追求将学术职业人联系在一起，追求真理志业促进学术交往与思想交流。科技进步促进了全球交往，全球化进程的加深会形成思维的新局面。现代大学学术职业致力于以思想的力量和理性的力量，推进以尊重文化多样性为前提的文化统一性、文化认同和文化创新发展。

(六) 大学文化传承的批判性

全球化进程的加快、加深与逆全球化的出现同时并存，人类文明的发展仍然无法孤立前行，学习外来文化是为了文化自觉，不忘本来的文化传承是为了更积极地面向未来，真正增强文化自信，这其中离不开批判学习与借鉴。当下，学界严厉而透彻的批评、学术争鸣还存在提升空间；学术人的自我怀疑和自我批评是真正有教养的美德。大学科学研究出现的失范、不端和学术丑闻以及大学作为学术组织的复

---

① [德] 卡·雅斯贝尔斯等：《哲学与信仰：雅斯贝尔斯哲学研究》，鲁路译，人民出版社2010年版，第33页。
② [德] 卡·雅斯贝尔斯等：《哲学与信仰：雅斯贝尔斯哲学研究》，鲁路译，人民出版社2010年版，第87页。
③ [德] 费希特：《论学者的使命 人的使命》，梁志学等译，商务印书馆1997年版，第6页。
④ [德] 费希特：《论学者的使命 人的使命》，梁志学等译，商务印书馆1997年版，第25页。

杂性，让民众对大学可能带来的风险表示担忧："在我们这个以学术能力来争取社会地位的时代——'新的上层阶级不再受困于自我怀疑和自我批评'，……赞成'现代思想的准则……人是不平等的……他们应该根据自己的能力来安排自己在生活中的位置'。"[1] 20 世纪 80 年代，日本曾经出现对东京大学学生的调侃"不懂读写、不善思考"[2]，日本学者有本章曾说，这种现象在已经蔓延至时下日本的几乎所有的高等学府。有消息称：在日本 700 多所高校中，缺乏对学问的好奇心、丧失学习能力和动力的学生人数不断增多。[3] 大学构成了文化和批判的中心，面临着批判传承大学文化的艰巨任务：如何激发青年学者和学生对大学教师职业的选择热情，使教师职业与学术生涯成为青年学人的第一选择而非最后选择，如何培育学生对教学专业领域的好感和对教学充满热诚，如何鼓励学生传承成为教师的价值观，改善大学教师的工作条件及薪酬，对大学教师进行职前、在职的各种有效培训。这是今天大学文化传承中仍然需要面对和着力解决的重要现实问题。

四 大学文化传承的核心理念

21 世纪现代大学的中心任务就是要担负起公共领域关键参与者的职责以促进知识的普及化与民主化。这也是英国现代大学一直坚守的使命与价值传统。因为"大学是社会中有能力沟通知识模式、文化形态和制度创新之间关系的关键机构"[4]。中世纪的大学与欧洲城市一样是一个行会组织，正是中世纪大学"作为行会的大学的团体制度使大学具备了'文化共和国'（republic of letters）或'科学共和国'（republic

---

[1] ［美］安德鲁·德尔班科：《大学：过去，现在与未来——迷失的大学教育》，范伟译，中信出版社 2014 年版，第 160—161 页。

[2] ［日］有本章：《大学学术职业与教师发展（FD）——美日两国透视》，丁妍译，复旦大学出版社 2012 年版，前言，第 1 页。

[3] ［日］有本章：《大学学术职业与教师发展（FD）——美日两国透视》，丁妍译，复旦大学出版社 2012 年版，中文版序，第 1 页。

[4] ［英］杰勒德·德兰迪：《知识社会中的大学》，黄建如译，北京大学出版社 2010 年版，导论，第 11 页。

of science）的特征"①，大学才将自己发展成为独立自治的组织，以知识机构的身份去抵制教会和政府。在教会塑造文化形式的时代，大学跻身成为塑造现代知识模式的主力军。从西方大学文化传承的渊源而言，英国纽曼的古典人文主义大学理念和德国洪堡的新人文主义大学理念是欧洲大学文化传承的核心理念的两个重要渊源。今天，大学在世界主义和民族主义之间也有徘徊和踯躅，但是大学仍然以其生机勃勃的知识探究与人才培养为社会做出巨大贡献，从而一直延续并确保了大学不完全受到政治和财力支配的相对独立的、具有人文色彩的场域。虽然中世纪时期的著名学府发展成今日之现代大学已经与往昔不可同日而语，但是，中世纪大学的学者和学生都获得了高度的自由，条框的束缚几乎没有，各项管理规定更多的是保护学者和学生的自由流动和思想交流。

（一）人文传统

大学，university 的本意是"将所有的知识集合成一个统一的整体"②。将这些知识传授给学生，让学生从中体会到优美的真理。这一直是世界所有大学所追求的理想目标。中世纪大学属于单科性质的文科教育，其合理化的过程成为职业化现代官僚政治的基础。博洛尼亚大学最初被称为"教学之城"，即学生的大学且制度严明："学生们雇佣教师，雇佣条件对今天享有终身职位的教授们而言是难以想象的，当时要根据合同和法典来确定教学标准，教授们绝对不能翘课，必须准时上下课，如果离开城市，必须提交保证金，在学年中责无旁贷地教完整个课程。如果一个课堂少于五位学生听课，教授会被罚款，因为没人听课意味着教授讲课可能有问题。"③ 中世纪大学重视本科生的教学与生活，

---

① ［英］杰勒德·德兰迪：《知识社会中的大学》，黄建如译，北京大学出版社2010年版，第36页。
② ［美］安德鲁·德尔班科：《大学：过去，现在与未来——迷失的大学教育》，范伟译，中信出版社2014年版，第42页。
③ ［美］凯文·凯里：《大学的终结：泛在大学与高等教育革命》，朱志勇等译，人民邮电出版社2017年版，第21页。

第一章 大学文化传承与社会主义核心价值体系的内涵意蕴与理论阐释

教师在课堂上讲解，学生记下老师所讲的内容，这一画面对所有读过大学的人来说都不陌生。我们不禁要问：中世纪大学是"有思想的无声大学"还是"无思想的有声大学"。大学应该教学生什么？这仍然是人们对现代大学的质问，大学传授给学生的，不仅是专业知识和技能，更应该传递一种有格局的理想和情怀："在黑暗中走路回家所需要的勇气，起点不止于填饱肚子和找工作的崇高目标。"[①]

大学始终不渝的价值追求是培养人：为学生创造有意义的学习经历，体会到学习与成长的乐趣，以终身学习所保有的强烈好奇心和批判性思维，寻找为世界带来变化并让世界获得更美好的方法，无论从事何种职业，都具有为所从事的工作和所取得的成就而感到自豪的情感，理解工作和生活中团队合作的重要价值；重视并尊重他者的信仰、价值观与执行力的重要性；培养和善用创造性和综合性思维方式解决问题，训练沟通能力以建立不同观点之间的关联；理解所学课程的基本原理并在现实中有效应用所学的知识与理论；以积极乐观的人生态度面对和超越生活、工作中的挫折与挑战，努力做对他人、社会和世界有积极作用的人。[②] 大学文化营建了充满激励性的学术环境和社会氛围。宁静的治学氛围，温暖的志业情谊，和谐尊重的气氛，感受人的脆弱性之美，为的是不再脆弱，这就是大学的人文传统。学者和学生应该传承大学的人文传统：孜孜不倦地追求学术未知，谦逊接受来自各方对其学术观点的严格审视与严厉批判，对志同道合的学术职业人能够给予温暖与支持。学术职业人的人性培养包括对生命的敬畏，对人类尊严的尊重，对动物权利的保护，这需要制度的刚性与张力。如果大学生毕业后，想起曾经学习生活过的母校，"往往会愉快地回忆起那段时光，认为那是他们随心所欲地追求信念的时期，其中

---

① [美]安德鲁·德尔班科：《大学：过去，现在与未来——迷失的大学教育》，范伟译，中信出版社2014年版，第86页。
② [美]L.迪·芬克：《创造有意义的学习经历——综合性大学课程设计原则》，胡美馨等译，浙江大学出版社2006年版，第7—8页。

充满了青春激情"①。这是一所大学最高的人文传统价值。

(二) 科学精神

中世纪大学并没有院系的详细分科,科学研究者几乎都是"科研个体户":"中世纪科学家追寻真理的道路困难重重,权贵阶层很少意识到科学的重要性和价值,出资赞助科学研究的很少。"②而且面临着如果研究发现与宗教教义相左,还要受到打击或迫害,但是,科学家们依然勇敢追求真理和探究科学真谛。为此,"教授们也相应成立自己的组织。虽然今天的学院和大学这两个词在某种程度上是通用的,但最初的时候,大学是指学者和学生的聚集地;学院仅是学术大师的行业协会。学术协会管理入职测试,通过测试者才能拿到教学执照,这是最初的学位证书"③。因此,学者与学生可以将更多的时间与精力投入到专业学习、自由探索、宁静思考中。19世纪德国研究型大学的兴起,大学发展模式开始转变为承担教学和研究的双重职能,这种模式引领世界高等教育潮流长达一个世纪,一直持续到20世纪初,尤其是对快速发展的美国高等教育体制产生深远影响。德国占统治地位的传统是以作为知识训练典范的教授权威为基础的新人文主义或是自由的理想——学术自由、追求真理、真理本身即为目的;德国大学坚守了与传统的人文知识的密切联系,发挥了塑造德国民族性的作用。康德发起了以自由教育为核心的关于大学理念的第一次挑战:向国王要求哲学家学术自由权利。康德深受新人文主义自我修养思想的影响,但他更加主张大学理性的批判力,理性应是由自由和客观的法则决定,而非由政府来决定。如果大学不再拥有自治和自由的权力,大学变成了商业机构,政府将按照商业规则来运营大学。康德认为大学是保卫真

---

① [美]玛莎·努斯鲍姆:《功利教育批判——为什么民主需要人文教育》,肖聿译,新华出版社2017年版,第186页。
② [英]柯瑞思:《剑桥:大学与小镇800年》,陶然译,生活·读书·新知三联书店2013年版,第299页。
③ [美]凯文·凯里:《大学的终结:泛在大学与高等教育革命》,朱志勇等译,人民邮电出版社2017年版,第21页。

理、学术自由的防御之地,大学作为国家的认知机构也是知识模式与各种文化样式的守护者,总的来说,大学是在知识的学科结构中追求真理的首善之地[①]。

人类寄希望于开放的、充满无限可能性的未来,期望在未来摆脱现在的弊端,乐观地期待科学技术的不断创新。然而,技术文明并非十全十美,面临诸多潜在风险:风险之一是地球上所有生命生存毁灭的危险,生存危机来自那些"让人们生活丰富、轻松愉悦的创新技术"[②]。信息技术破解了时间与地域的局限,"我们的各种发明改变了世界,而重塑后的世界又改变了我们。这些年由于各项技术发明的馈赠,今天地球上的人类生活与一个世纪前的生活面貌已经迥然不同"[③]。技术的飞快发展,人们对生命的质量愈发重视,第二次工业革命(过去 100 年的科技进步)推动了发达国家步入知识社会的步伐,大数据时代为大学的科学研究带来更多的机遇与可能。正如社会对政治经济发展具有制约作用一样,政策对学术发展也具有双重作用:促进或阻碍。科学政策和高等教育政策的科学与有效,对大学竞争力的增强、学术水平的提高都会起促进作用;反之亦然。默顿(Merton)在探讨德国科学精神时曾指出:德国学术发展历史上的停滞,与二战期间德国政府实行了与普遍进步主义背道而驰的纳粹科学政策密切相关,大学内部的政策实施状况也是如此,因此,大学只有确立了科学精神的政策,才能起到刺激学科发展的功效。

(三) 学术自由

关于大学理念的辩论始于 19 世纪早期普鲁士政权改革之时,主要以科学自由、知识统一性问题为发端,以康德"学科间的争论"

---

① [英]杰勒德·德兰迪:《知识社会中的大学》,黄建如译,北京大学出版社 2010 年版,第 38—39 页。
② [美]希拉·贾萨诺夫:《发明的伦理:技术与人类未来》,尚智丛等译,中国人民大学出版社 2018 年版,第 4 页。
③ [美]希拉·贾萨诺夫:《发明的伦理:技术与人类未来》,尚智丛等译,中国人民大学出版社 2018 年版,第 1 页。

为开篇，1810年柏林大学的建立体现了现代性精神及其知识能够解放的理想，洪堡不仅是康德大学理念和学术自由观念最有影响的倡导者，他也是将此观念运用到第一所真正意义上的现代大学的第一个践行者。洪堡创建的柏林大学的理念是改变以往教学与科研的分离状态，以教学和科研的结合为主要特征。他主张大学自治以反对把大学置于政府的统治之下：大学不但是为政府培养公职人员的专门机构，而且还是塑造民族精神的主阵地。同时，国家政府尊重并保证大学的独立性，大学同时以向政府提供道德和精神的基础作为回报。德国洪堡新人文主义的大学理念强调学术自由的主张，为大学制度的产生赢得空间和自由，从而使越来越专门化的科学得以保护和发展，科学自由能够得到合理而有组织的保护，有助于激励现代大学的兴起。新人文主义大学理念致力于创建自主的制度环境，这种制度理念为"自由的和不受限制的批判性的话语保留了地盘"①，这有助于知识创新型大学的创建。洪堡将启蒙运动时期的大学模式的两方面——民族与文化、自由与知识都融入德国新建的柏林大学之中，使得大学不仅是自由知识的摇篮，也是民族文化的守护者。大学不仅为国家提供知识技能，也是民族传统的守护者和传承者。

历代学者积极捍卫学术自由制度。学术自由最早于18世纪提出，即政府无权干涉大学事务。马克斯·韦伯主张的学术自由的含义从三个维度展开：一是大学教师授课的资格不以宗教信仰为限制；二是大学教师可以在大学之外从事或参与政治活动；三是大学教师在课堂讲台上必须遵守"讲坛禁欲"，即对自己的信仰和价值观保持自制。从而可以看出马克斯·韦伯的"价值中立""讲坛禁欲"和"学术自由"是不可分割的思想联系。② 学术自由是对学术生命的敬畏与学术制度的保障，

---

① [英]罗杰·金等：《全球化时代的大学》，赵卫平主译，浙江大学出版社2008年版，第13页。
② [德]马克斯·韦伯：《韦伯论大学》，孙传钊译，江苏人民出版社2006年版，第140页。

第一章 大学文化传承与社会主义核心价值体系的内涵意蕴与理论阐释

"学术自由是使一切领域具备高质量的关键"①。学者在公共领域中的公共话语缺乏对真理执着的追求、缺乏对学术规范的敬畏，就不能产生具有生命力的学术成果。坚定的学术信念是学术研究必不可少的要素。学术成果赋予学术职业人以尊严与个性，将学术本身作为目的。大学学术共同体通过学术自由得以在学界与公共领域开展沟通，在大学学术共同体内，学术认同、身份认同可以最大限度地感受他人、开放自身，学术共同体内部的宽容与理解有利于公共生活的达成，"在一个冰冷和思维定势的世界里，我们仍然可以拥有畅想，可以挑战贫乏的想象力，可以拥有无限的可能"②。美国大学的终身教职是为了对学术自由、言论自由与出版自由的保护。大学文化要营造对自由探询严格保护的文化氛围。正如卡迪纳尔·纽曼所说："伟人需要自由的空间，并不只是信仰的领域，而是思想的领域。没那么伟大的人以及所有的人其实都需要这样的自由空间。"③ 大学教师学者之间的尊重与交流给学生起了良好的示范作用。学生在大学要获得自我负责的精神的培育，学会对所学内容进行批判审视，理性决定自己想要的生活及如何生活。

（四）文化精神

大学教育在所有国家都发挥着能力培养与发展的孵化器功能，通过教育让学生成长为有尊严和价值的个体。大学教育是人们的工作选择和政治表达的最佳渠道之一，是个人获得独立于社会的力量和在家庭内部的沟通协调能力。正如努斯鲍姆所言："教育在所有国家都是一种孵化性能力，它不仅提供了走向工作选择和政治表达的渠道，而且能够提供在家庭内部更强的谈判能力，因此有了自己站起来的力量。"④ 接受过

---

① [美]玛莎·努斯鲍姆：《功利教育批判——为什么民主需要人文教育》，肖聿译，新华出版社2017年版，第187页。
② [美]玛莎·努斯鲍姆：《诗性正义：文学想象与公共生活》，丁晓东译，北京大学出版社2010年版，代译序，第20页。
③ [美]玛莎·纳斯鲍姆：《培养人性：从古典学角度为通识教育改革辩护》，李艳译，上海三联书店2013年版，第254页。
④ [美]玛莎·C.纳斯鲍姆：《寻求有尊严的生活——正义的能力理论》，田雷译，中国人民大学出版社2016年版，第69页。

大学教育的人更善于反思自身,只有深刻地思考为何而生,才能真正地选择自己的生活。青年学生要担负起传承这种文化精神的责任,利用所学知识思考并阐发自己的独到见解。例如,法国大学制度和治理模式选择的文化理论依据在于:19世纪初法国大革命之后建立了适应社会迫切需要的大学校:"一个可靠而有效的中央行政管理体制。"[1] 法国大学校的建立源于涂尔干的社会分工理论和迪尔凯姆的文化模式同一性理论。迪尔凯姆强调社会整合和文化模式的统一性,他认为教育在社会分层中发挥作用,任何社会都需要教育,社会固有的形态决定了人所特有的理想,根据社会分化的程度不同,源于欧洲、法国的多种族的特性,虽然个体不同,但都应具有保持社会一致所需要的同质性。基于此,大学校脱离教会的控制,工作的重点是教育和培训行政管理与科学研究方面的精英,这种教育在现代社会中被世俗化了。法国20世纪最重要的革新都源自大学,因此,国家和社会各界对高等教育寄予厚望。从这个意义上说,法国大学制度和治理模式的理性选择建立在一种社会发展信念基础之上:只有社会发展,才能进一步丰富精神生活,而精神生活的提升需要通过教化,社会发展所需各类人才需要通过教育来培养与塑造[2]。

(五) 制度文化

现代大学作为学术组织的制度模式建构因大学理念之不同而存在差异。起源于中世纪的大学大多由教会主办,但是从一开始大学的构想就超越了教会学校,就犹如旧的制度模式已经无法适应现代大学发展了,而且制度理论与治理模式是可以流动、传播和实施的。欧洲的制度分析传统是从卡尔·马克思与德国唯心主义哲学巨擘黑格尔之间的斗争以及对黑格尔的重新理解开始的,大学制度与治理模式选择建构的理论基础

---

[1] [英] 罗杰·金等:《全球化时代的大学》,赵卫平主译,浙江大学出版社2008年版,第12页。

[2] [法] 达尼洛·马尔图切利:《现代性社会学:二十世纪的历程》,姜志辉译,译林出版社2007年版,第37—38页。

第一章 大学文化传承与社会主义核心价值体系的内涵意蕴与理论阐释

是在20世纪20—70年代茁壮成长的组织社会学,由于忽略了组织的制度环境,未能将其作为研究焦点和给予足够注意。① 涂尔干将制度理解为一种集体规范框架和社会秩序的核心,这种共同的认知框架以及图式具有某种道德或精神的特质。从一定意义上说,历史与现实中的现代大学制度模式就是一扇扇窗口,让各国大学的制度制定者和践行者在全面参透中做出符合逻辑与国情的建构选择。在现在乃至未来,对大多数国家而言,对高等教育的需求不仅不可能减少,还会成倍地增加。因为对个体而言,大学文凭的回报率还是很高的,接受高等教育能够增加和满足社会阶层流动的机遇与希望。为此,发展中国家通过学习和借鉴工业化发达国家的成功经验,鼓励更多的人接受高等教育。虽然发展中国家的出生率高于发达国家,而且发展中国家发展高等教育能力存在一定的问题,但是,发展中国家的政策、观念中所倡导的终身教育和继续教育与职业培训趋向都会刺激和增加对高等教育的需求。民众对高等教育需求用什么形式和在多大程度上能够得到满足?发展中国家的高等教育发展要警惕一种趋势:"很多国家的高等院校及其制度和学术职业或多或少地正在朝着'美国化'的方向演变。"② 如何进行制度模式的"取舍"与"再造"?在西方,组织与制度框架为其社会运转提供实质性支持;而中国传统上缺少西方社会的组织惯例和制度框架;因此,在研究借鉴西方制度与治理模式的过程中,在一定程度上,需要对这些大学制度模式进行适应本土的调整与创造才能适应存在巨大差异的社会经济文化和教育背景。

学术职业是指在大学里专门从事某专业领域的学术活动,具有特定文化的教授、副教授、讲师、助教等教师总称。大学的学术事务是建立在学科基础之上的,大学教师就是通过不断追求自身的学科专业特性来

---

① [美] W. 理查德·斯科特:《制度与组织——思想观念与物质利益》,姚伟等译,中国人民大学出版社2010年版,第16—17页。
② [美] 菲利普·G. 阿特巴赫:《高等教育变革的国际趋势》,蒋凯主译,北京大学出版社2009年版,第148页。

提高其自身素质。而大学教师作为学术事务的执行者，与知识的创造、传播和应用密不可分。在一定意义上，没有研究的教学和没有教学的研究都不符合大学学术职业的发展本义。从事学术职业的大学教师不仅要进行研究，培养学生的创造力和解决问题的能力同样是大学教师应尽的职责。可以说，大学的学术职业就是为了提供更加优质和有效的教学、研究和服务。在日本大学的学术职业发展中一度盛行研究至上的倾向，这种倾向在今天已经造成了恶果：日本的整个教育系统面临着以终身学习理念来重新构建和调整教育格局的关键时刻；学生的学习动力、学习能力和学业成绩都陷入危机之中。因此，学术职业问题成为日本高等教育改革的新焦点。特别是在全球化浪潮和知识社会背景下，日本试图招收学业优秀学习动力强劲的学生、将学生的学业成就提高到世界最高水平、谋求大学的国际竞争力、培养为世界所认同的真正精英是其最大的挑战。

（六）批判精神

苏格拉底曾说："我如同一只众神赐给民主的牛虻，民主如同一匹行动迟缓的高大骏马，需被叮刺，方有活力。"[①] 马克斯·韦伯曾经担忧，如果政治权力支配了整个社会，就会威胁到学术研究兴趣的选择和学术特长的发挥，学术自由的蜕变和非兴趣化的大学教育会阻碍学生个性的发展；大学"即使它拥有最好的研究机构、最大型的礼堂、甚至拥有多如牛毛的论文和获奖的研究成果、学生取得多少优异的考试成绩，都不能弥补其失去的东西"[②]。因此，大学传承中要始终对社会保持一种批判精神。从事学术研究的人们要有思想准备：具备为学术而献身的精神。学术职业不应是一种无奈的选择，而是一种兴趣选择。

发展中国家大学及研究人员对西方经典大学制度与治理模式研究

---

① [美]玛莎·努斯鲍姆：《功利教育批判——为什么民主需要人文教育》，肖聿译，新华出版社2017年版，第59页。
② [德]马克斯·韦伯：《韦伯论大学》，孙传钊译，江苏人民出版社2006年版，第31—32页。

和探索的目的就是要创办世界一流大学，为民族国家服务，为社会培养精英人才。一个典型例子是：全球大学排名和世界一流大学的建设观念曾经在中国"985"和"211"大学中深入人心，中国政府从2015年"双一流"建设拉开序幕到2017年9月公布"双一流"建设高校入选名单，努力建设中国一流大学进而跻身于世界一流大学，从而满足国家和大学发展需要成为中国教育优先发展的最重要目标之一。因此，盲目照搬西方大学制度与治理模式对于发展中国家的大学发展而言是无效的甚至是有害的。因为大学排名的方法和标准是不同的，学术世界存在着巨大不平等：世界重要的国际期刊集中在工业发达国家，直接左右了学术兴趣、研究方法和科学规范，发展中国家的顶级学者和研究人员难以发表和出版得到世界认可的关注本国实情的文章。发展中国家的学者对世界学术体系的依附表现为体制模式、教学语言、价值、学术规范、教学质量和资格认可都受到发达国家标准的左右。

第二节　西方现代大学文化传承的历史变迁与价值遵循

今日之现代大学在世界主义和民族主义之间还存在徘徊和踯躅，但是大学仍然以其生机勃勃的知识探究为社会做出巨大贡献，从而一直延续并确保了大学成为不完全受到政治和财力支配的追求真理的场所。虽然中世纪时期的著名学府发展成今日之现代大学已经与往昔不能同日而语，但是，在被誉为"黑暗时代"的中世纪，中世纪大学是欧洲最闪亮的文化机构。相对于中世纪森严的等级制度，中世纪大学的学者和学生却获得了高度的自由，条框的束缚几乎没有，各项管理规定更多的是保护学者和学生的权利。因此，产生于欧洲中世纪的现代大学一开始就是国际性制度文化机构，吸引着来自世界各地的教师与学生。在现代大学世界中，历史悠久、传统深厚、资源丰富的发达国家学术团体在学术工作的各个领域处于领导和支配地位,发展中国家的学术体系大多是"舶来品",欧洲模式和现代美国模式在发展中国家战胜本土学术传统,即使一些国家在殖民独立后有机会改革大学的性质,但是这些国家没有选择这样做。全球化进程的深化已经有力地改变着全球学术活动和已有地位,全球化给全世界大学和学者创造了参与国际知识体系和交流平台的机会,特别是一些发展中国家研究型大学快速、高质量地发展成长,也有可能在可预见的未来让其摆脱国际学术知识体系的边缘化状态。为此,中国特色现代大学文化制度建构与治理模式选择的过程中,始终秉承并不断探索立足本土学术理念和制度传统,同时奉行国际公认的综合标准的发展思路和策略,彰显"双一流"建设高校的各自特色与优势,兼顾各省属高等院校的文化传统、特色优势和地方需要;无论国家或文化背景如何,现代大学文化制度和治理模式选择的标准都是"致力于为学生、教师和社会提供尽可能好的学术服务"①。不能因"放眼全球"而失去对自己国家和地方的客观需要、服务学生学习、服务社会发展的宗旨与目标。

一 中世纪大学文化:怀抱世界的开放模式与追求自由的价值承诺

产生于欧洲中世纪的大学与欧洲城市一样是一个行会组织,中世纪的现代大学一开始就是国际性机构,中世纪时期的著名大学如博洛尼亚大学、巴黎大学、牛津大学、萨莱诺大学等"来自欧洲各地的学者聚集于这些机构进行教学和研究,从而使大学具有了国际性的特征"②。中世纪大学吸收来自世界各地的教师与学生,才将自己发展成为独立自治的组织,中世纪大学制度文化的国际包容性且与社会保持必要距离的自由自治,以知识机构的身份去抵制教会和政府。在教会塑造文化形式

---

① [美]菲利普·G.阿特巴赫主编:《世界级大学领导力》,姜有国译,中国人民大学出版社2014年版,引言,第1页。

② [英]杰勒德·德兰迪:《知识社会中的大学》,黄建如译,北京大学出版社2010年版,第33页。

第一章　大学文化传承与社会主义核心价值体系的内涵意蕴与理论阐释

的时代，大学跻身成为塑造现代知识模式的主力军。中世纪"大学行会自初便与其他行会有所不同，它从诞生之日便具有一定的矛盾性，可能与斗争的实践必要性相关，但对其后来的全部变化都具影响。城市行会仍为教会掌控的机构；地方行会也趋向教廷庇护下的国际光辉"[①]。一心追求学业是现代学子的共同特征，出类拔萃者是大学未来学术地位的保证。中世纪知识的模式是使自身远离社会的模式：探寻普遍知识和寻求真理的学者云集于大学，大学虽然最初依赖教会与基督教教义，继而与世俗统治为盟，但在培育学术自由和学科专业化方面发挥了重要的功用。大学遵循普遍的秩序而不依赖于民族国家，是一个真正的国际性机构。大学所在地如果是一个在政治、经济和文化生活方面充满生机的、令人愉快的城市，大学生就能从这种生机中受益，并为之做贡献。

中世纪大学作为制度机构赋予和保护了教师和学生共同体的地位与权利。中世纪大学怀抱世界的国际包容性，且与社会保持必要的距离，成就了大学追求自由自治的价值理想。中世纪大学往往以遗世独立的"象牙塔"迎来众多美誉，为所在城市带来了财富、声誉和发展，并塑造了大学最初的治理特点：学院自治、资金自筹、负责教学、学生生活自我管理、管理考评并授予学位，从而形塑了大学作为学术组织机构的特征，奠定了以学科制度、学院制度、考试制度、教学组织形式、学位制度等为主体的基本制度框架[②]。中世纪大学与以往的所有承担高等教育的机构最大的区别就在于它的组织文化制度：一是中世纪大学存在以学生为主体和以教师为主体两种管理文化模式，在与神权和世俗权力的博弈中获取了自立章程、教学自由、居住权、司法自治权、罢课权和迁徙权、学位授予权、免税免役权等特权[③]；二是中世纪大学是自我发展和自我管理的组织结构，其管理模式与领导方式，是在自治的过程中成

[①]　[法]雅克·韦尔热：《中世纪大学》，王晓辉译，上海人民出版社2007年版，第28页。
[②]　刘海峰、史静寰主编：《高等教育史》，高等教育出版社2010年版，第296页。
[③]　刘海峰、史静寰主编：《高等教育史》，高等教育出版社2010年版，第286—288页。

长与发展起来的,"博士"作为"教书的学者"具有很高的社会地位,彰显了中世纪大学不重视出身的民主氛围①;其组织制度的基础架构彰显出知识生活制度化的深远价值。

二 重视教学文化:英国大学以人为本的价值坚守

大学为学生和教学而设的文化理念的高扬与实践。英国高等教育专家约翰·亨利·纽曼在《大学的理念》中就始终坚持:启蒙运动所支持的知识统治将人性从无知、愚昧和传统中解放出来;知识从属于国家,主张自由教育。纽曼重视教学认为大学是传授普遍知识的地方,大学所创造、传播的知识对社会文明和公共文化事业的贡献卓著。纽曼强调知识本身即为目的而非以增扩知识为目的,主张大学为学生和教学而设,坚守古典自由主义的大学理念。纽曼一方面担心自由功利主义的威胁,另一方面古典自由主义的大学理念面临着适应大学要创造对社会有用知识,并顺从世俗主义的现代环境、文化机构领域的分化的观念的现实挑战。②英国哲学家、学者怀特海在《教育的目的》中对死知识和惰性思想进行了批判:"每次引起人类的伟大变革的知识革命,本身就是对惰性思想的一种激情的批判。……书呆子蔑视有用的教育。但是如果教育没有用,那它到底是什么呢?难道它是藏而不用的才能吗?"③大学教育就是要不断地探索新知和敢于迎接挑战。大学中由好奇心驱使的基础研究的发展符合理性主义发展的趋向,由此教学与研究在大学开始作为相互促进和关联的两大职能开始确立,但在欧洲的大学,教学与科研之间的关系比较松散,英国认同在大学里教学与研究的协同作用,研究可以使教学得到补充和更新,但在欧洲大陆的大学看来,研究可以在专事研究的机构中进行。在英国的高等教育领域对教学与科研及其关系

---

① 李伯杰、姜丽等:《德国文化史》,安徽文艺出版社2019年版,第54—57页。
② [英]杰勒德·德兰迪:《知识社会中的大学》,黄建如译,北京大学出版社2010年版,第44—45页。
③ [美]乔治·凯勒:《大学战略与规划:美国高等教育管理革命》,别敦荣主译,中国海洋大学出版社2005年版,第234页。

的看法是：研究在大学的重要作用在于能够使教学得到补充和更新，具有激励作用的、与时俱进的教学得益于与创新研究之间的密切联系。教学履行大学培养精英和传授文化的职能，研究通过创造和创新潜在地改变着现有的风俗和已有的标准。

三　自由研究文化模式的开创：德国大学新人文主义的价值追求

自由与自治的研究理念启蒙与价值实践。20世纪的现代大学是工业化和城市化的产物，新的现代大学理念是以知识传播与职业训练为核心使命，洪堡所倡导的教养的思想逐渐消散，虽然很多学者仍然坚守传统人文主义精神传统，教师向学生传授已发现的真知，并通过教化和培育公民为社会国家服务，大学更重视社会公民身份和公民素质的培养。[①] 大学虽然一定程度地丧失了国际的特性，但其民族特性得到了增强，为民族培养了更多的精英，创造了更多的价值。马克斯·韦伯认为：政治与学术之间存在着深刻的分歧，价值问题与理论研究不能相提并论，以此建立其学术理想的起点。韦伯的社会科学方法论是一个综合体：从英法实证主义汲取了"价值中立"的客观性，拒斥脱离经验的、抽象的观点；从人文主义传统中学到了关注个体、思想自由的原则；他从德国古典哲学中借鉴了历史使命的传统。[②] 科学研究在大学的不断发展，大学自治和学术自由是必要的前提保障。世界各国受到国际竞争的压力，为寻求进步，需要大学的自治与自由的实现。在西方多数国家的学术界和大学生对政府与社会制度的不满过于激进的批判，在一定程度上能够为当局所忍受，因为大学无法在经济上独立，在财源上依赖于国家公共经费，因此，大学还是为政府所控制。

德国大学开创新人文主义大学文化模式对今日学术职业产生深远影

---

① ［英］杰勒德·德兰迪：《知识社会中的大学》，黄建如译，北京大学出版社2010年版，第56—57页。
② ［德］马克斯·韦伯：《学术与政治》，冯克利译，生活·读书·新知三联书店2013年版，第134页。

响。今天德国大学的学术职业竞争仍然激烈，终身制教授职位极为紧缺，因为需要应聘者完成第二份资格论文的严苛标准，晋升机会有限或无望而采取的强制性教师流动或退出机制也给德国大学院校系统带来不稳定的影响，因此其学术职业前景也不容乐观："72%的大学教师是固定任期人员，没有教授头衔，没有终身制地位。大部分教师都是专职聘任。"① 最近几年，德国大学新增了学术职位，变革了以往职业结构传统，打破了在一个系或学科领域仅有一位高级教授的格局，但是，德国的高等院校仍然保有严格的等级制，虽然有提议修改甚至废除资格要求，但至今并未有任何改变，例如，学术职业结构内部等级制仍然存在。德国大学的学术聘任制度对欧洲其他国家和地区影响较大："中东欧多数国家的院校系统直接模仿了德国模式。日本国立大学也继承了讲座制，虽然它不要求教师必须从一所大学流动到另一所大学，但其学术聘任的等级也是非常严格的。"②

四 服务社会文化的首创：美国大学新模式与使命延伸的价值创新

美国社会学家索尔斯坦·凡勃伦于1918年在《美国的高等教育》中对美国大学的批判标志着自由模式的衰落及20世纪现代大学的兴起，他对洪堡主张的德国自由人文主义传统模式进行了详细审查并修正。他从一方面打破了自由模式并认为："大学是一个科研基地，教学处于从属地位。"③ 美国社会更为市场化，大学及学者对国家有更多的怀疑，大学领导人与国家机构成员之间上层交流和对话主要表现出个人化和非正式的关系，反映了当时占统治地位的自我管理和自治的指导思想特征。这从另一个角度也反映出，以典型的文化准则对社会的巧妙控制的

---

① ［美］菲利普·G. 阿特巴赫：《高等教育变革的国际趋势》，蒋凯主译，北京大学出版社2009年版，第143页。
② ［美］菲利普·G. 阿特巴赫：《高等教育变革的国际趋势》，蒋凯主译，北京大学出版社2009年版，第144页。
③ ［英］杰勒德·德兰迪：《知识社会中的大学》，黄建如译，北京大学出版社2010年版，第50页。

第一章 大学文化传承与社会主义核心价值体系的内涵意蕴与理论阐释

政治手段来抵御可能的普遍民主的政治前景。"美国的大学很少向政府承诺什么，而更多是向市民社会和受过训练的专业阶层许诺。美国大学把自身理解为是为建立一个新的民族作出贡献而不是为政府服务，或为一个已经存在的民族服务。在这种传统中，民族被看做是以市民社会为基础，而不是以文化认同为基础。"[①] 这为美国大学制度首创服务社会奠定了深厚的社会政治文化基础与可能。

美国大学文化模式的服务特色。在美国，那些想要向上流动和富有抱负的移民对高等教育需求的不断增长，但是，他们对进入大学却常常是准备得不够充分。在英国有力地坚持了普遍的和很高的学位标准，由于美国缺乏来自政府的公共资助的安全保障，如果坚持英国的高标准，就会因高涨的学费而失去市场，美国坚持大学生存需要的多样性而不是单一性，实行的是较低的标准和收费的市场化路向，从大量增长的入学人数来看，这种策略是正确的。而且这种市场化的倾向要求各个大学要寻求其在经济上能够得以生存的专门市场，因此，美国的高等教育体制呈现出多样性。这种制度本身也决定了大学课程和标准的不同、学生来自地区与社会背景存在差异，制度的开放性和多样性，没有因为学生人数不断扩张而造成机制的整体转换或过渡的问题，这是大学制度对大学治理结构的预设保障，制度设计的初衷就是服务于高等教育的消费者学生及家长、服务于学生的学习需要。大学领导若想获得关于教学、基础设施和其他问题的关键反馈，就需要在决策的时候听到来自学生和基层工作人员的声音。教授学者服务于大学的各个委员会应该成为一种教育服务荣誉，是对各领域杰出学者的一个很好的奖励，应给予其一定的报酬与奖励。[②]

美国大学文化模式深受自由市场规则的影响，从一开始，美国大学

[①] [英]杰勒德·德兰迪：《知识社会中的大学》，黄建如译，北京大学出版社 2010 年版，第 41 页。

[②] [英]罗杰·金等：《全球化时代的大学》，赵卫平主译，浙江大学出版社 2008 年版，第 16—19 页。

的文化教育体制就面向各种市场,这与英国教育的基本原则和欧洲大陆的模式相背离,但是美国最早的大学课程重点实施本科生的自由教育,受过教育和培训的人才也为殖民地的行政管理服务,殖民地的教育遗产有两点价值:一是最初的殖民地和后来的各州对其所在的大学具有权威性和自豪感,"这种权威和自豪感一直被保持着,并以此抵制联邦政府过多的干预"[1];二是成立国立大学的计划未被付诸实施。美国大学的治理文化模式受到20世纪私有企业的行政管理和领导风格的影响,校长的权威受到由许多地方代表和外界代表参与的理事会和董事会的支持,使得大学对社会捐赠和学费的依赖以及大学与公司之间的密切关系成为可能。美国的大学校长和教师是"独立于政府"的自主从业人员,而非政府的雇员,这种机制促进了大学的创新并发展为"多元化巨型大学"(multiversity),大学与社会各界建立起广泛的联系,大学服务社会的职能最终确立:《莫雷尔法案》颁布以后,美国大学设置了一批新的实用学科,这不仅意味着大学对知识的探究承担责任,也意味着大学对自身的发展负有责任,还意味着对社会承担广泛的职责。美国政府在冷战时期出于军事目的对大学研究和发展的资助达到高峰,包括对贫困学生的资助,但是,"具有教育意义的是,就本科生的教学而言,政府的干预是通过对学生的资助,而不是直接资助学校,这就强化了高等教育中美国式的'学生是消费者'的观点"[2]。

五 政府主导的文化:法国大学职业化与权力中心的价值保障

欧洲的大学制度要受到政府更多的约束,但是市场的作用因素也逐渐渗入欧洲的高等教育并存在加剧的趋向,欧洲各国开始借鉴美国"政府与大学职能良好结合的和谐状态",并力图为高等教育创建一个

---

[1] [英]罗杰·金等:《全球化时代的大学》,赵卫平主译,浙江大学出版社2008年版,第14页。

[2] [英]罗杰·金等:《全球化时代的大学》,赵卫平主译,浙江大学出版社2008年版,第15—16页。

第一章 大学文化传承与社会主义核心价值体系的内涵意蕴与理论阐释

"欧洲的空间"（European space），1999年由多个欧洲国家签署《波伦亚宣言》的目的就是尝试提供欧洲高等教育体制的更大兼容性：包括课程设置、质量保证、水平鉴定和学分转换的各种机制。[①] 政府模式的法国之路和民族模式的德国之路是一种通向现代性的不同历史道路的反映，在法国强调科学但也吸收了自由教育的观点。在向工业化和后工业化迈进的过程中，西欧的大学作为社会的进步机构，成为推动经济发展和培养社会精英的巨大力量，现代国家纷纷与其结盟，大学一改以往对教会和私人捐助的依赖，转而投向政府资助的怀抱。法国由于大学发挥了职业化的功能，其大学治理模式做出倾向政府主导的选择。

法国大学文化和治理模式建构中的政府依赖。法国的大学自启蒙运动以来，作为民族国家和中央政府的知识体系，一直得到国家财政的资助，这也是法国大学文化制度体系和治理模式的权力倾向。法国的诸多学者也坚信这一点，孔多塞相信高级知识的解放力量，提出了"社会科学"这一术语，他相信政府能够为其承诺负责。[②] 20世纪70年代初期索邦大学解体，法国大学的地位和威望受到了更为严重的质疑。当时唯一幸免的是在文艺复兴时期建立的法兰西学院，它虽然是一个专门的研究机构，但是具有认知的功能。拿破仑为了把教学限定在大学内，最初计划建立一些现代研究机构，如大学校。与德国教学与科研相结合的新人文主义大学文化传统不同的是，法国将教学与科研分离的传统比德国和英美的传统更为激进、走得更远。从20世纪70年代末开始，法国各级教育都受到严厉的批评和挑战，在世界经济危机的波及下，法国经济增长缓慢，通货膨胀严重，失业剧增。为面对并改变这种危局，法国采取改革的策略，依照传统，法国政府常常通过立法的手段推进改革，《高等教育方向指导法》（1968年）积极推进了高校内部管理的改革，

[①] [英] 罗杰·金等：《全球化时代的大学》，赵卫平主译，浙江大学出版社2008年版，导言，第9—10页。
[②] [英] 杰勒德·德兰迪：《知识社会中的大学》，黄建如译，北京大学出版社2010年版，第37页。

当时在国民教育部部长阿兰·萨瓦里的领导下制定了《高等教育法》（1983年），改革主要围绕高等教育的"现代化、民主化和职业化"三大主题展开，以改进高等教育的质量为核心。①

总体而言，关于西方现代大学文化传承与价值遵循，美国学者伯顿·克拉克在总结国际高等教育系统权威分布模型时，分析了三种比较典型的大学制度文化模式：第一种模式是大陆（欧洲）模式：缺乏自主权和财务上的控制。大学受到国家严格控制和督导，政府（教育部）掌控规划权力，运作模式是大学属于政府的一个部门，资金受到政府的严格控制、教授的学术课程也由政府掌控。第二种模式是体现英国传统的"合意模式"，现存于精英高等教育体系中：宪法赋予大学自主权和教授团队强大的权力，国家控制薄弱。这种"合议模式"赋予由教师委员会和教师议会组成的学术管理组织更多的权威和权力。大学最高行政权力掌握在校长手中，校长来自教授团队并对教授负责，以促进和协调大学作为"学者共同体"的运行，其特点是：自由放任，大学的发展杂乱无章，缺乏对整个社会的责任感。但是，在21世纪高等教育大众化、问责制、私有化和市场化的趋势下，合议模式向管理模式转变，大学管理层在数量和权力方面都获得了进展。第三种模式是美国大学模式：美国大学具有大量的自治权，校长权力更大，教师权威相对薄弱，但是教师团队仍然拥有影响战略规划的权力。②

第三节 中国特色大学文化传承的人市选择与价值实践

中国作为典型的现代化"后发外生型"国家，真正意义上的现代

---

① 吕达、周满生主编：《当代外国教育改革著名文献（德国、法国卷）》，人民教育出版社2004年版，第249—251页。

② ［美］菲利普·G.阿特巴赫主编：《世界级大学领导力》，姜有国译，中国人民大学出版社2014年版，第4—5页。

第一章
大学文化传承与社会主义核心价值体系的内涵意蕴与理论阐释

大学制度文化实践是从国外引进的，是先学日本、德国，后学苏联，最后以马克思主义为指导，在中国共产党的教育方针指引下，历经艰辛曲折探索，逐渐形成了中国特色的社会主义高等教育体系基本框架，走出了中国特色现代大学制度文化的创新建构之路。与以往的现代大学制度文化实践不同的是，中国现代大学制度文化的价值实践始终坚持社会主义办学方向，成为我国现代高等教育发展的最鲜亮的底色。习近平总书记在清华大学考察时强调："新中国成立以来，我国高等教育走过了从小到大、从弱到强的极不平凡历程，办学规模、培养质量、服务能力实现历史性跃升特别是党的十八大以来，我国高等教育与祖国共进、与时代同行，创造了举世瞩目的发展成就。"[1] 我国高等教育波澜壮阔的发展历程证明，建构和完善中国特色现代大学制度，坚持中国特色世界一流大学的建设目标，基于此，中国特色大学文化传承中始终秉持：为国家富强和民族复兴服务，办党和人民满意的高等教育，为加快推进高等教育强国目标而彰显文化自信、制度自信和制度保障的力量，这是新时代现代大学文化传承最具特色和最有意义的价值实践。

一 坚持以落实立德树人根本任务为制度文化的核心价值理念

现代大学发展需要一个长远的目标愿景，以引领现代大学文化传承保持在正确的轨道上开拓前进。中国现代大学文化传承的根本任务就是立德树人，为社会培养高级专门人才和拔尖创新人才，"培养什么人""为谁培养人""怎样培养人"，这是中国特色现代大学制度文化设计，必须首先作出回答的核心价值理念问题，为此，开创性地展开了我国现代大学制度文化的价值实践，形成具有中国特色的现代大学制度文化建构方案：新中国成立后，教育部召开的第一次全国高等教育会议，首先确立了配合国家建设需要的专科、本科、研究生三个

---

[1] 《向中国特色世界一流大学迈进——习近平总书记在清华大学考察时的重要讲话激励高校师生砥砺奋进》，《人民日报》2021年4月20日第2版。

层次构成的高等教育体系,在接管和改造旧教育的过程中明确了高等教育为人民服务的宗旨,重点强调要培养工农出身的知识分子的教育目标;在新中国成立之初,一是欠缺社会主义建设经验,急需大批国家建设的专门人才;二是面对复杂的国际环境,通过进行院系调整来学习苏联的高等教育模式,虽然在仿照苏联的教学方法和教学管理制度方面,有利于教学质量的提高和人才培养,但是,由于苏联高等教育的管理文化体制和人才培养模式中存在管得过多、统得过死的弊端,在院系调整中存在专业设置过细、毕业生专业面狭窄、就业适应性较差的缺陷;"文化大革命"的十年给我们带来深刻的启示:"教育是立国之本,动摇了这个根本,只能给民族和国家造成灾难。"①因此,中国大学教育的改革与发展,大学文化的传承与创新,必须在安定团结的社会环境中、必须有民主与法治保障、必须遵循教育发展的客观规律、必须坚持教育决策科学化和民主化的道路;以"解放思想、实事求是"的思想路线开启了我国高等教育领域的拨乱反正和改革开放,营造"尊重知识、尊重人才"的社会风气,以德智体全面衡量和择优录取的原则恢复高考招生制度;邓小平南方谈话后,确立教育优先发展的战略地位,《2003—2007年教育振兴行动计划》的核心内容是坚持"办人民满意的教育";在人才培养的质量规格和素质要求方面,始终坚持了全面发展的素质规格和社会主义建设者和接班人的方向定位;党的十八大强调要全面贯彻党的教育方针,将立德树人作为教育的根本任务,"培养学生社会责任感、创新精神、实践能力"②;党的十九大进一步提出,要建设教育强国,要落实立德树人的根本任务,加快一流大学和一流学科建设,实现高等教育的内涵式发展,让每一个孩子都享有公平而有质量的教育③;在全国教育大会

---

① 刘海峰、史静寰主编:《高等教育史》,高等教育出版社2010年版,第203页。
② 中共中央文献研究室编:《十八大以来重要文献选编》上,中央文献出版社2014年版,第27页。
③ 习近平:《决胜全面建成小康社会 夺取新时代中国特色社会主义伟大胜利——在中国共产党第十九次全国代表大会上的报告》,人民出版社2017年版,第45—46页。

第一章 大学文化传承与社会主义核心价值体系的内涵意蕴与理论阐释

上,习近平同志强调,培养德智体美劳全面发展的社会主义建设者和接班人,这是教育的首要问题,也是教育现代化的方向目标①;"十四五"规划和2035远景目标中指出,要构建高质量的教育体系和提高高等教育质量,分类建设一流大学和一流学科,坚持立德树人,增强学生文明素养、责任意识和社会实践本领。②党的二十大报告中进一步强调,实施科教兴国战略,坚持以人民为中心发展教育,"育人的根本在于立德""教育、科技、人才是全面建设社会主义现代化国家的基础性、战略性支撑"。③综观中国特色大学文化传承与现代大学制度建构的价值理念选择,始终不变的是坚持和落实立德树人的根本任务;坚持不懈地为探索和实现高等教育"为谁培养人""培养什么样的人"和"怎样培养人"根本使命提供制度文化保障。

二 担负实现科技自立自强和服务科技强国战略的大学文化责任价值

在面对"两个大局"的关键节点,在经济社会发展和教育民生改进的关键领域,更加需要科学技术的解决方案,科技创新成为这些解决方案的第一动力。在国际竞争加剧、单边主义和保护主义抬头的国际大背景下,作为科学、技术和文化发展中心的现代大学,责无旁贷地要担负起更多"从0到1突破"的历史责任,习近平同志在《在科学家座谈会上的讲话》中强调:"希望广大科学家和科技工作者肩负起历史责任,坚持面向世界科技前沿、面向经济主战场、面向国家重大需求、面向人民生命健康,不断向科学技术广度和深度进军。"④

---

① 冯刚主编:《改革开放40年高校思想政治教育编年史(1978—2018)》,北京师范大学出版社2019年版,第652页。
② 《中华人民共和国国民经济和社会发展第十四个五年规划和2035年远景目标纲要》,人民出版社2021年版,第129—131页。
③ 习近平:《高举中国特色社会主义伟大旗帜 为全面建设社会主义现代化国家而团结奋斗——在中国共产党第二十次全国代表大会上的报告》,人民出版社2022年版,第33—34页。
④ 习近平:《在科学家座谈会上的讲话》,人民出版社2020年版,第4页。

大学文化传承中坚持社会主义核心价值体系研究

现代大学文化传承的激励机制要鼓励科研人员矢志不渝加强基础研究，充分发挥基础研究的创新动力源的优势，清醒认识我国基础研究与国际先进水平之间的差距，科研选题要坚持国家重大需求导向和解决实际问题导向，将关键核心技术领域受制于人的科技难题，作为科研工作者开展基础研究的科研选题和学术志趣，营造有利于自由探索基础研究的良好科研生态，健全激励机制和科学评价体制，让科研人员潜心科研、安心探索和专心创新。大学要担负起服务科技自立自强和实现科技强国的文化重任，就要努力为从事科学研究创造文化制度保障条件，一是激发和唤醒科研探索的好奇心，以保护科研创新的独创性和自发性。让大学教师和科研工作者能够心无旁骛地专注研究和成就"好奇心"驱动的未知探索。二是尊重科研创造劳动与遵循科学发展规律，科学是科研工作者所从事的劳动创造，对科学事业进行人性化制度管理，要考虑到自由探索和社会效益的有机结合。三是科学研究共同体要充分认识到科学与人类生活间的复杂关系，肩负起有效避免科学研究及成果可能对人类生存带来危机与挑战的社会责任。我国科技的自立自强和中华民族的伟大复兴，都有赖于全面正确协调科学研究与社会责任之间的关系。四是培育具有家国情怀和弘扬科学报国光荣传统的科研后备人才，营造尊重科研人才、尊重知识技术的良好社会风尚。青年科研后备人才基本都在大学和科研院所里孕育与成长，大学文化中崇尚真理的科学精神、严谨求实的学术风气、耐得住寂寞的品德修养，都得益于大学浓厚的人文氛围和精神气质的陶冶与引领，科学观和真理观的塑造与培育是青年研究者从事科研事业的必修课。科学研究的本质是追求真理的至善性，科学进步的永无止境性，从事科学研究的学术人应具有谦逊的品质，因为科学研究，"它在今天的目标，……还将成为它在明天的起点"[①]。

---

① [英] J. D. 贝尔纳：《科学的社会功能》，陈体芳译，广西师范大学出版社2003年版，第11页。

三 改革大学教师评聘制度助力高等教育高质量发展的大学文化激励价值

教师是实现教育现代化和教育高质量发展的最重要力量。在中国，自古就有"国将兴，必贵师而重傅"的优良传统[①]；站在新时代的历史方位上，兴国必先强师，面对创新驱动的新发展理念和全面开启的社会主义现代化建设新征程，为实现高等教育内涵式发展和高质量发展的目标使命，为服务人才强国和创新型国家发展战略，需要打造创新型专业化高素质的现代大学教师队伍，"高等学校高层次人才遴选和培育中要突出教书育人，让科学家同时成为教育家"[②]。为加强支撑世界一流大学和一流学科建设的人才梯队建设，以重大人才项目建设为领军，以创新团队建设为关键，以培养造就一大批哲学社会科学名家名师为引领，以教师评聘制度改革为教育教学业绩和师德考核多元评价的突破口，坚持重视教学正确导向，以教授为本科生上课为基本制度。[③] 高等教育的高质量发展要充分调动和发挥教师的积极性、自觉性和能动性，大学教师的职业选择应以爱智求真和教书育人为价值旨归的志业选择，因此，作为文化传承创新中坚力量的大学教师，高素质专业化发展是支撑高等教育高质量发展的关键保障。以科学人性化的现代大学教师评聘考核制度文化引领大学教师队伍建设，读书治学是大学教师的基本生活方式，使学术研究成果成为最有启发意义的教学资源；教书育人是大学教师的专职本分，以知识的魅力和高尚的师德引领学生精神成长和学业精进；大学教师不仅自己从事创新研究和本科生教学，还要善于将学生培养成为具有创新意识和创新能力的高素质的建设者与接班人。

[①] 王炳照、阎国华主编：《中国教育思想通史》（第一卷），湖南教育出版社1994年版，第300页。

[②] 《中共中央国务院关于全面深化新时代教师队伍建设改革的意见》，人民出版社2018年版，第16页。

[③] 《中共中央国务院关于全面深化新时代教师队伍建设改革的意见》，人民出版社2018年版，第15—20页。

四 坚守科研道德规范大学科学研究的共同体文化问责价值

社会各领域科学研究的成果带来了人类生活条件的提高和改善,不仅丰富了人类文明的成果,还加速了人类文明的进程,但是,如何将科学研究及成果用于对人类"有益的目的,而不是破坏性的目的"①,这是科学研究共同体要担负的科研道德责任和社会责任。中国拥有令人引以为傲的世界上最大的科技队伍,如何以创新引领青年科技人才培养,需要推进现代大学的激励问责机制的建构与改革,应以科技人才成长规律和科学发展规律为遵循,崇尚竞争与合作,"要在全社会积极营造鼓励大胆创新、勇于创新、包容创新的良好氛围,既要重视成功,更要宽容失败,完善好人才评价指挥棒作用,为人才发挥作用、施展才华提供更加广阔的天地"②。因此,在科研资源的共享和科研人才的培养制度方面,一是理性看待学术荣誉。学术称号是荣誉,学术人才的言行和学术界的学术风气对社会风尚有重大影响,尊重学术操守和科研道德,"把学问和人格融合在一起,既赢得崇高学术声望,又展示高尚人格风范"③。二是强调科学研究的社会责任意识,科研工作者的科研道德还应体现在其社会责任的担当上,以科学研究和科研规律引领科研战略发展,科学决策应以科研战略咨询为支撑,从而以科研决策引领科学研究合规律地发展。三是增强科研道德教育,注重培育勇于突破"卡脖子"关键核心技术的志气、坚定科技自立自强的骨气和大力弘扬科技报国的科学家精神的底气。四是在中国"努力成为世界主要科学中心和创新高地"的征程中,为使科技管理体制适应实现世界科技强国的战略需要,创新科研激励和问责机制应着力于形成合力:鼓励创新、宽容失

---

① [英] J. D. 贝尔纳:《科学的社会功能》,陈体芳译,广西师范大学出版社2003年版,序言,xiii。

② 习近平:《在中国科学院第十七次院士大会、中国工程院第十二次院士大会上的讲话》,人民出版社2014年版,第18页。

③ 习近平:《在中国科学院第十七次院士大会、中国工程院第十二次院士大会上的讲话》,人民出版社2014年版,第20页。

败、问题导向、需求引领、瞄准前沿、激发活力，从而加强科技创新和制度创新的"双轮驱动"①，使现代大学中的基础研究和应用研究成为科学和创新的真正中心与高地。五是培育淡泊名利、宁静致远、孜孜求索、严谨求实、追求真理的学术风气，营造"为学术而学术"、"为真理而真理"、尊重科研规律、尊重科研同行并共同营建良好的科研生态，让能够真正忍受寂寞清冷、享受治学育人之乐、坚守品德修养底线的真理守门人，成为科研战线服务科技强国战略的科技领军人才和拥有家国情怀的学术大家。六是培养有理想、有本领、有担当、有科研道德的科技强国后备力量，这是一项重要的社会责任，正如习近平总书记所指出的，"为青年科技人才提供更多机会和更大舞台"，"让他们成为有思想、有情怀、有责任、有担当的社会主义建设者和接班人"②，是实现民族复兴和建设现代化强国的希望。

五 传承以人为本和崇尚真理的大学文化制度传统价值

中国特色现代大学文化是保护学术共同体的制度文化，学术组织文化引导学术共同体成员长期合作与文化共生，获得学术共同体广泛认同的大学制度文化传统，发挥着引领现代大学发展的重要功能。为此，在中国特色现代大学制度价值实践中，不能"将商业管理模式简单地迁移到大学之中"③，在西方国家，商业化管理模式给大学传统价值观带来了威胁与挑战，"大学管理者正在借鉴公司管理的'最佳实践'，包括不同形式的责任机制以及灵活聘用的政策，而这些正导致教师士气下降以及人们对传统大学未来的深切忧虑"④。中国特色现代大学制度的

---

① 习近平：《努力成为世界主要科学中心和创新高地》，《求是》2021年第6期。
② 习近平：《在中国科学院第十九次院士大会、中国工程院第十四次院士大会上的讲话》，人民出版社2018年版，第24—25页。
③ 常艳芳：《组织文化视阈下现代大学制度模式建构研究》，中国社会科学出版社2019年版，第200页。
④ [美]简·科里、[美]理查德·德安吉里斯、[荷兰]哈里·德·波尔、[荷兰]杰罗恩·胡斯曼、[法]克劳德·拉科特：《全球化与大学的回应》，王雷译，北京大学出版社2010年版，第21页。

"最佳实践"是在社会大变革的新时代，保障现代大学在人才培养、科学研究、服务社会、文化传承与创新的制度实践中，彰显现代大学、学者学人对现代人类共同命运的深切关注，对人类社会未来发展的不懈探寻，在建立世界新秩序和构建人类命运共同体过程中，充分发挥现代大学文化传承、文化自觉、文化创新与文化自信的传统功能。虽然从本质上讲，现代大学是现代社会广阔舞台的一个缩影，但是大学更是一个自由、开放、包容、交流的场域，思想、文化、知识、权力在此共生碰撞出的火花，成为现代大学特有的制度文化特色与传统。大学是学术文化的中心，是追求真理的启航之地，"赋予我们精神家园，让我们以富有的、被尊重的方式生活"①。由于科技进步的迅猛，计算机、人工智能和机器人等将会让个人生活和职业生活变得更加错综复杂，人类每一次的职业转换都需要新技能或提高技能，"人们在应对技术和社会变革时，总是以改善教育作为回应"②。在一定意义上，未来大学制度模式将更加注重面向终身学习，培养思维能力和强调科技创新；现代大学文化传承中要让这个学术共同体的世界变得与众不同，毕生探索真理的人受到尊敬与推崇。在全面深化改革开放的新时代，知识更新突飞猛进，文化交流互鉴更加深入和广泛。大学教学文化、学术文化在彰显中国文化自信中的作用日益凸显，中国高等教育现代化进程中的中国特色现代大学文化传承的路向选择，彰显中国特色社会主义的文化自觉与学术自信是重中之重。

第四节 大学文化传承与社会主义核心价值体系的逻辑契合

现代文明的内在矛盾所造成的人类心理失调，这其实并不是人类文

---

① [美]约瑟夫·E.奥恩：《教育的未来——人工智能时代的教育变革》，李海燕等译，机械工业出版社2019年版，前言，XII。

② [美]约瑟夫·E.奥恩：《教育的未来——人工智能时代的教育变革》，李海燕等译，机械工业出版社2019年版，第9页。

第一章 大学文化传承与社会主义核心价值体系的内涵意蕴与理论阐释

明某一方面的危机,而是整个人类文明的坐标体系的危机,其实质是文化发展与人类进步的关系密切:"态度、价值观和信念,有时笼统地称之为'文化',它们在人类行为和进步的过程中,无疑起着作用。"① 第二次世界大战后,人类面临着追求自由与进步的双重危险:一是人类因使用核武器而面临灭亡的危险;二是形成世界帝国的危险。② 我们以怎样的目光看待未来,学术人如何做出自由而负责任的选择?坚定信仰是人获得自由的前提之一,真正的信仰是自由的本源而非强制的结果。在一定意义上,信仰关系着人类的未来,雅斯贝尔斯认为:"我们以忧虑的目光注视着人类未来,提出信仰问题,因为我们可以从自己的现实境遇出发,预见这一问题。"③ 在新民主主义革命时期,毛泽东同志指出,中国文化思想战线以五四运动为分界线构成两个不同的历史时期,呈现不同的中国文化革命历史特点,在"五四"之前的文化思想斗争,是资产阶级的新文化与封建阶级的旧文化之间的斗争;五四运动之后的文化思想斗争,"中国产生了完全崭新的文化生力军,这就是中国共产党人所领导的共产主义的文化思想,即共产主义的宇宙观和社会革命论"④。因此,新民主主义文化是中华民族的新文化,是"民族的科学的大众的文化"⑤。习近平总书记在党的二十大报告中强调:"全面建设社会主义现代化国家,必须坚持中国特色社会主义文化发展道路,增强文化自信,围绕举旗帜、聚民心、育新人、兴文化、展形象建设社会主义文化强国,发展面向现代化、面向世界、面向未来的,民族的科学的大众的社会主义文化,激发全民族文化创新创造活力,增强实现中华民

---

① [美]塞缪尔·亨廷顿、劳伦斯·哈里森主编:《文化的重要作用——价值观如何影响人类进步》,程克雄译,新华出版社2010年版,第59页。
② [德]卡·雅斯贝尔斯等:《哲学与信仰:雅斯贝尔斯哲学研究》,鲁路译,人民出版社2010年版,第87页。
③ [德]卡·雅斯贝尔斯等:《哲学与信仰:雅斯贝尔斯哲学研究》,鲁路译,人民出版社2010年版,第77页。
④ 《毛泽东选集》第二卷,人民出版社1991年版,第696—697页。
⑤ 《毛泽东选集》第二卷,人民出版社1991年版,第708—709页。

族伟大复兴的精神力量。"① 这是中国全面建设社会主义现代化强国始终坚持的社会主义文化发展道路,基于此,在大学发展的历史进程中,大学文化的力量积淀在大学文化共同体教书育人的生命力、学术研究的创造力和服务国家社会的凝聚力之中。大学文化传承中内含着人才培养的价值方向、对待追求真理的科学态度、服务中国全面建设社会主义现代化的伟大征程和面向人类未来的坚定信念,了解把握西方文化思想脉络,才能更好地传承中国的文化学术传统;纵观中国大学思想发展史,大学文化传承的核心价值观念与社会主义核心价值体系的基本内容高度契合:马克思主义指导思想、中国特色社会主义共同理想、以爱国主义为核心的民族精神和以改革创新为核心的时代精神、社会主义荣辱观,成为中国大学文化传承的关键内核。

习近平总书记在党的二十大报告中提出,要通过"两个结合"开辟中国化时代化马克思主义新境界,坚持和发展马克思主义,"必须同中国具体实际相结合""必须同中华优秀传统文化相结合""把马克思主义思想精髓同中华优秀传统文化精华贯通起来、同人民群众日用而不觉的共同价值观念融通起来,不断赋予科学理论鲜明的中国特色,不断夯实马克思主义中国化时代化的历史基础和群众基础,让马克思主义在中国牢牢扎根"②。新时代大学文化担负着将马克思主义思想精髓、中华优秀传统精华与人民群众的共同价值观念"贯通"与"融通"起来的传承与创新的责任与使命。中国大学的传统教育精神,秉承中国文明传统的知识谱系及其价值内涵,遵循现代人文教育和公民道德教育的理念,回应时代需求,顺应时势的趋势,塑造新时代中国青年的人文素养、法治精神和家国情怀。大学之道,在于明大德、守公德和严私德,

---

① 习近平:《高举中国特色社会主义伟大旗帜 为全面建设社会主义现代化国家而团结奋斗——在中国共产党第二十次全国代表大会上的报告》,人民出版社2022年版,第42—43页。

② 习近平:《高举中国特色社会主义伟大旗帜 为全面建设社会主义现代化国家而团结奋斗——在中国共产党第二十次全国代表大会上的报告》,人民出版社2022年版,第17—18页。

第一章 大学文化传承与社会主义核心价值体系的内涵意蕴与理论阐释

在开启民智的过程中,追求至善至美;在立德树人的征程上,传承文明精神和塑造人文情怀。

一 大学文化传承与社会主义核心价值体系的历史契合

在人类历史发展的长河中,文化作为人们认识世界和改造世界的实践精神成果,与政治经济相互交融、紧密相连。文化发展是经济和政治发展的反映,经济基础决定文化发展的性质与成就;政治建设依托文化发展,文化建设以政治为导向,政治与文化共同服务于经济发展。因此,文化与政治、经济只有共同发展,才能真正发挥文化生产力促进经济增长、推动社会全面进步、提高我国综合国力、提升参与国际竞争力、弘扬中国精神、提高人的核心素养的基础性和战略性作用,为全面建设社会主义现代化强国提供强大的精神动力和智力支持,"文化的力量是民族生存和强大的根本力量"[1]。在大学教育发展的历史变迁中,大学文化作为社会文化的重要子系统,大学文化哺育了我们的精神家园,滋养大学人以富有的、被尊重的方式从事教学、学术研究、服务社会和文化传承创新。大学自现代以来的教育目标就是"让学生做好准备,面对世界上积极生活的荆棘,无论是当前存在的还是未来会出现的。教育一直以来都是为社会需要提供服务"[2]。当下,大学文化传承中更要坚持这一点,因为大学教育是文化进步和革新的引领者,更是变革我们时代的重要推动力。

梁漱溟先生曾就东西文化及其哲学展开思考与论证时指出,东方文化与西方文化并非简单地融合就能解决文化西化的问题,中华民族解决文化问题的根本在于,"现在中国,无论如何还算是在很困难的境遇里自己可以自谋——对于自己的生活要自己做主。因为要自谋的缘故,所

---

[1] 中共中央文献研究室:《十六大以来重要文献选编》上,中央文献出版社2011年版,第341页。
[2] [美]约瑟夫·E.奥恩:《教育的未来——人工智能时代的教育变革》,李海燕等译,机械工业出版社2019年版,前言,XI—XII。

以对于政治采取某种，文化采用某种还要自决"①。"五四"运动之前，中国大学文化的传承主要聚焦"新"与"旧"、"中学"与"西学"之争，以谋求教育救国、实业救国或武力救国，中国近代大学文化传承融合了本土与西方的特征，是典型的"后发外生型"，以著名大学校长的大学教育思想和制度改革构成了中国大学文化近代化的核心典范：蔡元培对北京大学的开风气之先的改革，梅贻琦、潘光旦对清华大学现代大学制度雏形的草创，张伯苓对南开大学"认识中国、了解中国、服务中国"的教育救国实践，竺可桢对浙江大学在西迁办学中践行"求是"校训被誉为"东方的剑桥"，等等；② 新民主主义革命时期，反帝反封建、抗日救国和解放全中国是时代主题，新民主主义大学文化教育聚焦教育新后代、学习正确的政治方向和培养中国革命的先锋队；③ 社会主义革命和社会主义建设时期，大学文化传承聚焦"保护青年一代更好地成长"④ 并将其培养成为"身体好、学习好、工作好"的"三好青年"⑤，以此完成社会主义革命和推进社会主义建设；改革开放和社会主义现代化建设新时期，大学文化传承为提高全民族的思想道德素质和科学文化素养服务，聚焦培育"有理想、有道德、有文化、有纪律的社会主义新人"，在党的领导下，中国青年"以执着的信念、优良的品德、丰富的知识、过硬的本领"担负起中华民族伟大复兴的重担；⑥ 在中国特色社会主义新时代，面对世界百年未有之大变局之下的诸多不确定性和不稳定性的国际大环境，大学文化传承主要聚焦高质量发展新阶段和社会主义现代化强国建设新征程，"用党的科学理论武装青年，用

---

① 梁漱溟：《东西文化及其哲学》，商务印书馆1999年版，第8页。
② 刘海峰、史静寰主编：《高等教育史》，高等教育出版社2010年版，第164—166页。
③ 人民教育出版社编：《毛泽东论教育》，人民教育出版社2008年版，第41—45页。
④ 何东昌主编：《中华人民共和国重要教育文献（1949—1975）》，海南出版社1998年版，第216—217页。
⑤ 何东昌主编：《中华人民共和国重要教育文献（1949—1975）》，海南出版社1998年版，第223—224页。
⑥ 冯刚主编：《改革开放40年高校思想政治教育编年史（1978—2018）》，北京师范大学出版社2019年版，第381页。

第一章
大学文化传承与社会主义核心价值体系的内涵意蕴与理论阐释

党的初心使命感召青年",激励生逢其时的中国青年在施展才干的广阔舞台上,"立志做有理想、敢担当、能吃苦、肯奋斗的新时代好青年"①。虽然世界各国大学基于地域和历史传统的各种因素产生于不同社会之中,但是,大学通过教学与研究,"以批判的方式,创造和传递文化"②,追求知识普遍性和培养社会所需高级专门人才的永久价值情怀依然如故。

二 大学文化传承与社会主义核心价值体系的理论关联

古今中外思想史中,文化与价值都是紧密结合在一起的,具有理论上的天然关联性。《大学》中开宗明义:"大学之道,在明明德,在亲民,在止于至善。"③ 哲学家维特根斯坦指出,进步是文明的形态,分散在世界上每一个角落的文明的特点在于建构,文明的消失并不意味着人的价值的消失,而是意味着人的价值得到明确而清楚的表达,文明的清楚与文化的明确均具有很高的价值:"我们的文明以'进步'一词为特征。与其说取得进步是文明的特点之一,不如说进步是文明的形态。它的特点在于建构。它全力以赴地在建构一个更复杂的结构。明确的探讨也只是达到这种目的的手段,而不是它自身的目的。……明确、清楚本身具有很高的价值。"④ 20 世纪,时代境遇经过多次变迁,雅斯贝尔斯看到了社会文化症候群:"大众民主、技术至上、官僚主义、消费主义、专家体制、文凭决定前途、经济与技术进步的全球视角……"⑤ 无论生活在怎样的时代中,人类生活都在寻找一种坚实的价值表达。德国

---

① 习近平:《高举中国特色社会主义伟大旗帜 为全面建设社会主义现代化国家而团结奋斗——在中国共产党第二十次全国代表大会上的报告》,人民出版社 2022 年版,第 71 页。

② 王晓辉主编:《全球教育治理:国际教育改革文献汇编》,教育科学出版社 2008 年版,第 17 页。

③ 陈晓芬、徐儒宗译注:《论语 大学 中庸》,中华书局 2015 年版,第 249 页。

④ [英] 路德维希·维特根斯坦:《文化和价值》,黄正东、唐少杰译,译林出版社 2011 年版,第 8—9 页。

⑤ [德] 卡·雅斯贝尔斯等:《哲学与信仰:雅斯贝尔斯哲学研究》,鲁路译,人民出版社 2010 年版,第 201 页。

思想家阿诺德·盖伦围绕人类文明坐标系的危机展开分析指出，在人类几千年漫长的文明发展历程中所形成的各种相对稳定的社会制度、行为规范、思想范型与民族心态，在如今科学技术日新月异的工业化技术社会，以往的文化样态与文化模式不断受到挑战而寻求变革，"无论如何，现代化文明的内在矛盾及其造成的现代人心理的失调和灵魂的阴影，乃是每一个人文科学家和社会科学家都无法回避的问题"①。这必然是现代大学文化传承中不可回避的社会价值问题。

中世纪大学从诞生之日起就是通过培养牧师、律师和教师这些专门实用的、有文化的人才参与国家和社会管理的过程中推动经济社会发展。世界正在发生变化，工业革命以"机器和公司的形象重塑了社会一样，它也重塑了高等教育"②。美国查普曼大学2015年公布的一项对美国公众最恐怖事件的调查结果，除去最普遍的恐怖事件诸如恐怖主义和核袭击等"人为灾难"，比犯罪和地震更让公众恐怖的竟然是科技。此项调查显示，"美国人对机器人取代劳动力的恐惧超过了他们对死亡的恐惧——整整七个百分点"③。在人工智能来袭的今天，关注科技发达时代的人类心灵成为大学文化传承中的重大命题，大学文化传承中要致力于教会学生成为公民和现代社会的建设者。习近平总书记主张文化对人类社会发展起到"灵魂"的作用，"文化的力量，或者我们称之为构成综合竞争力的文化软实力，总是'润物细无声'地融入经济力量、政治力量、社会力量之中，成为经济发展的'助推器'、政治文明的'导航灯'、社会和谐的'黏合剂'"④。大学是立德树人、培养德智体美劳全面发展的建设者和接班人的地方，扎根中国大地办大学就要坚持

---

① [德] 阿诺德·盖伦：《技术时代的人类心灵》，何兆武等译，上海科技教育出版社2008年版，中译本序，第11页。
② [美] 约瑟夫·E. 奥恩：《教育的未来——人工智能时代的教育变革》，李海燕等译，机械工业出版社2019年版，第11页。
③ [美] 约瑟夫·E. 奥恩：《教育的未来——人工智能时代的教育变革》，李海燕等译，机械工业出版社2019年版，第3页。
④ 习近平：《之江新语》，浙江人民出版社2007年版，第149页。

第一章 大学文化传承与社会主义核心价值体系的内涵意蕴与理论阐释

办学的正确政治方向,"马克思主义是我们立党立国的根本指导思想,也是我国大学最鲜亮的底色"①。作为国家希望和民族未来的广大青年学生要努力做到爱国、励志、求真和力行,大学文化传承中要坚定广大青年的信仰信念,"中华民族伟大复兴的中国梦终将在一代代青年的接力奋斗中变为现实"②。

三 大学文化传承与社会主义核心价值体系的实践贯通

大学作为社会道德的灯塔,在大学文化传承中凝聚着对大学理想的执着追求、对全球局势保持关注、对世界还存在的局部战争和单边主义国际政策保持警惕和警觉,从伦理道德维度坚持为人类的行为重新定向,不断明确地表明与践行人类的基本承诺。在一定意义上,当今世界百年变局之下,人类社会和人类文明所面临的危机,是一场"整体的危机"(total crisis),"是解释世界的基本坐标系本身已经变得很可疑的那种意义上的危机"③。从这个意义上说,人类对生活与发展的秩序化的追寻是对人类福祉的终极关怀,但是,也存在着高估秩序水准的问题;未来的世界,人们遇到公共舆论的典型"刻板印象"(stereotype)普遍为人们所持有,这种刻板印象就是一种简单形式判断:简化的程序和一定程度的可接受性。刻板印象在一定程度上是一种主观臆断或者是一种偏见④;作为奔波于生存与发展压力之下的现代人,被互联网和智能手机的大量信息覆盖着,并未感受到精神上多么的富足,而曾经作为媒体主流的报刊、广播电视等的信息获取与文化陪伴,今天都成了久违的遥想。基于此,大学作为道德和理想的生命绿洲,面对纷繁复杂的国际变局,应始终坚持文化传承中贯穿家国情怀、理想信念、道德实践和世界胸怀。

---

① 习近平:《在北京大学师生座谈会上的讲话》,人民出版社2018年版,第6页。
② 习近平:《在北京大学师生座谈会上的讲话》,人民出版社2018年版,第11—14页。
③ [德]阿诺德·盖伦:《技术时代的人类心灵》,何兆武等译,上海科技教育出版社2008年版,第62—63页。
④ [德]阿诺德·盖伦:《技术时代的人类心灵》,何兆武等译,上海科技教育出版社2008年版,第56页。

钱穆曾说："中国文化，无疑为世界现文化中最优秀者。"[1] 培养人才是大学教育的责任，大学教育的最高目的是传授知识、锻炼人格和陶冶品性，但是，大学教育的文化精神中未曾有力关注的是：今日大学第一要务是要明确政治与学术之间的关系，为社会培养政治精英，"社会各色中坚领袖人才之培养，亦惟大学教育之责"[2]。新民主主义革命时期，党领导的大学文化厚重的红色基因坚持了反帝、反封建的基本原则，学习传播马克思主义基本理论，为抗日救国和解放全中国培养了大批青年革命干部，为新民主主义革命事业和夺取新民主主义革命的伟大胜利做出巨大贡献。在社会主义革命和社会主义建设时期，大学文化传承中坚持正确政治方向，对青年开展共产主义教育，引领青年树立共产主义远大理想，"用自己的双手创造出一个富强的国家"[3]，做推进社会主义革命和推进社会主义建设的有志有为青年。在改革开放和社会主义现代化建设新时期，大学文化传承中强调共产主义的理想信念教育，培育社会主义"四有新人"成为中国式社会主义现代化建设、物质文明和精神文明建设的新生力量。在中国特色社会主义新时代，大学文化传承中坚持党高度重视、关怀和信任青年，培育时代新人以担负起全面建设社会主义现代化和社会各领域高质量发展的中华民族复兴大任。

第五节　大学文化传承中坚持社会主义核心价值体系的中国实践

从世界范围的角度来说，大学文化传承中坚持价值导向的意义源于大学教学和课程设置中存在着一系列问题：一是教学内容，可以追溯到

---

[1] 钱穆：《文化与教育》，生活·读书·新知三联书店2009年版，第11页。
[2] 钱穆：《文化与教育》，生活·读书·新知三联书店2009年版，第61—62页。
[3] 何东昌主编：《中华人民共和国重要教育文献（1949—1975）》，海南出版社1998年版，第725页。

第一章
大学文化传承与社会主义核心价值体系的内涵意蕴与理论阐释

20世纪早期的课程内容,如何让学习者看到所学内容与自己真实生活的意义。二是学校课程学习的效果,"大多数成年人忘记了在学校里所学的绝大多数内容,因为他们在生活中没有机会运用这些知识",即便今天在互联网上轻松可以查到的知识,学校有组织教学的历史知识和地理知识,都不应说是对学生在校时间的浪费,因为教育与成长都是一个过程,在这个过程中,间接知识在有组织、有计划、有设计的教学中也经历了"历史生成",即便学生通过其他途径获取这些知识,但是大学教育可以给学生提供一个思考、批判的机会可能,也是一种批判思维的训练。[1] 三是课程内容与知识指数级增长,为学生学习带来了挑战和困难,"知识在呈指数级增长,但教育者却不停地把内容添加到学校课程中,导致教科书越来越厚,教师和学生不得不短时间内覆盖越来越多的主题,对学科内容进行敷衍潦草的处理,这也是美国课程被表述为'一英里宽一英寸深'的原因"[2]。四是社会发展需要具有创造性思维、批判性思维和适应性专长的各类人才,而各国大学致力于培养的人才规格质量方面存在差异,"今天的社会和工作正变得越发复杂,社会需要大量具有创造性思维、批判性思维和适应性专长的具有复杂技能的人才,然而学校教授的仍然是大量需要人们记诵的事实性知识和脱节的信息片段"。"未来社会所需的社会智力和策略性思考等高端技能,在学校里的标准学科里却找不到踪影。"[3] 五是大学教育中能力培养的途径存在争议。"当今社会需要的许多复杂能力是标准化考试等客观评价技术所不能测量的,但这些能力对于应对生活中非良构、不清晰的挑战又至关重要。随着社会越来越强调学校中的考试,多年来课程正在稳定收窄,聚焦于那些容易测量的事实和技能,使培养学生复杂能力等教

---

[1] [法]阿兰·柯林斯:《什么值得教?技术时代重新思考课程》,陈家刚译,华东师范大学出版社2020年版,译者前言,第1页。
[2] [法]阿兰·柯林斯:《什么值得教?技术时代重新思考课程》,陈家刚译,华东师范大学出版社2020年版,译者前言,第1—2页。
[3] [法]阿兰·柯林斯:《什么值得教?技术时代重新思考课程》,陈家刚译,华东师范大学出版社2020年版,译者前言,第2页。

育中的一些最重要目标被淡化了。"① 为此，世界各国大学文化传承中的核心价值观念应结合国际国内形势的剧变而予以特殊关注，需要结合本国的历史文化传统而探究大学文化的科学变革与教学文化的传承创新。

从中国实施科教兴国战略、推进文化自信自强的战略布局角度来看，大学教育承载着强化中国式现代化建设人才支撑和铸就社会主义文化新文化，大学文化传承中坚持社会主义核心价值体系的新时代使命责任，就是要坚持社会主义大学坚定正确的办学方向，大学文化传统致力于点燃青年学生学习的动机、热情和收获，大学文化传承不仅要将作为投身社会的安身立命之本的知识技能传授给学生，更要传承给学生一个面向21世纪勇毅前行的价值愿景，能让青年学生更好地为现代化强国建设、为自己的美好幸福生活、为百年变局的世界做好充分的准备。

一 社会主义核心价值体系与社会主义核心价值观的提出历程

文化是一个民族的精神基因，是哺育民族发展的灵魂，是传承民族生命力的重要载体，是一个民族得以屹立在世界民族之林的精神支柱。从一定意义上而言，人类社会发展史就是以价值观念演变为核心的文化发展史。社会主义现代化强国建设不仅是建构与实践一整套科学完整的制度体系、结构框架、利益整合，更为重要的是核心价值观念的塑造与弘扬。青少年的理想信念教育和思想道德教育是社会主义文化建设的关键，为建设社会主义先进文化，要坚持解放思想，根据社会主义精神文明建设的政治方向、时代特点与发展规律，适时转变并科学树立新时代的文化发展观念，实践并规范社会主义市场经济发展的现实要求，在推进文化领域对外交流开放并批判吸收和理性借鉴世界文化发展的有益成果，"坚决抵制不良思想文化渗透，保护民族文化瑰宝，努力维护和保

---

① ［法］阿兰·柯林斯：《什么值得教？技术时代重新思考课程》，陈家刚译，华东师范大学出版社2020年版，译者前言，第2页。

第一章 大学文化传承与社会主义核心价值体系的内涵意蕴与理论阐释

障国家文化安全"①。社会主义核心价值体系的核心要义在党领导的中国特色社会主义发展的不同历史时期的时代表述存在不同,但是其核心思想旨归具有高度统一性。

(一)新民主主义文化方针"居于指导地位的是共产主义的思想"②

在新民主主义革命时期,无产阶级领导的新民主主义的政治、经济和文化中,起决定性作用的是社会主义因素,新民主主义的中国新文化是世界无产阶级社会主义新文化的一部分,因此,"应该扩大共产主义思想的宣传,加紧马克思列宁主义的学习,没有这种宣传和学习,不但不能引导中国革命到将来的社会主义阶段上去,而且也不能指导现时的民主革命达到胜利"③。中国的新文化在尊重中国的历史、坚持民族的、科学的、大众的根本性质的前提下,"……应该大量吸收外国的先进文化,作为自己文化粮食的原料,这种工作过去还做得很不够。……凡属我们今天用得着的东西,都应该吸收。但是一切外国的东西,如同我们对于食物一样,必须经过自己的口腔咀嚼和胃肠运动,送进唾液胃液肠液,把它分解为精华和糟粕两部分,然后排泄其糟粕,吸收其精华,才能对我们的身体有益,决不能生吞活剥地毫无批判地吸收"。毛泽东同志反对完全照搬模仿西方欧美资本主义发达国家"全盘西化"的主张和表面形式主义地吸收国外的东西,"必须将马克思主义的普遍真理和中国革命的具体实践完全地恰当地统一起来"④。

(二)培养社会主义新人,"一定要树立共产主义的远大理想"

在全面建设中国特色社会主义的形势一切看好的情况下,邓小平同志强调,坚持物质文明和精神文明同时发展,"要特别教育我们的

---

① 中共中央文献研究室编:《十六大以来重要文献选编》下,中央文献出版社2011年版,第379页。
② 人民教育出版社编:《毛泽东论教育》,人民教育出版社2008年版,第104页。
③ 人民教育出版社编:《毛泽东论教育》,人民教育出版社2008年版,第105页。
④ 人民教育出版社编:《毛泽东论教育》,人民教育出版社2008年版,第106—107页。

下一代下两代，一定要树立共产主义的远大理想"①，为此，先后提出要教育"有理想、有道德、有文化、有纪律"的"四有人民""四有干部"和"四有新人"，在"四有"中最强调的是有理想，共同的理想和坚定的信念是凝聚力，才能将人民团结起来。1987年3月，邓小平同志在会见美国国务卿舒尔茨发表谈话时指出，中国搞社会主义四个现代化建设，只能走社会主义道路，理想就是社会主义现代化，中国要发展起来，就要搞四个现代化，就要有纪律、有秩序地进行建设和发展。②

（三）丰富和发展马克思主义"必须坚持马克思主义的立场、观点、方法"的提出

党的十三大以来，面对国内国外的诸多新问题新情况，为了更好地推进改革开放和社会主义现代化建设，从理论上和实践上回答和解决马克思主义"是我们适应新形势、认识新事物、完成新任务的根本思想武器"，江泽民同志在党的十四届一中全会中强调了两个"坚定不移"和两个"不能含糊"，"一是必须坚持马克思主义的立场、观点、方法，坚持马克思主义的基本原理。这一点，要坚定不移，不能含糊。二是一定要贯彻解放思想、实事求是的思想路线，坚持勇于追求真理和探索真理的革命精神"③。坚持马克思主义基本原理密切联系我国改革开放和现代化建设的实际，联系本地区本部门的思想实际，弘扬学以致用、用以促学、学用相长的马克思主义学风。

（四）以"八荣八耻"为主要内容的社会主义荣辱观的提出

胡锦涛同志在全国政协十届四次会议民盟、民进界委员联组讨论讲话时指出，全面建设小康社会和加快推进社会主义现代化需要提高全民族的素质、培养大批优秀人才和树立良好的社会风气，"社会风

---

① 《邓小平文选》第三卷，人民出版社1993年版，第110—111页。
② 《邓小平文选》第三卷，人民出版社1993年版，第209页。
③ 中共中央文献研究室编：《十六大以来重要文献选编》下，中央文献出版社2011年版，第595页。

气是社会文明程度的重要标志,是社会价值导向的集中体现"。首次提出广大青少年要牢固树立社会主义荣辱观,"在我们的社会主义社会里,是非、善恶、美丑的界限绝对不能混淆,坚持什么、反对什么,倡导什么、抵制什么,都必须旗帜鲜明"①。在中国工程院第八次院士大会和中国科学院第十三次院士大会上,胡锦涛同志在讲话中鼓励两院院士,要在建设创新型国家中大显身手,"在建设创新型国家的伟大实践中做拼搏奉献的楷模,带头弘扬追求真理、实事求是的科学精神,积极实践以'八荣八耻'为主要内容的社会主义荣辱观"②,担负起创新行为示范、创新成果展示、创新文化传播和与全社会共建创新文化的责任。

(五)以爱国主义为核心的民族精神和以改革创新为核心的时代精神的提出

毛泽东同志在抗日战争中就提出,文化教育事业要适应社会发展形势的需要,"以民族精神教育新后代"③。为进一步解放和发展文化生产力的任务,社会主义文化战线要不断以改革创新全面落实科学发展观和构建和谐社会,李长春同志在全国文化体制改革工作会议上发表题为《全面落实科学发展观,深入推进文化体制改革》的讲话中指出,文化建设同经济建设、政治建设、社会建设一起纳入社会发展的整体布局,以促进经济社会全面、协调、可持续发展,文化传承中要"大力弘扬和培育以爱国主义为核心的民族精神和以改革创新为核心的时代精神"④,切实加强全社会的思想道德建设提高全民族的思想道德素质,以此改善社会风气,不断铸牢全体人民团结奋斗的共同思想基础,为改

---

① 中共中央文献研究室编:《十六大以来重要文献选编》下,中央文献出版社 2011 年版,第 316—317 页。
② 中共中央文献研究室编:《十六大以来重要文献选编》下,中央文献出版社 2011 年版,第 488 页。
③ 人民教育出版社编:《毛泽东论教育》,人民教育出版社 2008 年版,第 53 页。
④ 中共中央文献研究室编:《十六大以来重要文献选编》下,中央文献出版社 2011 年版,第 373 页。

革开放和社会主义现代化建设提供精神动力和思想保证。

（六）"社会主义核心价值体系是建设和谐文化的根本"[1]

党的十六届六中全会根据新世纪我们所面临的前所未有的发展机遇和挑战，在国家事业发展的新阶段，从全面建设小康社会的战略全局和中国特色社会主义事业总体布局的角度出发，提出了构建和谐社会若干重大问题的战略部署，构建和谐社会"反映了建设富强民主文明和谐的社会主义现代化国家的内在要求，体现了全党全国各族人民的共同愿望"[2]。建设社会主义和谐文化是构建社会主义和谐社会的重要任务，社会主义和谐文化是切实巩固社会和谐的思想道德基础；在改革开放不断深化和社会主义现代化发展态势良好的整体局面之下，针对我国意识形态领域反映出的艰巨复杂的时代任务，党中央第一次提出："建设社会主义核心价值体系，形成全民族奋发向上的精神力量和团结和睦的精神纽带。"首次阐明社会主义核心价值体系的基本内容，对于大学文化传承而言，就是要坚持在高校意识形态领域中的马克思主义指导思想；以中国特色社会主义共同理想激励广大师生将"小我"融入"大我"；以爱国主义为核心的民族精神和以改革创新为核心的时代精神为基本内核，引领广大师生大力弘扬中国精神；引导广大青年学生切实培育和践行社会主义荣辱观："坚持以社会主义核心价值体系引领社会思潮，尊重差异，包容多样，最大限度地形成社会思想共识。"[3] 社会主义核心价值体系是我国社会主义制度的思想基础，在社会主义意识形态中处于最重要的地位和属于最重要的部分，任何时候都必须坚持且不能动摇。

胡锦涛同志在纪念红军长征胜利七十周年大会上的讲话中强调，在

---

[1] 中共中央文献研究室编：《十六大以来重要文献选编》下，中央文献出版社2011年版，第660页。

[2] 中共中央文献研究室编：《十六大以来重要文献选编》下，中央文献出版社2011年版，第648页。

[3] 中共中央文献研究室编：《十六大以来重要文献选编》下，中央文献出版社2011年版，第661页。

第一章 大学文化传承与社会主义核心价值体系的内涵意蕴与理论阐释

新长征的征途上,一定要将长征精神作为社会主义精神文明建设的重要内容,将长征精神作为对青年学生开展理想信念教育和思想道德建设的重要内容,坚持不懈将长征精神代代相传、发扬光大,"要在全体人民中牢固树立社会主义核心价值体系,用中国特色社会主义共同理想激励广大党员、干部和人民群众,不断巩固全党全国各族人民团结奋斗的共同思想基础。要大力弘扬以爱国主义为核心的民族精神和以改革创新为核心的时代精神,不断增强全民族的自尊心、自信心、自豪感,不断增强全社会的进取精神、开拓勇气、创新能力,激励全国各族人民为实现中华民族的伟大复兴而团结奋斗"。在大学文化传承中,号召广大青年学生要继承红军长征的光荣革命传统,大力发扬红军长征精神,自觉坚决抵制拜金主义、享乐主义和极端个人主义等错误人生观和消极腐朽思想文化的侵蚀,"要学习红军长征中国共产党员吃苦在前、享受在后的崇高风范,始终艰苦奋斗、艰苦创业,模范地实践以'八荣八耻'为主要内容的社会主义荣辱观"[①]。

在中国文联第八次全国代表大会、中国作协第七次全国代表大会上,胡锦涛同志寄希望于一切有理想有抱负的文艺工作者,要担负起投身讴歌时代的神圣使命,反映人民心声,密切同人民群众的血肉联系,发扬创新精神以开拓文艺新天地,为此,广大文艺工作者要加强学习和修养,忠诚于祖国与人民,"坚定社会主义信念,自觉实践社会主义荣辱观,倡导真善美,鞭挞假恶丑,恪守职业道德,弘扬职业精神",专心致志攀登人生和艺术高峰时要严肃认真考虑文艺作品的社会效果,努力"为人民奉献最好的精神食粮",用"传播先进文化,弘扬人间正气,塑造美好心灵"的优秀文艺作品丰富人民群众的精神生活和提高人民群众的精神世界。[②]

[①] 中共中央文献研究室编:《十六大以来重要文献选编》下,中央文献出版社2011年版,第729—732页。

[②] 中共中央文献研究室编:《十六大以来重要文献选编》下,中央文献出版社2011年版,第757页。

二 大学文化传承中坚持社会主义核心价值体系的政策遵循

在中国共产党领导的红色政权创建过程中，社会主义文化教育政策始终高度重视共产主义理想信念和社会主义的方向性。列宁曾说："实践高于（理论的）认识，因为它不但有普遍性的品格，而且还有直接现实性的品格。"① 为创造革命的新时代，在新民主主义革命时期，毛泽东同志指出，中国的知识分子和青年群体很大一部分具有"很大的革命性"，在革命中发挥"先锋和桥梁的作用"，"马克思列宁主义思想在中国的广大的传播和接受，首先也是在知识分子和青年学生中。革命力量的组织和革命事业的建设，离开革命的知识分子参加，是不能成功的"②。为此，苏维埃文化教育的总方针："在于以共产主义的精神来教育广大的劳苦民众，在于使文化教育为革命战争与阶级斗争服务，在于使教育与劳动联系起来，在于使广大中国民众都成为享受文明幸福的人。"③ 实践出真知，美好生活理想的实现是拼出来、干出来和奋斗出来的。

党的十六届六中全会提出中国特色社会主义的本质属性是社会和谐，构建社会主义和谐社会要遵循"六个必须坚持"：以人为本、科学发展、改革开放、民主法治、正确处理改革发展稳定的关系、在党的领导下全社会共同建设。④ 从推动社会主义现代化建设事业发展的角度来说，必须坚持协调发展，就教育发展而言，必须坚持教育优先发展，促进教育公平；从推进现代大学教育事业的整体发展质量而言，在高校意识形态领域必须要始终坚持马克思主义的指导地位，坚持中国特色社会主义先进文化的发展方向，"坚持把社会主义核心价值体系融入国民教育和精神文明建设全过程、贯穿现代化建设各方面。坚持用马克思主义

---

① 《列宁全集》第55卷，人民出版社1990年版，第183页。
② 人民教育出版社编：《毛泽东论教育》，人民教育出版社2008年版，第87—88页。
③ 人民教育出版社编：《毛泽东论教育》，人民教育出版社2008年版，第7页。
④ 中共中央文献研究室编：《十六大以来重要文献选编》下，中央文献出版社2011年版，第651—652页。

第一章
大学文化传承与社会主义核心价值体系的内涵意蕴与理论阐释

中国化的最新成果武装全党、教育人民，用民族精神和时代精神凝聚力量、激发活力，倡导爱国主义、集体主义、社会主义思想，加强理想信念教育，加强国情和形势政策教育，不断增强对中国共产党领导、社会主义制度、改革开放事业、全面建设小康社会目标的信念和信心"①。

胡锦涛同志在党的十六届六中全会第二次全体会议上强调，面对过去、现在、将来都会存在的"西方敌对势力的鼓噪，国内的各种噪音杂音"，问题的关键是我们要有自己的主心骨，"要巩固和发展马克思主义在意识形态领域的指导地位"，马克思主义指导地位在建设社会主义核心价值体系中是最根本的，"要坚持不懈地用马克思主义中国化的最新成果武装全党、教育人民，使之真正深入头脑、扎根人心"，"要从赢得青年、赢得未来的高度，抓好大学生的理论学习，深入推进马克思主义中国化的最新成果进教材、进课堂、进头脑工作，让青年知识分子了解和相信党的理论，在广大青年中培养一大批坚定的马克思主义者"②。

为深入贯彻学习党的十六届六中全会精神，针对在拓展思想道德建设和精神文明建设、深化精神文明创建、扎实推进文化体制改革方面的积极健康向上的良好态势，李长春在全国宣传部部长会议讲话中指出，党的十六届六中全会在思想道德建设的一个重大理论创新就是建设社会主义核心价值体系，在我国面临着经济体制深刻变革、社会结构深刻变动、利益格局深刻调整、思想观念深刻变化的新形势下，各种思想文化相互交织激荡复杂背景之下，建设社会主义核心价值体系具有极强的现实针对性和重大实践意义，为此，要全面准确理解社会主义核心价值体系的深刻内涵，以此把握和谐文化建设的正确方向：马克思主义指导思想是社会主义核心价值体系的灵魂，中国特色社会主义共同理想是社会

---

① 中共中央文献研究室编：《十六大以来重要文献选编》下，中央文献出版社2011年版，第661页。
② 中共中央文献研究室编：《十六大以来重要文献选编》下，中央文献出版社2011年版，第684—685页。

主义核心价值的主题、民族精神和时代精神是社会主义核心价值体系的精髓，社会主义荣辱观是社会主义核心价值体系的基础。社会主义核心价值体系的四个方面的基本内容是内在联系、有机贯通和相互促进的，是一个有机的统一整体，要实践好这个意识形态工作的崭新课题，"把铸造灵魂、突出主题、把握精髓、打牢基础的基本要求，体现到经济、政治、文化、社会建设各个领域，从政策环境、体制环境、社会环境等方面给予有力支持"。"要把建设社会主义核心价值体系融入国民教育和精神文明建设全过程，贯穿到理论武装、新闻出版、广播影视、思想道德、文学艺术、社会科学等工作的实践中，以更好更多的体现社会主义核心价值体系的精神文化产品推进和谐文化建设"[①]。

三 大学文化传承中坚持社会主义核心价值体系的途径保障

大学文化传承中坚持社会主义核心价值体系的最根本的途径就是贯穿始终的学习和践行。毛泽东同志在新民主主义革命时期结合中国革命战争的战略问题，明确了理论学习与实践落实之间的关系问题，"读书是学习，使用也是学习，而且是更重要的学习。从战争学习战争——这是我们的主要方法。没有进学校机会的人，仍然可以学习战争，就是从战争中学习。革命战争是民众的事，常常不是先学好了再干，而是干起来再学习，干就是学习"[②]。

大学文化传承中要致力于培育社会文明道德风尚，树立以"八荣八耻"为主要内容的社会主义荣辱观。大学文化发挥道德精神指引，在全社会倡导学习和践行爱国、诚信、友善、敬业等基本道德规范，在全社会形成"知荣辱、讲正气、促和谐的风尚"，开展社会公德、职业道德、家庭美德和青少年思想道德教育建设，"弘扬我国传统文化中有利于社会和谐的内容，形成符合传统美德和时代精神的道德规范和行为

---

① 中共中央文献研究室编：《十六大以来重要文献选编》下，中央文献出版社2011年版，第787—791页。

② 人民教育出版社编：《毛泽东论教育》，人民教育出版社2008年版，第13页。

第一章 大学文化传承与社会主义核心价值体系的内涵意蕴与理论阐释

规范"①。在包括大学校园在内的社会各行各业广泛开展和谐创建活动,"推动形成人人为我、我为人人的社会氛围";突出思想教育内涵,吸引广大师生参与和谐校园建设,"以相互关爱、服务社会为主题"的大学生社会志愿服务活动,加强对大学生的人文关怀,科学促进大学生的心理和谐、注重对大学生的心理疏导解困,有效引导大学生"正确对待自己、他人和社会,正确对待困难、挫折和荣誉。……塑造自尊自信、理性平和、积极向上的社会心态"②。

大学和科研院所是知识分子最集中的地方,坚持正确导向,广大知识分子是加强党的意识形态工作最可靠的重要力量之一,"要切实加强马克思主义理论队伍和哲学社会科学队伍建设,注重培养一批德才兼备、在国际学术界有影响的专家学者。各级领导干部要同知识分子交朋友,特别是要同那些学术造诣高、社会影响大的知识分子加强联系,主动听取他们的意见,发挥他们的积极性、主动性、创造性,使广大知识分子积极认同和传播我国社会主义核心价值体系,自觉投身社会主义先进文化建设"③。胡锦涛同志在中国文联第八次全国代表大会、中国作协第七次全国代表大会上的讲话中指出,在激烈的国际竞争中,文化对提高综合国力竞争力地位作用日益凸显,一个国家、一个民族只有占据了文化创新发展的制高点,这个国家和民族才能够更好掌握国际竞争的主动权。人类文明发展的进步史充分说明,一个国家、一个民族只有具备积极引领的先进文化、滋养丰富的精神世界、尊重和发挥全民族的首创精神,这个国家、这个民族才有真正屹立于世界先进民族之林的条件与可能,为此,"我们要牢牢把握社会主义先进文化的前进方向,建设社会主义核心价值体系,弘扬民族优秀文化传统,发掘民族和谐文化资

---

① 中共中央文献研究室编:《十六大以来重要文献选编》下,中央文献出版社2011年版,第661页。
② 中共中央文献研究室编:《十六大以来重要文献选编》下,中央文献出版社2011年版,第662页。
③ 中共中央文献研究室编:《十六大以来重要文献选编》下,中央文献出版社2011年版,第687页。

源，借鉴人类有益文明成果，倡导和谐理念，培育和谐精神，营造和谐氛围，进一步形成全社会共同的理想信念和道德规范，打牢全党全国各民族人民团结奋斗的思想道德基础"。大力发展和繁荣社会主义先进文化、建设和谐文化以促进人的全面发展，"要加强社会主义思想道德建设，弘扬以爱国主义为核心的民族精神和以改革创新为核心的时代精神，形成符合传统美德和时代精神的道德规范和行为规范"以培育社会主义"四有"公民。① 李长春同志在全国宣传部部长会议上的讲话中指出："加快建立学校、家庭、社会'三结合'的教育网络，使广大青少年成为实践社会主义荣辱观最活跃的群体。"② 温家宝同志在十届全国人大五次会议上所作的政府工作报告中指出，推进社会主义和谐社会建设，要加快教育、卫生、文化和体育等社会事业发展，"在全社会树立中国特色社会主义的共同理想，广泛开展社会主义荣辱观教育，培育文明道德风尚，尤其要加强青少年思想道德建设"③。

第六节　大学文化传承中坚持社会主义核心价值体系的新时代诉求

习近平总书记在党的二十大报告中明确指出，建设社会主义现代化强国必须坚持中国特色社会主义文化发展道路，要广泛践行社会主义核心价值观，社会主义核心价值观是铸魂育人、凝聚人心和汇聚民力的强大力量，坚定中国特色社会主义共同理想，"弘扬以伟大建党精神为源头的中国共产党人精神谱系，用好红色资源，深入开展社会主义核心价值观宣传教育，深化爱国主义、集体主义、社会主义教育，着力培养担

---

① 中共中央文献研究室编：《十六大以来重要文献选编》下，中央文献出版社2011年版，第753页。
② 中共中央文献研究室编：《十六大以来重要文献选编》下，中央文献出版社2011年版，第794页。
③ 中共中央文献研究室编：《十六大以来重要文献选编》下，中央文献出版社2011年版，第948页。

第一章
大学文化传承与社会主义核心价值体系的内涵意蕴与理论阐释

当民族复兴大任的时代新人"①。党的十八大以来,党中央和国务院高度重视文化强国战略,经过40多年的改革开放,党领导全国各族人民开创的波澜壮阔的历史与全面建设社会主义现代化强国的现实,给我们的文化研究提出了更加深层次的、更加具有挑战性的时代课题,为实现中华民族伟大复兴的伟大梦想,一方面,我们不仅要从中华优秀传统文化中汲取精华;另一方面,还要从多样化的世界文明宝库中汲取思想文化的有益养分。新时代大学文化传承在坚持社会主义核心价值体系中"加快构建中国特色哲学社会科学学科体系、学术体系、话语体系",以中国特色的大学文化传承助力推进中国特色社会主义文化自信自强、科技自立自强和教育强国、科技强国建设。② 联合国教科文组织世界文化与发展委员会认为:"必须制定新的战略,使广大青年融入到社会中来。提高青少年教育水平是民主制度的先决条件。当前,民主价值观已经不是欧洲和北美特有的东西,它是全世界青年广为接受的最基本的价值观念之一"③。20世纪40年代和50年代,世界各国学者重视文化因素对社会、政治和经济发展的影响以及文化在不同国家发展中的地位和作用差异,学术界对文化研究在六七十年代一度显著减少,80年代研究兴趣开始回升,特别是聚焦多数拉美国家文化成为发展障碍的问题,在经济学界、欧美专家和知识分子中引起了抗议和纷争风暴。④ 因此,新时代在大学文化传承中不仅要让青年学生掌握投身社会安身立命之本的知识技能,还要赋予大学师生以价值观和对于生活意义的探寻与追求。世界各国大学都不应该忽视对青年学生的价值观引领:让青年学生了解生活的意义,感觉到社会的向心

---

① 习近平:《高举中国特色社会主义伟大旗帜 为全面建设社会主义现代化国家而团结奋斗——在中国共产党第二十次全国代表大会上的报告》,人民出版社2022年版,第44页。
② 习近平:《高举中国特色社会主义伟大旗帜 为全面建设社会主义现代化国家而团结奋斗——在中国共产党第二十次全国代表大会上的报告》,人民出版社2022年版,第43页。
③ 联合国教科文组织、世界文化与发展委员会:《文化多样性与人类全面发展——世界文化与发展委员会报告》,张玉国译,广东人民出版2006年版,第98页。
④ [美]塞缪尔·亨廷顿、劳伦斯·哈里森主编:《文化的重要作用——价值观如何影响人类进步》,程克雄译,新华出版社2010年版,前言,第7—8页。

力,吸引青年学生参与到社会实践中去,从而给青年学生带来学业的成就感和服务社会与他人的满足感。

一 新时代大学文化传承中坚持意识形态领域马克思主义指导思想

胡锦涛同志在党的十八大报告中对过去五年的工作和十年的基本总结中指出,中国特色社会主义文化建设已经迈上新台阶,为广大人民提供了更加丰富多彩的精神文化生活,"社会主义核心价值体系建设深入开展"[1],扎实推进社会主义文化强国建设,就要加强社会主义核心价值体系建设,"社会主义核心价值体系是兴国之魂,决定着中国特色社会主义发展方向。要深入开展社会主义核心价值体系学习教育,用社会主义核心价值体系引领社会思潮、凝聚社会共识"[2]。为推动马克思主义中国化时代化大众化,通过深入实施马克思主义理论研究和建设工程,推进中国特色社会主义理论体系的"三进"并以此武装全党和教育广大大学师生,进而创新中国特色哲学社会科学体系,发扬学术和艺术的民主,激发全民族文化创造活力,创造更加丰富多彩的社会文化生活,为不断增强中华文化国际影响力开创新局面。

《联合国教科文组织组织法》所遵循的人文主义的教育发展观,在今天的全球教育治理中被赋予了全新的意义,就是将"教育视为最根本的共同利益"[3],这是新世纪新时代新阶段的新需求。21世纪我们需要什么样的大学教育?大学文化传承的宗旨将发生哪些改变?大学文化传承对每个人素质的提高都是对人类文明进程的推动,这是推动人类发展进步的一项共同利益,正如印度教育部部长阿布·卡拉姆·阿扎德曾说的:"将教育本身视为一项目的,我们从中认识到知识是

---

[1] 中共中央文献研究室编:《十八大以来重要文献选编》上,中央文献出版社2014年版,第3页。
[2] 中共中央文献研究室编:《十八大以来重要文献选编》上,中央文献出版社2014年版,第24页。
[3] 联合国教科文组织编:《反思教育:向"全球共同利益"的理念转变?》,联合国教科文组织总部中文科译,教育科学出版社2015年版,序言,第2页。

终极价值之一。"① 当今世界处于一个日新月异的动荡时代,"对于人权和尊严的渴求正在日益凸显。虽然不同社会之间的联系比以往任何时候都更加密切,但是偏执和冲突现象依然层出不穷。虽然新的权力中心正在形成,但不平等现象还在持续加剧,地球正承受着压力。虽然可持续、包容性发展的机会广阔,但是挑战也是十分严峻和复杂的"②。为此,一方面,要充分发挥大学文化传承中对促进人权与尊严、消除贫困的代际传递、加强可持续发展、建设面向全体学生的美好未来方面所能发挥的强大变革力量;另一方面,大学文化传承中应尊重文化的多样性、立足权利平等和教育公平、促进国际合作团结与责任共担,这一切都是大学文化传承中所彰显的人文性与价值性。中国特色的社会主义大学是党领导下的社会主义大学,在大学文化传承中要"牢牢掌握意识形态工作领导权和主导权,坚持正确导向,提高引导能力,壮大主流思想舆论"③。

二 新时代大学文化传承中牢固树立中国特色社会主义的共同理想

坚定的理想信念将广大中国人民凝聚在中国特色社会主义的伟大旗帜之下。在中国共产主义青年团成立85周年之际,胡锦涛同志在致中国青年群英会的信中寄予广大青年殷切希望:青年们要奋勇承担加快推进社会主义现代化的历史任务,奋力开创中华民族伟大复兴的光明前景,努力争做"四个新一代":"理想远大、信念坚定的新一代,品德高尚、意志顽强的新一代,视野开阔、知识丰富的新一代,开拓进取、艰苦创业的新一代。"广大青年要实现人生的美好理想和拥有壮丽的青

---

① 联合国教科文组织编:《反思教育:向"全球共同利益"的理念转变?》,联合国教科文组织总部中文译,教育科学出版社2015年版,第64页。
② 联合国教科文组织编:《反思教育:向"全球共同利益"的理念转变?》,联合国教科文组织总部中文译,教育科学出版社2015年版,序言,第1页。
③ 中共中央文献研究室编:《十八大以来重要文献选编》上,中央文献出版社2014年版,第25页。

春，就必须"坚持与时代同步伐、与祖国共命运、与人民齐奋斗"①。习近平总书记在参观《复兴之路》展览时的讲话中指出，中华民族的昨天、今天和明天给人以深刻的教育与启示，"实现中华民族伟大复兴，就是中华民族近代以来最伟大的梦想。这个梦想，凝聚了几代中国人的夙愿，体现了中华民族和中国人民的整体利益，是每一个中华儿女的共同期盼"②。为实现中华民族伟大复兴的中国梦，广大青年要珍惜这个伟大时代的难得的人生际遇，做新时代的奋斗者，"广大青年要培养奋斗精神，做到理想坚定，信念执着，不怕困难，勇于开拓，顽强拼搏，永不气馁"③。

  大学文化传承中要牢固树立中国特色社会主义的共同理想，这对于全球共同利益的实现具有建设性的意义与价值。联合国教科文组织倡导从"公共利益"向"共同利益"转变，对共同利益的定义就是指人类在本质上共享并交流的社会群体的善意，人们之间并非仅仅通过个人美德的简单累计而紧密联合，人类通过对共同利益的追求而实现自身的幸福，"人类在本质上共享并且交流的各种善意，例如价值观、公民美德和正义感"。因此，共同利益就是"通过集体努力紧密团结的社会成员关系中的固有因素"④。中国特色社会主义共同理想的不断实现不仅对本国人民创造出现代化强国建设的"好日子"福祉，同时，也为世界和平发展和人类福祉的共同美好生活。人类命运休戚与共，大学教育与大学文化传承所主张的人类共同利益不是狭隘的个人受益的善意，而是针对大学教育作为一项"社会努力的集体层面和目的可能受到忽视"⑤，而期望大学教育能够实现更广泛的社会效益以及教育机会平等制度安排

---

① 《胡锦涛致中国青年群英会的信》，《人民日报》2007年5月5日第1版。
② 《习近平谈治国理政》第一卷，外文出版社2018年版，第36页。
③ 习近平：《在北京大学师生座谈会上的讲话》，人民出版社2018年版，第12页。
④ 联合国教科文组织编：《反思教育：向"全球共同利益"的理念转变？》，联合国教科文组织总部中文科译，教育科学出版社2015年版，第69页。
⑤ 联合国教科文组织编：《反思教育：向"全球共同利益"的理念转变？》，联合国教科文组织总部中文科译，教育科学出版社2015年版，第70页。

方面，从集体层面承诺基于分担责任和精诚团结方面的共同努力。这个世界相互依存度正在逐步增加，将大学文化、教育与知识视为共同利益的观点也是基于可持续发展的考量，大学教育治理与知识治理的价值统一性意味着"知识的创造、控制、习得、认证和运用向所有人开放，是一项社会集体努力"①。大学教育文化传承作为人类社会的共同利益的伦理道德基础是：以人为本的人本主义思想，"根据当前形势重新审视教育治理基本原则的必要性，特别是受教育权和以教育为公共利益的原则"②。大学文化传承中教师以独立思考、批判性思维来摆脱盲从；大学文化传承要在关注人性化与价值多元之间寻求平衡，尊重各国根据自身国情的大学教育决策与全球教育治理模式的复杂与多样选择。

三 新时代大学文化传承中弘扬以民族精神和时代精神为内核的中国精神

党的十八大以来，中国特色社会主义进入新时代，实现中华民族伟大复兴进入了不可逆转的历史进程，习近平总书记在庆祝中国共产党成立100周年大会上的讲话中指出："一百年前，中国共产党的先驱们创建了中国共产党，形成了坚持真理、坚守理想，践行初心、担当使命，不怕牺牲、英勇斗争，对党忠诚、不负人民的伟大建党精神，这是中国共产党的精神之源。"③ 习近平总书记在党的二十大报告中进一步指出，以制度化常态化推动理想信念教育，持续抓好"四史"的宣传教育，弘扬中国革命的光荣传统、传承红色基因、赓续红色血脉，将中国精神代代相传，"弘扬以伟大建党精神为源头的中国共产党人精神谱系，用好红色资源，深入开展社会主义核心价值观宣传教育，深化爱国主义、

---

① 联合国教科文组织编：《反思教育：向"全球共同利益"的理念转变?》，联合国教科文组织总部中文科译，教育科学出版社2015年版，第72页。
② 联合国教科文组织编：《反思教育：向"全球共同利益"的理念转变?》，联合国教科文组织总部中文科译，教育科学出版社2015年版，第75页。
③ 习近平：《在庆祝中国共产党成立100周年大会上的讲话》，人民出版社2021年版，第8页。

集体主义、社会主义教育，着力培养担当民族复兴大任的时代新人"。新时代新征程的大学文化传承，文化自信和科技自强需要强化思想政治工作体系的不断完善和大中小思想政治教育一体化建设有效推进，"坚持社会主义核心价值体系"①，"把社会主义核心价值观融入法治建设、融入社会发展、融入日常生活"②。

  新时代大学文化传承中要明晰文化价值观与人类进步之间的关联，世界各国文化具有巨大的差异性，文化因素对人类进步影响不容忽视，文化不是一个自变量，经济繁荣程度与态度、价值观和信念具有相关性，"文化与政治、体制、经济发展等其他变量可以是互为因果的"③。在一定意义上，"没有人文背景的发展，只是一种没有灵魂的经济增长而已"④。正是人类文化的多样性和不同的文化经验才坚定了世界各国坚定选择符合本国特色的现代化发展之路。中国式大学教育现代化，大学以文化人，达成精神共识，中国精神作为大学文化传承中的内在核心价值观念，在中华民族伟大复兴的征程中激励了一代又一代的华夏儿女不计较个人得失而予以遵循并践行，为捍卫祖国利益而不惜牺牲个人利益甚至生命。习近平总书记激励青年要爱国，因为"爱国，是人世间最深层、最持久的情感，是一个人立德之源、立功之本"⑤。希望青年要励志，做奋斗者，只有理想坚定，才能做好新时代的奋斗者。因此，新时代大学文化传承中，弘扬中国精神，讲好中国发展故事，将中国独特的精神文化和价值传统与现代经济、科学和技术进行资源整合，不仅推动经济快速发展、社会长期稳定，更能够铸就中国特色社

---

  ① 习近平：《在庆祝中国共产党成立100周年大会上的讲话》，人民出版社2021年版，第14页。

  ② 习近平：《高举中国特色社会主义伟大旗帜 为全面建设社会主义现代化国家而团结奋斗——在中国共产党第二十次全国代表大会上的报告》，人民出版社2022年版，第44页。

  ③ ［美］塞缪尔·亨廷顿、劳伦斯·哈里森主编：《文化的重要作用——价值观如何影响人类进步》，程克雄译，新华出版社2010年版，第41页。

  ④ 联合国教科文组织、世界文化与发展委员会：《文化多样性与人类全面发展——世界文化与发展委员会报告》，张玉国译，广东人民出版社2006年版，内容提要，第1页。

  ⑤ 习近平：《在北京大学师生座谈会上的讲话》，人民出版社2018年版，第11—12页。

第一章 大学文化传承与社会主义核心价值体系的内涵意蕴与理论阐释

会主义文化的繁荣发展,从而超越西方发达国家现代化发展的桎梏,"物质繁荣却带来精神幻灭,贫穷不断滋生,特权阶层却在挥霍浪费,这些因素连同长期居高不下的失业率,把文化与文化认同问题重新置于公众关注的焦点"①。

四 新时代大学文化传承中培育担当民族复兴大任的时代新人

胡锦涛同志在美国耶鲁大学的演讲中指出:"青年人是世界的希望和未来,青年人有着蓬勃向上的生命活力和无穷的创造力。"② 健康的大学生态需要历经时代变迁,传统的大学文化信条在大学里依然生机盎然。胡锦涛同志在党的十八大报告中指出,全面建设小康社会和全面深化改革的目标是显著增强文化软实力,"社会主义核心价值体系深入人心,公民文明素质和社会文明程度明显提高"③。大学是追求真理、研究高深学问和培养人才的地方,大学是传授知识、传承文化和创新文化的地方,大学是筑梦、圆梦、追求人生真谛与价值的地方,《大学》中开宗明义:"大学之道,在明明德,在亲民,在止于至善。"④ 不同时代的大学与大学人对此具有不同的时代阐释:被清华大学誉为"永远的校长"的梅贻琦在《大学一解》中精深阐释了明德和新民,明德,对于个人而言是人格,大学教育,一方面,教师要树立楷模,另一方面,学生要自谋修养:"学校犹水也,师生犹鱼也,其行动犹游泳也,大鱼前导,小鱼尾随,是从游也,从游既久,其濡染观摩之效,自不求而至,不为而成。"⑤ 大学培育新民的责任,"一为大学生新民工作之准备;二为大学校对社会秩序与民族文化所能建树之风气"⑥。经过大学

---

① 联合国教科文组织、世界文化与发展委员会:《文化多样性与人类全面发展——世界文化与发展委员会报告》,张玉国译,广东人民出版社2006年版,前言,第1—2页。
② 《胡锦涛文选》第二卷,人民出版社2016年版,第442页。
③ 中共中央文献研究室编:《十八大以来重要文献选编》上,中央文献出版社2014年版,第14页。
④ 刘强编译:《大学》,江苏凤凰科学技术出版社2018年版,第8页。
⑤ 梅贻琦:《大学的意义》,古吴轩出版社2016年版,第30页。
⑥ 梅贻琦:《大学的意义》,古吴轩出版社2016年版,第35页。

专识和通识的教育准备，服务社会所需成为新民。

习近平总书记在北京大学师生座谈会上的讲话中强调，青年要自觉践行社会主义核心价值观，核心价值观是全社会共同认可度最持久、最深层的力量，每一个时代都有其时代精神，每个时代都有其价值观念，"核心价值观，承载着一个民族、一个国家的精神追求，体现着一个社会评判是非曲直的价值标准"。我国所倡导的核心价值观从三个层面回答了"要建设什么样的国家、建设什么样的社会、培育什么样的公民的重大问题"[①]。这是绵延五千多年的中华文明所具有的独特价值体系。大学青年学生的价值观处于初步形成和基本确定期，"因为青年的价值取向决定了未来整个社会的价值取向""抓好这一时期的价值观养成十分重要"。为此，青年大学生要扣好人生的第一粒扣子，要通过勤学求得真学问，修德注重道德实践，明辨是非善于决断选择，扎实干事踏实做人来树立和培育社会主义核心价值观。[②] 哈佛大学前校长 A. 劳伦斯·洛厄尔在1916年给耶鲁新生的讲话中曾说："我们需要通过享用自由来考验这个自由的文明社会。但是如果我们以自由之名不务正业，或碌碌无为，或汲汲于一己之利，那就是文明社会的失败——我们的国家如此，美国的大学更是如此……建立文明社会的斗争不仅发生在战场上，也发生在讨论会、课堂、实验室、图书馆里……建设文明社会最关键的，是把青年培养成为能造福世界的人——他们不仅需要创造富庶的物质世界，更需要成为精神世界的楷模，需要通过教育让他们达到至真至善的境界。"[③] 要扎根中国大地办好中国特色的世界一流大学，这是国家的战略决策，习近平总书记强调："我们要认真吸收世界上先进的办学治学经验，更要遵循教育规律，扎根中国大地办大学。"[④]

---

① 《习近平谈治国理政》第一卷，外文出版社2018年版，第168页。
② 梅贻琦：《大学的意义》，古吴轩出版社2016年版，第172—173页。
③ [美]哈瑞·刘易斯：《失去灵魂的卓越：哈佛是如何忘记教育宗旨的》，侯定凯等译，华东师范大学出版社2012年版，扉页。
④ 《习近平谈治国理政》第一卷，外文出版社2018年版，第174页。

第二章

大学文化传承中坚持社会主义核心价值体系的现实境遇与时代使命

在人类文明发展史上，每一种文化及其所在组织，都具有其特殊的价值叙事主题。大学作为与其他社会组织相区别的学术组织机构，以科学、技术、文化培养人才、开展科研、服务社会和传承文化，并以此获得大学的合法性与合理性的社会地位。大学作为制度性的存在，严格意义上的大学或学院，文化传承具有广泛共享的学术规范和治理文化，以落实大学文化教育理念而展开现代化治理，进而成为规范化学术组织；大学作为学术性组织不同于作为企业或公司存在的组织，大学文化传承的特殊性在于以满足大学作为特殊学术性组织的文化特性。产生于西欧中世纪的现代大学属于单科性质的文科教育，其文化制度合理化的过程成为职业化现代官僚政治的基础。现代官僚制度文化被马克斯·韦伯视为"铁笼"，学术职业制度受其影响而重视职业竞争和个人技能，强调组织制度文化和组织文化流程，强调学术精英在学术职业中的荣誉感和建构理想化的学术职业发展样态。现代大学作为学术组织的文化传承与创新，并不意味着要彻底消解大学文化教育传统，现代大学学术组织文化的重塑无论从哪个角度来讲，都不可能不顾及大学文化传承的传统基础，而"从一张白纸开始"①。意大利社会学家詹尼·瓦蒂莫是世界文化虚无主义的积极代表，以"一种文化与另一种文化的真实相遇"为中心，认为不同文化之间具有相互对话或产生作用的可能，其主张世界西方化的进程是西方文化渗透的过程，在西方文化总体性渗透中，西方化裹挟在全球化中正向工业化世界的边缘渗透，其结果"远远不只是……其他文化从我们视线中消失，甚至不是文化人类学所寻找和所遇到的其他文化的消失，……文化渗透与西方化的全球化状况正存在于当代工业化世界的边缘，它体现了一种巨大的踪迹和剩余物'结构场'"②。瓦蒂莫认为，文化之间对话和作用的古老真实性并未灾难性地丧失，在科学技术统治全球的时代，西方科技文化处于中心地位，"他者"文化以处于西方文化边缘的、摇摆不定的、面临贫困枯竭的形式存在，但是，西方文化，无论是文化"经典"，还是古典文化，都是一个遥远过去的"无边无际的踪迹'结构场'"；西方文化的思想传统预示着自身命运的衰退信号与经验，在总体性的文化相互渗透当中，"由于这个世界不会再出现主体与客体、同一性与差异性或者虚构与真理之间的明显分裂，弥漫全球的'可变性的消失不是作为世界总体组织化的一部分而出现，而是作为广泛渗透的条件而出现'，在这里，所有的文化，无论西方的还是非西方的，都将变成边缘的和杂交的文化"③。瓦蒂莫虽然提倡的是积极的虚无主义评价，但其实质仍是虚无，但作为学术组织的大学文化传承，在制度文化传承模式建构中始终存在着选择可能与实践机遇。特别是对于发展中国家而言，创建世界一流大学成为国家经济社会发展规划的主要目标之一，即旨在形塑国家现代化转型对知识经济体的迫切需要，强调世界一流大学对国家的重要贡献，是一种

---

① [美]罗伯特·波恩鲍姆：《高等教育的管理时尚》，毛亚庆等译，北京师范大学出版社2008年版，第91页。
② [意]詹尼·瓦蒂莫：《现代性的终结》，李建盛译，商务印书馆2013年版，"英译者导论"，第41—42页。
③ [意]詹尼·瓦蒂莫：《现代性的终结》，李建盛译，商务印书馆2013年版，"英译者导论"，第41—43页。

第二章 大学文化传承中坚持社会主义核心价值体系的现实境遇与时代使命

国家层面的现实诉求和强力推进。政府热衷的是世界一流研究型大学的投资回报,高等院校的全球排名事关创新知识的获取、运用和创造,同时也使大学陷入"阿特巴赫悖论":"每所大学都想成为世界一流大学,但却没有人知道它到底是什么,没有人知道如何得到它。"[①]

历史悠久、传统深厚、资源丰富的发达国家的大学和科研院所的学术团体在学术工作的各个领域处于领导和支配地位。全球化进程曾经的深化和如今的逆流,都在有力地改变着全球学术活动和已有学术地位,发展中国家的学术体系大多是"舶来品",因为所有现代大学都起源于西欧,欧洲模式和现代的美国模式在发展中国家战胜本土学术传统,英语处于国际学术交流、主流学术期刊和国际学术会议的"世界通用语",使得发展中国家的学术职业处于"语言"的外围。即使一些国家在殖民独立后有机会改革大学的性质和发展模式,但是这些国家没有选择这样做。为保持大学文化发展的本土合法性和世界合理性,大学文化传承中要坚持改革创新学术组织文化的三个发展向度:一是大学文化对大学治理方式的变革和治理能力的提升,在人工智能时代,面对新一轮科技革命引发的第四次工业革命浪潮的来袭,需要重新定义大学作为学术组织的文化价值观、结构功能和发展战略;二是大学文化传承中要始终秉持观照人、了解人、培养人的发展维度,结合所处时代的社会需求形塑以人为本的核心价值观念;三是大学文化传承中建构反思和问责制度文化,大学绩效考核制度文化设计中倾向绝大多数教师发展面临的专业发展、薪酬待遇、教学负担、职业压力、退出机制等,彰显大学文化的理想限度和底线思维:"焚烧那些制度化的家园,决不会有效地占有居住者的心灵和思想。"基于此,发展中国家大学文化传承中所坚持的本土学术文化发展向度,符合本国学术发展环境和人们创造文化方式的期望,任何被强加的和缺乏本土适应性的文化变革策略,不仅终将导致组织文化失败,甚至会造成破坏性的灾难影响。就世界各国大学而言,

---

① [美]菲利普·G.阿特巴赫主编:《世界级大学领导力》,姜有国译,中国人民大学出版社2014年版,第214页。

大学文化传承与大学的核心价值观念、大学使命和大学目标理念保持一致，以此彰显大学文化传承使命、核心理念和未来发展愿景的独特特征和竞争优势，在一定意义上，"提出大学要用与外部人员的期望相一致的价值观、使命和目标，来取代大学内部的价值观、使命和目标，以强化大学自身发展的建议，将是一剂导致组织灾难的处方。改变一所大学，就如同改变一种宗教一样困难"①。从这个意义上说，大学文化传承中所秉持的文化价值观是不同社会环境背景之下文化制度的折射，关系到作为整体文化制度与个体文化创造力之间的必要张力问题，如果大学文化传承中所坚持的核心价值观造成文化创造力与文化制度传承之间的断裂，直接结果是消解整个大学文化制度体系，从而使个人主义盛行；间接结果是文化创造力缺乏文化表达的制度渠道，文化创造力和文化制度彼此渐行渐远甚至分崩离析的结果是大学文化制度体系丧失生命力、个体创造力无所遵循；最终大学文化制度走向自我封闭、个体文化创造力走向枯竭。因此，大学文化传承中内容的"取舍"、方式方法的"选择"，不仅要根据其社会政治、经济、文化背景的不同而进行调整，还要根据所能借鉴和参照的组织模型、制度框架和传统惯例，以期最大限度地提升中国大学文化传承在中国特色世界一流大学创建中的国际竞争力。

现代大学在文化传承和治理方式上越来越呈现出私立部门和营利机构的某些特征，特别是英美那些实行自由市场经济的国家，大学不仅是学者和学科的集散地，而且是一个法人团体，更是一个共同责任文化机构。西方现代大学治理是一个政治过程，在西方大学治理、改革过程中是多个利益集团在各种层次上进行权力斗争的结果，这种改革的成败"取决于现存的组织影响体系下一种意识形态战胜另外一种意识形态的能力"②。试想，如何对拥有上百年传统的大学文化进行根本的重新设

---

① ［美］罗伯特·波恩鲍姆：《高等教育的管理时尚》，毛亚庆等译，北京师范大学出版社2008年版，第173—174页。
② ［美］罗伯特·波恩鲍姆：《高等教育的管理时尚》，毛亚庆等译，北京师范大学出版社2008年版，第10页。

计和颠覆式的、激进的、以取得标准绩效为目标的变革？不考虑现有的文化结构、状况和程序是否可行？这将对大学组织文化特性带来重要的影响。学术文化世界存在着巨大不平等：诸如世界重要的国际学术期刊集中在工业发达国家，直接左右了学术兴趣、研究方法和科学规范，发展中国家的顶级学者和研究人员难以发表和出版得到世界认可的以本土问题为导向的文章。发展中国家的学者对世界学术体系存在一定的依附：体制模式、教学语言、核心价值、学术规范、教学质量和资格认可都不同程度地受到发达国家标准的左右。总体而言，世界各国的政府类型、大学的治理结构、大学校长的任命方式等政治、历史、文化因素对大学文化传承及其所坚持的核心价值观建设都具有重要影响：大学发展按照谁的意思行事？研究领域和研究方向由谁来决定？为谁服务？世界一流大学的发展思路和政策框架基本一致：无论国家或文化背景如何，"世界一流大学都致力于为学生、教师和社会提供尽可能好的学术服务"[1]。任何发展中国家在开创世界一流大学建设中，都不能因"放眼全球"而失去对自己国家战略需求、人才培养和地区需要的满足和服务。

第一节　大学文化传承中坚持社会主义核心价值体系的发展脉络

在今天这个继往开来的新时代，中国式现代化发展面临着要正确"识变"顺应和积极谋求"改变"这个世界百年未有之大变局，已经历史地落在世界各国现代化建设的国家与人民肩上。对于中国而言，中国式现代化发展道路是中国共产党领导全国各族人民历经百余年的奋斗，不断夺取新民主主义革命、社会主义革命与建设、改革开放和社会主义现代化建设新时期、开创与发展中国特色社会主义新时代并取得举世瞩

---

[1] [美]菲利普·G.阿特巴赫主编：《世界级大学领导力》，姜有国译，中国人民大学出版社2014年版，引言，第1页。

大学文化传承中坚持社会主义核心价值体系研究

目的重大成就,将积贫积弱、内忧外患的半殖民地半封建社会的中国"转变过来成为前所未有的光明世界"。毛泽东同志曾预言:"世界到了全人类都自觉地改造自己和改造世界的时候,那就是世界的共产主义时代。"① 在新时代中国特色社会主义文化建设和中国式高等教育现代化建设中,坚持社会主义核心价值体系是上位概念,大学文化传承是中华文化传承创新的重要部分和点位;从坚持社会主义核心价值体系的基本方略统筹大学文化传承中始终坚持党对大学的领导、马克思主义指导思想在意识形态主导权与文化安全建设、大学文化传承和创新发展的正确方向、以大学文化精神传承推进践行社会主义核心价值观、推进文化自信自强、推动提高全社会文明程度、以大学文化发展繁荣中国特色社会主义文化事业、通过大学学术文化交流不断增强中华文明传播力影响力。

习近平总书记在党的二十大报告中向全世界庄严宣告,中国特色社会主义将全面开启建设中国式社会主义现代化国家的伟大新征程,实施科教兴国战略办人民满意的教育,推进文化自信自强,强化现代化建设人才支撑,才能铸就社会主义文化新辉煌,大学文化传承中要深入开展社会主义核心价值观宣传教育,"广泛践行社会主义核心价值观","用社会主义核心价值观铸魂育人,完善思想政治工作体系,推进大中小学思想政治教育一体化建设"②。从党的十六届六中全会提出"坚持社会主义核心价值体系"以来,经历了不断深化和凝练为社会主义核心价值观的过程。

一 培养中国式现代化的建设者和接班人:全面贯彻党的教育方针办人民满意的大学

新民主主义文化传承党领导的科学文化、为人民服务精神和批判地

---

① 人民教育出版社编:《毛泽东论教育》,人民教育出版社2008年版,第34—35页。
② 习近平:《高举中国特色社会主义伟大旗帜 为全面建设社会主义现代化国家而团结奋斗——在中国共产党第二十次全国代表大会上的报告》,人民出版社2022年版,第44页。

第二章
大学文化传承中坚持社会主义核心价值体系的现实境遇与时代使命

吸收外国文化、古代文化，培育"三好"青年。早在新民主主义革命时期，毛泽东同志就为陕甘宁边区《边区教师》杂志题词，"为教育新后代而努力"；为《边区儿童》创刊号题词，"学习做一个自由解放的中国国民""把自己变成新时代的主人翁"；在纪念一二九运动的伟大意义讲演中，将青年学生比作"火柴"，将共产党比作"点火的人"，"共产党从诞生之日起，就是同青年学生、知识分子结合在一起的；同样，青年学生、知识分子也只有跟共产党在一起，才能走上正确的道路"[1]。党领导的新民主主义文化革命生力军就是共产主义的文化思想，同帝国主义的奴化思想和封建主义的复古思想展开英勇斗争，这种反帝反封建的中华民族的新文化，属于世界无产阶级社会主义文化革命的一部分。[2] 在陕甘宁边区施政纲领中的文教政策主张，"奖励自由研究，尊重知识分子，提倡科学知识与文艺运动，欢迎科学艺术人才，保护流亡学生与失学青年"；[3] 在延安整风期间，强调以"马克思列宁主义这个最好的真理，作为解放我们民族的最好的武器"，中国共产党作为拿起马克思列宁主义这个最好武器的倡导者、宣传者和组织者，将马克思列宁主义的普遍真理与中国革命的具体实践相结合，不仅使中国革命的面貌焕然一新，而且以此改造全党的学习方法和学习制度，从而实事求是地研究中国革命实际，解决中国问题。[4] 文化、教育、知识分子人民性的问题是贯穿新民主主义文化教育的具有进步意义的事业，毛泽东同志指出，新中国"需要大批的人民的教育家和教师，人民的科学家、工程师、技师、医生、新闻工作者、著作家、文学家、艺术家和普通文化工作者"。这些文化人和教育家是进步的，"他们必须具有为人民服务的精神，从事艰苦的工作"。为人民服务卓著有成绩的一切知识分子都应当受到尊重，"把他们看做国家和社会的宝贵的财富"。对于中国

---

[1] 人民教育出版社编：《毛泽东论教育》，人民教育出版社2008年版，第89页。
[2] 人民教育出版社编：《毛泽东论教育》，人民教育出版社2008年版，第96—97页。
[3] 人民教育出版社编：《毛泽东论教育》，人民教育出版社2008年版，第116页。
[4] 人民教育出版社编：《毛泽东论教育》，人民教育出版社2008年版，第118—124页。

古代文化和外国进步文化，反对盲目照搬和一概排斥的错误方针，采取批判地借鉴外国进步文化和中国古代文化，"苏联所创造的新文化，应当成为我们建设人民文化的范例"①。为迎接新中国经济建设高潮的到来，新中国将恢复和发展人民教育，以文化建设高潮改写"被人认为不文明的时代"，"我们将以一个具有高度文化的民族出现于世界"②。我们要善于向世界各国人民学习，向先进者苏联学习，通过解放生产力和远大规划，改变中国在经济和科学文化上的落后状况，以期"迅速达到世界上的先进水平"③。为此，毛泽东同志在天津大学视察时指示，高等学校应该抓住三样东西："一是党委领导；二是群众路线；三是把教育和生产劳动结合起来。"④ 在中央工作扩大会议上，毛泽东同志指出，"工、农、商、学、兵、政、党这七个方面，党是领导一切的。党要领导工业、农业、商业、文化教育、军队和政府"⑤；而且进一步明确强调，组织和教育广大青年要通过根据并照顾青年的特点来进行，"要使青年身体好，学习好，工作好"，才能"保护青年一代更好地成长"⑥。

开创中国式现代化道路必须坚持对大学生进行共产主义道德品质教育，培育"四有"新人。在社会主义革命与社会主义建设时期的历史任务是在20世纪以内实现四个现代化，教育要培养实现四个现代化的人才和巩固无产阶级专政的需要，"为适应四个现代化，培养千百万无产阶级革命事业接班人而努力"。对大学生而言，总体来说，"要服从国家需要服从国家分配"⑦。在改革开放和社会主义现代化建设新时期，1979年3月邓小平同志在党的理论工作务虚会上的讲话中强调："中国

---

① 《毛泽东选集》第三卷，人民出版社1991年版，第1082—1083页。
② 《毛泽东著作选读》下册，人民出版社1986年版，第692页。
③ 《毛泽东著作选读》下册，人民出版社1986年版，第717—719页。
④ 人民教育出版社编：《毛泽东论教育》，人民教育出版社2008年版，第292页。
⑤ 《毛泽东著作选读》下册，人民出版社1986年版，第832页。
⑥ 《毛泽东著作选读》下册，人民出版社1986年版，第717—719页。
⑦ 何东昌主编：《中华人民共和国重要教育文献（1949—1975）》，海南出版社1998年版，第1546—1547页。

第二章 大学文化传承中坚持社会主义核心价值体系的现实境遇与时代使命

式的现代化,必须从中国的特点出发。""实现四个现代化必须坚持四项基本原则",为新时期的大学文化教育提供了政策遵循和方针指引,大学文化教育服务于:"实现四个现代化,把我国建成一个社会主义强国……走出一条中国式的现代化道路。"① 在大学开设马克思主义理论课,重点开展坚持四项基本原则教育;大学文化围绕革命理想教育展开,教育引领青年学生树立远大理想刻苦学习,将个人理想与祖国的四个现代化紧密结合,"把全部聪明才智贡献给壮丽的社会主义、共产主义事业"②。在新时期实现中国式现代化,邓小平号召全党同志"一定要善于学习,善于重新学习"。"全党必须再重新进行一次学习。"最根本的是要学习马列主义、毛泽东思想,努力将马克思主义普遍原则同我国实现四个现代化的具体实践结合起来,克服保守主义和本本主义,"从实践中学,从书本上学,从自己和人家的经验教训中学"。只有学会原来不懂的东西,"我们就一定能够加快新长征的步伐"③。为此,教育战线的重要任务是培养科学技术人才,有了成批的杰出人才,才能带动整个中华民族科学文化水平提高;在人才问题上,党的同志能够系统而非零碎地、实际而非空洞地学会马克思列宁主义,"就会大大提高我们党的战斗力量","我们的科学家、教师发现人才,培养人才,本身就是一种成就,就是对国家的贡献"④。在科学发展史上,真正有才能的人对科学事业的发展发挥着巨大的推动作用,"世界上有的科学家,把发现和培养新的人才,看作是自己毕生科学工作中的最大成就。……尽管有些新人在科学成就上超过了老师,他们老师的功绩还是不可磨灭的"⑤。基于此,邓小平同

---

① 何东昌主编:《中华人民共和国重要教育文献(1976—1990)》,海南出版社1998年版,第1674页。

② 何东昌主编:《中华人民共和国重要教育文献(1976—1990)》,海南出版社1998年版,第1806—1807页。

③ 何东昌主编:《中华人民共和国重要教育文献(1976—1990)》,海南出版社1998年版,第1658页。

④ 中共中央文献研究室编:《邓小平论教育》,人民教育出版社2004年版,第60—61页。

⑤ 中共中央文献研究室编:《邓小平论教育》,人民教育出版社2004年版,第61页。

志先后提出了"培养社会主义新人"①、"有理想、有道德、有文化、守纪律"的"四有"人民②、"有理想、有道德、有文化、有纪律"的"四有"干部③，并进一步提出要重点对青年进行有理想、有纪律的教育，没有理想和纪律，根本不可能实现中国式现代化。江泽民同志在1990年5月首都青年纪念"五四"报告会上的讲话中指出，知识分子是人类科学文化知识的重要继承者和传播者，是先进科学技术的重要开拓者和美好精神产品的重要创作者，肩负着"培育一代又一代有理想、有道德、有文化、有纪律的社会主义新人"的重要职责。④ 胡锦涛同志在2007年的"五四"青年节致中国青年群英会的信中，希望广大青年以英雄模范为榜样，自觉担负起时代的重任，牢记党和人民的重托，努力成为"四个新一代"⑤ 是广大青年自觉担负起中国特色社会主义现代化事业的时代重任的奋斗目标。

为了繁荣社会主义科学、教育和文化事业，教育部于1978年11月印发《关于办好高等学校哲学社会科学学报的意见》指出，办好学报的关键是加强党的领导，高等学校学报是"学术，讨论的园地"，其基本任务是"完整地、准确地阐述和宣传马克思列宁主义、毛泽东思想；开展学术讨论，在哲学、社会科学的广阔领域，提高教学和科学研究水平，繁荣社会主义科学文化；……交流研究成果，活跃学术思想，推动高等院校文科师生对我国和世界的政治、经济、军事、文化、思想等方面历史和现状的研究"。高等学校学报必须坚持以马克思列宁主义、毛泽东思想为指针，提倡"百花齐放，百家争鸣"和坚持"古为今用，洋为中用"的方针，要坚持"实事求是，理论与实践的统一，一切从实际出发的马克思主义的学风和文风"；对于学术问题，提倡不同观点和学派之间的自由争鸣；从客观实际出发，提倡说真话、实话，"坚持

---

① 《邓小平文选》第二卷，人民出版社1983年版，第208页。
② 《邓小平文选》第三卷，人民出版社1993年版，第28页。
③ 《邓小平文选》第三卷，人民出版社1993年版，第204—205页。
④ 《江泽民文选》第一卷，人民出版社2006年版，第125页。
⑤ 《胡锦涛致中国青年群英会的信》，《人民日报》2007年5月5日第1版。

第二章 大学文化传承中坚持社会主义核心价值体系的现实境遇与时代使命

为真理而斗争,反对学阀态度和以'风'为准的恶劣作风";主张以稿件的内容和质量作为是否发表的标准,"对作者不要求全责备,不要轻视'小人物'"①。

以中国式现代化实践中国化时代化的马克思主义新境界,办人民满意的教育培育中国好青年。中国式现代化发展到今天,面临着一系列的现代化之问:"两极分化还是共同富裕?物质至上还是物质精神协调发展?竭泽而渔还是人与自然和谐共生?零和博弈还是合作共赢?照抄照搬别国模式还是立足自身国情自主发展?我们究竟需要什么样的现代化?怎样才能实现现代化?"②习近平总书记号召全党和全国各族人民要发挥历史主动精神、斗争精神,弘扬伟大建党精神走好新时代的长征路,在党的二十大报告中深刻阐释了中国式现代化的科学内涵:人口规模巨大的中国式现代化是西方现代化道路中绝无仅有的承诺;共同富裕的中国式现代化是西方现代化发展至今未能企及的难题;物质文明和精神文明相协调的中国式现代化是西方现代化始终未能超越的桎梏;人与自然和谐共生的中国式现代化是西方现代化无法逾越的文明"瓶颈";走和平发展道路的中国式现代化是西方现代化的文明"终结"。中国式现代化始终秉持方向的人民性、道路的多样性、进程的持续性、成果的普惠性、领导的坚定性创造了人类文明的新形态,丰富了人类文明的百花园。③联合国教科文组织世界文化政策会议即世界文化大会的《总报告》中指出:"文化的同一性是保护传统、历史及祖祖辈辈传下来的道德的、精神的和伦理的价值。"④文化的同一性是对民族共同体及其特殊的伦理、美学、道德的价值观念的自觉认同;文化的同一性与多样性

---

① 何东昌主编:《中华人民共和国重要教育文献(1976—1990)》,海南出版社1998年版,第1653页。

② 习近平:《携手同行现代化之路——在中国共产党与世界政党高层对话会上的主旨讲话》,《人民日报》2023年3月16日第2版。

③ 习近平:《携手同行现代化之路——在中国共产党与世界政党高层对话会上的主旨讲话》,《人民日报》2023年3月16日第2版。

④ [美]欧文·拉兹洛编:《多种文化的星球——联合国教科文组织国际专家小组的报告》,戴侃等译,社会科学文献出版社2001年版,第155页。

不可分割，每一个民族都有发展其文化的权利和义务，"每一种文化都有必须得到尊重和维护的尊严和价值"①。多样性文化的未来是人类共同的未来：文化发展样态的多样性与丰富性，不同文化之间的相互影响与持续对话。② 我们生活在这样一个充满多样性和差异性的世界，是什么决定了世界秩序的有序和无序？是经济，是政治，也是文化，联合国教科文组织国际专家小组关于多种文化星球的报告提出，为了世界秩序提出建立全球性文化的倡议，其关键难题在于："在我们这个时代，文化是一种决定性的力量。许多从表面上看来是政治性的冲突，实际上反映了文化上的深刻分歧。……我们时代的地缘政治冲突不仅是一个政治问题或经济问题；它首先是一个文化问题，其深刻的根源是历史上形成的价值观念和感情。"③ 2023年3月习近平总书记在中国共产党与世界政党高层对话会上的主旨讲话中强调："我们要共同倡导尊重世界文明多样性，坚持文明平等、互鉴、对话、包容，以文明交流超越文明隔阂、文明互鉴超越文明冲突、文明包容超越文明优越。"④ 因此，新时代大学文化传承中要善于以社会生活教育等多种方式塑造时代新人。新时代的中国青年不仅要做有理想有本领有担当的时代新人，还要立志成为"敢想敢为又善作善成"的"新时代好青年"，大学文化传承中要引领青年立志、担当、吃苦和奋斗的精神，成为传承文明、创新文化、奉献社会、服务人民的新时代推进中华民族伟大复兴的青春力量。⑤

---

① ［美］欧文·拉兹洛编：《多种文化的星球——联合国教科文组织国际专家小组的报告》，戴侃等译，社会科学文献出版社2001年版，第156页。
② ［美］欧文·拉兹洛编：《多种文化的星球——联合国教科文组织国际专家小组的报告》，戴侃等译，社会科学文献出版社2001年版，第209页。
③ ［美］欧文·拉兹洛编：《多种文化的星球——联合国教科文组织国际专家小组的报告》，戴侃等译，社会科学文献出版社2001年版，第211页。
④ 习近平：《携手同行现代化之路——在中国共产党与世界政党高层对话会上的主旨讲话》，《人民日报》2023年3月16日第2版。
⑤ 习近平：《高举中国特色社会主义伟大旗帜 为全面建设社会主义现代化国家而团结奋斗——在中国共产党第二十次全国代表大会上的报告》，人民出版社2022年版，第71页。

二 坚定正确的政治方向：高校意识形态领域坚持马克思主义指导思想

大学从诞生之日起就是在培养人才的过程中推动经济社会的发展。若想要在技术上领先，就需要不断提高教育水平。由于机器变得越来越聪明，需要我们不仅是以增加教育数量来跟上技术更新的步伐，大学教育还需要提高对人工智能时代教育变革的认识。大学教育的目的之一是传授知识，但人工智能在颠覆简单的知识，"现在，信息是即时的、无处不在的、免费的。……我们需要一种教育来教导人们终身学习，增强他们的才能去做机器做不到的事情"[①]。我们的后代无论是为了获得生存的社会纽带，还是发展思维灵活性，都需要教育，教育是人类最智慧的生存策略。通过大学教育的社会习得我们可以学习到适应任何文化环境的任何东西。大学教育在21世纪的最初十几年教育学生的方式，在人工智能、先进机器和机器人对经济社会提供发展机遇与挑战的同时，大学教育也面临如何跟上时代步伐的危机。大学教育的目标如果是"训练下一代人运用他们固有的人类力量在数字经济中工作，大学将不得不更新它们自己的技能。为了培养学生和现有员工为未来的工作而努力，大学必须调整以适应新形势"[②]。为此，世界各国都根据自身的国情采取不同的教育方针和应对策略。由于青年人的信仰、信念和信心与其发展的可能性和成就感密切相关，青年人的身心发展得到满足，在发展中体悟到生活的社会意义与成长价值，在积极参与社会事务中充分体会到成就感和满足感，大学教育文化传承中就需要完成赋予青年学生以价值观和生活的意义。例如，日本对邪教奥姆真理教所做的调查结果令人堪忧，这个教派的主要参加人员是从日本一流大学毕业的化学家、太空物理专家和心脏病专家等一批高智商的年轻人，这些

[①] [美]约瑟夫·E. 奥恩：《教育的未来——人工智能时代的教育变革》，李海燕等译，机械工业出版社2019年版，第25页。

[②] [美]约瑟夫·E. 奥恩：《教育的未来——人工智能时代的教育变革》，李海燕等译，机械工业出版社2019年版，第27页。

高智商高学历的青年人主要缘于"我不想让我的一生没有意义"的需求在现实生活中没有得到满足,他们认为,"奥姆真理教赋予他们生活以意义""大学教育没有教给他们一丁点价值观和生活的意义(know-why)",奥姆真理教在世界各地的成功发展说明,各国大学教育中对青年学生精神引领和信仰信念的忽视,这不仅导致青年学生的精神无依,而且也导致青年学生对政府和政治丧失信心,这种情况在世界各地并非个别现象[1],为此,大学文化教育不仅要进行技术实践知识的高水平训练,还要引领青年学生了解体悟到生活的价值与意义,让学生感受到社会的凝聚力、向心力和感召力,吸引青年学生积极参与到社会事务的实践中去,并带给青年学生以价值感、信念感、成就感和满足感,切实体会到信仰信念和信心对社会整体发展的意义和对个体发展的价值。

人类行为的不同模式其核心成分是文化模式的选择,世界的和平与民主植根于人类的伦理道德和价值观念的文化传统基础之上,人类改造世界的能力拓展同样根植于一个民族的伦理道德和价值观念之中,人们的日常行为规范就建基于这些伦理道德和价值观念基础上,从而塑造了人们日常的行为模式。因此,文化的多样性和不同文化的平等性应予以尊重,尊重各国各民族追求社会进步与发展,并通过不同途径取得相同目标的普遍意义和坚定信心,联合国教科文组织世界文化与发展委员会发出的庄严倡议,"接受这个世界意味着要忍人所不能忍"。每个成员国都要坚信人类平等、发展道路选择自由和可持续发展的世代相传的原则理念,"尊重不同文化的多样性和它们丰富的活力,尊重完成发展的不同路径"[2]。为增进人类福祉,铸就文化发展的繁荣是追求有人文背景、有灵魂的经济发展,意味着"人类有机会选择完整的、满意的和

---

[1] 联合国教科文组织、世界文化与发展委员会:《文化多样性与人类全面发展——世界文化与发展委员会报告》,张玉国译,广东人民出版社2006年版,第96页。

[2] 联合国教科文组织、世界文化与发展委员会:《文化多样性与人类全面发展——世界文化与发展委员会报告》,张玉国译,广东人民出版社2006年版,前言,第3—4页。

第二章 大学文化传承中坚持社会主义核心价值体系的现实境遇与时代使命

有价值的生活方式"①,从而推动人类整体生存方式的提升与发展。从终极意义上说,文化是达成个人发展和社会发展目的的社会基础之一,发展和经济都是文化的重要组成部分。迁移是全球化的时代标志,人们四处流动不再固定下来,而全球化时代的大学作为学术组织,也存在形成"科层式监狱"的危险,"它们规模庞大,结构复杂,等级森严,铁钳似的牢牢地束缚着个人"②。为避免"科层式监狱"的危险,大学以学术共同体建构的方式将以学院和学科方式存在的"四分五裂"的学术组织,以共有的学术价值观和服务社会的实践行动团结凝聚起来:"直接交往的、团结信任的关系,不断进行协商与不断更新的关系,一个共同体的领域,身处其中的人们会关心他人的需求。……大型社会机构的分裂使得许多人的生活处于碎化的状态:他们工作的地方更像是火车站,而不是村庄,因为家庭生活被工作中的各种需求弄得失去了方向。"③

中国共产党领导的社会主义大学,在新中国中央政府未成立之前,党的中央宣传部实际上暂时代行中央政府文教机关的职责,负责管理国家的文化教育工作;中央政府成立之后,全国的文化教育工作、行政工作均由中央政府文教部门来管理;各地区有关文化教育行政工作,均应经由各地政府及军管会的文教机关报告和请示中央政府文化教育委员会或适当部门,"目的在于使中央政府文化教育委员会及其所属各部门,在党(通过政府党组)的领导和党外民主人士的参与下负起管理全国文化教育行政的任务",进而建立文化教育方面的重大问题向中央报告和请示的制度。④ 建设和巩固为人民服务的、

---

① 联合国教科文组织、世界文化与发展委员会:《文化多样性与人类全面发展——世界文化与发展委员会报告》,张玉国译,广东人民出版社2006年版,内容提要,第1页。
② [美]理查德·桑内特:《新资本主义的文化》,李继宏译,上海译文出版社2017年版,导论,第1页。
③ [美]理查德·桑内特:《新资本主义的文化》,李继宏译,上海译文出版社2017年版,导论,第2页。
④ 何东昌主编:《中华人民共和国重要教育文献(1949—1975)》,海南出版社1998年版,第2页。

民族的、科学的、大众的新民主主义教育是一个长期的奋斗过程，新中国的新教育与新政治、新经济一道都是为人民服务，在吸收旧教育的良好有用经验和学习借鉴苏联先进经验的基础上，首要的是为工农兵服务，并与当时的社会主义革命斗争与社会主义建设服务。大学教育作为整个国民教育的重要组成部分，基本性质是社会主义的。遵循毛泽东同志提出的德智体全面发展的教育方针，教育与生产劳动相结合的原则将德育、智育和体育有机统一起来，毛泽东同志强调，以共产主义的思想体系和方法原则进行新中国的教育制度、教育内容和教学法的改革一定要结合中国新教育的具体实际，"我们既应把对于共产主义的思想体系与社会制度的宣传，与对于新民主主义的行动纲领的实践区别开来，又应把作为观察问题研究学问处理工作的共产主义的方法，与作为国民文化的新民主主义的方针区别开来。把二者混为一谈，无疑是很不妥当的"[1]。

马克思主义指导思想对于高校意识形态的指导地位是政治方向的坚定正确指导。新中国教育目的就是要培养新的一代成为具有正确政治方向、思想意识和革命气质，具有坚实文化科学基础知识和健康体魄的、德智体全面发展的新社会未来主人，是新中国优秀的儿女。对于德育的界定，专门指出是共产主义道德，"需要发展共产主义的情操、风格和集体英雄主义的气概，就是我们时代的德育"[2]。在新时代，集体主义教育依然是共产主义教育的重要一环，是新时代的德育，以中国式现代化推进全面建设社会主义现代化建设的新征程，这是我们集体主义的伟大英雄事业，我们必须坚持以集体主义精神来培育时代新人。从《中国人民政治协商会议共同纲领》所规定的新中国高等学校的目的是坚持理论与实际相统一的教育方法，进行革命的政治教育，发展为人民服务的思想，"培育具有高度文化水平，掌握现代科学技术的成就，全心

---

[1] 何东昌主编：《中华人民共和国重要教育文献（1949—1975）》，海南出版社1998年版，第9页。
[2] 人民教育出版社编：《毛泽东论教育》，人民教育出版社2008年版，第234页。

全意为人民服务的高等建设人材"①。到1998年《中华人民共和国高等教育法》明文规定，发展社会主义高等教育事业，"国家坚持以马克思列宁主义、毛泽东思想、邓小平理论为指导，遵循宪法确定的基本原则"，"高等教育必须贯彻国家的教育方针，为社会主义现代化建设服务、为人民服务，与生产劳动和社会实践相结合，使受教育者成为德、智、体、美等方面全面发展的社会主义建设者和接班人"②。坚持坚定正确的社会主义方向和马克思主义思想的指导地位始终是中国特色社会主义大学建设与发展的根本遵循。

三 服务国家战略需求：大学文化传承中以爱国主义和改革创新为核心弘扬中国精神

新民主主义革命时期的新民主主义大学教育思想是对土地革命时期的工农民主教育的继承、改造和发展，是以毛泽东为主要代表的中国共产党人经过长期探索，将马克思列宁主义理论和中国教育实际相结合的产物，奠定了中国人民民主教育的理论基础，在新民主主义教育思想的旗帜指引之下，先后在抗日民主根据地和人民解放区开展了广泛的教育改革，积淀了中国现代教育史上最有价值的教育理论和实践成果，"基本上形成了一条具有中国特色的人民民主教育的道路"③。新民主主义革命时期大学教育主要以培养革命干部和广泛宣传马克思主义理论为职责的新型教育，例如，上海大学的办学宗旨是"养成建国人才，促进文化事业"，教学注重进行马克思主义理论教育和基础知识训练。④ 鲁迅艺术文学院师生一边教学，一边劳动，一边创作，在七年多的时间里，培养了685名具有崇高理想和专业知识的文艺人才，在人民教育与

---

① 何东昌主编：《中华人民共和国重要教育文献（1949—1975）》，海南出版社1998年版，第25页。
② 《中华人民共和国高等教育法》，中国法制出版社2016年版，第6页。
③ 王炳照、阎国华主编：《中国教育思想通史》第七卷，湖南教育出版社1994年版，第411页。
④ 刘海峰、史静寰主编：《高等教育史》，高等教育出版社2016年版，第157页。

人民文艺发展史上留下浓墨重彩的文化教育光辉。[1] 新民主主义革命时期的大学文化传承中，充分发挥了教育为革命战争和根据地建设服务的功能，这一时期的大学文化教育突破了正规化教育的束缚，坚持以理论联系实际、少而精、教育与生产劳动相结合的基本原则，体现这一时期大学教育的方式方法的灵活性与战时适应性，从各根据地的实际情况出发，确定教育发展的灵活政策，将文化教育、政治教育和军事教育有机融合为一体，创造了丰富多彩的教育形式，"以鲜明的时代意识和战斗精神，充分发挥了教育在民族解放和民主革命中的工具作用"[2]。

在社会主义革命和社会主义建设时期，大学文化传承的重要特点与新中国成立实现了中国社会发展质的飞跃是同步共生的关系，主要体现在：确立了党对教育工作的领导和高等教育体系，在全国范围内对旧高等教育开启了全面改造，强调理论联系实际和培养工农出身的知识分子。大学文化传承中强调思想建设和艰苦奋斗精神：毛泽东同志主张要加强学校政治思想教育服务社会主义经济政治建设，思想和政治是统帅，是灵魂。因为社会主义是艰苦的事业，从小学到大学都要专门讲艰苦奋斗精神，"进行遵守纪律、艰苦创业的教育"。教师与学生要同甘共苦，一起办好学校教育，"应当重视培养学生的创造精神，不要使他们像温室里的花朵一样"。"不要把一切都讲得春光明媚，而要讲困难，给学生泼点冷水，使他们有思想准备"[3]。在制度建设方面以1951年《关于学制改革的决定》的颁布实施为标志，高等学校逐步恢复正常教学秩序，各项现代大学制度开始逐步建构、学习、借鉴与完善，旧教育逐渐退出历史舞台，新教育不断确立与发展起来，这一时期的大学文化以院系调整和学习苏联教育经验为主，大学教育以中国人民大学和哈尔滨工业大学作为学习和借鉴苏联教育经验的典型学校为样板向全国范围推广，这一时期社会主义高等教育创建的积极成效主要体现在新中国高

---

[1] 刘海峰、史静寰主编：《高等教育史》，高等教育出版社2016年版，第161页。
[2] 刘海峰、史静寰主编：《高等教育史》，高等教育出版社2016年版，第162页。
[3] 人民教育出版社编：《毛泽东论教育》，人民教育出版社2008年版，第282页。

第二章
大学文化传承中坚持社会主义核心价值体系的现实境遇与时代使命

等教育制度建设、人才培养和教学质量提高方面,"教育部与高等学校大量聘请苏联专家,向苏联派遣留学人员,开展俄文学习运动,翻译和采用苏联教材,推广苏联的教学方法,移植苏联学校的教学管理制度"[①],这些做法对中国高等教育在短期内高效迅速地建立起新中国的高等教育制度体系和体制机制发挥了重要作用,但是,"以俄为师""一边倒""突击式"全方位照搬苏联高等教育模式与经验的做法,由于结合中国具体实际不充分、不足够,给我国高等教育事业发展带来一定失误并产生深远影响,诸如专业设置过细导致毕业生专业面狭窄、工作适应性较弱等缺陷,特别是苏联模式在大学管理体制和人才培养方式方面存在统得过多和管得过死的弊端,不仅限制了新中国成立之初高等教育办学思想,也不利于教育、学术和文化问题的自由探索与百家争鸣。为此,当时的高等教育部针对教育系统中存在的过多强调集中统一的问题状况,采取充分发挥业务部门和地方积极性的解决办法,以协同发力共同办好高等学校为指针,特别是国家对教育事业从 1960 年底开始,按照"调整、巩固、充实、提高"的方针进行有序调整,1961 年的"高校六十条",即中共中央发布的《教育部直属高等学校暂行工作条例》,从保证重点、压缩规模和调整布局三个方面对高等教育开展有序调整,提出大学教育的基本任务是贯彻社会主义教育方针:教育为无产阶级政治服务,教育与生产劳动相结合,以此充实提高 1958 年高等教育建设过程中的"大跃进"问题,为大学教育中的文化传承指明方向:必须坚持以教学为主,努力提高教学质量,培养社会主义建设所需要的各种专门人才;重视研究生培养工作,积极开展科学研究工作;大学教师的根本任务和基本职责是完成教学任务,认真教好学生,"要充分发挥老教师的作用,有计划地培养和提高青年教师";大学要加强党的领导,实行党委领导下的以校长为首的校务委员会负责制等大学文化传承原则和制度建构机制。"文化大革命"时期的大学文化遭受重创,

---

① 刘海峰、史静寰主编:《高等教育史》,高等教育出版社 2016 年版,第 195 页。

高等教育整体陷入瘫痪，教育战线的广大教师和干部普遍受到"斗、批、改"，造成大量冤假错案，知识青年上山下乡，学校教学质量下降，一批高等学校被撤、并、迁，大学人才培养功能发挥基本停滞，成为知识分子的"改造"场所，给党和国家的教育事业带来了难以弥补的损失，并为此付出了惨痛的代价。[①]

在改革开放和社会主义现代化建设新时期，党的十一届三中全会确立了以邓小平为核心的党的领导集体，教育战线根据全党工作重点转移到社会主义现代化建设上来的重大决策，高等教育领域根据"调整、改革、整顿、提高"的中央八字方针，以"调整"为中心，以恢复高考制度作为振兴教育、提高教育质量和重塑人才培养的健康轨道为关键举措，开启了高等教育的现代化改革与发展，大学制度文化建设不断完善，1978 年 10 月，教育部发布了在《高教六十条》基础上修改而成的《关于讨论和试行全国重点高等学校暂行工作条例（试行草案）的通知》即《新高教六十条》，提出试行党委领导下的校长负责制，在系一级实行党总支领导下的系主任分工负责制的新体制；1980 年中共五届人大十三次会议通过《中华人民共和国学位条例》，1981 年 1 月 1 日起施行，从体制改革入手开启高等教育改革是社会主义现代化建设新时期大学文化建设的关键抓手；1982 年，党中央、国务院正式确立了教育在社会主义建设中的战略重点地位，将教育事业发展放在国家事业发展的突出战略地位始于党的十三大；1985 年《中共中央关于教育体制改革的决定》，在国家统一的教育方针和计划指导下，调整了高等教育结构，实行中央、省（自治区、直辖市）、中心城市三级办学体制，有效解决了办学主体与政府之间的关系，扩大了高等学校的办学自主权，高等教育的管理体制、招生和毕业分配制度和教学等都进行了相应的改革；教学方面，大学教育逐步调整了各学科专业人才培养目标、规格和专业设置，以学分制为重点的教学制度迅速贯彻落实，教学评估制度也

---

① 刘海峰、史静寰主编：《高等教育史》，高等教育出版社 2016 年版，第 197—200 页。

第二章 大学文化传承中坚持社会主义核心价值体系的现实境遇与时代使命

逐渐建立起来，这些改革和举措极大调动和激活了高等学校办学的积极性和主动性，开创了高等教育改革和发展的新局面，高等教育的国际交流与合作的规模、深度、广度不断扩大和发展，国际合作和交流的内容、形式也日益丰富和多样，为高等教育在新时期的进一步改革创新奠定了理论和实践上的坚实基础。

邓小平南方谈话和党的十四大的召开，标志着我国改革开放和社会主义现代化建设进入了新发展阶段，高等教育领域的改革和发展也随之加速，以党的领导和制度文化建设保障高等教育向中国特色和世界一流稳步加速迈进。1993年中共中央、国务院正式印发《中国教育改革和发展纲要》，成为20世纪90年代中国教育改革和发展的纲领性文件，确立了教育优先发展的战略地位，提出了建设100所重点大学和一批重点学科的基本要求；《中华人民共和国教育法》（1995年3月）的颁布、《全国教育事业"九五"计划和2010年发展规划》（1996年4月）的发布、《中华人民共和国高等教育法》（1998年8月）的颁布、《面向21世纪教育振兴行动计划》（1998年12月）的提出共同为高等教育的发展擘画了前景蓝图。在社会主义现代化建设的新时期，大学文化传承中始终坚持社会主义先进文化的前进方向，大学作为高层次人才培养和发展科学技术的重镇，以文化为基础实现知识更新和促进文化的进步与发展，进而促进人的发展和社会发展；在传承文化和创新文化的过程中担负着维护社会价值准则的使命，这也是世界各国大学文化传承中所应担负的重要责任。新时期大学文化传承中坚持弘扬和培育民族精神的精神支撑，"一个民族，没有振奋的精神和高尚的品格，不可能自立于世界民族之林"。大学文化不仅要传承中华民族五千多年发展中形成的"以爱国主义为核心的团结统一、爱好和平、勤劳勇敢、自强不息的伟大民族精神"[1]，还应结合时代发展、国家社会需要和借鉴世界文化的有益成果，不断丰富、弘扬和培育民族精神。

---

[1] 中共中央文献研究室编：《十六大以来重要文献选编》上，中央文献出版社2011年版，第30页。

在中国特色社会主义新时代，中国人具有新时代独特的精神世界和价值观念，大学文化对传承中国精神和弘扬中国价值观念发挥着全局性和先导性的功效，大学是研究高深学问和探求科学真理的重要场域，同时也是培育和弘扬核心价值观的关键阵地，习近平总书记指出，全社会共同认可的核心价值观是一个国家最持久和最深层的力量，"核心价值观，承载着一个民族、一个国家的精神追求，体现着一个社会评判是非曲直的价值标准"①。大学在全球文明交流与对话中发挥着主渠道主阵地的作用，特别是针对世界范围的各种文化思潮的相互激荡，大学文化传承中的价值观念和引领的精神状态具有大学作为文化社区践行中国精神终极承诺的意义。

四 育人的根本在于立德：广泛践行社会主义核心价值观

在中国式现代化建设的征程中，教育将发挥人才培养、科技创新和文化传承的基础性、关键性作用，新冠疫情在全球蔓延的过去三年中，全世界都感受到了"当前的脆弱性和未来的不确定性"，全人类都需要采取紧急而有效的行动措施，重新思考、改变和定位人类发展的路径选择，进而达成共识：教育在应对全球挑战和共克时艰方面仍将发挥至关重要的作用。与此同时，世界各国充分认识到为超越教育本身的脆弱和地球免于遭受进一步的破坏，全世界应该团结起来，通过教育打造新的社会契约，一同构想我们的未来，因为在"新冠肺炎疫情高峰时期，全球各地有16亿学习者受到学校关闭的影响"②。联合国教科文组织总干事奥德蕾·阿祖莱根据世界所发生的根本性变化指出，人类的未来和地球的未来都处于危险之中，全人类比以往任何时候都迫切地认识到我们需要重新思考教育的未来，以享有公平而优质的教育来打造一种新的社会契约，以此把握塑造包容、公平、人权与和平的世界未来的契机，

---

① 《习近平谈治国理政》第一卷，外文出版社2014年版，第168页。
② 联合国教科文组织编：《一起重新构想我们的未来：为教育打造新的社会契约》，教育科学出版社2022年版，序言，i。

第二章 大学文化传承中坚持社会主义核心价值体系的现实境遇与时代使命

呼吁全人类为达成这一教育愿景而贡献智慧与创造力。① 这个世界越是动荡、不安、复杂和不确定，越是需要人类发挥创造力、充满希望和勇毅前行，正如习近平总书记在 2022 年世界经济论坛视频会议上的演讲中指出的，不存在没有矛盾的世界，世界就是在矛盾运动中存在，人类正是在战胜考验中成长，在克服危机中发展，我们要在符合历史逻辑中前进，在顺应时代潮流中发展，既善于在比较分析中思考历史周期的发展变化，又善于洞察事物的细微变化，"在危机中育新机、于变局中开新局，凝聚起战胜困难和挑战的强大力量"②。人类共同拥有作为文化星球的一个地球，全人类以可持续的方式充分使用和共享自然资源的同时，还应尊重各民族的文化多样性和教育公平性，为此，教育作为共同利益，其变革要聚焦培养青年一代"在 21 世纪的工作场所进行工作所需要的技能，同时也要考虑不断变化的工作性质和为人们提供经济保障的不同方式"③。伴随着高等教育的日益普及，近几十年大学教育的使命一直被忽视，更深层次的社会和道德问题没有得到足够重视，大学文化传承中必须培养学生的道德素质，理解并尊重文化的多样性，引领学生成为具有公民意识和环境保护意识的、更有能力和更称职的公民，"尊重、共情、平等和团结等价值观必须在未来成为高等院校和技术机构的使命核心"④。大学文化传承教育中应致力于推进这些核心价值观和道德伦理原则，不断改进教育内容，推动建构强大的价值体系，不断改善教育的文化环境，使青年一代成为更好的自己。

习近平总书记在北京大学师生座谈会上的讲话中指出，青年学生要深刻把握和认清世界发展走向和中国发展大势，深刻感悟马克思主义真

---

① 联合国教科文组织编：《一起重新构想我们的未来：为教育打造新的社会契约》，教育科学出版社 2022 年版，序言，ⅱ。
② 《习近平谈治国理政》第四卷，外文出版社 2022 年版，第 483 页。
③ 联合国教科文组织编：《一起重新构想我们的未来：为教育打造新的社会契约》，教育科学出版社 2022 年版，序言，ⅲ。
④ 联合国教科文组织编：《一起重新构想我们的未来：为教育打造新的社会契约》，教育科学出版社 2022 年版，第 63 页。

理的力量，做培育和弘扬社会主义核心价值观的"坚定信仰者、积极传播者、模范践行者"①。大学广大师生要将中国特色社会主义"四个自信"转化为办好中国特色世界一流大学的自信，中国特色世界一流大学在世界上的地位和话语权的获得，在于中国特色社会主义大学培养建设者和接班人的作为与成效。在党的二十大报告中，习近平总书记深刻指出，"育人的根本在于立德"②，要广泛践行社会主义核心价值观，"用社会主义核心价值观铸魂育人"③，大学文化传承中如何以社会主义核心价值观这一大德育人，以中华优秀传统文化、社会主义先进文化、革命文化和世界文化的有益成果立德树人？一是用好大学主阵地和学校思想政治理论课这个主渠道；二是统筹思政课程和课程思政的同向同行；三是"大思政课善用之"；四是大中小学思想政治教育一体化建设。世界处于百年未有之大变局的转折点，全人类共同创造更美好未来的道路坎坷但是潜能巨大，世界发达国家科技创新的迅猛发展并未将人类社会引导到促进公平、和平、包容和民主的发展方向，今天的人类肩负着今世和后代的发展重任，展望21世纪中叶，大学教育在塑造人类共有的世界和我们共同未来方面，应引领青年一代共同致力于在全球参与、共建共享和命运与共的未来承诺。人类面临诸多难题和挑战，我们都希望世界变得更加美好，全球的目光与期望聚焦重塑教育的共同努力，以教育变革创造性打造人类休戚与共和相互依存的共同未来。虽然人类及其所居住的文化星球危机四伏，但是，人类并非注定要走向自我毁灭的悲惨结局，危机中蕴藏着突破困局的诸多机遇：数字技术的变革潜能巨大、人工智能对全球就业格局重塑的挑战、创造以人为本的体面工作和人际之间友爱价值观承诺的实践可能，教育推动世界向和平、包容、公正、可持续发展的创造性重新

---

① 习近平：《在北京大学师生座谈会上的讲话》，人民出版社2018年版，第7页。
② 习近平：《高举中国特色社会主义伟大旗帜 为全面建设社会主义现代化国家而团结奋斗——在中国共产党第二十次全国代表大会上的报告》，人民出版社2022年版，第34页。
③ 习近平：《高举中国特色社会主义伟大旗帜 为全面建设社会主义现代化国家而团结奋斗——在中国共产党第二十次全国代表大会上的报告》，人民出版社2022年版，第44页。

建构的可能性和可行性究竟有多大？这是新时代大学文化传承中需要面对和突围的全球性重要课题。

五 文化教育功能定位：大学文化传承创新提升中华文明影响力

大学文化的传承与创新是大学功能定位的使命拓展，大学文化究竟要传承什么？如何传承创新？这是一个永恒的、不同时代都有新的维度展开探讨的重要问题。五四运动之前，梁漱溟先生在北京大学教书时就曾要担负起传承东方文化的学术责任："东方化和西方化都是世界的文化，中国为东方文化之发源地；北京大学复为中国最高之学府；故对于东方文化不能不有点贡献，如北京大学不能有贡献，谁则负贡献之责者？"① 以此激励自己不断从事中国文化要义和东西文化及其哲学研究。毛泽东同志在中国人民政治协商会议第一届全体会议上的开幕词中指出："随着经济建设的高潮的到来，不可避免地将要出现一个文化建设的高潮。中国人被人认为不文明的时代已经过去了，我们将以一个具有高度文化的民族出现于世界"②。为此，毛泽东同志提倡文化表现形式的"标新立异"，"为群众所欢迎的标新立异，越多越好，不要雷同"③。这意味着一种风气的转变，也是一种创新。对于东西方文化，以中国为基，坚定文化主体性，批判地吸收国外有用的成分，才能将道理讲通，才不至于丧失民族信心，"应该越搞越中国化，而不是越搞越洋化"。"不要全盘西化。应该学习外国的长处，来整理中国的，创造出中国自己的、有独特的民族风格的东西"④。勇于学习和善于学习是中国共产党的优良传统，也是大学文化理应传承的优良传统。毛泽东同志在纪念中国共产党成立28周年著文《论人民民主专政》中强调："我们必须克服困难，我们必须学会自己不懂的东西。"⑤ 教育家徐特立

---

① 梁漱溟：《东西文化及其哲学》，商务印书馆1999年版，第18页。
② 人民教育出版社编：《毛泽东论教育》，人民教育出版社2008年版，第222页。
③ 人民教育出版社编：《毛泽东论教育》，人民教育出版社2008年版，第254页。
④ 人民教育出版社编：《毛泽东论教育》，人民教育出版社2008年版，第257—258页。
⑤ 《毛泽东选集》第四卷，人民出版社1991年版，第1481页。

先生指出，新民主主义国家的文化教育是科学化民族化大众化的文化教育，科学化民族化大众化的文化教育是为了培养高度自觉的人民而非盲目服从的人民，"真正的科学就能够提高人民的自觉，非科学的东西就会加深人民的迷惘"。民族化的目的是具体化和行动化；大众化是指文化教育不仅要量的扩充，在内容和形式上也要满足大众的要求和接受的程度："过去我们大学采用的外国课本虽然是科学的，但不是民族的，不独其内容不切合中国实际，而其文字也是外国的，所以内容与形式都带着买办性。这就缺乏民族性而不能替民族服务。……著作写成外国文，又在外国刊物上发表，以作广告，这样就使有民族特性的科学也带上买办性。"① 徐特立先生的批判性思考在今天的大学文化传承与教育中仍具有重要的启迪意义与价值，为此，今天的大学文化传承中应秉持批判地吸纳科学知识充实青年一代的头脑，面对世纪疫情和世界危机叠加的全球境遇，我们需要面对现实的勇气，不断提高应对变化的能力。

　　文化是世界各国各民族的一种生存和生活方式，联合国教科文组织1982年关于文化政策的墨西哥宣言中指出："每一种文化代表自成一体的独特的和不可替代的价值观念，因为每一个民族的传统和表达形式是证明其在世界上的存在的最有效手段。"因此，文化的同一性有助于民族的解放与自立自强，文化同一性是一种财富并应受到平等尊重，"它通过促使每一个民族和每一个群体从自身的过去汲取营养，欢迎来自外界的与其自身特点相适应的贡献并由此继续其自身的创造过程来激起人类自我实现的可能性"②。这也是大学文化传承中所应遵循的基本向度。美国学者塞缪尔·亨廷顿在《文明的冲突与世界秩序的重建》中强调文化在塑造全球政治格局中的重要作用，认为国家之间（包括中美两国）的紧张状态和对抗冲突不可避免地存在，尝试以文明的竞争与冲

---

　　① 何东昌主编：《中华人民共和国重要教育文献》（1949—1975），海南出版社1998年版，第4页。
　　② [美]欧文·拉兹洛编：《多种文化的星球——联合国教科文组织国际专家小组的报告》，戴侃等译，社会科学文献出版社2001年版，第154页。

第二章 大学文化传承中坚持社会主义核心价值体系的现实境遇与时代使命

突作为建构世界政治的思维框架,为此,亨廷顿开出药方的基本方向是"唤起人们对文明冲突的危险性的注意,将有助于促进整个世界上'文明的对话'"①。但是,亨廷顿并没有提出解决文明冲突的具体方案。20世纪50年代,莱斯特·皮尔逊警告世人,人类正在进入"一个不同文明必须学会在和平交往中共同生活的时代,相互学习,研究彼此的历史、理想、艺术和文化,丰富彼此的生活。否则,在这个拥挤不堪的狭小世界里,便会出现误解、紧张、冲突和灾难"②。这在一定程度上提出了不同文明之间的交流、对话和合作才能建立起文明的世界秩序。德国学者哈拉尔德·米勒是一位极具权威的批评家,在其著作《文明的共存——对塞缪尔·亨廷顿"文明冲突论"的批判》中,针锋相对地批驳了亨廷顿文明敌对论的全球观,进一步警示世人,"简单地渲染或者接受这种片面的世界观或敌对论是极其危险的"。亨廷顿与米勒的理论观点看似对立,其实是人类文明观这同一命题的合题,文化不应对抗,而应共存与对话;简单对抗不能解决国际秩序问题,而应尝试更多的合作;国际关系的复杂性才应该保持并善于利用文化的多样性,只有对世界文化的多样性保持宽容和尊重,才能真正实现全球的和平共生。从今天全球教育与社会发展的危机和困局来看,在一定程度上印证了亨廷顿的某些预见,但是哈拉尔德·米勒的理论仍然具有现实价值,"两位思想家就在智性和善性的目的上汇合了"③。亨廷顿从"文明冲突"、米勒从"文明共存"的视角分析当今世界发展趋势的文明分析框架,引起时至今日世界范围的反思、关注与讨论,"文明冲突"是文明发展演进的动力还是阻力?文明共存中是否存在文明的冲突?文明共存中是否存在不同特质的文明之间的扬弃和融合?文明冲突中是否内含着文明

---

① [美]塞缪尔·亨廷顿:《文明的冲突与世界秩序的重建》,新华出版社2002年版,周琪等译,中文版序言,第2—3页。
② [美]塞缪尔·亨廷顿:《文明的冲突与世界秩序的重建》,新华出版社2002年版,周琪等译,第372页。
③ [美]塞缪尔·亨廷顿、劳伦斯·哈里森主编:《文化的重要作用——价值观如何影响人类进步》,程克雄译,新华出版社2010年版,编者序言,第3页。

的共存和融合？文明的同一性与多样性之间究竟是怎样的辩证共生关系？人类文明发展演进史在一定程度上表明，"历史上每一次文明冲突的结果往往是进一步形成文明共存与融合，而每一次经过文明共存与融合产生的新的文明又会孕育着更为深刻的文明冲突。文明冲突和文明共存引发世界文明的变迁、演进、发展和多样化，不同文明在交融中发生碰撞而走向整合"①。

中华文明以其独特的精神气质和源远流长的价值观念成为世界上最古老，并一直在发展的文明，中华优秀传统文化所秉承的"和而不同""和为贵""和谐"等文明理念和文化同一性的认同在当今的文明世界中仍然大放异彩。学者陈来集中精练表述出中华文明价值观的特色：中华文明的核心价值在于其世界观，中华文明在发展中形成其明确的价值偏好，"道德比法律更重要，社群比个人更重要，精神比物质更重要，责任比权利更重要，民生比民主更重要，秩序比自由更重要，今生比来世更重要，和谐比斗争有价值，文明比贫穷有价值，家庭比阶级有价值"②。大学文化传承中不仅要把握中国的历史文化，还要掌握中国文化的价值观。在当今这个充满危机和不确定性的时代，文化是一种决定性的力量，习近平总书记在全国宣传思想工作会议上的讲话中指出，要全面客观地认识当代中国和外部世界，就要讲清楚每个国家和民族的历史传统、基本国情和历史积淀不同，所选择的发展道路必然各具特色，要阐释清楚中国特色，就应该讲清楚中国选择的适合本国特点的发展道路是植根于中国独特的文化传统、历史命运和基本国情，为此，新时代文化传承中要坚持社会主义核心价值体系建设，在青年学生中培育和弘扬社会主义核心价值观，不断提高青年学生的思想道德素质，形成"知荣辱、讲正气、作奉献、促和谐的良好风尚"③。大学文化传承创新

---

① [美]塞缪尔·亨廷顿、劳伦斯·哈里森主编：《文化的重要作用——价值观如何影响人类进步》，程克雄译，新华出版社2010年版，编者序言，第4页。
② 陈来：《中华文明的核心价值：国学流变与传统价值观》，生活·读书·新知三联书店2015年版，序言，第2页。
③ 《习近平谈治国理政》第一卷，外文出版社2014年版，第154页。

要助力铸就中国特色社会主义文化新辉煌,就要致力于"四个要讲清楚":"讲清楚每个国家和民族的历史传统、文化积淀、基本国情不同,其发展道路必然有着自己的特色;讲清楚中华文化积淀着中华民族最深沉的精神追求,是中华民族生生不息、发展壮大的丰厚滋养;讲清楚中华优秀传统文化是中华民族的突出优势,是我们最深厚的文化软实力;讲清楚中国特色社会主义植根于中华文化沃土、反映中国人民意愿、适应中国和时代发展进步要求,有着深厚历史渊源和广泛现实基础"①。因此,大学文化传承中应始终秉持引领青年学生深刻认识中华文化的独特性,自觉学习中华文明的价值观,凝聚中国力量,振奋中国精神,进而增强中华文化的凝聚力、生命力、影响力和感召力,为实现中华民族的伟大复兴凝聚文化力量,为中华文化的伟大复兴坚定文化自觉与自信。

第二节 大学文化传承中坚持社会主义核心价值体系的国内现状

大学作为广大师生学习、研究和生活的文化社区,大学精神的支撑力不仅来自科学精神和人文精神的合力共生,还在于对大学整体性的关怀,这势必需要大学文化超越文化的分裂、分化和分离;伴随着科技革命联动社会急剧变革,大学承载了推动个人与国家在政治、经济、社会、文化和生态等方面可持续发展的主要力量,大学的使命和功能拓展也使其经历着深刻的价值危机,大学作为社会的道德灯塔和大学人追求真理的精神家园,中国大学发展的模式建构与路径选择,具有自身成长的独特渊源和成长路向。中国古代高等教育书院具有人文关怀的传统,书院是中国古代高等教育的特色办学模式典型,其教育目的是完善个人品德和增进智识;教学形式"以学生读书思考为主,辅之以大儒会讲、

---

① 《习近平谈治国理政》第一卷,外文出版社2014年版,第155—156页。

师生间的讨论和学生的相互切磋";注重学术师承,进而形成强调独立思考和坚持品德修养"为己之学"的中国书院精神,改变了"士"的观念,形成的平民学者阶层具有准知识分子的特点。从一定意义上说,中国现代大学文化制度建构深受西方大学制度模式影响,但是传统书院精神依然影响深远。① 因此,中国大学文化传统中就深刻内植了对社会共同生活和历史文化的独特人文关怀。蔡元培就职北京大学校长的三点治校纲领,都传承了大学文化的人文关切:"研究高深学问"需要勤学植基,将来无论是从教和从政才不至于误人子弟和贻误国家;"砥砺德行",师生修身自爱、品行严谨才能不为流俗所染,大学师生应遵守校规、以身作则才能感己励人;"敬爱师友"要求师生之间以诚相待、互相亲爱、礼敬有加,才能达到相互切磋的效果。大学与其他学段不同之处在于师生为研究高深学问、品行严谨修己励人和相互尊重友爱作为大学精神的实践向度。② 梅贻琦认为:"我们做教师做学生的,最好最切实的救国方法,就是致力学术,造成有用人材,将来为国家服务"③。梅贻琦在清华大学新生开学讲话中指出,大学应给青年更多的求学机会,学生入学应抱定勤奋用功研究高深学术的志向;学校应养成注重学问、顾全大局、坚持勤奋学习、越困难越努力的优良学风和校风,并能"爱护、保持和改良"清华大学俭朴的优良校风;激励爱国青年"思想要独立,态度要谦虚,不要盲从,不要躁进"的求真务实精神:"从学问里研求拯救国家的方法",成为有学识技能服务社会的青年。④ 现代大学以"知识共同体"的学科建构发展为"学术共同体"的学术社群,在个体发展和国家发展、文化启迪与市场逻辑之间的矛盾张力中,学科专业设置杂且多,社会经济效益的压力,学术共同体与科学人文携手并进的大学理想渐行渐远,大学发展重点更多倾注在科学技术的应用价值

---

① 王建磐主编:《探求 21 世纪大学的坐标——华东师范大学 50 周年校庆中外大学校长论坛讲演集》,华东师范大学出版社 2004 年版,第 22—23 页。
② 高平叔编:《蔡元培教育论著选》,人民教育出版社 2017 年版,第 75—77 页。
③ 梅贻琦:《大学的意义》,古吴轩出版社 2016 年版,第 83 页。
④ 梅贻琦:《大学的意义》,古吴轩出版社 2016 年版,第 4—6 页。

第二章 大学文化传承中坚持社会主义核心价值体系的现实境遇与时代使命

而非科学文化的启蒙价值上,现代大学理想使命实现,需要将"知识共同体"和"学术共同体"联合起来,运用系统知识和理论训练青年一代的知识技能,养成健全人格,师生基于共同解决现实问题而分享见解、开展跨学科探索与真实合作,使大学真正成为创新知识的殿堂和推进社会文明发展进程的灯塔。①

一 大学文化传承中坚持社会主义核心价值体系的现实诉求

大学文化是大学人通过大学的精神理念、制度建构、环境营造与行为品性开展对话交流的共同空间。大学文化传承中要坚持怎样的发展方向?大学是通过教学、科研、服务社会和文化传承创新来培养德智体美劳全面发展的社会主义建设者和接班人的重镇,因此,大学文化传承是为培养全面发展的、高级专门的建设者和接班人服务的,大学文化传承的基本内容和核心价值观是怎样的?大学文化传承中应坚持怎样的人才规格和质量向度?这些问题可以通过大学发展中大学文化发挥的基础性作用的历史流变与现实诉求体现出来。

(一)"为教育新后代而努力"②:大学文化传承的政治方向和工作作风

在新民主主义革命时期,为了创造革命的新时代,毛泽东同志高度重视文化教育的改革,主张运用马克思主义立场、观点和方法认识、分析和解决中国的具体实际问题,强调马克思列宁主义是最好的真理,是解放中华民族的最好武器,③ 在《湖南农民运动考察报告》中关于文化运动站在农民的角度批评了"洋学堂""洋学生"和"洋教习"的问题所在:"乡村小学校的教材,完全说些城里的东西,不合农村的需要。"④ 为解除反动统治阶级强加于工农群众精神上的桎梏,党领导创

---

① 王建磐主编:《探求21世纪大学的坐标——华东师范大学50周年校庆中外大学校长论坛讲演集》,华东师范大学出版社2004年版,第25页。
② 人民教育出版社编:《毛泽东论教育》,人民教育出版社2008年版,第42页。
③ 人民教育出版社编:《毛泽东论教育》,人民教育出版社2008年版,第118页。
④ 《毛泽东选集》第一卷,人民出版社1991年版,第40页。

造了面向大众的苏维埃文化教育；教育与劳动相结合并为革命战争与阶级斗争服务，以共产主义精神教育武装广大劳苦大众的头脑，文化教育的目的"在于使广大中国民众都成为享受文明幸福的人"①。在陕北红军大学演讲时指出，要研究战争规律重要的问题在于学习，在红军大学的学习是为了运用、是为了战胜敌人，"学习不是容易的事情，使用更加不容易。战争的学问拿在讲堂上，或在书本中，很多人尽管讲得一样头头是道，打起仗来却有胜负之分"②。为此，要通过战争的实践学习战争，实践出真知是当时的主要学习方法。红军大学传承的就是这种实践高于理论的真理，"它不仅具有普遍性的品格，而且还具有直接现实性的品格"③。为陕北公学成立与开学题词中指出，为中国革命任务的顺利解决陕北公学要造就一大批革命的先锋队，这些先锋分子"为着民族与社会的解放"，不仅具有政治远见，而且不怕困难勇敢向前，充满斗争精神和牺牲精神，"是脚踏实地富于实际精神的人们"④。在延安抗日军政大学第四期第三大队开学典礼的讲话中指出，抗日军政大学的宗旨是抗日救国，学员们要学习三样东西：一是学习坚定正确的政治方向；二是学习艰苦奋斗的工作作风；三是要下抗日救国的决心。⑤ 在抗大办学三周年纪念著文中赞誉："昔日之黄埔，今日之抗大，是先后辉映，彼此竞美的。"进而进一步厘定抗大的教育方针是坚定正确的政治方向、艰苦奋斗的工作作风和灵活机动的战略战术，抗大全体职员、教员和学生都要从这三方面进行教育与从事学习。⑥ 抗日军政大学的性质"不是统一战线学校，而是党领导下的八路军干部学校"。抗大的教育目的是将知识青年训练成为无产阶级的战士和八路军干部⑦，为此，抗

---

① 人民教育出版社编：《毛泽东论教育》，人民教育出版社2008年版，第7页。
② 《毛泽东选集》第一卷，人民出版社1991年版，第178页。
③ 《列宁全集》第55卷，人民出版社1990年版，第183页。
④ 人民教育出版社编：《毛泽东论教育》，人民教育出版社2008年版，第41页。
⑤ 人民教育出版社编：《毛泽东论教育》，人民教育出版社2008年版，第44—45页。
⑥ 人民教育出版社编：《毛泽东论教育》，人民教育出版社2008年版，第71页。
⑦ 人民教育出版社编：《毛泽东论教育》，人民教育出版社2008年版，第75页。

第二章 大学文化传承中坚持社会主义核心价值体系的现实境遇与时代使命

大的学员发扬"一面学习,一面生产""一面作战,一面生产"的抗大作风,这足以战胜任何敌人。① 为取得抗日战争的胜利,毛泽东同志强调党员、中央委员和高级干部要学习研究马克思恩格斯列宁斯大林的理论,"指导一个伟大的革命运动的政党,如果没有革命理论,没有历史知识,没有对于实际运动的深刻的了解,要取得胜利是不可能的"②。但是,要系统地、实际地而不是零碎空洞地学习马恩列斯的基本理论,不应当将其理论作为教条,而应是行动的指南;不应当只学词句,而应作为革命的科学来学习;不仅要了解马恩列斯在研究广泛真实生活和革命经验基础上得出一般规律的结论,更"应当学习他们观察问题和解决问题的立场和方法"③。通过学习研究将马克思列宁主义的理论运用于中国的具体环境和解决具体问题;运用马克思列宁主义的观点说明的东西越多,越具有普遍性、深刻性,成绩就越大,这样才能"使马克思主义在中国具体化",才能真正形成"新鲜活泼的、为中国老百姓所喜闻乐见的中国作风和中国气派"④。为了适应抗日战争的需要,文化教育政策的主要任务是"以民族精神教育新后代"⑤,从而提高人民的民族觉悟与民族文化水平。毛泽东同志指出,在抗日军政大学和陕北公学培养的是新人,具有新气象,"这种气象是民族的新生,是革命的生动力量,这是非常宝贵的"⑥。中国革命没有"带着新鲜血液与朝气加入革命队伍的青年们""没有知识分子的参加",革命队伍无法发展,革命也根本无法取得胜利。⑦ 中国的青年学生和知识分子具有很大的革命性,虽然不是一个独立的阶级或基层,但是,马克思列宁主义思想在中国的广泛传播与接受,首先是在知识分子和青年当中展开,知识分子

---

① 人民教育出版社编:《毛泽东论教育》,人民教育出版社2008年版,第69页。
② 《毛泽东选集》第二卷,人民出版社1991年版,第533页。
③ 《毛泽东选集》第二卷,人民出版社1991年版,第533页。
④ 人民教育出版社编:《毛泽东论教育》,人民教育出版社2008年版,第51页。
⑤ 人民教育出版社编:《毛泽东论教育》,人民教育出版社2008年版,第53页。
⑥ 人民教育出版社编:《毛泽东论教育》,人民教育出版社2008年版,第81页。
⑦ 人民教育出版社编:《毛泽东论教育》,人民教育出版社2008年版,第83—84页。

和青年学生在中国革命中"常常起着先锋的和桥梁的作用"①。当时文化教育策略是知识分子同中国共产党结合、同广大工人农民结合,即"笔杆子跟枪杆子结合起来",才会发挥知识分子的巨大力量,才能干成大事。②毛泽东撰写《纪念白求恩》一文,号召全党学习白求恩的真正共产主义者的精神,学习白求恩同志"对工作的极端的负责任""对同志对人民的极端的热忱""对技术精益求精"的"毫不利己专门利人的精神","一个人能力有大小,但只要具有这点精神,就是一个高尚的人,一个纯粹的人,一个有道德的人,一个脱离了低级趣味的人,一个有益于人民的人"③。

　　总体而言,新民主主义革命时期,大学文化特别是革命根据地、抗日根据地和解放区大学传承的是新文化,共产主义思想居于文化教育方针的指导地位,新民主主义文化是世界无产阶级社会主义新文化的一部分,是中华民族的新文化。大学文化传承主要致力于"对于共产主义的思想体系和社会制度的宣传""扩大共产主义思想的宣传""加紧马克思列宁主义的学习"④。首先,传承中华民族的新民主主义文化。新民主主义文化具有自己的民族形式,传承的是新民主主义的内容,坚持中华民族独立和尊严的民族性,共同形成世界的新文化,同时"大量吸收外国的进步文化,作为自己文化食粮的原料,……凡属我们今天用得着的东西,都应该吸收"。吸收国外进步文化的原则是取其精华、去其糟粕,"决不能生吞活剥地毫无批判地吸收"⑤。其次,传承科学的新民主主义文化。科学的新民主主义文化主张实事求是与理论和实践的一致;无论是对于中国古代优秀传统文化,还是学习吸收西方先进文化,都要采取批判性兼收并蓄的理性借鉴方法;尊重自己的历史和尊重历史

---

① 人民教育出版社编:《毛泽东论教育》,人民教育出版社2008年版,第87页。
② 人民教育出版社编:《毛泽东论教育》,人民教育出版社2008年版,第89—90页。
③ 人民教育出版社编:《毛泽东论教育》,人民教育出版社2008年版,第91—92页。
④ 人民教育出版社编:《毛泽东论教育》,人民教育出版社2008年版,第105页。
⑤ 人民教育出版社编:《毛泽东论教育》,人民教育出版社2008年版,第106页。

第二章 大学文化传承中坚持社会主义核心价值体系的现实境遇与时代使命

的辩证发展,给历史以科学的地位,不能割断历史;①对青年学生而言,学习历史不是为了向后看而颂古非今,而是为了引导青年学生向前看,开创新中国新文化的新篇章。最后,传承大众的新民主主义文化,大众的文化是民主的、革命的文化,在革命战争年代,文化军队就是人民大众,革命的文化人不接近人民大众,就是"无兵司令",其活力就打不倒敌人,为此,"文字必须在一定条件下加以改革,言语必须接近民众,须知民众就是革命文化的无限丰富的源泉"②。中国的广大革命知识分子包括文艺工作者要自觉与工农群众相结合,"只有代表群众才能教育群众,只有做群众的学生才能做群众的先生"③。中国新民主主义的教育事业和文化事业需要大批进步的文化人和教育家,需要大批的"人民的科学家、工程师、技师、医生、新闻工作者、著作家、文学家、艺术家和普通文化工作者"④。这些人民的文化工作者必须具有为人民服务的精神。因此,新中国成立后,党和国家将恢复和发展人民教育当作重要任务之一;为保护青年一代更好地成长,提出要照顾青年的特点开展共青团工作和教育工作,致力于培育"三好青年"⑤。

(二)"树立共产主义的世界观"⑥:青年应当"树立共产主义的远大理想"⑦

在社会主义革命和社会主义建设初期,文化与政治紧密相连,学校坚持党委指导青年和教师的思想,一方面,党和国家就高度重视加强政治工作,思想政治工作是完成经济工作和技术工作的保证,不问政治的倾向会迷失方向,思想和政治"是统帅,是灵魂"⑧。思想政治工作是为经济基础服务的,"不论文武,不论工厂,农村,商店,学校,军

---

① 人民教育出版社编:《毛泽东论教育》,人民教育出版社2008年版,第107—108页。
② 人民教育出版社编:《毛泽东论教育》,人民教育出版社2008年版,第174页。
③ 人民教育出版社编:《毛泽东论教育》,人民教育出版社2008年版,第174页。
④ 人民教育出版社编:《毛泽东论教育》,人民教育出版社2008年版,第211页。
⑤ 人民教育出版社编:《毛泽东论教育》,人民教育出版社2008年版,第234页。
⑥ 人民教育出版社编:《毛泽东论教育》,人民教育出版社2008年版,第271页。
⑦ 中共中央文献研究室编:《邓小平论教育》,人民教育出版社2004年版,第21页。
⑧ 人民教育出版社编:《毛泽东论教育》,人民教育出版社2008年版,第287页。

队、党政机关、群众团体，各方面都要极大地加强政治工作，提高干部和群众的政治水平"①。针对时任党中央的总书记邓小平同志到清华大学做报告，毛泽东同志指出："工、农、商、学、兵、政、党，都要加强政治思想工作。""不搞政治思想工作，那就很危险。"鼓励党政领导都亲自出马做政治思想工作。②党、共青团、政府、学校的校长、教师都应该负责思想政治工作，"我们的教育方针，应该使受教育者在德育、智育、体育几方面都得到发展，成为有社会主义觉悟的有文化的劳动者"③。另一方面，为促进社会主义文化的繁荣，国家的文教方针主张"百花齐放、百家争鸣、长期共存、互相监督"，文化艺术的风格、学派不能简单强制和禁止，"只能在斗争中曲折地发展"，要采取谨慎态度，自由讨论，"真的、善的、美的东西总是在同假的、恶的、丑的东西相比较而存在，相斗争而发展的"④。因此，对于人民内部的思想问题和精神世界的问题，不能采用简单粗暴的方法解决，不仅收效不大，而且非常有害；要想真正解决问题和克服错误意见，"只有采取讨论的方法，批评的方法，说理的方法，才能真正发展正确的意见，克服错误的意见，才能真正解决问题"⑤。另外，对于学习借鉴苏联的教育经验和教育模式，不能照搬照抄，要根据中国情况，照顾到地方的特点。大学文化传承中要坚持百花齐放、百家争鸣、自由讨论、敢于批判、善于批评，反对教条主义地批判，善于吸取一切对我们发展有益的经验。

大学文化传承在社会主义革命和社会主义建设时期的突出特点是坚持和加强党的领导。"工、农、商、学、兵、政、党这七个方面，党是领导一切的。"⑥ 邓小平同志在全国青年社会主义建设积极分子大会上

---

① 人民教育出版社编：《毛泽东论教育》，人民教育出版社2008年版，第260页。
② 人民教育出版社编：《毛泽东论教育》，人民教育出版社2008年版，第264页。
③ 人民教育出版社编：《毛泽东论教育》，人民教育出版社2008年版，第272页。
④ 人民教育出版社编：《毛泽东论教育》，人民教育出版社2008年版，第272—274页。
⑤ 人民教育出版社编：《毛泽东论教育》，人民教育出版社2008年版，第276页。
⑥ 人民教育出版社编：《毛泽东论教育》，人民教育出版社2008年版，第297页。

第二章
大学文化传承中坚持社会主义核心价值体系的现实境遇与时代使命

的讲话中指出,党十分重视青年一代在国家生活中的重要作用,青年是我们的希望和未来,中华民族长期以来所争取的伟大理想将在青年一代的手上成就光辉的现实,青年一代广泛受到党的教养和革命的锻炼,事实证明新中国的青年是生气勃勃的、敢于向前看的、具有强烈的上进心的、对社会主义抱有无限热情的,"青年应当有远大的理想,……应当善于把远大的理想和日常的工作结合起来,在任何工作中,严格地要求自己,发挥大胆创造和不怕困难的精神"[1]。为此,青年应当以最顽强的精神努力学习,成为有文化、掌握科学和技术的人,特别是要重视马克思列宁主义的学习,不断提高自身的政治觉悟;青年要向有经验有学问的老一辈人和向群众虚心学习,忠诚于为人民服务的事业,看到群众的伟大力量,学到实实在在的本领,成为无愧于伟大的中国人民革命事业的继承人,"为社会主义而奋斗",在社会主义建设事业中不断取得新成绩。[2] 大学文化传承中"要树立共产主义的远大理想"[3],"用共产主义的精神教育青年一代",团结青年积极参加社会主义劳动,创造社会主义幸福生活,青年的口号是"吃苦在前,享受在后"。要让青年了解国家的真实情况和所要达到的美好未来,发扬艰苦奋斗的精神,"用艰苦的劳动建设我们的祖国"[4]!邓小平同志为吉林大学题词:"把劳动和教育结合起来,是培养具有共产主义品德和真实本领的年青一代的根本道路。"[5] 我们要实现现代化,我们的事业要后继有人,关键是要发展科学技术;大学要培养社会主义建设所需的科技人才,科技人才也是劳动者;要调动教师的积极性,切实解决教师的地位问题;在党内要形成一种"尊重知识,尊重人才"[6] 的风气,大学文化传承中将尊重教

---

[1] 中共中央文献研究室编:《邓小平论教育》,人民教育出版社2004年版,第8—9页。
[2] 中共中央文献研究室编:《邓小平论教育》,人民教育出版社2004年版,第8—10页。
[3] 中共中央文献研究室编:《邓小平论教育》,人民教育出版社2004年版,第21页。
[4] 中共中央文献研究室编:《邓小平论教育》,人民教育出版社2004年版,第12—15页。
[5] 中共中央文献研究室编:《邓小平论教育》,人民教育出版社2004年版,第19页。
[6] 中共中央文献研究室编:《邓小平论教育》,人民教育出版社2004年版,第26页。

师、尊重知识、尊重人才、尊重劳动作为一种优良的传统和工作作风。大学要形成好的学风,教师有责任将"爱劳动、守纪律、求进步等好风气、好习惯"带动起来,成为学生的好朋友、与学生家庭建立联系并相互配合,共同做好教育学生的工作。为此,大学要提高教师的政治思想水平、业务工作能力和改进工作作风和学风。①

(三) 培育社会主义新人:开创改革开放和社会主义现代化建设新局面

改革开放和社会主义现代化建设新时期,全党的工作重点转移到社会主义现代化经济建设上来,党的战略方针是要努力建设高度的物质文明和高度的精神文明,就二者之间的关系而言,马克思主张,在改造世界的物质和精神活动中,"生产者也改变着,炼出新的品质,通过生产而发展和改造着自身,造成新的力量和新的观念,造成新的交往方式,新的需要和新的语言"②。人们在改造客观世界的同时,也在改造着人们的主观世界,从而推动了社会的精神生产和精神生活的发展,这些方面的成果就是精神文明。社会主义现代化建设最终都将表现为物质文明和精神文明的发展,以共产主义思想为核心的社会主义精神文明是社会主义的重要特征,为建设高度的社会主义精神文明,邓小平同志指出:"我们保持清醒的头脑,坚决抵制外来腐朽思想的侵蚀,决不允许资产阶级生活方式在我国泛滥。中国人民有自己的民族自尊心和自豪感,以热爱祖国、贡献全部力量建设社会主义祖国为最大光荣,以损害社会主义祖国利益、尊严和荣誉为最大耻辱。"③ 社会主义精神文明建设包括文化建设和思想建设两个方面,文化建设是指在共产主义思想指导下发展教育、科学、文学艺术、新闻传播、广播电视、卫生体育、图书馆、博物馆等各项文化事业和提高人民群众的知识水平,文化建设是

---

① 中共中央文献研究室编:《邓小平论教育》,人民教育出版社2004年版,第35页。
② 《马克思恩格斯全集》第46卷上册,人民出版社2006年版,第494页。
③ 中共中央文献研究室编:《十二大以来重要文献选编》上,中央文献出版社2011年版,第3页。

第二章 大学文化传承中坚持社会主义核心价值体系的现实境遇与时代使命

物质文明建设的重要条件,是提高人民群众思想觉悟和道德水平的重要条件,也是使人民在紧张劳动后得到高尚趣味的、健康愉快的、丰富多彩的精神享受。思想建设决定社会主义精神文明的性质,最重要的是共产主义的理想、信念、道德和纪律,传播先进思想,发挥模范作用,使社会成员成为有理想、有道德、有文化、有纪律的"四有"劳动者,使学生成为"四有"新人。[①] 建设社会主义精神文明需要各条战线协同发力,思想政治工作者、文化科技工作者和教育工作者培育一代又一代的社会主义新人,"没有这种精神文明,没有共产主义思想,没有共产主义道德,怎么能建设社会主义?"[②] 邓小平同志在中国文学艺术工作者第四次代表大会的祝词中强调,人民的文化在创作和培养社会主义新人方面应付出更大的努力和取得更丰硕的成果,"要塑造四个现代化建设的创业者,表现他们那种有革命理想和科学态度、有高尚情操和创造能力、有宽阔眼界和求实精神的崭新面貌"[③]。要通过文艺塑造这些新人形象,来激发广大群众从事现代化建设的社会主义积极性和历史创造性,为不断提高广大青年的思想觉悟不懈奋斗。因此,在大学文化传承中开展理想、道德和纪律教育,改变社会风气和社会秩序,用革命思想和精神激发起广大群众社会主义建设的热情和干劲。

文化教育与经济建设之间的关系在新中国初期的革命和建设中未能科学有效地协调推进,从世界范围的角度看,科技力量雄厚和教育基础强大成就了所有工业发达先进国家,"不能设想一个教育和科学很落后的国家,能够建立现代化的先进工业"[④]。无论是教育、科学还是文化,

---

① 中共中央文献研究室编:《十二大以来重要文献选编》下,中央文献出版社2011年版,第24—26页。
② 何东昌主编:《中华人民共和国重要教育文献》(1976—1990),海南出版社1998年版,第1884页。
③ 《邓小平文选》第二卷,人民出版社1983年版,第209—210页。
④ 何东昌主编:《中华人民共和国重要教育文献》(1976—1990),海南出版社1998年版,第1880页。

都需要学习和借鉴外国的有益经验，但是不能照搬照抄国外的经验和模式，现代化建设要从中国的实际出发，"中国的事情要按照中国的情况来办，要依靠中国人自己的力量来办"。独立自主和自力更生是我们在过去、现在和将来的立足点。① 广大青年更是发出团结起来、振兴中华的时代最强音，为国家的繁荣昌盛开拓创新、锐意进取。新时期大学文化传承中要重点关注青年学生的思想问题，要正视青年学生存在的思想问题，首先，要有一个正确估计，青年是民族的未来，大多数青年是好的，应予以肯定；其次，在坚持党的领导的前提原则下，对学生思想问题的解决主要采取疏导的方法，而不是压制和堵塞；最后，加强和改进高校的思想政治工作和政治课建设，整顿和重建政治工作队伍，改善党的领导并克服主观主义和官僚主义，② 邓小平同志强调："党员尤其是党的高级负责干部，就愈要高度重视、愈要身体力行共产主义思想和共产主义道德。否则，我们自己在精神上解除了武装，还怎么能教育青年，还怎么能领导国家和人民建设社会主义！"③ 为此，新时期大学文化传承中要坚持四项基本原则，抵制资产阶级自由化的倾向和唯利是图、"一切向钱看"的腐朽思想，反对极端个人主义和无政府主义，发扬爱国主义精神，宣传和发扬延安精神、批判学习借鉴发达资本主义国家一切对我们有用的东西，坚定建设社会主义现代化强国的信心，不断提高中华民族的自尊心和自豪感，努力使青年学生成为"有理想、有道德、有知识、有体力的人，使他们立志为人民作贡献，为祖国作贡献，为人类作贡献，从小养成守纪律、讲礼貌、维护公共利益的良好习惯"④。

---

① 中共中央文献研究室编：《十二大以来重要文献选编》上，中央文献出版社2011年版，第2—3页。

② 何东昌主编：《中华人民共和国重要教育文献》（1976—1990），海南出版社1998年版，第1876—1877页。

③ 何东昌主编：《中华人民共和国重要教育文献》（1976—1990），海南出版社1998年版，第1884页。

④ 何东昌主编：《中华人民共和国重要教育文献》（1976—1990），海南出版社1998年版，第1885页。

第二章 大学文化传承中坚持社会主义核心价值体系的现实境遇与时代使命

（四）培育新时代中国青年的志气骨气底气："成为实现中华民族伟大复兴的先锋力量"①

党的十八大以来，改革开放和现代化建设 40 多年取得了举世瞩目的成就，全面建成小康社会的奋斗目标的实现和中华民族伟大复兴中国梦的实践，为助推社会主义文化建设的新高潮，必须推进社会主义文化强国建设，实现社会主义文化的大发展大繁荣，提高中华文化的软实力，充分发挥"文化引领风尚、教育人民、服务社会、推动发展的作用"②。中华民族的历史进程发展到最接近中华民族伟大复兴目标的关键时期，发展自强是实现中国梦的基本历史经验，青年是实现中华民族伟大复兴的希望，是亲历者、建设者和参与者，青年与祖国的前途命运紧密相连，大学文化传承中要始终重视青年学生的理想信念、关怀青年学生的健康成长、加强青年学生的品德修养，习近平总书记在同各界优秀青年代表座谈的讲话中指出，当代青年具有中国特色社会主义的坚定信念、报效祖国的远大志向、甘于奉献的思想境界、自强不息的意志品格、朝气蓬勃的精神风貌，充满实现中华民族伟大复兴的必胜信心，要担负起时代赋予的重任，青年要坚定理想信念的精神之"钙"，坚定中国梦与青春梦有机结合的人生信念；青年要坚持"三个面向"练就过硬本领，切实成为堪当重任的栋梁之材；青年要矢志艰苦奋斗成就人生精彩，敢于开创事业发展新天地；青年要以模范人物为学习榜样，主动承担社会责任锤炼高尚品格；青年要选择正确的世界观、人生观和价值观来指导自己正确的人生选择；青年只有以奋斗、拼搏和奉献的青春，才能留下"充实、温暖、持久、无悔的青春回忆"③。

教育是事关公平、发展、人民最关心最直接最现实的利益问题，教

---

① 习近平：《在庆祝中国共产党成立 100 周年大会上的讲话》，人民出版社 2021 年版，第 21 页。
② 中共中央党史和文献研究院编：《十八大以来重要文献选编》上，中央文献出版社 2018 年版，第 24 页。
③ 中共中央党史和文献研究院编：《十八大以来重要文献选编》上，中央文献出版社 2018 年版，第 282 页。

育领域的综合改革要坚持全面贯彻党的教育方针和落实立德树人的根本任务,大学文化传承中要坚持中国特色社会主义文化发展道路和先进文化前进方向,加强社会主义核心价值体系教育和完善中华优秀传统文化教育,大学要提高教育质量和人才培养质量,为牢固确立人才培养作为高校的中心工作,增强青年学生的社会责任感,培育青年学生的创新精神,锻炼青年学生的实践能力,促进青年学生的身心健康成长,提高青年学生的审美和人文素养,为此,大学重视教学投入,"把教学作为教师考核的首要内容,把教授为低年级学生授课作为重要制度"[1]。大学文化传承中坚持通过提升科研水平发挥在国家创新体系中的重要作用,加强坚持服务国家战略目标与鼓励自由研究相结合的基础研究,加强以重大现实问题为研究方向的应用研究,发挥大学作为教学、科研和人才培养的重要阵地和创新高地的核心作用。大学文化传承中要不断增强服务社会的能力本领。大学文化作为社会主义先进文化的重要组成部分,要树立全方位主动服务社会的意识和能力,通过产学研成果转化,开展科学普及工作,推进科学文化传播,提供青年学生的科学素质和人文素养,弘扬中华优秀传统文化,鼓励师生以政策咨询、智囊团和思想库的对策研究和志愿服务发挥社会服务作用。

二 大学文化传承中坚持社会主义核心价值体系的文化教育政策

社会主义文化强国建设必须坚持中国特色社会主义先进文化发展道路,坚持社会主义核心价值体系建设写入了党的十七大关于《中国共产党章程(修正案)的决议》,"坚持马克思主义指导思想,树立中国特色社会主义共同理想,弘扬以爱国主义为核心的民族精神和以改革创新为核心的时代精神,倡导社会主义荣辱观"[2],以此作为大学文化传

---

[1] 《国家中长期教育改革与发展规划纲要(2010—2020年)》,人民出版社2010年版,第29页。

[2] 中共中央文献研究室编:《十七大以来重要文献选编》上,中央文献出版社2013年版,第46页。

第二章 大学文化传承中坚持社会主义核心价值体系的现实境遇与时代使命

承的基本遵循：意识形态领域统一的指导思想、个人理想与共同理想信念的有机结合、中国精神力量的有力支撑、社会职业家庭个人基本道德规范的全方位遵守，以此不断丰富人民的精神生活和提高公民的思想道德素质，增强社会主义意识形态的凝聚力、吸引力、引领力和教育力，提高中华文化的软实力、影响力和传播力，从而形成理性平和、自尊自信和健康向上的社会心态，从而树立高度的文化自觉和文化自信。社会主义核心价值体系建设是中国特色社会主义文化大发展大繁荣的重要组成部分，是为增强文化作为凝聚民族创造力和提高综合国力的重要因素，振奋民族精神和改善人民的精神风貌。

（一）社会主义的文化繁荣必须用"三个代表"重要思想统领社会主义文化建设

江泽民同志在党的十六大报告中强调，发展社会主义文化，建设社会主义精神文明，发挥文化在综合国力竞争中的突出地位和作用，充分发挥熔铸在民族生命力、创造力和凝聚力中的文化力量，社会主义先进文化的前进方向必须坚持三个面向："坚持马克思列宁主义、毛泽东思想和邓小平理论在意识形态领域的指导地位，用'三个代表'重要思想统领社会主义文化建设"[①]。大学文化传承中致力于建立继承中华民族优秀传统、承接中华民族传统美德、适应社会主义市场经济体制、协调社会主义法律规范的社会主义道德体系，立足中国文化教育现实，吸收外国文化的有益成果，坚持物质文明和精神文明两手抓，不断提高青年学生的思想道德素质和科学文化素质，引导广大青年学生树立中国特色社会主义共同理想，树立正确的"三观"，青年学生的思想道德建设坚持弘扬爱国主义精神，以集体主义为原则，以为人民服务为核心，以诚实守信为重点，引领广大青年学生以基本行为准则为基础，努力追求更高的道德目标。在大学文化传承中，面对全球化曲折进程中，世界各种思想文化的相互激荡，坚持在青年学生中弘扬和培育民族精神成为文

---

① 中共中央文献研究室编：《十七大以来重要文献选编》下，中央文献出版社2013年版，第29页。

化建设的重要任务，将培育和弘扬民族精神纳入精神文明建设、国民教育的全过程，使之成为中华民族振奋民族精神、生存发展的精神支撑，胡锦涛同志在西柏坡学习考察时的讲话中指出，为实现现代化和将我国建成富强民主文明的社会主义现代化国家的历史任务，要从自身做起，发扬艰苦奋斗的优良作风，"要不断开创中国特色社会主义事业新局面，我们要走的路还长得很，我们肩负的任务还很艰巨，我们可能遇到的困难和挑战还会很多，我们必须始终谦虚谨慎、艰苦奋斗"[1]。胡锦涛同志号召全党牢记毛泽东同志倡导的"两个务必"：中国的革命是伟大的，但是，中国革命胜利后的路程更长、更伟大也更艰苦，为此，"务必使同志们继续地保持谦虚、谨慎、不骄、不躁的作风，务必使同志们继续地保持艰苦奋斗的作风"。全党坚信以批评和自我批评的马克思列宁主义武器，保持和发扬谦虚谨慎不骄不躁和艰苦奋斗的优良作风，我们一定"能够学会我们原来不懂的东西"[2]。针对改革开放十年中思想政治工作发展不够和薄弱问题，邓小平指出，改革开放十年的经济发展和人民生活水平的提高都是很好的，但是，"没有告诉人民，包括共产党员在内，应该保持艰苦奋斗的传统。坚持这个传统，才能抗住腐败现象。所以要加强对人民进行思想政治工作，提倡艰苦奋斗"[3]。江泽民同志多次强调全党特别是党的领导干部要永远艰苦奋斗，在日益复杂的国际环境中居安思危、保持清醒，无论在什么情况下都要发扬艰苦奋斗精神，"艰苦奋斗，是中国共产党的光荣传统，是我们党保持同人民群众密切联系的一个法宝，也是一个干部特别是领导干部必须具备的基本政治素质。我们党正是靠艰苦奋斗不断发展壮大起来的。过去干革命需要艰苦奋斗，今天搞社会主义现代化建设，同样要靠艰苦奋斗"[4]。

---

[1] 中共中央文献研究室编：《十六大以来重要文献选编》上，中央文献出版社2013年版，第81页。
[2] 《毛泽东选集》第四卷，人民出版社1991年版，第1438—1439页。
[3] 《邓小平文选》第三卷，人民出版社1993年版，第290页。
[4] 中共中央文献研究室编：《十六大以来重要文献选编》上，中央文献出版社2013年版，第80页。

第二章 大学文化传承中坚持社会主义核心价值体系的现实境遇与时代使命

只有在全社会形成有利于社会主义现代化建设的正确舆论导向、价值观念、道德规范和文化环境,广大青年学生才能始终保持昂扬向上的精神风貌。基于此,大学文化传承的内容选择要遵循的基本原则是"坚持以科学的理论武装人,以正确的舆论引导人,以高尚的精神塑造人,以优秀的作品鼓舞人"[1]。大学文化传承将服务人民和服务社会主义作为根本方向,丰富青年学生的精神世界,增强青年学生服务人民和服务社会主义现代化建设的精神力量和本领能力,大学文化在传承源远流长的中华文化的基础上,不断创新博大精深的中华优秀传统文化,为创造贡献世界的先进文化做出独特贡献。

(二)社会主义文化强国建设要坚持和加强社会主义核心价值体系建设

社会主义核心价值体系建设的提出,是我们党在推进马克思主义中国化时代化大众化理论创新中赋予当代中国马克思主义鲜明的实践特色、民族特色和时代特色,是巩固马克思主义在意识形态领域指导地位,用马克思主义中国化最新成果教育和武装人民,铸牢全国各族人民团结奋斗的共同思想基础,服务富强民主文明和谐的社会主义现代化国家建设,是中国共产党在思想文化建设上的重大理论创新和重大战略任务,胡锦涛同志在党的十七大报告中对社会主义核心价值体系的本质和功能定位做了明确的阐述:"社会主义核心价值体系是社会主义意识形态的本质体现。要巩固马克思主义指导地位,坚持不懈地用马克思主义中国化最新成果武装全党、教育人民,用中国特色社会主义共同理想凝聚力量,用以爱国主义为核心的民族精神和以改革创新为核心的时代精神鼓舞斗志,用社会主义荣辱观引领风尚,巩固全党全国各族人民团结奋斗的共同思想基础。"[2] 在党的十八大报告中,胡锦涛同志根据世情、

---

[1] 中共中央文献研究室编:《十七大以来重要文献选编》下,中央文献出版社2013年版,第29页。
[2] 中共中央文献研究室编:《十七大以来重要文献选编》下,中央文献出版社2013年版,第26页。

大学文化传承中坚持社会主义核心价值体系研究

国情和党情对过去五年工作和十年的基本总结指出，社会和谐是科学发展的前提，科学发展是社会和谐的保障，社会主义核心价值体系建设深入人心，良好的道德风尚得以弘扬，文化建设迈上新台阶，文化体制改革全面推进，文化日益繁荣，人民的精神文化生活日益丰富多彩，"社会主义核心价值体系建设深入开展"①；在全面建成小康社会和全面深化改革开放的文化目标方面，需要努力实现的新要求是要显著增强中华文化的软实力，"社会主义核心价值体系建设深入开展，文化体制改革全面推进，公共文化服务体系建设取得重大进展，文化产业快速发展，文化创作生产更加繁荣，人民精神文化生活更加丰富多彩"②。基于此，大学文化传承中秉承"百花齐放、百家争鸣""学术自由、创新创造"的方针，坚持社会主义先进文化的前进方向，开展社会主义核心价值体系学习教育，是以先进的大学文化引领社会思潮、以文化创新凝聚社会共识，以中国化时代化大众化的马克思主义和中国特色社会主义理论体系武装青年学生的头脑，科学落实"三进"问题，切实推进理想信念教育的广泛开展，以中国特色社会主义伟大旗帜团结和凝聚青年学生，通过弘扬民族精神和时代精神、开展爱国主义、社会主义和集体主义教育丰富青年学生的精神世界与增强青年学生的精神力量；坚持正确导向和壮大主流思想舆论，牢固掌握马克思主义指导思想在高校意识形态工作中的领导权和主导地位。大学文化传承中为实现将社会主义核心价值体系融入国民教育和精神文明建设全过程的目标，坚持以学生为本和激发学生的自觉追求的发展方向，充分发挥大学文化中的物质文化、精神文化、制度文化和行为文化建构与发展都要以学生为中心的建构导向，提高大学文化的人文关怀质量，为青年学生提供更多更好的、有利于青年学生健康成长的精神食粮；大学文化传承中探索以社会主义核心价值

---

① 中共中央党史和文献研究院编：《十八大以来重要文献选编》上，中央文献出版社2018年版，第3页。
② 中共中央党史和文献研究院编：《十八大以来重要文献选编》上，中央文献出版社2018年版，第14页。

体系引领社会思潮的有效途径,以尊重多样性和包容差异性坚持马克思主义意识形态在高校的领导权,在社会范围、职业领域、家庭生活和个人生活中开展道德建设和增强责任意识,发挥道德榜样的示范引领作用,以此抵制各种腐朽和错误的社会思潮;高等教育的内涵式发展,首要一点就是要办好人民满意的大学教育,人民满意就要以育人为本、德育为先、质量为王,只有培养全面发展的服务现代化的建设者和接班人才能办出人民满意的高等教育;坚持大学的文化教育为现代化建设服务,为人民服务,为广大师生服务,大学文化传承中要加强致力于提高教师师德水平和业务水平的队伍建设,不断增强大学教师教书育人和投身教学的荣誉感、使命感和责任感。[①]

(三) 大学文化传承中坚持培育和践行社会主义核心价值观

新时代中国青年奋斗的主题是为实现中华民族伟大复兴的中国梦而奋斗,共青团在广大青年中开展"我的中国梦"主题教育实践活动,为实现中国梦赋能青春正能量;以热爱伟大的祖国和热爱伟大的人民作为凝聚青年学生思想共识的基础,以中国梦激发青年学生的历史责任感和时代使命感,将遵守社会公德、职业道德、家庭美德和锤炼个人品德的教育和自我教育形成合力,强化正确的道德认知、养成自觉的道德素质、达成积极的道德实践,切实自觉树立、弘扬和践行社会主义核心价值观,做良好社会风尚的建设者、引领者和践行者。

为深入贯彻党的十八大和十八届三中全会精神,中共中央办公厅印发《关于培育和践行社会主义核心价值观的意见》的通知,全面、深刻和整体地明晰了社会主义核心价值体系与社会主义核心价值观之间的关系:"社会主义核心价值观是社会主义核心价值体系的内核,体现社会主义核心价值体系的根本性质和基本特征,反映社会主义核心价值体系的丰富内涵和实践要求,是社会主义核心价值体系的高度

---

① 中共中央文献研究室编:《十八大以来重要文献选编》上,中央文献出版社2014年版,第27—28页。

凝练和集中表达"①。

中国特色社会主义大学走在中国式现代化建设的时代前沿，在世界风云变幻的国际环境之中，面对极其复杂的国内外政治形势，在纷繁复杂的社会思潮和价值观念中，中国特色社会主义大学文化传承中应始终坚持顺应并引领时代前进潮流，从培育"四有"新人到培养全面发展的社会主义建设者与接班人这一立德树人的根本目标，以培育和践行社会主义核心价值观为重要抓手，坚持高校的社会主义核心价值体系建设；坚持以马克思主义的指导思想引领各种社会思潮，发挥中国特色世界一流大学作为高级专门人才和拔尖创新人才培养以及科技自主创新高地的辐射引领作用，为提高中华民族整体文明素养提供强大的人才支撑、智力支持与精神动力。

三 大学文化传承中坚持社会主义核心价值体系的实践探索

世界局势、国际关系、经济发展和日常生活都是变动不居的，不仅历史上绝无仅有，更是超乎人类的想象，大学文化传承只有与中国特色相结合、与大学教育发展同进步、与广大师生思想心声同频共振，才能焕发出强大的生命力、引领力、创造力和感染力。在大学文化传承中坚持社会主义核心价值体系的实践探索呈现出以下基本特征：马克思主义指导思想在高校意识形态领域的指导地位是大学文化传承的根本指针，大学文化的传承创新在新时代应"着力巩固马克思主义在意识形态领域的指导地位、巩固全党全国人民团结奋斗的共同思想基础，着力建设具有强大凝聚力和引领力的社会主义意识形态"②；理想信念是思想建设的重点，革命的理想和共产主义品德要从小培养，中国特色社会主义共同理想是中华民族共有精神家园和华夏儿女共同的奋斗目标，推进理想信念教育常态化制度化铸牢高校师生重点群体的理想信念之基；以爱

---

① 中共中央文献研究室编：《十八大以来重要文献选编》上，中央文献出版社 2014 年版，第 578 页。
② 中办国办印发《"十四五"文化发展规划》，《人民日报》2022 年 8 月 17 日第 1 版。

第二章 大学文化传承中坚持社会主义核心价值体系的现实境遇与时代使命

国主义为核心的民族精神和以改革创新为核心的时代精神是解决中华民族如何以昂扬的姿态立足于世界民族之林的重要问题，弘扬中国精神是激发实现社会主义现代化强国建设的根本动力，是战胜中华民族伟大复兴道路上各种风险挑战的重要力量源泉。大学文化传承的新时代使命就是要推进和实现文化铸魂，为此，大学文化传承中"必须要高扬思想旗帜、强化价值引领、激发奋斗精神"[1]，激励广大师生并引领社会风尚走好新时代的赶考之路；培育和践行社会主义荣辱观是"明大德、守公德、严私德"的基本道德底线，习近平总书记指出："核心价值观，其实就是一种德，既是个人的德，也是一种大德，就是国家的德、社会的德。……如果一个民族、一个国家没有共同的核心价值观，莫衷一是，行无依归，那这个民族、这个国家就无法前进。"[2] 大学文化传承中坚持社会主义核心价值体系的实践探索主要体现在以下六个方面。

（一）社会主义核心价值体系研究纳入马克思主义理论研究和建设工程的实施进展

以胡锦涛同志为总书记的党中央从发展和坚持中国特色社会主义事业、推进马克思主义中国化的战略高度，立足新的时代条件和国际境遇，2004年4月党中央召开专门会议正式作出实施马克思主义理论研究和建设工程的重大决策（以下简称"马工程"建设），"马工程"建设实施的近20年来，在党中央高度重视和关怀指导下、在中央宣传思想工作领导小组直接领导下，广大"马工程"专家和教育部、中宣部等部门共同努力之下，"马工程"建设实施取得了实质性积极进展。"马工程"建设项目组织专家深入研究和阐释毛泽东思想、邓小平理论、"三个代表"重要思想、科学发展观、习近平新时代中国特色社会主义思想等重大战略和指导思想，不断推动马克思主义中国化时代化的最新成果武装全党和教育人民；组织专家开展系列专题调研，坚持以重大现实问题为主攻方向，推出了一批对党和政府决策有重要参考价值的

---

[1] 中办国办印发：《"十四五"文化发展规划》，《人民日报》2022年8月17日第1版。
[2] 《习近平谈治国理政》第一卷，外文出版社2018年版，第168页。

理论成果，对中国特色社会主义实践发挥了重要推动作用，又以坚持和发展中国特色社会主义的实践经验不断丰富和深化理论研究内容。特别是对马克思主义经典著作的编译和基本观点研究工作的切实推进和完成，用发展着的马克思主义指导理论研究和建设，为准确理解马克思列宁主义的思想观点和理论体系提供了科学依据，对学习、掌握和运用马克思主义的立场观点方法，赋予中国马克思主义中国化时代化鲜明的时代特色、民族特色和实践特色发挥了重要作用。[1]

（二）全媒体宣传弘扬和落实社会主义核心价值体系

党的十七大、十八大都强调社会主义核心价值体系是兴国之魂，在大学文化传承中加强对社会主义核心价值体系建设的理论研究和贯彻落实，不仅仅是积极推进党在思想文化建设上的重大理论创新的深入研究，更是切实实施党在思想文化建设上的重大战略任务的有力实践，鲜明回答在新的历史起点上，中国特色社会主义大学文化传承中彰显"我们党用什么样的精神旗帜团结带领全体人民开拓前进、中华民族以什么样的精神风貌屹立于世界民族之林的重大问题"[2]。大力唱响社会主义核心价值体系主旋律，要充分发挥各类新闻媒体的宣传功用，特别是发挥互联网、短视频、手机短信等新媒体的作用、发展和管理，坚持全媒体宣传社会主义核心价值体系的正确舆论导向，媒体宣传工作必须坚持党性原则，党性原则的核心就是坚持正确的政治方向，坚定政治立场宣传党的理论、道路、方针和政策，"坚决同党中央保持高度一致，坚决维护中央权威"。这是党性原则，不仅不能动摇，而且要"大张旗鼓讲、理直气壮讲、坚持不懈讲。不要躲躲闪闪、含糊其辞"[3]。为此，各类新闻媒体要义不容辞担负起弘扬和宣传社会主义核心价值体系的社

---

[1] 中共中央文献研究室编：《十七大以来重要文献选编》上，中央文献出版社2013年版，第446—448页。

[2] 中共中央文献研究室编：《十七大以来重要文献选编》上，中央文献出版社2013年版，第183页。

[3] 中共中央党史和文献研究院编：《习近平关于社会主义精神文明建设论述摘编》，中央文献出版社2022年版，第3页。

第二章 大学文化传承中坚持社会主义核心价值体系的现实境遇与时代使命

会责任:大力传播社会主义先进文化,大力宣传中国特色社会主义科学理论,全方位弘扬社会正气,努力塑造美好心灵,坚决抵制恶搞、低俗、扭曲、篡改等不良风气,严厉打击网络色情淫秽视频、图片等的传播和蔓延,依法依规切实净化网络文化环境,充分运用大学校园环境文化、制度文化、学术文化、教学文化传播主旋律,弘扬正能量,在大学校园环境和社会大环境同频共振,扩大社会主义核心价值体系宣传、弘扬、研究和贯彻的覆盖面和影响力,引导在校大学师生并辐射引领社会全体成员自觉践行社会主义核心价值体系。

(三)社会主义核心价值体系建设是贯穿社会主义精神文明建设全过程的中心环节

中国特色社会主义进入新时代,在奋进新征程和建功新时代的历史洪流中,几代党的领导集体带领全国各族人民在坚持和发展中国特色社会主义道路上,"不是和平地走过的,而是在困难的环境中走过的"[1],取得百年奋斗的重大成就和历史经验,全面建成了小康社会,消除了绝对贫困,改革开放40多年取得举世瞩目的伟大成就,从根本上改变了全体人民的物质条件和健康生活的同时,党的历代领导集体都高度重视社会主义精神文明建设,毛泽东同志重视精神的力量,强调中国的精神力量是在反抗侵略和反抗压迫中总结出来的,中国的精神力量为中国革命的胜利创造了精神条件,"所有这一切侵略战争,加上政治上、经济上、文化上的侵略和压迫,造成了中国人对于帝国主义的仇恨,……迫使中国人的革命精神发扬起来,从斗争中团结起来"。中国人的精神力量就是在斗争、失败、再斗争中总结的军事、政治、经济、文化的、流血的和不流血的经验中总结出来,并为革命获得基本成功准备了精神条件,"没有这个精神条件,革命是不能胜利的"[2]。改革开放的总设计师邓小平同志以政治家的理论创新和改革家的实践智慧提出"要一心一

---

[1] 《毛泽东选集》第四卷,人民出版社1991年版,第1469页。
[2] 《毛泽东选集》第四卷,人民出版社1991年版,第1484页。

意搞建设"①,将国家工作中心转移到经济建设上来;以致力于解放和发展生产力的实践检验马克思主义政党提高人民生活水平的执政能力,在高度重视建设社会主义物质文明、消灭贫困的同时,"还要建设社会主义的精神文明,最根本的是要使广大人民有共产主义的理想,有道德,有文化,守纪律。国际主义、爱国主义都属于精神文明的范畴"②。针对"十年动乱"遗留下来的消极东西、改革开放和社会主义现代化建设初期出现的思想战线的精神污染问题,邓小平同志指出,党在组织战线和思想战线上的迫切任务是通过思想教育整党,通过批评和自我批评改善党群关系,提高党员为人民服务而不谋取私利的觉悟,思想战线,特别是理论和文艺战线不能搞精神污染,"要使全党在思想上政治上和精神状态上有显著的进步","把我们党建设成为有战斗力的马克思主义政党,成为领导全国人民进行社会主义物质文明和精神文明建设的坚强核心"③。理论和文艺战线应成为"建设社会主义精神文明和加强共产主义、爱国主义思想教育"的"思想战线上的战士","思想战线上的战士,都应当是人类灵魂的工程师"。"作为人类灵魂工程师,应当高举马克思主义的、社会主义的旗帜,用自己的文章、作品、教学、演讲、表演,教育和引导人民正确对待历史,认识现实,坚信社会主义和党的领导,鼓舞人民奋发努力,积极向上,真正做到有理想、有道德、有文化、守纪律,为伟大壮丽的社会主义现代化建设事业而英勇奋斗。"时代和人民要求文艺和理论工作者用健康的思想、作品和表演来丰富人们的精神生活和净化人们的精神世界,"精神污染的实质是散布形形色色的资产阶级和其他剥削阶级腐朽没落的思想,散布对于社会主义、共产主义事业和对于共产党领导的不信任情绪"④。党中央和国家领导人通过召开文艺座谈会等方式,加强对思想战线的马克思主义立

---

① 《邓小平文选》第三卷,人民出版社1993年版,第10页。
② 《邓小平文选》第三卷,人民出版社1993年版,第28页。
③ 《邓小平文选》第三卷,人民出版社1993年版,第38—39页。
④ 《邓小平文选》第三卷,人民出版社1993年版,第40页。

第二章 大学文化传承中坚持社会主义核心价值体系的现实境遇与时代使命

场、观点和方法的引领,使社会主义精神文明建设始终能够站在人民立场发时代先声,将理论创新和文艺创造扎根在中国大地上,为人民服务,为社会主义现代化建设服务。20世纪80年代末90年代初期,由于不了解中国近百年的奋斗历史和改革开放长期性、艰巨性和复杂性的现实,部分青年容易受到实行资本主义制度宣传的影响,"幻想在一夜之间把西方的物质文明搬到中国土地上";随着物质生活水准的不断提高,出现了新中国成立初期已经绝迹的不良风气和丑恶现象,诸如"一切向钱看"、追求眼前实惠和高消费、不顾国家整体民族利益专门为个人利益斤斤计较、数典忘祖崇洋媚外妄自菲薄的思想倾向开始滋长等问题,江泽民同志面对这些严峻的现实问题,提出要坚持四项基本原则一贯性和加强国情教育的问题,"在抓紧社会主义物质文明建设的同时,必须抓紧社会主义精神文明建设,坚决纠正'一手硬、一手软'的状况"[1]。加强国情教育就是指加强中国近百年历史的教育,社会主义道路和中国共产党领导的必然性教育,中国经济文化发展现状、资源人口问题教育和中华优秀传统教育等,中国青年"生长在祖国土地上,理应在这块土地扎下深根,理应从我们的工人、农民、战士的身上汲取精神营养"[2]。胡锦涛同志指出,要走出一条有中国特色社会主义精神文明建设新路子的关键是抓好落实,号召全党要统一思想认识,"增强坚持两手抓、两手都要硬方针的自觉性,从思想到实际工作都要既注意防止和纠正只抓物质文明建设、忽视思想教育、忽视精神文明建设的倾向,又注意防止偏离经济建设中心、孤立抓精神文明建设的倾向"[3]。

以习近平同志为核心的党中央自党的十八大以来,立足两个大局,站在第二个百年奋斗的历史发展关键点上,高度重视社会主义精神文明建设,充分发挥社会主义意识形态的凝聚力、引领力和感召力,用社会主义核心价值观凝聚价值共识、汇聚精神力量,用中国特色社会主义先

---

[1] 《江泽民文选》第一卷,人民出版社2006年版,第60页。
[2] 《江泽民文选》第一卷,人民出版社2006年版,第61页。
[3] 《胡锦涛文选》第一卷,人民出版社2016年版,第223页。

进文化、革命文化和中华优秀传统文化启智润心、培根铸魂，不断满足新时代人民大众对精神文化的多样化、多层次和多方面的需求，习近平总书记在全国思想工作会议上的讲话中强调，坚持以经济建设为中心的党的基本路线100年不动摇，与此同时，"只有物质文明建设和精神文明建设都搞好，国家物质力量和精神力量都增强，全国各族人民物质生活和精神生活都改善，中国特色社会主义事业才能顺利向前推进"①。站在新的历史起点上，要将社会主义核心价值体系建设贯穿到精神文明建设的全过程，成为社会主义精神文明建设的中心工作，社会主义核心价值体系建设这一中心工作的部署和展开，要紧紧抓住"中华民族伟大复兴"的中国梦主题；以学习宣传全国道德模范为重要抓手，以诚信道德教育为重点，推进社会公德、职业道德、家庭美德和个人品德四位一体的社会主义道德建设，建立和完善现代文明礼仪礼节，进一步提升公民文明素养和社会整体文明程度。做好大学生和研究生的思想政治教育的关键是用社会主义核心价值体系教育和培养青年学生，大学文化传承中要推动社会主义核心价值体系融入国民教育体系的全过程和总体规划之中，纳入大中小一体化思想政治理论课教育教学中，充分运用家校社的合力，发挥大学在文化传承中推进社会主义核心价值体系的"三进"有效落实。

（四）不断增强社会主义核心价值体系对各种社会思潮的引领力和明辨力

习近平总书记在党的二十大报告中指出："我们所处的是一个充满挑战的时代，也是一个充满希望的时代。"② 这是一个风起云涌的时代，这是一个文化发展、文化自觉与文化困境、文化危机同时并存的时代，这是一个文化批判与文化焦虑同存的时代。社会思潮是社会文化生活多样化的客观反映和现实表征，有学者称这是一个多样化社会

---

① 《习近平谈治国理政》第一卷，外文出版社2014年版，第153页。
② 习近平：《高举中国特色社会主义伟大旗帜 为全面建设社会主义现代化国家而团结奋斗——在中国共产党第二十次全国代表大会上的报告》，人民出版社2022年版，第63页。

第二章
大学文化传承中坚持社会主义核心价值体系的现实境遇与时代使命

思潮引发的文化焦虑的时代。面对多样化的社会思潮，广大青年学生如何有效应对主流与非主流思想观念相互交织的现实生活世界？大学文化传承中要不断提高用社会主义核心价值体系引领各种社会思潮的能力和水平。正确坚持马克思主义在高校意识形态领域的指导地位；坚持中国特色社会主义共同理想，理性分析、加强防范、高度警惕并旗帜鲜明地抵制西方敌对势力妄图西化、分化图谋及其采取多种隐蔽形式的意识形态渗透；尊重包容文化多样、价值包容多元、妥善应对风险挑战的科学态度；坚持弘扬以爱国主义为核心的民族精神和以改革创新为核心的时代精神；大学文化传承中要把社会主义荣辱观教育寓于大学生思想政治教育和思想道德建设全过程。关于大学文化传承的理论研究者学术研究的主题选择问题，邓小平同志强调应聚焦"对于社会主义现代化建设实践中提出的种种重大理论问题"，要"对现实问题进行调查和研究"，要坚持马克思主义方向。[①] 在大学文化传承中的文艺作品应反映改革开放伟大成就、社会主义现代化建设新征程和中国特色社会主义新时代能够振奋时代新人的精神力量，鼓励和号召广大青年投身全面建设社会主义现代化强国建设的时代洪流，讴歌在中国共产党百年奋斗的各个历史时期为革命、建设、改革开放和现代化建设而奋斗的时代业绩和典型人物，引领广大青年坚持正确方向，以社会主义核心价值观引领精神奋进的力量，抵制和远离腐蚀灵魂和意志的低级庸俗、有害的没落腐朽文化。为此，在大学文化传承中既坚持社会主义核心价值体系的主导地位，同时不强求一律而要尊重、包容多样性和差异性，在不断发掘符合大学人才培养规律、学术研究范式转换和灵活多样的教学文化实践中，探索引领社会思潮的多元有效路径："力求在多元多样中立主导、在交流交融中谋共识、在变化变动中一以贯之，形成既有国家统一意志又有个人心情舒畅、既包容多样又有力抵制各种错误和腐朽思想、既坚守基本社会思想道德

---

① 《邓小平文选》第三卷，人民出版社1993年版，第40页。

又向着更高理想目标前进的生动局面。"[①]

四 大学文化传承中坚持社会主义核心价值体系的主要成效

中国大学文化的传承根植于中华文明的深厚根基和中华历史文化的深厚渊源，来自中国各个历史时代的丰富社会实践和大学教育教学、科研、社会服务的不断探索，更来自中国人民所秉持的价值观念在大学教育中的传承创新。在党领导下的中国大学教育发展史中，大学文化传承中对马克思主义基本原理与中国实际相结合的三次历史性飞跃的科学内涵、精神实质与使命责任的阐释、研究、宣传和弘扬。中国特色社会主义理论体系"提出社会主义精神文明建设思想，强调要建设社会主义核心价值体系，坚持社会主义先进文化前进方向，提高国家文化软实力，丰富和发展了马克思主义意识形态建设理论"[②]。大学文化在切实推进社会主义文化大发展大繁荣的过程中，始终坚持社会主义核心价值体系建设融入高校教育的全过程，大学文化传承中坚持用马克思主义中国化最新成果教育人民，通过建设和谐校园切实推进社会主义和谐文化建设，通过对大学生思想政治教育和道德教育实施公民道德建设工程，通过塑造良好的大学学风校风和工作作风引领和培育社会文明风尚。大学文化传承创新中尊重和满足广大师生健康发展的文化需求，通过大学文化传播、传承、研究和创新推动社会主义文化繁荣发展。为此，大学文化传承中始终坚持社会主义先进文化为人民服务和为社会主义服务的前进方向；坚持马克思主义在高校意识形态领域的指导地位，大学学术文化研究贯彻百花齐放、学术争鸣的方针，构筑了充分反映马克思主义中国化最新成果的教材体系，中央批准的马克思主义理论与建设工程项目的高校哲学社会科学重点

---

① 中共中央文献研究室编：《十七大以来重要文献选编》上，中央文献出版社2013年版，第186页。
② 中共中央文献研究室编：《十七大以来重要文献选编》上，中央文献出版社2013年版，第252页。

编写教材、出版与使用在内容、形式和体例等方面都具有较大创新和成效，与时俱进定期修改、贴近大学生活的实际、正面回应大学生关心的焦点问题，受到师生的欢迎与好评；在广大师生中树立中国特色社会主义共同理想，引领广大师生将个人理想与社会共同理想有机结合；大学文化传承坚持以爱国主义为核心的民族精神、大学文化传播、研究和服务社会始终坚持和传承以改革创新为核心的时代精神；深入推进社会主义荣辱观教育是高校思想政治理论课道德教育的重要内容，并将社会主义荣辱观教育覆盖全校师生。社会主义核心价值体系建设成为大学文化传承的核心要义和自觉追求，坚持社会主义核心价值体系是推进社会主义文化建设新高潮、提高国家文化软实力和激发民族文化创造活力的重要战略。

五　大学文化传承中坚持社会主义核心价值体系的国内挑战

时至今日，我国在发展中遇到的困难与挑战虽然发生了变化，但是如何认识和超越困难，一直没有变。毛泽东同志在纪念中国共产党成立28周年曾经强调的论述，在今天仍具有启迪价值，"严重的经济建设任务摆在我们面前。我们熟习的东西有些快要闲起来了，我们不熟习的东西正在强迫我们去做。这就是困难"。要克服这些困难，"我们必须学会自己不懂的东西"[①]。立足两个大局叠加三年疫情影响，我国政府调整了疫情防控政策，国内经济发展和社会生活正在逐渐复苏和重建，党的二十大的胜利召开，社会各行各业都处于重启和重塑的状态，期待中的生机勃勃的局面正在进行时，当然，我们也要清醒地认识到，我国的发展还面临着突出的问题和矛盾。

大学文化传承中，在发扬革命传统和挖掘中华优秀文化丰厚资源方面，需要进一步落实常态化制度化建设。大学文化传承中推动社会主义核心价值体系，在高校校园和全社会"形成统一的指导思想、共同的

---

① 《毛泽东选集》第四卷，人民出版社1991年版，第1480—1481页。

理想信念、强大的精神力量和基本的道德规范"① 的建设目标还有一定的距离。运用生动活泼、喜闻乐见和寓教于乐的形式，广泛开展社会主义核心价值体系建设的宣传普及活动还需进一步贯彻落实和加强推进。大学文化围绕社会主义核心价值体系建设，结合大学生思想道德教育和法治教育，开展丰富多彩的廉洁教育，在学校道德教育中倡导清廉家风和文明风尚，推动廉政文化内容形式和传播手段创新、扩大廉政文化覆盖面和增强影响力方面还有一定的提升空间，高校廉政教育警示大会的作用发挥还需进一步深入挖掘。美西方敌对势力对我国的文化渗透、和平演变和意识形态、发展模式、社会制度的兜售宣传，需要大学文化传承中坚持社会主义的方向性和马克思主义的指导地位。大学文化传承中面临着：人类为谋求发展和追求经济快速增长所引发的自然环境不堪重负、全球气候变化和极端天气引发的灾害与恐慌、新冠疫情大流行及其加剧的国际关系问题、局部战争和地区冲突等危机、虚假新闻、海量信息、数字鸿沟的真实和日益增长的恐惧，面对世界发生的这一切，人们不禁要问："我们怎么办？"联合国教科文组织国际委员会关于"教育的未来"的报告发出倡议：一起重新构想我们的未来，号召全球迫切需要采取行动为教育打造一种新的社会契约，"我们面临着一个事关生死存亡的选择：继续走不可持续的老路，还是彻底改变路线"②。目前形式紧迫且充满了不确定性，但是面向未来依然充满希望，因为文化和教育在塑造青年方面仍然大有可为，文化传承和教育塑造我们共同的未来世界，引领青年尊重包容多样性和差异性，认识到在文化星球上的相互依存性，秉持与坚守适应本土国情的核心价值观，坚定自己选择的道路和发展的方向，为共同的理想而努力奋斗，在全社会崇尚荣辱与共的思想道德风尚，与全世界向往和平美好生活的人们携手共进，通力合作

---

① 中共中央文献研究室编：《十七大以来重要文献选编》上，中央文献出版社 2013 年版，第 453 页。
② 联合国教科文组织编：《一起重新构想我们的未来：为教育打造新的社会契约》，教育科学出版社 2022 年版，第 7 页。

实现人类理想的未来。

第三节 大学文化传承中坚持社会主义核心价值体系的国际困境

对于大学教育和文化传承，人们似乎已经达成一种认知共识："现在已经不是一个对所有人进行'死板'的严格测试的世界了"①。人工智能对学校教育能产生多大的影响？有观点认为，从长远来看，人工智能终将改变教育，但人工智能在教育领域里发挥作用的道路如此坎坷又毫无起色，究竟是为什么？马丁·汉密尔顿认为："人工智能每天都在影响我们，但中小学和大学并没有有意识地利用它来开发教学，也没有帮助学生做好未来遇到人工智能驱动的劳动力的准备。"② 大学文化在传承中面临人工智能时代来临的诸多挑战：如何确保所有学生都参与学习，并能将知识转化为理解；基于人工智能开发的纯数字书籍，教师根据课程安排给学生发放阅读材料，学生可以在家里或学校阅读，英国培生公司总裁罗德·布里斯托认为，这些技术说明，"在人工智能和数字技术方面，大学不一定非要领先于中小学"③。布置和批阅作业、自我评估和诊断："智能批改还可以消除不同教师们的偏见。而这些偏见与不公，不管老师有没有意识到，都是人工评估模式不可避免的问题。剽窃和抄袭是人工智能可以解决的另一个重要问题。"

大学文化在碎片化、不稳定的社会中传承创新，学术共同体理应提供一个长期框架，"如果机构不再提供长期的框架，个人可能不得不随

---

① ［英］安东尼·赛尔登、奥拉迪梅吉·阿比多耶：《第四次教育革命：人工智能如何改变教育》，吕晓志译，机械工业出版社2019年版，第132页。
② ［英］安东尼·赛尔登、奥拉迪梅吉·阿比多耶：《第四次教育革命：人工智能如何改变教育》，吕晓志译，机械工业出版社2019年版，第138页。
③ ［英］安东尼·赛尔登、奥拉迪梅吉·阿比多耶：《第四次教育革命：人工智能如何改变教育》，吕晓志译，机械工业出版社2019年版，第131页。

时修改他或她的'生活叙事',……甚至缺乏任何稳定持续的自我认知"①。学术职业人能否预测学术生涯的每个阶段自身发展的模样?建构成长的制度框架:教育建构成长过程让学生形成影响终身的生活行为性格特点。科层组织的形塑"是使目标的稳定性变得比在组织内部快速获得升职的野心更加重要,后者只带来短期的回报"②。学术职业制度文化,关系到学术阶层职位的攀升,建构着个人对自身的理解:"人们要么向上爬,要么朝下降,要么维持原位,但总是有一根可以踏脚的横档。"③ 毋庸置疑,学术研究和学术成果会让学术人在学术组织和学术同仁中赢得学术尊严和学术声望。同时也通过学术研究认识自身价值和社会价值,获得对学术组织的认同感,进而理解自己、认识自己。埃米尔·涂尔干在《社会分工论》中"早就理解了个体附加于归属感之上的巨大价值。作为普遍的规则,认同更为关注的不是你做了些什么,而是你属于哪里"④。从错误中吸取经验与智慧,给予学生试错学习的空间,但是学术界的一些领域是无法让人尝试错误的。政治生活的基础是公平与正义,经济逐利的目的是欲望与贪婪,机构变革的想象力受到限制,过大的晋升压力和考核重负,会让学术职业人"没有精神的空间去重新想象一种不同的集体生活。必须有某个革命先锋来为他们设想"⑤。学术界的忠诚度和非正式信任都呈现社会赤字,腐蚀着学术价值观,能力被掏空和无力感也相伴而生。

　　大学文化在充满干扰和改变的国际境遇中应传承传递创新什么?埃

---

　　① [美] 理查德·桑内特:《新资本主义的文化》,李继宏译,上海译文出版社2017年版,导论,第3页。
　　② [美] 理查德·桑内特:《新资本主义的文化》,李继宏译,上海译文出版社2017年版,第9页。
　　③ [美] 理查德·桑内特:《新资本主义的文化》,李继宏译,上海译文出版社2017年版,第9页。
　　④ [美] 理查德·桑内特:《新资本主义的文化》,李继宏译,上海译文出版社2017年版,第50页。
　　⑤ [美] 理查德·桑内特:《新资本主义的文化》,李继宏译,上海译文出版社2017年版,第105—106页。

第二章
大学文化传承中坚持社会主义核心价值体系的现实境遇与时代使命

德加·莫兰在《一个世纪的经验教训》中曾写下这样一段发人深思的文字:"在这里,我想强调的是,我一生中得到的一个重要教训就是,不要再相信当下能永远延续、持续发展,未来可以预测。短暂而意外的突发事件——有时是好的,有时是坏的——总会无情地动摇或改变我们个人的、作为公民的、国家的和全人类的命运。"① 而在 100 多年前,恩格斯在《致国际社会主义者大学生代表大会》的信中非常确定地判断,针对以往的资产阶级革命向大学要求的是作为培养政治家的最好的原料——律师,恩格斯希望大学生们能够通过努力获得成功并能意识到,从大学生行列中产生的是脑力无产阶级劳动者,作为脑力无产阶级劳动者的使命是:"在即将来临的革命中同自己从事体力劳动的工人兄弟在一个队伍里肩并肩地发挥重要作用。"为了工人阶级的解放,革命所需的各种人才不仅要掌管政治机器,还要掌管全部生产,因此,大学不仅培养律师作为政治家的最好原料,"除此之外还需要医生、工程师、化学家、农艺师及其他专门人才",革命需要大学提供的"不是响亮的词句,而是扎实的知识"②。大学的教育应该是自由的,因为"教育是自由的。教育的自由应在法律规定的范围内并在国家的最高监督下享用之"③。因此,大学文化传承中的学术自由、民主自治都是具有限度的,应在法律法规、大学制度章程范围内的自由、民主与自治。人类自产生之日起就行进在文化的历史进程之中,人类生存所依赖的经济、科学和技术都是文化现象,"人类既是文化的创造者,又是文化的创造物。……文化是人类为了不断满足他们的需要而创造出来的所有社会的和精神的、物质的和技术的价值的精华"④。然而,时至今日,人类的安全生存、基本人权和生命健康这一切基本的承诺都处于危险之中,我

---

① 联合国教科文组织编:《一起重新构想我们的未来:为教育打造新的社会契约》,教育科学出版社 2022 年版,第 29 页。
② 《马克思恩格斯选集》第 4 卷,人民出版社 2012 年版,第 301 页。
③ 《马克思恩格斯选集》第 1 卷,人民出版社 2012 年版,第 681 页。
④ [美] 欧文·拉兹洛编:《多种文化的星球——联合国教科文组织国际专家小组的报告》,戴侃等译,社会科学文献出版社 2001 年版,第 216 页。

们需要重新定义生命与技术之间的关系，在世纪疫情和多重危机相互交织的历史关头，矛盾重重的发展趋势将人类引向一个不可持续和不确定性的未来，社会和经济的不平等不断扩大、核扩散的风险、生物多样性的减少、气候变化和极端天气的增加、地球资源遭受过度开发利用、和平受到威胁民主发生倒退，这一切成为当下全球发展的重要标志。高度集中的全球财富，经济地位的极端不平等破坏了社会的凝聚力，更为糟糕的是，"我们的世界面临一场价值观危机，堕落、冷漠、不宽容、偏执等现象的抬头和暴力正常化就是其证明"①。这一切给大学文化传承所应坚持的核心价值观带来威胁与挑战。

一　大学文化传承的国际政治环境中不稳定不确定因素复杂多变

国际政治方面，和平与发展仍是全世界各国人民追求的世界发展的两大主题，但是，霸权主义、强权政治及其行径仍然存在，俄乌战争仍在继续；美西方敌对势力对我国实施分化、西化的战略仍在实施，境外敌对势力通过宗教、文化、教育、国际交流等形式对中国实行更为隐蔽的、更为深层次的破坏、渗透和颠覆活动还十分严重；特别是发达国家在经济发展、关键核心技术领域处于优势地位，带给我们科技创新发展的巨大压力仍将长期存在；经济全球化进程中出现逆全球化趋势，影响世界格局的类似新冠疫情的群体性公共卫生事件、金融经济危机引发的国际金融体系乃至国际金融安全问题、俄乌战争及世界性能源危机和气候问题、核扩散和核泄漏的风险问题、生物多样性丧失的危险、国际反华势力利用台湾问题等分裂行为对我国施压的情况、国际恐怖组织的严重破坏活动等，对于这些风险挑战，我们要有忧患意识，善于居安思危，对困难和风险具有充分的准备和科学的研判，以免在国际应对策略方面陷于被动；开展有针对性的对外宣传和营造对我国发展更为有利的国际舆论环境。现代大学作为国际社会发展的动力站和轴心机构，知识

---

① 联合国教科文组织编：《一起重新构想我们的未来：为教育打造新的社会契约》，教育科学出版社2022年版，第9页。

第二章
大学文化传承中坚持社会主义核心价值体系的现实境遇与时代使命

的生产、传递、再造和创新、科学研究以及成果转化的潜能都蕴藏在大学之中,通过知识共享为国际社会贡献能量,具有独特优势和发挥着关键作用,但是,"高等教育目前正在经历其漫长历史中的一段最不确定的时期"①。特别是最近几十年,大学因为资金成本和知识产权等问题,已经发展成为知识共享壁垒森严的地方,对共同利益服务和负责的功能使命发挥受到限制,"尽管高等教育体系为纠正这些问题做出了许多努力,但是其中依然不缺少排斥和边缘化"②。科技发达和高度文明的今天,现代大学成为崇尚自由开放获取知识、从事科学研究、通过校际合作和国际交流增进全球福祉的学术圣地和共同学习空间的途径依然障碍重重。

世界范围面临的这些全新挑战,其复杂性和关联性决定了世界各国整体公共政策的格局,给各国的文化教育政策提出了新问题,也带来了前所未有的挑战和机遇。尊重、保护、促进文化多样性对建构多元民主社会至关重要,然而,遍布世界所有地区的国家之间和国家内部的各种不平等现象日益严重,人们在获得基本的教育、医疗和公共服务方面存在的巨大差异正在损害社会的公平;至今还存在的武装冲突、局部战争和经济低迷引发的安全问题和加速的移民流动问题,这给无论是人力资源留出国还是流入国都带来了新的挑战,特别是对青年一代的文化融入和教育发展带来一系列危机与困境:"大规模的民众抗议反映出,部分人享受体面生活和行使基本权利的能力日益减弱。"无论是北半球还是南半球的大学和社会,针对某些人群出现了新断层及其出现新的歧视形式或者说歧视开始死灰复燃,大学文化传承中需要更多关注"在保护文化特性、确保社会包容度的同时保证发声的多元化"③。为此,联合

---

① 联合国教科文组织编:《一起重新构想我们的未来:为教育打造新的社会契约》,教育科学出版社2022年版,第77页。
② 联合国教科文组织编:《一起重新构想我们的未来:为教育打造新的社会契约》,教育科学出版社2022年版,第78页。
③ 联合国教科文组织文化部门编:《文化与公共政策:面向可持续发展》,张璐译,社会科学文献出版社2022年版,第7页。

国教科文组织推进文化教育政策的目标聚焦于基于人权的国际社会和平保障,"促进对人权的尊重和跨文化对话,同时提升社会的凝聚力、包容度、复原力、参与度,倡导人人皆可接触文化,这些都是和平的保障"①。因此,大学文化传承创新应基于修复、改变过去的不公平、不平等,重塑和建构面向我们共有未来的教育契约,将教育、文化、教与学视为人类的共同事业和共同利益;大学文化传承要贡献创造力和智慧,凝聚全球共识为实现尊重包容文化多样性、机会公平、人权保障与和平发展而共同奋斗。

二 世界经济增长陷入低迷、不确定不稳定因素增多的严峻挑战

联合国教科文组织总干事汉斯·道维勒(Hans d'Orville)指出,兼收并蓄的可持续性概念和发展目标从来没有像今天这样重要,经济、社会和环境作为可持续发展的三大支柱,成为自 2015 年以来可持续发展议程的核心。②将教育与发展放在"经济、社会和环境"这样一个思想框架下展开建设性地而非仅仅是工具性地思考教育对发展的作用,是一种新人文主义界定发展的思考框架,其本质是致力于"经济、社会、环境三方面均衡一体化的发展"③。贫困仍在持续、不平等仍未得到有效改变、气候变化、环境恶化、冲突与不稳定等诸多挑战所带来的地球一定程度的混乱,威胁到人类共有的福祉,这些不平等造成的严重危险,其影响远远超出了经济领域,"全球不平等危机正在达到新的极端。世界上最富有的 1% 人口拥有的财富超过了 99% 人口财富的总和。权力和特权被用来倾斜经济体系,以进一步扩大超级富豪与其他人之间的差距。全球避税天堂完备的网络体系进一步使得最富有的人得以隐藏

---

① 联合国教科文组织文化部门编:《文化与公共政策:面向可持续发展》,张璐译,社会科学文献出版社 2022 年版,第 7 页。
② 联合国教科文组织国际教育局编:《教育展望.182,教育:发展的关键(课程、学习与评价的比较研究)》,华东师范大学译,华东师范大学出版社 2021 年版,第 4 页。
③ 联合国教科文组织国际教育局编:《教育展望.182,教育:发展的关键(课程、学习与评价的比较研究)》,华东师范大学译,华东师范大学出版社 2021 年版,第 5 页。

第二章 大学文化传承中坚持社会主义核心价值体系的现实境遇与时代使命

7.6万亿美元的财富。在不平等危机得到解决之前,抗击贫穷的斗争不会取得胜利"[1]。人们所处的经济地位和获取资源能力决定了人们在其所处社会获得发展空间的首要入场资格,全球贫富差距的不断拉大,拥有生活和发展资源变得至关重要,因为其关系到人们是否可能获得政治、文化、教育资源,从而获得其人性尊严、自我价值和自我实现的可能性。人格尊严、身心健康和价值实现因为经济差异而难以达成,人类的幸福感不仅会降低,还会对自我认同产生强烈怀疑,"权力的剥夺与赋予在分配上的差异如此之大"[2]。

习近平总书记指出:"一个分裂的世界无法应对人类面临的共同挑战,对抗将把人类引入死胡同。"[3] 经济全球化遭受逆流,世界经济发展陷入衰退,加剧了发达国家和发展中国家经济社会的不平等,贫富差距前所未有地扩大;全球贫困问题有所缓解,但是国家和地区之间的矛盾和不平等却愈演愈烈;数字技术和人工智能创造以人为本体面工作所能提供的经济保障将成为艰巨挑战。2021年1月,习近平总书记在世界经济论坛"达沃斯议程"对话会上的特别致辞指出,新冠疫情在全球肆虐,全球公共卫生遭受严重威胁,人类正在经历二战以来最严重的经济衰退,全球产业链供应链运行遭受严重阻碍,贸易投资活动持续低迷,"世界经济陷入深度衰退,人类经历了史上罕见的多重危机"[4]。截至目前,世界经济复苏前景仍然充满了不稳定和不确定性,世界经济走出危机阴霾仍然举步维艰。发达国家与发展中国家之间的发展鸿沟叠加傲慢、偏见和仇视,共同发展繁荣的目标难以实现,各国经济复苏差异巨大、可持续发展障碍重重;广大发展中国家所普遍期望的更多发展资源和发展空间,在全球经济治理中的发展权益和发言权、平等的权利、

---

[1] 联合国教科文组织国际教育局编:《教育展望.182,教育:发展的关键(课程、学习与评价的比较研究)》,华东师范大学译,华东师范大学出版社2021年版,第8页。
[2] 联合国教科文组织国际教育局编:《教育展望.182,教育:发展的关键(课程、学习与评价的比较研究)》,华东师范大学译,华东师范大学出版社2021年版,第8页。
[3] 《习近平谈治国理政》第四卷,外文出版社2022年版,第461页。
[4] 《习近平谈治国理政》第四卷,外文出版社2022年版,第459页。

机会和规则等在很长时期内都受到"小圈子"和"新冷战"封闭排斥的困扰和阻碍:"在一个霸权秩序盛行,充斥着自恋的个人主义、贪婪的消费主义、面对他人遭受折磨保持冷漠的世界,教育提供了一个重要框架,来思考诸如人何以为人、如何分享同一空间,更重要的是如何运用知识为后代留下一个宜居世界等此类政治问题。"为了满足普通民众对更加美好世界的渴望和锲而不舍的追求,世界上有责任担当的国家、国际组织和有识之士寻求各种解困之道,传统发展理念一直占据优势地位:以技术革新表征未来世界的经济发展蓝图,而新的共享发展理念致力于构建全球发展的三大基石:一是突破歧视和边缘化的兼容并蓄的社会发展需要赋予文化和教育在社会发展中的崇高地位,"今天没有哪个国家可以解决所有的全球性挑战,没有一种文化具有普适性的垄断",为此,大学文化传承应"促进文化间进行对话、相互理解、彼此滋养,从而奠定人文主义全球文化基础";二是环境发展应秉持保护地球、保护全球整体社会福祉,"改变心态,克服自私、利己、根本不可持续的消费方式";三是塑造经济可持续发展的新道德观念和道德愿景,全球团结一致"建立全球人的'社会保障底线'"①,这三大基石应成为全球发展的硬性规范。

三 全球文化安全和面向可持续发展的文化与公共政策受到挑战

文化是我们这个日益碎片化的脆弱世界里共有的最佳对话空间之一,世界各国在教育规划、经济发展、社会融合发展等领域的国家发展计划中对文化给予越来越重要的地位,然而,重新审视文化在公共政策中的基础性作用,全球所面临的文化安全和可持续发展的挑战在范围之广和复杂性方面是过去 20 年间不曾遇到过的。当下,我们比任何时候都需要尊重、促进和保护文化的多样性:在日益城市化的社会里,文化多样性是集体智慧的重要组成部分和重要来源,但是,文化多样性正在

---

① 联合国教科文组织国际教育局编:《教育展望.182,教育:发展的关键(课程、学习与评价的比较研究)》,华东师范大学译,华东师范大学出版社2021年版,第11页。

第二章
大学文化传承中坚持社会主义核心价值体系的现实境遇与时代使命

受到破坏和侵蚀，是由于"日益不平等、冲突死灰复燃和移民流动增加的共同影响造成的"；数字技术带来了新机会并加速其传播，并从根本上改变了人们对人、工作和知识之间关系的认知，人们接触到新文化、创新新职业和提出创新解决方案的机会民主化受到挑战，为改变这种国际境遇，国际社会致力于跨文化对话和推进弱势群体融入社会的可持续、包容性的发展政策《2030年可持续发展议程》，为多样化的参与者和行动网络建构作出贡献，将文化置于政治发展项目的核心，已成为当前联合国教科文组织推动世界各国构建文化政策和提出文化议题的优先事项。[①] 中国在与世界各国的文化交往中，尊重文化多样性和文明的差异性，奉行互惠共赢的发展原则，但是，西方思想文化方面的渗透仍存在严峻的挑战，西方敌对势力四处推行其文化生活方式、意识形态、价值观念、制度模式和发展道路的优先性和普适性，千方百计对我国进行思想文化渗透，尤其是将错误的、腐朽的文化、价值观渗透对象瞄准青少年学生，实施西化、分化的战略图谋依然没有改变；西方发达国家在核心技术和关键技术领域对我国实行封锁和打压的情况不仅没有改变，而且变本加厉。面对如此严峻的思想文化领域的复杂国际形势，我们要立足两个大局，在复杂形势中把握、寻找发展机遇，以"做好自己的事情""发展是硬道理"的智慧策略应对各种风险挑战，充分运用有利因素，有效化解不利因素，为自身发展营造良好的国际发展环境。

联合国秘书长安东尼奥·古特雷斯指出："尊重、保护和实现受教育权不仅是每个国家的义务，也是国际社会的义务。"全球概念正在遭受严重侵蚀，国际教育交流合作在一个日益不稳定、不确定性的国际秩序中运作，充满了不安全感和脆弱感，像联合国这样负责制定共同目标、致力于共同利益、组织全球行动的全球论坛，"正面临着严厉的批评和财政掣肘"[②]。就目前的形势而言，即便是为了全人类的利益，在

[①] 联合国教科文组织文化部门编：《文化与公共政策：面向可持续发展》，张璐译，社会科学文献出版社2022年版，前言，第3页。

[②] 联合国教科文组织编：《一起重新构想我们的未来：为教育打造新的社会契约》，教育科学出版社2022年版，第136页。

这样一个日益分裂的世界秩序中，也很难建立起持久的联盟和共同采取目标一致的集体行动。从这个意义上讲，要提出并实现一项新的全球教育倡议，以此重新建构国家教育合作模式，几乎是一个遥不可及的梦想。为实现人类共同利益，古特雷斯呼吁全球团结和国际合作，一切重新构想我们的未来，为教育打造的这个新的社会契约的价值在于，"一项新的社会契约将使年轻人能够有尊严地生活；将确保女人和男人拥有相同的前程和机会；将保护病人、弱势群体和各种少数群体……。在一代人的时间里，中等收入国家和低收入国家的所有儿童应该都能获得各级优质教育。这是可能的，只要我们决定去做……。为了缩小各种差距，使新的社会契约成为可能，我们需要一项新的全球协议，来确保权力、财富和机会都能在国际层面上得到更广泛和公平的分享"①。

国际组织应尊重文化多样性和尊重本土语境的国际承诺来推行其文化教育政策，这是从教育视角解决世界文化冲突的重要维度。教育全球化的加剧，国际组织对教育的兴趣也有迅猛发展之势；伴随着教育冲突已经超出了国家和民族的范畴，国际组织在形塑和影响各国教育体系方面发挥作用的两种做法受到关注与分析：一种是国际组织实施"硬性"管理，主要做法是通过监管、资金和附加条件对民族国家采取"硬性"管理；另一种是国际组织实行"软性"管理，主要做法是作为标准制定者实施"软性"管理。这两种方法都是由国际组织扮演讲授标准并制定议程，并将其以教育话语方式应用于社会领域更为宽泛的"计量氛围"并进行比较。② 世界各国教育制度的制定与变革深受各国文化建制的影响，国际组织所致力于达成的平等和进步与世界各国文化教育目标一致性难以达成一致，国际组织的这种尴尬处境源自国际组织基于文化理性从"理论家"和"理性化他者"

---

① 联合国教科文组织编：《一起重新构想我们的未来：为教育打造新的社会契约》，教育科学出版社2022年版，第135页。
② 联合国教科文组织国际教育局编：《教育展望.182，教育：发展的关键（课程、学习与评价的比较研究）》，华东师范大学译，华东师范大学出版社2021年版，第18页。

的角度引发的深层次教育冲突,即本土文化教育传统与全球文化的激烈交锋中凸显国际组织的文化局限性:尊重文化多样性,但是国际组织所倡导的普适性平等、进步目标与某一国、民族或地区的文化目标不一致时,其普适性目标的合法性遭到质疑或动摇,因此,国际组织的文化教育普适性目标承诺与其对世界各国教育文化变革、与其社会背景相适应的官方承诺相矛盾、相违背的情况时有发生,这些问题都不同程度地消解了国际组织文化教育政策在全球推进落实的可行性与可能性:例如,国际社会对世界银行、世界贸易组织(WTO)、经济合作与发展组织(OECD)和非政府组织的教育政策被视为"评估时代""市场的女仆"和对弱国强推新自由主义政策的新帝国主义,等等。从全球国家边界愈益开放的角度看,国际组织在传播教育理念、加快教育制度变革、参与民族国家文化教育政策制定方面具有优先的催化作用,但是,学者们在研究国际或者国内的文化教育制度变革时,开始特别关注本土化与全球化之间的关系,致力于探寻国际组织"硬性管理"和"软性管理"之间的张力扩容,① 基于此,大学思想文化应重新审思发展中国家从发达国家输入的有关社会、经济和文化发展范例的普遍结论。

四 国际教育合作交流受到局部冲突的世界秩序的影响和制约

现代大学的开端起源于主要由教会主办的中世纪大学,但是,从一开始大学的构想就超越了教会学校的预期,中世纪时期的著名大学,诸如博洛尼亚大学、巴黎大学、牛津大学、萨莱诺大学等,均是"来自欧洲各地的学者聚集于这些机构进行教学和研究,从而使大学具有了国际性的特征"②。中世纪知识的模式是使自身远离社会的模式:探寻普

---

① 联合国教科文组织国际教育局编:《教育展望.182,教育:发展的关键(课程、学习与评价的比较研究)》,华东师范大学译,华东师范大学出版社2021年版,第18—19页。
② [英] 杰勒德·德兰迪:《知识社会中的大学》,黄建如译,北京大学出版社2010年版,第33页。

遍知识和寻求真理的学者云集于大学，大学虽然最初依赖教会与基督教教义，继而与世俗统治为盟，但在培育学术自由和学科专业化方面发挥了重要的功用。大学所在地如果是一个在政治、经济和文化生活方面充满生机的、令人愉快的城市，大学生能从这种生机中受益，并为之做贡献。发展中国家通过学习和借鉴工业化国家的成功经验，鼓励更多的人接受高等教育；同时，发展中国家治国理政的政策和观念中所倡导的终身教育和学习化社会的发展目标，都会刺激和增加对高等教育的需求。从这一意义上说，大学和高等教育机构从诞生之日起，在创造、传播和再造知识方面发挥着无可取代的关键作用。现代大学自产生于中世纪欧洲之日起就是一个开放包容、学生学者来自不同的国家并自由流动的国际化组织，正是现代大学的国际性催生了人们对"学术圣地"的向往，进而产生了"游教""游学""求学""讲学"的教育交流，这不仅构成世界高等教育的显著特征，同时，也正是这种跨境教育流动推动了世界文明的发展与进步。在一定意义上，教育的未来发展在很大程度上取决于大学所做的工作，大学在国际交流合作方面发挥了加强人才、知识、文化的共享、共建和共发展的重要作用，大学在人才培养与科技创新方面成为提高国家综合国力和国际竞争力重要因素的今天，国际化即国际交流与合作是世界各国高等教育发展的重要战略，也是中国"双一流"建设高校高质量发展规划的重要指标之一。

　　现代大学教育作为培育现代文明和提升国民素质的摇篮，已经别无选择地被席卷进全球不同文化间的竞争、碰撞与交融之中，可以说，现代大学教育处于文化传播、文化创造与文化传承的高端与前沿主阵地。曾经不断加速的全球化进程和今天出现的逆全球化的趋向，为高等教育在多元思想文化间的沟通合作带来了前所未有的挑战与机遇，大学教育的未来会怎样？我们通向大学教育的未来发展之路的路况如何？2021年3月，习近平总书记在看望参加全国政协会议的医药卫生界教育界委员时指出："70后、80后、90后、00后，他们走出去看世界之前，中

第二章
大学文化传承中坚持社会主义核心价值体系的现实境遇与时代使命

国已经可以平视这个世界了……"① 改革开放 40 多年来，中国建成了世界上最大规模的、追求高质量发展的高等教育体系，在中国共产党的领导下，我国的高等教育经过百余年的办学实践探索，实现了从精英到大众化再到今天的普及化的跨越式发展；高等教育体制机制改革实现了历史性突破，中国特色现代大学制度模式优势凸显，形成了中央和省级两级管理、以省为主的新管理机制，公立与私立高等教育共同发展的新格局；中国特色世界一流大学和高水平大学建设成效显著，适时推进实施的"双一流"建设高校在加强拔尖创新人才培养的特色举措、学科建设的体制机制创新、创建高端国际交流平台、教师国际化政策与发展等方面取得明显成效；中国政府从 2015 年"双一流"建设拉开序幕，到 2017 年 9 月公布"双一流"建设高校入选名单，努力建设中国特色一流大学进而跻身于世界一流大学之列，从而满足国家和大学发展需要成为中国教育优先发展的最重要目标之一；以此彰显"双一流"建设高校的各自特色与优势，兼顾各省属高等院校的传统优势和地方需要；为肩负高等教育公平而高质量发展的重任，坚持面向世界立足本土守正创新，同时奉行国际公认的综合标准的发展思路和实践策略。与此同时，我们也要清醒地认识到，在教育国际交流与合作中，我们还存在需要超越的痛点和难点，联合国教科文组织吁请世界各国为共建教育的未来，国际组织与民间组织广泛开展对话与积极参与，"确保因思想、性别、种族或民族、文化、宗教信仰或性别认同而受到歧视的人们的声音得到倾听、关注和支持方面，发挥着特殊作用"②。

现代信息和通信技术的快速发展促进了经济、文化、技术、消费市场和教育交流的全球性，知识的传播和对数据库的开发利用，大学、学者和学生通过各种类型的全球交流和沟通联系获得前所未有的发展和推

---

① 《"'大思政课'我们要善用之"（微镜头·习近平总书记两会"下团组"·两会现场观察）》，《人民日报》2021 年 3 月 7 日第 1 版。
② 联合国教科文组织编：《一起重新构想我们的未来：为教育打造新的社会契约》，教育科学出版社 2022 年版，第 157 页。

动,国际学术界通过教育交流与合作加速和推动了知识的普及化、知识的深化和发展、知识的转让与贡献,从而使大学作为学术组织、学术共同体、学术生活、科研院所的国际特征日益凸显,"国际合作是世界学术界的共同目标,而且还是确保高等教育机构的工作质量和效果所不可缺少的条件"。学术上和文化上的国际交流与合作为开发人的潜能发挥重要作用并做出巨大贡献,"这将有助于缩小国家之间和地区之间在科技方面的差距,有助于促进人与人之间和民族与民族之间的了解,从而有助于宣传和平文化"①。然而,学术、文化和教育交流也因受到不良因素的影响而造成了一些严重的问题:参与国际学术交流不应受到地区文化的限制,但是,由于历史传统和现实发展的原因,学术研究和科研能力水平在全球的地理分布是不平衡的,知识具有普遍性,但是知识的运用却更具有地方性;国际教育交流的大学教育机构的质量差距,其深刻的根源在于发达国家和发展中国家之间存在的经济社会发展不平衡造成的;发展中国家在国际学术交流合作中,为减少人才外流的国际学术关系战略的优势需要通过"南南合作"关系的推动落实来保障;复兴发展中国家的高等教育可以通过比较研究交流成套的、具有实用价值的类似经验,"现在的问题是,处境不利的教育体制如何设法摆脱它们面临的恶性循环的处境"②;在国际教育交流合作中,发展中国家的有识之士和利益相关者有必要向国家或地方的决策者和整个社会说明,大学作为学术组织不仅是国家机构的一部分,大学也是地方社区和整个社会的一个重要组成部分,大学应切实学会并加强与政府、社会和社区之间的联系,以此转变发展中国家出现的学校衰落的现象。③

现实昭示着未来,高等教育的未来不仅仅取决于教育制度的内在因

---

① 王晓辉主编:《全球教育治理——国际教育改革文献汇编》,教育科学出版社2008年版,第104页。
② 王晓辉主编:《全球教育治理——国际教育改革文献汇编》,教育科学出版社2008年版,第106页。
③ 王晓辉主编:《全球教育治理——国际教育改革文献汇编》,教育科学出版社2008年版,第105页。

素，还受到政治、经济、社会和文化的发展等外在因素的影响。今天，全世界共同面临着建立人类命运共同体的新秩序，从这个意义上说，高等教育共同体的建立，具有成就个人发展与社会进步的终极价值与世界影响力。中华文明上下五千多年，在兼收并蓄和应时处变中传承、创新与发展，成为世界文明的重要组成部分。中国作为历史悠久的文明古国，也是世界上办学历史最悠久和拥有最强教育连续性的国家之一。中国大学教育源远流长，在古代中国就长期存在着为社会培养高层次专门人才、"传授当时历史条件下高深文化知识"的教育形式，这是不"用西方的高等教育模式来衡量古代中国的高等教育"[①]的角度，从广义上讲的大学教育。中国作为在国际上影响力日增的政治经济文明大国，始终坚信先进强大的文化力量与文化自信是支撑起一个强大的现代化国家的逻辑前提。在中国步入全面建设社会主义现代化的新征程上，高等教育开启分类推进一流大学和一流学科建设的新发展阶段，其责任与使命更加重大而紧迫，中国需要学习和借鉴世界高等教育发展的科学范式和有效做法，同时，中国高等教育更需要建构中国模式和为世界提供中国方案，因此，理性选择与批判借鉴是中国大学"双一流"建设和高校综合改革中的路径依赖与中国智慧。

第四节　大学文化传承中坚持社会主义核心价值体系的新时代机遇

全球的经济格局和科技发展已经发生了颠覆性的变化，21世纪的第三个十年的开端标志着一个新的历史节点，给人类的生存、交往、发展、教育与学习都带来了新的挑战，人类的发展显示出步履维艰；同时也提供了新的机遇，人类的发展仍充满了无限可能，"我们正在步入一个新的历史阶段，各个社会之间相互联系和相互依存，各种复杂性、不

---

① 刘海峰、史静寰主编：《高等教育史》，高等教育出版社2010年版，第11页。

确定性和张力达到了前所未有的程度"①。现代信息技术突飞猛进地发展，在全球范围内，人类以前所未有的方式被紧密联系在"地球村落"之中，当地球人被强有力地卷入这个教育、文化、经济、技术或金融系统之中时，人类惊讶地发现："这个世界系统却变得越来越失衡、不确定和分裂。"如何冲破这被撕裂的"铁笼"？如何超越这愈益扩大的失衡困局？全世界的求解、求助目光开始转向了文化，人类日益"把文化当作对付这个全球系统的武器和壁垒，作为一个逃避世界的避风港"②。冷战结束之后，两极世界的消失并未最终说明谁胜谁负，即便在西方发达国家对无止境进步的信仰也逐渐丧失信心，社会价值体系的坍塌和社会凝聚力的分崩离析，社会阶层流动困难，贫富差距悬殊，经济社会发展的不平衡"给人类的幸福蒙上了一层阴影"③。可以说，在21世纪已经过去的20多年里，整个世界面临着全新的、全方位的挑战，这些挑战的范围之广、复杂性之多和关联性之大影响和改变着全球各国公共政策的整体格局，给各国文化政策的制定和实施提出了新问题和新挑战，同时，随着人类文明的发展进步，人类发展的艰巨挑战为文化领域的研究、发展、变革与实践带来了前所未有的机遇。④人们以更为宽广的视角审视发展的定义并予以重新界定，对于人类尊严和福祉的衡量不仅以经济标准为尺度，发展的定义进一步拓宽，还包括人的发展，联合国开发计划署（UNDP）将人的发展界定为"是扩大人的选择的过程"，发展包括"政治、经济和社会自由""把个人获得健康、教育、生产、创造的机会，把自尊和其他人权囊括进来"。其中，文化是发展的题中应有之义，今天，世界各国的发展战略都将文化使命植入广

---

① 联合国教科文组织编：《反思教育：向"全球共同利益"的理念转变？》，联合国教科文组织总部中文科译，教育科学出版社2015年版，导言，第7页。
② 联合国教科文组织、世界文化与发展委员会：《文化多样性与人类全面发展——世界文化与发展委员会报告》，张玉国译，广东人民出版社2006年版，前言，第3页。
③ 联合国教科文组织、世界文化与发展委员会：《文化多样性与人类全面发展——世界文化与发展委员会报告》，张玉国译，广东人民出版社2006年版，前言，第3页。
④ 联合国教科文组织文化部门编：《文化与公共政策：面向可持续发展》，张璐译，社会科学文献出版社2022年版，第7页。

泛的发展战略之中，并制定切实可行的文化强国战略和实施策略。① 在一定意义上，大学文化传承首次面临着世界范围内的全方位、不可逆转的变化，大学文化传承的目的是培养为了民族国家和世界未来的更好发展和美好生活，能够担负起责任与使命的高素质专门人才。圭亚那诗人A. J. 西摩曾说："文化提供了国家确定其优先事项和目标的框架。它是实现更大民族凝聚力、灌输更强民族纪律、激发更大自我意识和自力更生的工具。"② 文化是一个国家的生活方式，文化影响着这个国家和人民评价自己的方式。习近平总书记指出，中国有自己独特的历史文化和基本国情，"马克思主义是我们立党立国的根本指导思想，也是我国大学最鲜亮的底色"③。中华民族的文化自信源自中国特色社会主义的道路、理论和制度的自信；中华民族的文化自信源自以人民为中心和可持续科学发展的底色和底气。

一 新时代大学文化传承坚定正确的政治方向

习近平总书记在党的二十大报告中庄严宣告："马克思主义是我们立党立国、兴党兴国的根本指导思想。实践告诉我们，中国共产党为什么能，中国特色社会主义为什么好，归根到底是马克思主义行，是中国化时代化的马克思主义行。"④ 文化成为支撑社会发展战略的重要领导和变革力量，大学文化传承中坚持社会主义方向性是实践马克思主义在高校意识形态领域指导地位的重要承诺。大学师生在文化传承中要真正学懂弄通做实马克思主义理论的历史必然性和科学真理性，马克思主义不是现成的教条，而是行动指南，只有学会科学运用马克思主义的基本

---

① 联合国教科文组织、世界文化与发展委员会：《文化多样性与人类全面发展——世界文化与发展委员会报告》，广东人民出版社2006年版，张玉国译，前言，第2页。
② 联合国教科文组织文化部门编：《文化与公共政策：面向可持续发展》，张璐译，社会科学文献出版社2022年版，第60页。
③ 习近平：《在北京大学师生座谈会上的讲话》，人民出版社2018年版，第6页。
④ 习近平：《高举中国特色社会主义伟大旗帜 为全面建设社会主义现代化国家而团结奋斗——在中国共产党第二十次全国代表大会上的报告》，人民出版社2022年版，第16页。

立场观点方法，才能理性分析现实问题的前世今生，整体把握和客观观察世界发展变化的因果关联，以此真正把握世界发展走向、认清中国和世界的发展大势，"让学生深刻感悟马克思主义真理力量，为学生成长成才打下科学思想基础"①。现代大学承担着传承文化与创新文化的双重责任与使命，科技进步与社会发展在更高层次上对人才培养提出新的要求与挑战，大学教育连接着文化与人，大学以文化为基础，促进人全面发展和价值实现，大学通过传承文化与创新文化，实现人的发展和社会的发展，在推进人的自我建构和自我发展过程中，促进文化发展与进步。大学的精神传统源远流长，大学的精神传统与国家需要、时代精神相互呼应，大学文化赋予大学人生存发展的意义，因此，大学教育的关键性在于追求什么样的教育，大学教育为什么样的目标服务，基于此，大学文化传承中坚持怎样的方向尤为重要。习近平总书记在十九大报告中强调："当代中国共产党人和中国人民应该而且一定能够担负起新的文化使命，在实践创造中进行文化创造，在历史进步中实现文化进步！"② 大学文化的继承性与民族性是通过文化进步和传承创新体现出来的，党领导下的中国特色社会主义大学的红色基因通过马克思主义的指导地位和坚定正确的政治方向得以彰显与传承，大学文化传承中应体现出中国特色、中国道路、中国风格和中国气派的文化自信，"我们走自己的路，具有无比深厚的历史底蕴，具有无比强大的前进定力，中国人民应该有这个信心，每一个中国人都应该有这个信心。……文化自信是更基本、更深沉、更持久的力量。历史和现实都表明，一个抛弃了或者背叛了自己历史文化的民族，不仅不可能发展起来，而且很可能上演一场历史悲剧"③。创建中国特色世界一流大学的自信在于人才培养的自信与成效，习近平总书记指出："只要我们在培养社会主义建设者和

---

① 习近平：《在北京大学师生座谈会上的讲话》，人民出版社2018年版，第6页。
② 习近平：《决胜全面建成小康社会 夺取新时代中国特色社会主义伟大胜利——在中国共产党第十九次全国代表大会上的报告》，人民出版社2017年版，第44页。
③ 《习近平谈治国理政》第二卷，外文出版社2017年版，第339页。

接班人上有作为、有成效，我们的大学就能在世界上有地位、有话语权。"①

二 新时代大学文化传承中华民族伟大复兴的共同理想

追求美好生活是全世界人民的共同追求，文化教育是实现人类未来理想的最佳途径之一。列宁指出："……我们的学校应当使青年获得基本知识，使他们自己能够培养共产主义的观点，应该把他们培养成有学识的人。"② 2008 年厄瓜多尔新宪法的序言中有这样一段论述："我们决定构建一种新的公民共存形式，在多样性和与自然的和谐中，实现'美好生活和福祉。'"③ 中国古代的最高学府大学，即太学，所讲授的博大而精深的圣王之学《大学》，也称为"大人之学"，其主要内容为"三纲领""八条目"，"三纲领"为其最高纲领，也称最高理想，"大学之道，在明明德，在亲民，在止于至善"④。这种坚持理想、培育新人和追求至真至善的"大学之道"可以称得上是中国大学最早的思想政治教育方针，蕴含着内圣外王的共同理想。大学文化精神传统为什么要传承，因为文化教育都是有历史根源的，正如徐特立先生所言："我们的一套教育，不是凭空创造的，是接受遗产而来的，因人类的历史在发展，每个时期有不同的教育，我们的新东西是有历史根源的。"⑤ 中国大学文化教育传承是根据全面建设社会主义现代化国家的战略要求，培养全面发展的社会主义的高级专门的建设者和可靠接班人。伴随着世界高等教育面临的严峻挑战，大学文化教育也需要前所未有的变革与创新，正是基于此，联合国教科文组织面向 21 世纪世界高等

---

① 习近平：《在北京大学师生座谈会上的讲话》，人民出版社 2018 年版，第 7 页。
② 《列宁全集》第 39 卷，人民出版社 2017 年版，第 342 页。
③ 联合国教科文组织文化部门编：《文化与公共政策：面向可持续发展》，张璐译，社会科学文献出版社 2022 年版，第 48 页。
④ 陈小芬、徐儒宗译注：《论语·大学·中庸》，中华书局 2015 年版，第 249 页。
⑤ 戴永增、肖传京、郭建平编：《徐特立教育论语》，人民教育出版社 1999 年版，第 21 页。

教育宣言的愿景和行动体现出，"我们今天经历严重价值危机的社会能够超越纯经济的考量，而融入更为深刻的道德与精神范畴"①。为此，联合国教科文组织"呼吁大学、研究机构及其合作伙伴对研究和创新予以特别的关注，支持将教育当作共同利益的改革，为共同构建新的教育社会契约提供帮助"②。因此，大学文化应致力于培养学生立志追求知识、丰富思想并将知识能力用于社会发展的责任感；大学文化传承学术自由和大学自治的精神传统，传承追求真理和宽容失败的科学精神，以批判精神和客观理性面对当今世界的风险挑战和各种机遇。大学文化传承中应具有适应现代生活节奏，立足本土国情、区域特征和社区需要的不同特点，兼具包容性、建设性和生成性的培养人的文化教育机构。

三 新时代大学文化传承中国精神的支撑力量

马克思曾说："柏林大学的荣誉就在于，任何大学都没有像它那样屹立于当代思想运动的中心，并且像它那样使自己成为思想斗争的舞台。"③ 大学的发展和文化传承的方向是要适应时代发展需要，新时代是知识经济时代，也是世界各种文化相激相融的时代，特别是在当下，数字技术、人工智能、科技革命的浪潮对教育文化带来的影响前所未有，现代大学与民族国家都承担着经济发展和社会进步的共同课题，现代大学是人才培养的主要基地和知识创新的轴心机构，成为促进社会进步和经济发展的支撑力量。大学文化传承中应贯穿新发展理念，即全新的民族国家意识、全新的改革创新意识、全新的终身学习观念和全新的竞争合作意识。大学文化要传承一种精神追求，被誉为清华大学"终身校长"的梅贻琦指出，"大学是一个研究高深学术、造就人材的地

---

① 王晓辉主编：《全球教育治理——国际教育改革文献汇编》，教育科学出版社 2008 年版，第 116 页。

② 联合国教科文组织编：《一起重新构想我们的未来：为教育打造新的社会契约》，教育科学出版社 2022 年版，第 132 页。

③ 《马克思恩格斯全集》第 2 卷，人民出版社 2005 年版，第 424 页。

第二章 大学文化传承中坚持社会主义核心价值体系的现实境遇与时代使命

方",学生进大学的目的就是研究学问,"将来能为国家社会做些事业"①。因此,求学的学生,应能吃苦并努力学习,"成为社会上有用的人材"②。当全球都在热议"不确定性",而中国方案在于求解"确定性"的中国智慧,现实世界的忙碌复杂,更呼唤精神世界的力量,正如黑格尔所说:"时代的艰苦使人对于日常生活中平凡的琐屑兴趣予以太大的重视,现实上很高的利益和为了这些利益而作的斗争,曾经大大地占据了精神上一切的能力和力量以及外在的手段,因而使得人们没有自由的心情去理会那较高的内心生活和较纯洁的精神活动,以致许多较优秀的人才都为这种艰苦环境所束缚,并且部分地被牺牲在里面。"③而对于青年学生而言,最幸福最让人羡慕的是:"可以不受扰乱地专心从事于真理和科学的探讨。"黑格尔希望青年学生要有追求真理的勇气和对于精神力量的信仰,"信赖科学,信赖自己。……人既然是精神,则他必须而且应该自视为配得上最高尚的东西,切不可低估或小视他本身精神的伟大和力量。人有了这样的信心,没有什么东西会坚硬顽固到不对他展开"④。柏林大学的第一任校长、哲学家费希特主张,"学者要有一种不怕任何艰险去完成自己的使命的火般热忱,要有一种敢想敢做,忍受痛苦,至死忠于真理的献身精神";费希特十分藐视那些追逐个人名利的御用学者,说这些御用学者在研究问题时考虑的不是"人类是否会由此获得什么好处",而是"我是否会由此得到什么好处"⑤,费希特虽然是一位唯心主义哲学家,但其得出的这些结论在今天仍然能启迪我们的思考。大学文化教育将面临怎样的时代命运,众多对大学发

---

① 梅贻琦:《大学的意义》,古吴轩出版社2016年版,第17—18页。
② 梅贻琦:《大学的意义》,古吴轩出版社2016年版,第59页。
③ [德]黑格尔:《哲学史讲演录》第一卷,贺麟等译,上海人民出版社2013年版,第3页。
④ [德]黑格尔:《哲学史讲演录》第一卷,贺麟等译,上海人民出版社2013年版,第5页。
⑤ [德]费希特:《论学者的使命 人的使命》,商务印书馆1997年版,梁志学等译,费希特哲学思想简评,V。

展倾注关注的有识之士纷纷著书立说，针砭时弊展开广泛探讨，学者们批判美国学术界追求真理和客观理性的崇高学术理想受到传统学术成果质量评价标准的制约，其追求真理客观性的核心价值理念已经开始动摇甚至缴械投降，其中，影响最大的是美国批判教育学的代表人物艾伦·布鲁姆聚焦走向封闭的美国精神，抨击了美国大学的文化教育政策，"一股平庸化的浪潮"正在袭击美国教育，指出美国大学正在变成提供教育帮助的训练营，艾伦·布鲁姆的著作《走向封闭的美国精神》进入《纽约时报》畅销书排行榜并获得广泛好评。[1]

　　加拿大学者比尔·雷丁斯的观点更为悲观，他认为历史上正是民族文化发展使命为大学提供了得以存在的依据，然而，全球化将大学变成全然不同的、已不能与民族国家命运紧密相连，大学"不再是民族文化理念的生产者、保护者和传播者"、大学不再是世界范围内人力资本再生产的首要场所，大学变成了类似跨国公司的"跨国官僚政治联合体"。比尔·雷丁斯认为，西方大学的危机，一是来源于传统人文学科在大学生活中不再发挥主导作用，大学的社会角色和治理体系已经发生根本变化；二是来源于"争创一流"的长期趋势。[2] 如何破解世界大学发展面临的共有危机？习近平总书记指出，中国特色世界一流大学建设之路，与中国式现代化发展道路一样，"不是简单延续我国历史文化的母版，不是简单套用马克思主义经典作家设想的模板，不是其他国家社会主义实践的再版，也不是国外现代化发展的翻版，不可能找到现成的教科书"[3]。大学在传承我国独特的历史文化过程中，应基于中国独特的国情、基于中国学者学人独特的精神世界、基于中国人独特的家国情怀，基于此，中国特色世界一流大学之路，"不能跟在别人后面依样画

---

[1] [美] 德雷克·博克：《回归大学之道：对美国大学本科教育的反思与展望》，侯定凯等译，华东师范大学出版社2012年版，第2页。
[2] [加拿大] 比尔·雷丁斯：《废墟中的大学》，郭军等译，北京大学出版社2008年版，第3—4页。
[3] 习近平：《在哲学社会科学工作座谈会上的讲话》，人民出版社2016年版，第21页。

葫芦，简单以国外大学作为标准和模式"①，从这个意义上说，中国特色世界一流大学发展之路的真正希望，就在于对人类精神、时代精神和大学精神的追求、忧思与服务社会主义现代化建设的伟大实践之中。因此，中国大学传承的中国精神的独特之处，就在于以爱国主义为核心的民族精神和以改革创新为核心的时代精神。实现中华民族伟大复兴的中国梦和全体人民共同富裕的美好未来，需要我们弘扬中国精神砥砺前行，付出几代人的艰苦努力奋斗。

四 新时代大学文化传承中要培育和践行社会主义荣辱观

列宁指出："应该使培养、教育和训练现代青年的全部事业，成为培养青年的共产主义道德的事业。"② 但是，"培养共产主义青年，决不是向他们灌输关于道德的各种美丽动听的言词和准则"③。在今天，青年学生在大学文化中徜徉，在学术文化中成长，在广阔的社会实践中历练，作为人民大众中的一员，只有真正做到认识人民、了解人民，才能更好地服务人民。人注定是一个社会性的动物，与世隔绝和离群索居，就不能称其为一个完整的和完善的人。费希特认为，人的本质是完成其社会使命，这是"人的本质中最深邃、最纯粹的地方"，人的社会使命应符合道德规律，而道德规律是人的使命达成的最高规律④；文化是达到人终极目的的最终和最高手段，"文化只有程度的不同，但是文化程度可以表现为无止境的。如果人被看作是有理性的感性生物，文化就是达到人的终极目的、达到完全自相一致的最终和最高手段"⑤。制度改革和风气转变最有效的路径是教育。人不是在追求道德的路上，就是在

---

① 《习近平在中国人民大学考察时强调 坚持党的领导传承红色基因扎根中国大地 走出一条建设中国特色世界一流大学新路》，《人民日报》2022年4月26日第1版。
② 《列宁全集》第39卷，人民出版社2017年版，第338页。
③ 《列宁全集》第39卷，人民出版社2017年版，第342页。
④ [德] 费希特：《论学者的使命 人的使命》，梁志学等译，商务印书馆1997年版，第20页。
⑤ [德] 费希特：《论学者的使命 人的使命》，梁志学等译，商务印书馆1997年版，第10页。

获得幸福的过程之中，因为人的最终追求的幸福目标不是一蹴而就的，在追求幸福的路上，道路有很多种选择，选择合乎道德的奋斗之路，这是无限接近和实现理想生活的真正使命，人是有限的、理性的生命体，同时，人也是感性的、自由的生命体，人类最高意义的追求就是"完善"，不断为最高目标而努力和奋斗，"无限完善是人的使命。人的生存目的，就在于道德的日益自我完善，就在于把自己周围的一切弄得合乎感性；如果从社会方面来看人，人的生存目的还在于把人周围的一切弄得更合乎道德，从而使人本身日益幸福"①。徐特立先生说，"道德是社会决定的"②，也就是说道德具有阶级性，各民族国家根据本国的经济基础、传统习俗、政治制度等建构社会道德规范，凝聚中国特色社会主义共同理想的广泛思想共识基础，关键在于民族复兴、共同富裕乃至"各尽所能、按需分配"的共产主义理想是让最大多数人获得幸福，追求社会主义道德的实现就是获得幸福的过程。在大学里，大学学者与学生的道德关系应如何建构？费希特指出，学生需要学者的指点，为学生指明真理，并让学生承认真理，让其具有真理感，这是学者的使命，"就学者的使命来说，学者就是人类的教师"③。学者是人类的教师的使命就是让人们不仅立足当前，还要看到未来，使人类不要偏离自己的道路。学者受道德规律的支配，"学者影响着社会，而社会是基于自由概念的；社会及其每个成员都是自由的；学者只能用道德手段影响社会"④。只有在道德规范之内，学者才不至于受到诱惑、被强制甚至被引入迷途。因此，在大学里，学者和学生都具有提高社会道德风尚的责任与义务。费希特认为，学者应该是其所处时代道德最好的人，代表所

---

① [德] 费希特：《论学者的使命 人的使命》，梁志学等译，商务印书馆1997年版，第12页。
② 戴永增、肖传京、郭建平编：《徐特立教育论语》，人民教育出版社1999年版，第68页。
③ [德] 费希特：《论学者的使命 人的使命》，梁志学等译，商务印书馆1997年版，第43页。
④ [德] 费希特：《论学者的使命 人的使命》，梁志学等译，商务印书馆1997年版，第44页。

处时代道德发展的最高水平。①

第五节　大学文化传承中坚持社会主义核心价值体系的新时代使命

大学之间的文化交流为世界各民族之间架起沟通的桥梁，西班牙大提琴家和指挥家帕布罗·卡萨尔斯曾说："我们应将全人类视为一棵树，而我们自己就是一片树叶。离开这棵树，离开他人，我们无法生存。"② 21世纪大学文化传承所应持有的核心价值观是以创造力和担负责任来运用立足社会和进一步学习所需要的信息、理解、技能和价值观等相关知识。教育系统变革缓慢，但是学习观念需要更新。世界上15—24岁的青年人数超过10亿人，世界各地的文化交流和相互联系的增多主要是由青年人推动的，青年人的创意和创新在很多领域体现出来：从时尚到美食，从音乐到社交网络。"他们是有史以来最明智、最活跃、连接最密切和流动性最强的一代。在世界各地18—24岁的青年当中，估计有超过90%的人正在使用某种形式的社交媒体，例如Facebook和Twitter。他们在社交媒体上花费大量时间探索，并分享这种探索的结果。由此产生的环境加强了对于其他文化的认识和了解，同时涉及世界各地的审美问题，这促使人们认识到其他知识体系的重要性。文化多样性作为发明和创新的源泉，变得日益重要，如今已成为促进人类可持续发展的宝贵资源。"③ 文化只有在交流碰撞中才能激发活力、发掘潜力，"最具有生命力的本土文化，也是最具有世界性的文化"④。

---

① ［德］费希特：《论学者的使命 人的使命》，梁志学等译，商务印书馆1997年版，第45页。
② 联合国教科文组织编：《反思教育：向"全球共同利益"的理念转变?》，联合国教科文组织总部中文科译，教育科学出版社2015年版，第12页。
③ 联合国教科文组织编：《反思教育：向"全球共同利益"的理念转变?》，联合国教科文组织总部中文科译，教育科学出版社2015年版，第20页。
④ 王建磐主编：《探求21世纪大学的坐标——华东师范大学50周年校庆中外大学校长论坛讲演集》，华东师范大学出版社2004年版，第64页。

大学文化传承中坚持社会主义核心价值体系研究

大学文化传承中坚持社会主义核心价值体系在新时代一定大有可为。

一 新时代大学文化传承中坚持中国特色的社会主义方向

有力坚持、深刻阐释、积极践行中国特色社会主义核心价值体系能有效提高中国文化软实力,大学文化中培育和弘扬社会主义核心价值观是彰显中国文化的独特魅力。大学文化中所传承的价值观念是中国特色社会主义价值观念,代表中国特色先进文化的前进方向,顺应当今时代的发展潮流,服务新时代的发展战略,发挥文化凝聚力量的支撑作用。新中国文化教育的民族性、科学性和大众性在大学文化中有效体现与贯彻落实,文化是一个民族的精神基因,是一个民族的共有精神家园,大学文化是中华文化的重要组成部分,大学云集了各学科门类的专家学者和未来学科建设的接班人,大学具有得天独厚的传播、再造和创新文化的优势,大学通过其教育教学、人才培养、科学研究和服务社会发挥大学文化传承与创新的独特效果:传承新知、培育新人、创造新文化、服务新时代。新时代过去极不平凡的十年,为大学文化传承中坚持社会主义核心价值体系提供了坚实的思想基础和鲜活的实践保障。在中国共产党的坚强领导之下,办好人民满意的高等教育整体进入到高质量发展阶段,中国特色世界一流大学的建设要进一步加快推进,以优势学科建设引领大学教育教学、科学研究、人才培养、社会服务和文化创新在大学文化传承中坚持"五位一体"的高质量发展路向,坚守社会主义方向,创新马克思主义在大学意识形态领域指导地位的实施方略。大学文化要坚持并传承中华文化最基本的精神基因,同时要与时代先进文化的前进方向同向而行;大学文化传承中不断推动中华民族伟大复兴的中国梦与青年大学生的青春梦有机结合,将"小我"融入"大我"的文化合理性与合法性内化于青年学生之心,外化于青年学生之行;以民族精神和时代精神激励代代青年学生投身国家民族的建设发展洪流。使代代青年学子牢记列宁说过的,"爱国主义是由于千百年来各自的祖国彼此隔离

第二章 大学文化传承中坚持社会主义核心价值体系的现实境遇与时代使命

而形成的一种极其深厚的感情"①。并进一步指出："工人阶级的爱国主义是最坚决的和最有远见的爱国主义……"② 新时代的大学师生是工人阶级的一部分，是全面推进教育强国和科技强国建设的知识分子的中坚力量，热爱和报效祖国对于每一个中国人而言，既是一种深沉的情感，同时也是一种社会责任和法律规范，以爱国主义为核心的民族精神是大学精神最鲜明和最坚实的文化基因。培育和弘扬以改革创新为核心的时代精神的目的就是适应时代要求，开创中国式现代化的创新之路、共同富裕之路。

美国白宫科学技术委员会于2016年末发布了一份题为《为人工智能的未来做准备》的报告，为了迎接机器将在越来越多的领域达到超越人类表现的能力，世界如果被人工智能充斥，其影响是巨大的：乐观方面，人工智能将最终推动经济的扩充；消极方面，对人工智能能够取代的岗位上的工人是一个现实的挑战，"由于人工智能有可能消除或压低某些工作岗位的工资……人工智能驱动的自动化将增大受教育程度较低和受教育程度较高的工人之间的工资差距，可能加剧经济不平等"③。为消解因为科技发展而带来的对人与社会发展的负效应，一是传承并实现中华传统美德的"双创"发展；二是"追求讲道德、尊道德、守道德的生活"④，青年学生成为传播中华美德、弘扬和践行社会主义道德的主体。大学文化传承要培养青年学生适应社会的能力，同时还要有引领社会的能力，发扬道德灯塔的作用，适应现代生活环境和发展节奏，在未来的家庭生活和职业生活中，"无论薪酬如何，无论是在私人部门还是公共部门，优秀的工作都意味着令人满意、最有创意的工作，都是

---

① 《列宁全集》第35卷，人民出版社2017年版，第187页。
② 《列宁全集》第59卷，人民出版社2017年版，第544页。
③ [美] 约瑟夫·E. 奥恩：《教育的未来——人工智能时代的教育变革》，李海燕等译，机械工业出版社2019年版，第38页。
④ 《习近平谈治国理政》第一卷，外文出版社2018年版，第161页。

为最有资格的人准备的"①。在新时代这个最好的时代，青年学生可以通过努力奋斗实现中国梦与青春梦的有机结合；在新时代这个最关键的时代，青年学生希望可以通过创新创造展示中国深厚的历史文化底蕴，以开拓进取贡献社会主义文化强国实践。

二　新时代大学文化传承中坚持贯彻高质量发展理念

中国已经开启中国式现代化强国建设的新征程，高质量发展是各行各业的关键词，在全世界被全球化推动的文化工业生产中，现代大学教育如何培养学生获得与机器不同的思维方式？在为青年学生积极投入社会生活和职业发展做好准备方面，大学文化教育发挥着不可替代的社会作用。虽然职业技能和专业能力在很多社会培训机构中也能习得，但是，大学的与众不同之处在于，源远流长和代代相传的大学精神文化传统的独特魅力和价值却是其他社会机构所无法替代、难以比拟的，特别是日新月异的世界对各级各类人才都提出了新的要求和选拔标准，"社会将越来越多地要求那些毕业生拥有更强的思维创造力和思维灵活性——与机器不同的思维方式。大学已经拥有一个极其强大的系统来教授这种思维方式……几十年来，学院和大学已经成为创造力的场所"②。现代大学自诞生以来，历经900多年的发展，从教育教学、科学研究、社会服务和文化传承创新的功能拓展，大学的知识创新和科学成果转化并形成真正的问题解决方案和物质财富成果，大学作为文化教育机构非常擅长将人才培养的教育宗旨与科学研究的创造使命有机结合，不仅为民族国家和社会贡献了高级专门人才，而且成为推动社会发展的动力站和经济进步的轴心机构。大学文化传承所结出的丰富硕果帮助学生发展创造新知识的心智能力和奉献民族国家的社会责任。

---

① [美] 约瑟夫·E. 奥恩：《教育的未来——人工智能时代的教育变革》，李海燕等译，机械工业出版社2019年版，第37页。
② [美] 约瑟夫·E. 奥恩：《教育的未来——人工智能时代的教育变革》，李海燕等译，机械工业出版社2019年版，第27页。

第二章 大学文化传承中坚持社会主义核心价值体系的现实境遇与时代使命

三 新时代大学文化传承要增强忧患意识敢于面对各种风险挑战

在全球竞争日益激烈的背景下，传统大学模式面临挑战，高等教育机构与社会之间的社会契约需要重新界定与缔结。在中国全面开创社会主义现代化建设的伟大新征程上，一定会遇到更多的新情况、新问题，中国特色社会主义事业越发展进步，前进道路上的风险挑战难以预料的情况也就越多，习近平总书记指出："我们必须增强忧患意识，做到居安思危，懂就是懂，不懂就是不懂；懂了的就努力创造条件去做，不懂的就要抓紧学习研究弄懂，来不得半点含糊。"① 我们虚心学习人类文明一切有益成果，但是不能数典忘祖，更不能妄自菲薄；既不照搬照抄其他国家已有的现代化发展模式和一流大学范本，更不能接受任何不平等的交流与合作。列宁很早就认识到，社会主义（无产阶级）新文化的产生是在"发扬现有文化的优秀的典范、传统和成果"②的基础上实现的，社会主义先进文化在传承中"应当明确地认识到，只有确切地了解人类全部发展过程所创造的文化，只有对这种文化加以改造，才能建设无产阶级的文化，没有这样的认识，我们就不能完成这项任务"③。文化的灵魂是价值观，大学文化传承主流价值，在润物无声中增强青年学生对中华历史文化的认同感，增强对大学精神文化传统的归属感，在完善自身和奉献社会中提高自身的精神境界和培育社会文明风尚。

四 新时代大学文化传承育人加强社会主义道德的旗帜引领

大学应传承一种尊重的文化，从教师和学生面临的现实和具体问题出发，直面人类的境况；尊重脑力劳动和体力劳动的分工差异，劳动都应该获得尊重的道德理念。无论何种劳动分工和何种劳动组织形式，都是为了追求平等公正地获得就业机会，能够有效平衡私人生活和参与公

---

① 《习近平谈治国理政》第一卷，外文出版社2018年版，第23页。
② 《列宁全集》第39卷，人民出版社2017年版，第376页。
③ 《列宁全集》第39卷，人民出版社2017年版，第334页。

共生活的素质与能力，以积极健康心态投入社会变革和共建美好世界。大学文化传承中应保护青年学生获得必要的发展机会，"把年轻人看做经济和道德投入的首要依据，为民主的未来树立希望"①。在全球化浪潮和逆全球化趋势的双重境遇内，人类共同面临着诸多的悖论和困境，同时，全人类也在不断觉醒中充分认识到，这是一个"难以把握的世界"②，在这个日益被技术崇拜统治的世界中，大学文化传承中更应强调人文精神与人文关怀，充分发挥人是技术的主人，发挥人的主体性和能动性，在瞬息万变中保持定力，国与国之间的"数字鸿沟"短期内难以填平，日新月异的技术发展已经给我们的传统文化带来了现实威胁。青年学生应该有道德重建的勇气和责任感，大学文化传承中育人的根本是以主流价值观教育向青年学生传递的核心信号，要旗帜鲜明地坚持什么是正确的方向和行为，理直气壮地捍卫自己的民族文化，为传承、传播和创新优秀的文化思想而奉献自己。

---

① [美]亨利·A.吉鲁：《教师作为知识分子——迈向批判教育学》，朱红文译，教育科学出版社2008年版，中文版序，Ⅵ。
② [美]尼尔·波斯曼：《技术垄断：文化向技术投降》，何道宽译，中信出版社2019年版，第63页。

第三章

新时代大学文化传承中坚持社会主义核心价值体系的基本方略

人类社会发展的跃迁与人类文明的升华,无不与文化的历史性进步如影随形。从这个意义上来说,人类的发展是文化的发展,不同文化的力量引领人们看到不一样的世界,这已经是人类认识世界所达成的文化共识。文化成为一个民族生存和发展不可忽视的重要力量。有着五千多年独特而厚重的文明史的中华民族正阔步走在全面创建现代化文化强国和科技强国的伟大征程上,中华民族在几千年历史流变中并非一帆风顺,走向现代化强国建设的征途更是历经艰难困苦和曲折发展,中华儿女之所以能够排除万难、砥砺前行并以昂扬姿态屹立在世界民族之林,习近平总书记指出:"其中一个很重要的原因就是世世代代的中华儿女培育和发展了独具特色、博大精深的中华文化,为中华民族克服困难、生生不息提供了强大精神支撑。"[1] 对于新时代的华夏儿女而言,只有深刻理解中华文化的博大精深,才能建立高度的文化自信。德国哲学家雅斯贝尔斯以紧随自己的交流思考勇气"违背"当时的时代精神,在其主要著作《大哲学家》中使中国与欧洲相遇,雅斯贝尔斯将哲学尊重的目光投向中国的老子与孔子,将孔子与苏格拉底等哲学家列

---

[1] 中共中央宣传部编:《习近平总书记在文艺工作座谈会上的重要讲话学习读本》,学习出版社2015年版,第3页。

为"思想范式的创造者";将老子与赫拉克利特和巴门尼德等归为"原创性形而上学家",这是一次历史机遇,在人类历史的开端对中国及中国文化予以尊重并给予崇高地位,警醒我们在中国式现代化历史进程中,对中国自己的传统予以应有的重视。① 世界文化大会达成全球共识:"文化可以被理解为每一个人和每一个共同体独一无二的特征,以及思考和组织生活的方式。文化是每一个社会成员虽然没有专门学习但都知晓的知识领域和价值观念。"② 文化是我们这个时代的决定性力量,当今时代许多政治性的冲突,不仅是经济问题和地缘政治问题,其根本上都是深层次文化上的深刻分歧;而文化问题的深刻根源在于历史上形成的价值观念和民族情感。从这个意义上说,文化是一个国家、一个民族坚定的和独特的忠实于自身及其传统的方式。习近平总书记立足两个大局,站在坚定文化自信和振奋民族精神的时代高度指出:"坚定文化自信,是事关国运兴衰、事关文化安全、事关民族精神独立性的大问题。"③ 可以说,从古至今,中华民族的世界影响力和中华文化的强大感召力、生命力和创造力,就是充分发挥了中华优秀传统文化中以德服人、以文化人的精髓来吸引人和赢得世界的尊重与认同。

习近平总书记在党的二十大报告中强调:"必须坚持科技是第一生产力、人才是第一资源、创新是第一动力,深入实施科教兴国战略、人才强国战略、创新驱动发展战略,开辟发展新领域新赛道,不断塑造发展新动能新优势。"④ 大学人才培养的功能定位要紧紧围绕和始终坚持大学的社会服务功能:"必须贯彻国家的教育方针,为社会主义现代化

---

① [德] 卡尔·雅斯贝尔斯:《大哲学家》,李雪涛主译,社会科学文献出版社2005年版,中文版序,第1页。
② [美] 欧文·拉兹洛编:《多种文化的星球——联合国教科文组织国际专家小组的报告》,戴侃等译,社会科学文献出版社2001年版,第154—155页。
③ 《习近平著作选读》第一卷,人民出版社2023年版,第536页。
④ 习近平:《高举中国特色社会主义伟大旗帜 为全面建设社会主义现代化国家而团结奋斗——在中国共产党第二十次全国代表大会上的报告》,人民出版社2022年版,第33页。

第三章 新时代大学文化传承中坚持社会主义核心价值体系的基本方略

建设服务、为人民服务，与生产劳动和社会实践相结合，使受教育者成为德、智、体、美等方面全面发展的社会主义建设者和接班人。"进而实现大学在人才培养方面的目标责任："培养具有社会责任感、创新精神和实践能力的高级专门人才，发展科学技术文化，促进社会主义现代化建设。"[1] 基于此，在新时代的大学文化中坚持社会主义核心价值体系基本方略的建构，是在当今世界人类的文明发展和生存挑战具有不同的表现形式和深刻内涵的时代境遇之下，在数字化、全球化、逆全球化、去中心化等复杂交织的时代潮流中，人类都需要平安度过疫情灾害、不平等、能源危机、气候变化等共同问题带来的生存险滩和发展断崖的时代诉求之下，民族国家的未来也就是世界的未来，在很大程度上取决于人类对发展的价值定位和文化价值观的智慧弘扬，为此，本书基本方略的建构是以社会主义核心价值体系构成框架，尝试以目标理念、基本原则、主要内容、方式方法、保障机制和实践路径为突破思路，在大学文化传承中建构坚持社会主义核心价值体系具体实施的基本方略。基本方略所构成的价值坐标成为新时代的大学人在文化价值坐标上定位为服务国家和完善自身的发展目标和实施行动的方向。新时代大学文化传承中坚持社会主义核心价值体系基本方略是为贯彻落实提升国家创新能力、建设创新型国家和建设文化强国、教育强国的大的时代背景之下，对培育和践行社会主义核心价值观更契合新时代的发展战略，全面开创中国式现代化强国建设具有重要的价值观塑造和实践指导意义。

习近平总书记指出："解决中国的问题，提出解决人类问题的中国方案，要坚持中国人的世界观、方法论。"[2] 大学文化传承中坚持社会主义核心价值体系基本方略的优势在于：在大学这个培养人才的重要场域，大学文化的发展历久弥新，很难说哪一种大学文化会终结一个时代，并继而开启另一个新的时代；这就是大学文化的传承性，传承的意

---

[1] 《中华人民共和国高等教育法》，中国法制出版社2016年版，第6页。
[2] 《习近平谈治国理政》第二卷，外文出版社2017年版，第341页。

义与价值，因为"东方的思想方法有一种本质上不同于西方的逻辑"①。就犹如苏格拉底没有留下任何著作，但是苏格拉底对人类思想史的影响是巨大的；虽然判处苏格拉底死刑的审判者试图强迫苏格拉底禁言，然而，苏格拉底和关于苏格拉底的声音已经响了2300多年，从未沉寂过；从而才有了"从历史中逃脱的'历史事件'"②，即便战争，即便天寒地冻都无法打断苏格拉底的沉思和冥想。③ 在大学文化的传承中，历时代的人与同时代的人的思想文化和精神传统在大学中共生，世间万物井然有序，不仅是因为有物质的依靠，还有精神力量的支撑，大学文化传承中所坚持的核心价值观使大学和大学人为学术生活和个人生活变得更加美好，在寻求生命真谛的过程中服务民族国家、社会并成就每一个大学人的生存和发展。

第一节　大学文化传承中坚持意识形态领域马克思主义指导思想的基本方略

马克思主义在大学文化传承中的指导思想，是在意识形态领域的世界观和方法论的指导。马克思主义"包含着新世界观的天才萌芽的第一个文献"④是《关于费尔巴哈的提纲》，这一世界观在马克思的《哲学的贫困》和《共产党宣言》中问世，《资本论》出版之后，才一天世界观"就越来越迅速地为日益广泛的各界人士所接受。现在，它已远远越出欧洲的范围，在一切有无产者和无畏的科学理论家的国家里，都受到了重视和拥护"⑤。马克思主义深刻改变了世界，在马克思主义指

---

① ［美］欧文·拉兹洛编：《多种文化的星球——联合国教科文组织国际专家小组的报告》，戴侃等译，社会科学文献出版社2001年版，第218页。
② ［法］让·布伦：《苏格拉底》，傅勇强译，商务印书馆1996年版，第5页。
③ ［法］让·布伦：《苏格拉底》，傅勇强译，商务印书馆1996年版，第25页。
④ 恩格斯：《路德维希·费尔巴哈和德国古典哲学的终结》，中共中央马克思恩格斯列宁斯大林著作编译局编译，人民出版社2018年版，第4页。
⑤ 《马克思恩格斯选集》第三卷，人民出版社2012年版，第383页。

第三章 新时代大学文化传承中坚持社会主义核心价值体系的基本方略

导之下，也深刻改变了中国。习近平总书记指出，"马克思主义极大推进了人类文明进程，至今依然是具有重大国际影响的思想体系和话语体系"[1]，"我们要全面掌握辩证唯物主义和历史唯物主义的世界观和方法论，深刻认识实现共产主义是由一个一个阶段性目标逐步达成的历史过程，把共产主义远大理想同中国特色社会主义共同理想统一起来、同我们正在做的事情统一起来，坚定中国特色社会主义道路自信、理论自信、制度自信、文化自信，坚守共产党人的理想信念，像马克思那样，为共产主义奋斗终身"。大学文化传承中坚持马克思主义的指导地位，"自觉把中国特色社会主义理论体系贯穿研究和教学全过程，转化为清醒的理论自觉、坚定的政治信念、科学的思维方法"[2]。习近平总书记在同各界优秀青年代表座谈时的讲话中强调："广大青年要坚持面向现代化、面向世界、面向未来，增强知识更新的紧迫感，如饥似渴学习，既扎实打牢基础知识又及时更新知识，既刻苦钻研理论又积极掌握技能，不断提高与时代发展和事业要求相适应的素质和能力。"[3] 大学文化赋予大学人以反思的能力，大学文化赋予大学师生以判断力与道义感，使大学与大学人具有人文关怀的批判精神和崇是求真的道德责任感，大学通过大学文化明辨各种价值，作出理性选择。而广大大学师生"……正是通过文化表现自己、认识自己、承认自己的不完善、怀疑自己的成就、不倦地追求新的意义和创造出成果，由此超越自身的局限性"[4]。这种大学文化是大学师生的共有传统，大学文化将自主性赋予广大师生，这成为大学师生的"秘密协议"，因此，大学文化所追求的真理，"不仅仅是指通常人们所认为的'符合论'（即我们的认识与外

---

[1] 习近平：《在纪念马克思诞辰200周年大会上的讲话》，人民出版社2018年版，第11页。
[2] 习近平：《在哲学社会科学工作座谈会上的讲话》，人民出版社2016年版，第11页。
[3] 王战军主编：《新时代研究生教育研究资料汇编（2010—2020）》，中国科学技术出版社2021年版，第2页。
[4] ［美］欧文·拉兹洛编：《多种文化的星球——联合国教科文组织国际专家小组的报告》，戴侃等译，社会科学文献出版社2001年版，第153页。

在的对象相符合）或是'融贯论'（即我们认识的自身在逻辑上的融通一贯）的产物，而且，其更是体制这一传统所形成的习惯与信念的产物——尽管它并不具备理性上的或实验上的论据，却并不妨碍其具有不容置疑的确凿性。正是社会文化体制才形成了人们的'指导思想'（idées directrices）和他们的行为，这是任何科学知识都无法取代的"[1]。大学文化是存在并发展于社会文化体制系统之中的子系统，都需要指导思想予以规范和引领。

　　大学文化传承中坚持马克思主义的指导地位，习近平总书记在哲学社会科学工作座谈会上的讲话中明确指出："自觉把中国特色社会主义理论体系贯穿研究和教学全过程，转化为清醒的理论自觉、坚定的政治信念、科学的思维方法。"[2] 现代大学的诞生本身就是人类文明发展的一种奖赏，而源远流长的大学文化更是"赋予我们精神家园，让我们以富有的、被尊重的方式生活"[3]。大学文化发展是一个历史绵延的进程，大学人既是大学文化的创造者，也是大学文化的创造物。大学文化是大学及大学人为了满足大学与大学人不断发展需要而创造出来的精神的、物质的、制度的、行为的、技术的和价值的精华。大学自现代以来的教育目标就是"让学生做好准备，面对世界上积极生活的荆棘，无论是当前存在的还是未来会出现的。教育一直以来都是为社会需要提供服务。现在，教育必须如此，而且应比以往更要做到这一点。这是因为高等教育是进步和改变的引导者。而改变是我们这个时代的推动力"[4]。现代大学作为文化共同体，大学教育的根本职责是要指导学生获得两种技能，一是获得生存发展的技能，二是获得文化传承中的价值追求。对

---

[1] [德] 阿诺德·盖伦：《技术时代的人类心灵》，何兆武等译，上海科技教育出版社2008年版，中译本序，第9页。
[2] 习近平：《在哲学社会科学工作座谈会上的讲话》，人民出版社2016年版，第11页。
[3] [美] 约瑟夫·E. 奥恩：《教育的未来——人工智能时代的教育变革》，李海燕等译，机械工业出版社2019年版，前言，XII。
[4] [美] 约瑟夫·E. 奥恩：《教育的未来——人工智能时代的教育变革》，李海燕等译，机械工业出版社2019年版，前言，XI—XII。

第三章
新时代大学文化传承中坚持社会主义核心价值体系的基本方略

大学师生而言,既需要学会获得,也要学会给予,这就需要大学文化的价值选择指导,方向性和价值性是大学文化所要坚持的指导思想。因此,大学文化要传承一种责任,就是对人类的生存和发展处境不能漠不关心,人文关怀的责任感和终极关爱的价值感是大学文化始终秉承的价值遵循。习近平总书记在纪念马克思诞辰 200 周年大会上的讲话中指出:"马克思给我们留下的最有价值、最具影响力的精神财富,就是以他名字命名的科学理论——马克思主义。这一理论犹如壮丽的日出,照亮了人类探索历史规律和寻求自身解放的道路。"①《共产党宣言》这部国际共产主义运动的第一个纲领性文献的问世,标志着马克思主义的诞生;马克思主义在全世界广泛传播的 175 年间,对全人类的社会变革和思想革命产生的深远影响,创造了人类思想发展史上的奇迹。马克思主义推进了人类文明的发展进程,深刻改变了人类世界,同时,马克思主义与中国具体实际的"第一个结合",深刻而整体地改变了中国的面貌;与中华优秀传统文化的"第二个结合",创造了人类文明新形态。马克思主义之所以能成为新民主主义革命、社会主义革命与建设、改革开放和社会主义现代化建设新时期、新时代中国特色社会主义新时代的指导思想,就在于马克思主义是科学的、人民的、实践的和开放的理论,具有与时俱进的实践品格,马克思和恩格斯在《共产党宣言》1872 年德文版序言中指出,"这些原理的实际运用,……随时随地都要以当时的历史条件为转移"②;马克思在《〈黑格尔法哲学批判〉导言》中指出,"理论在一个国家实现的程度,总是取决于理论满足这个国家的需要的程度"③。中国共产党人将马克思主义的一般原理与中国的具体实际相结合、与中华优秀传统文化相结合,为此,中国化时代化马克思主义提出了"两个结合"的指导思想;坚持和发展了马克思主义,

---

① 习近平:《在纪念马克思诞辰 200 周年大会上的讲话》,人民出版社 2018 年版,第 6 页。
② 马克思、恩格斯:《共产党宣言》,中共中央马克思恩格斯列宁斯大林著作编译局编译,人民出版社 2018 年版,第 3 页。
③ 《马克思恩格斯选集》第一卷,人民出版社 2012 年版,第 11 页。

开启了中国特色社会主义新时代的历史方位,开创了中国化时代化的马克思主义新境界,指导了中国共产党领导中国人民经过百余年的奋斗历程,中华民族正阔步奋斗在实现中华民族伟大复兴中国梦的第二个百年奋斗目标的伟大新征程中。

一 大学文化传承中坚持面向广大师生发展的马克思主义人本立场

马克思主义对人的社会本质属性的理解是从人的本质是一切社会关系总和的根本维度展开的,对于如何认识和理解现实的人,马克思和恩格斯在《德意志意识形态》中深刻阐释道:"我们不是从人们所说的、所设想的、所想象的东西出发,也不是从口头说的、思考出来的、设想出来的、想象出来的人出发,去理解有血有肉的人。我们的出发点是从事实际活动的人,而且从他们的现实生活过程中还可以描绘出这一生活过程在意识形态上的反射和反响的发展。"① 从马克思主义的人本立场出发,大学教育的对象是人,教与学的主体是人,因此,大学的教学、科研、服务社会和文化传承都是围绕人而展开,人的尽可能的、全面的、充分的专业发展是大学教育的终极目的,大学教学要从现实的、有生命的、具有差异性的人出发,大学的科学研究推动了人类社会的发展,"科学不仅能够帮助人类开发大自然的宝藏,丰富自己的物质生活,而且能够帮助人类把自己变得更高尚,在大地上建立起'理性王国'"②。中世纪的现代大学最初就是人的共同体,是教师与学生的社团。从教育的角度来说,人永远在路上,正如费希特所言,人既是理性生物、有限生物,又是感性生物、自在生物,"人的最终目标必定是不能达到的,达到最终目标的道路必定是无限的。因此,人的使命不是要达到这个目标。但是,人能够而且应该日益接近这个目标;因此,无限地接近这个目标,就是他作为人的真正使命,……

---

① 《马克思恩格斯选集》第一卷,人民出版社2012年版,第152页。
② [德]费希特:《论学者的使命 人的使命》,梁志学等译,商务印书馆1997年版,费希特哲学思想简评,Ⅴ。

第三章 新时代大学文化传承中坚持社会主义核心价值体系的基本方略

如果把完全的自相一致称为最高意义上的完善,……那么完善就是人不能达到的最高目标;但无限完善是人的使命。人的生存目的,就在于道德的日益自我完善,就在于把自己周围的一切弄得合乎感性;如果从社会方面来看人,人的生存目的还在于把人周围的一切弄得更合乎道德,从而使人本身日益幸福"①。

（一）大学文化传承优良学风，培养学生学会做时代新人成为社会主义现代化建设生力军

蔡元培先生指出，与古代科举制度选拔注重实践能力训练不同，中国现代大学观念和教育理想目标更为明确，激发青年学生的求知欲，弘扬和实践"朴素的生活，高尚的思想"，要增强索然无趣的学习的趣味性和吸引力，就大学教育目的与理念而言，"我们决不把北大仅仅看成是这样一个场所——对学生进行有效的训练，训练他们日后成为工作称职的人。……按照当代学者的看法，这所大学还负有培育及维护一种高标准的个人品德的责任，而这种品德对于做一个好学生以及今后做一个好国民来说，是不可缺少的"②。在大学里，广大青年接受了新思想，参加了社会活动，改变了对政府和社会的态度和观点，通过在北大的教育与活动，"在我们年青一代的思想中灌注了思想、兴趣和为社会服务的真诚愿望，从而赋予他们以创造力和组织力，增强了领导能力，促进了友谊"③。正是在大学教育活动中，不断明确现代大学培养服务社会的人才的责任感和使命感。梅贻琦指出，一所大学的精神文化，不仅体现在大学的硬件设施、外在环境，更为重要的在于教授的选聘，教授的责任不仅是要指导学生如何读书、如何研究学问，还要引导学生学会如何做人，"凡能领导学生做学问的教授，必能指导学生如何做人，因为求学与做人是两相关联的。凡能真诚努力做学问的，他们做人亦必不取

---

① ［德］费希特：《论学者的使命 人的使命》，梁志学等译，商务印书馆1997年版，第11—12页。
② 高平叔编：《蔡元培教育论著选》，人民教育出版社2017年版，第520页。
③ 高平叔编：《蔡元培教育论著选》，人民教育出版社2017年版，第522页。

巧、不偷懒、不作伪，故其学问事业，终有成就"①。教师通过言传身教成为学生的榜样示范，学生才能效法老师为人为学，自觉遵守学校秩序，传承优良学风校风，形成独具特色的大学文化传统，代代学人薪火相传。在新中国的社会主义革命和建设时期，原清华大学校长蒋南翔在迎新会上的讲话中指出，清华大学的任务是要建设成为共产主义大学，清华大学的使命是将清华学生培养成共产主义劳动者，为此，蒋南翔校长寄语青年学生，为了自身的成长，为了清华大学的荣光，为了祖国共产主义事业的伟大远景，希望每一位清华学生经过学习、生活和锻炼，"成为一个最平凡也是最光荣的共产主义的劳动者"②。这对于学生个人而言，获得了最宝贵的成长锻炼；对于清华大学而言，完成了国家交付的光荣使命；对国家而言，获得了最优秀的接班人。学生在校努力学习，学有所成服务社会是学生的责任，正如蔡元培先生所讲："今日的学生，就是将来改造社会的中坚人物。对于读书和做事，都要存一种诚心，凡事只要求其尽其在我，不可过于责人。"③大学的目的就是培养人，培养具有服务社会能力的人。党的十八大以来，党中央、国务院、教育部高度重视我国教育优先发展的战略定位，提出培养"时代新人""新时代中国青年"和"新时代好青年"的人才规制质量标准，将教书育人和人才培养作为现代大学教育的第一要务。

（二）大学文化传承师德师风，立志做新时代的"大先生"

尊师重道是中华民族的优良传统。世界最古老的中国教育学著作《学记》阐述了做教师的选聘标准："君子既知教之所由兴，又知教之所由废，然后可以为人师也。"教师在从事教学时要注意把握好学习者"或失则多，或失则寡，或失则易，或失则止"的四个方面偏向，即学得过多不求甚解、知识面狭窄智力未得到充分发展、对学习的艰巨性认

---

① 顾良飞主编：《清华大学历任校长演讲精选：开学和毕业的精彩瞬间》，清华大学出版社2013年版，第32页。
② 顾良飞主编：《清华大学历任校长演讲精选：开学和毕业的精彩瞬间》，清华大学出版社2013年版，第48页。
③ 高平叔编：《蔡元培教育论著选》，人民教育出版社2017年版，第324页。

第三章 新时代大学文化传承中坚持社会主义核心价值体系的基本方略

识不足、缺乏对学习的刻苦精神有畏难情绪,教师要充分发挥"长善而救其失者也"的作用;① 教师的作用巨大,全社会都应该"严师"和"尊师","凡学之道,严师为难。师严然后道尊,道尊然后民知敬学。……大学之礼,虽诏于天子无北面,所以尊师也"②。在古代尊师重道的社会风尚体现在:教师给天子上课讲学,不受君臣之礼约束,帝王也要尊重教师;只有尊重教师,才是重道,才能在全社会为倡导并践行尊敬老师、重视教育的社会风尚。列宁在全俄国际主义教师代表大会上的演说中强调:"新教育的任务是要把教师的活动同建立社会主义社会的任务联系起来。"教师要"成为社会主义教育的主力军",给自己提出更高的教育任务,努力使自己在生活和知识方面摆脱对资本的从属关系,摆脱资产阶级的束缚,真正的人民教师应该"和一切战斗着的劳动群众打成一片"③。蔡元培先生指出,大学是研究高深学问的场所,不能将大学当作养成资格的场所,更不能将大学视作贩卖知识的场所,"学者当有研究学问之兴趣,尤当养成学问家之人格"④。从这个意义上讲,"教育者,养成人格之事业也"⑤。教育不能仅仅是发挥灌输知识、训练技能的作用,教育中最不应该缺少的就是理想,赋予人类生命的教育是树立理想的教育,学校要加强学风建设,"学子须以求高深学问为惟一之怀想"⑥。徐特立曾对北京第一师范的毕业生提出嘱咐:"做教育工作的人,一般总是先进分子,……继承了民族的文化遗产和经验,……是受尊敬的人。"⑦ 徐特立希望师范学校毕业生要一生都做教师,成为专家,钻研教育科学;教师要做青年学生的榜样,教师们要"热爱自己这一光荣而艰巨的事业,用辛勤的劳动栽培后一代,使他们

---

① 高时良译注:《学记》,人民教育出版社2016年版,第139页。
② 高时良译注:《学记》,人民教育出版社2016年版,第155页。
③ 上海师范大学教育系编:《列宁论教育》,人民教育出版社1979年版,第113页。
④ 高平叔编:《蔡元培教育论著选》,人民教育出版社2017年版,第171页。
⑤ 高平叔编:《蔡元培教育论著选》,人民教育出版社2017年版,第46页。
⑥ 高平叔编:《蔡元培教育论著选》,人民教育出版社2017年版,第24页。
⑦ 戴永增、肖传京、郭建平编:《徐特立教育论语》,人民教育出版社1999年版,第302页。

继承和发扬革命光荣传统,成为社会主义德才兼备的人才,把我们的祖国建设得繁荣兴旺"[1]。而徐特立本人就是这样一位德高望重的师者,毛泽东同志在徐特立先生60岁生日时给徐特立的信中就说,无论是过去还是现在徐特立都是他的先生,"革命第一,工作第一,他人第一",徐特立先生对党的积极态度、虚心学习的精神、服从党和革命纪律的模范,应该成为一切革命党人与全体人民学习的典范。[2] 朱德评价徐特立先生是"推着历史车轮前进的人"[3]。

2022年,联合国教科文组织国际委员会关于《教育的未来》报告中指出:"在新的教育社会契约中,教师必须处于中心地位,其职业也必须被重新评估与构想为一项激发新知识、实现教育和社会变革的集体事业"[4]。教师是重新构想和制定课程与教学法的关键,世界各国都在采取有效措施留住、吸纳和选聘最优秀的教师,在教师持续一生的专业发展过程中,"教师的个人和文化维度也必须得到承认和重视。作为一名教师,需要扩大自己的经验储备,多接触知识和思想世界"[5]。教师只有成为一个积极的阅读者,才能有效促进学生阅读;只有教师对科学充满了兴趣与好奇心,才能激励学生探索科学。学生从教师的言传身教中可以学习和汲取到同样多的东西。2022年4月25日,习近平总书记在中国人民大学考察发表重要讲话中指出,建设中国特色世界一流的社会主义大学,必须有世界一流的大师,才能培养中国特色社会主义的建设者和接班人,"老教授、老专家们为党的教育事业付出了巨大心血,

---

[1] 戴永增、肖传京、郭建平编:《徐特立教育论语》,人民教育出版社1999年版,第290页。

[2] 戴永增、肖传京、郭建平编:《徐特立教育论语》,人民教育出版社1999年版,第296页。

[3] 戴永增、肖传京、郭建平编:《徐特立教育论语》,人民教育出版社1999年版,第297页。

[4] 联合国教科文组织编:《一起重新构想我们的未来:为教育打造新的社会契约》,教育科学出版社2022年版,第82页。

[5] 联合国教科文组织编:《一起重新构想我们的未来:为教育打造新的社会契约》,教育科学出版社2022年版,第86页。

作出了重要贡献。希望中青年教师向老教授老专家学习，立志成为大先生，在教书育人和科研创新上不断创造新业绩。……要高度重视教师队伍建设，特别是要加强中青年教师骨干的培养，把人民大学打造成为我国人文社会科学研究和教学领域的重要人才中心和创新高地"[①]。

二 大学文化传承中坚持面向现代化建设的马克思主义的实践品格

马克思主义活的灵魂就是其革命性、批判性和实践性。马克思在被恩格斯誉为"包含着新世界观的天才萌芽的第一个文献"[②]即《关于费尔巴哈的提纲》中深刻阐明实践问题："人的思维是否具有客观的真理性，这不是一个理论的问题，而是一个实践的问题。"[③] 思维的力量、现实性和此岸性应该在实践中证明，离开实践来争论思维的客观真理性"是一个纯粹经院哲学的问题"。为此，马克思明确指出了实践的发展向度，"哲学家们只是用不同的方式解释世界，而问题在于改变世界"[④]。人类正是通过实践，不仅创造了人类的生存条件，同时也证明了人自身是有意识、有创造力的类存在物，人的社会性类本质就是在劳动实践中创造发现并实践证明的。马克思主义基本原理不是束之高阁仅供学者阐释的教条，而是要根据各国具体情况、历史条件灵活运用的世界观和方法论。恩格斯在《路德维希·费尔巴哈和德国古典哲学的终结》中就率先以批判脱离实践的德国大学教授所奉行的黑格尔体系开篇："德国人是一些教授，一些由国家任命的青年的导师，他们的著作是公认的教科书，而全部发展的最终体系，即黑格尔的体系，甚至在某种程度上已经被推崇为普鲁士王国的国家哲学！在这些教授后面，在他们的迂腐晦涩的言词后面，在他们的笨拙枯燥的

---

① 《习近平在中国人民大学考察时强调 坚持党的领导传承红色基因扎根中国大地 走出一条建设中国特色世界一流大学新路》，《人民日报》2022年4月26日第1版。
② 恩格斯：《路德维希·费尔巴哈和德国古典哲学的终结》，中共中央马克思恩格斯列宁斯大林著作编译局编译，人民出版社2018年版，1888年单行本序言，第4页。
③ 《马克思恩格斯选集》第一卷，人民出版社2012年版，第137—138页。
④ 《马克思恩格斯选集》第一卷，人民出版社2012年版，第140页。

语句里面竟能隐藏着革命吗?"① 马克思主义的一贯原则立场就是从抓住人本身这个根本,以彻底的理论说服人、引领人,才能实现理论掌握群众,理论掌握群众所化成的物质力量,就能够批判和摧毁旧世界,从而建设一个一切为了人民、一切依靠人民的新世界。因此,要扎根中国大地办高等教育,传承创新中国文化,在创建中国特色世界一流社会主义大学的伟大征程中,我们不能"始终只是学生、盲从者和模仿者"②。

(一)大学文化传承中坚持服务于中国革命和现代化建设的实践

文化是人类的创造物,是具有能动自觉意识的人根据一定的目标和使命在一定思想指导下创造出来的,大学文化就是在大学教学、科学研究、社会服务和文化传承中所创造的物质、精神、制度和行为的文化成果,从这个意义上的大学文化是"文",真正意义上的大学"文化",还在于对人的培养,在教学、科研、服务社会和文化传承中培养人才,离不开人才的培养、发展与成长,这才是真正的大学文化。因此,大学文化的传承创新一定具有目标指向和价值选择的意蕴。大学文化育人的核心是传承服务国家发展和人民福祉的价值观,不同的大学培养的人具有不同的人格气质,是由大学的文化传统和人文环境塑造的,大学人文环境的塑造就是以合乎人性发展的方式营建大学的硬环境和软文化。既然社会性是人的本质属性,大学培养人才就要在大学文化环境中培养和发展人的天性;对人才的培养,需要根据每一个个体的力量,同时也应该根据社会的需要来规范人才培养的质量标准。马克思早年在《科隆日报》的社论中阐明了教育具有促进社会发展和人的发展的功能,"国家的真正的'公共教育'就在于国家的合乎理性的公共的存在。国家本身教育自己成员的办法是:使他们成为国家的成员;把个人的目的变成普遍的目的,把粗野的本能变成合乎道德的意向,把天然的独立性变成精神的自由;使个人以整体的生活为乐事,整体则以个人的

---

① 恩格斯:《路德维希·费尔巴哈和德国古典哲学的终结》,中共中央马克思恩格斯列宁斯大林著作编译局编译,人民出版社2018年版,第6—7页。

② 《马克思恩格斯文集》第五卷,人民出版社2009年版,第二版跋,第18页。

第三章 新时代大学文化传承中坚持社会主义核心价值体系的基本方略

信念为乐事"①。在马克思看来,国家是"相互教育的自由人的联合体"②,教育的作用是培养全面发展的人,"从工厂制度中萌发出了未来教育的萌芽,未来教育对所有已满一定年龄的儿童来说,就是生产劳动同智育和体育相结合,它不仅是提高社会生产的一种方法,而且是造就全面发展的人的唯一方法"③。

人才培养是现代大学的第一要务,教书育人是大学教师的首要职责,科学研究是大学师生得以共处的志业,服务社会是大学功能的拓展,大学文化传承大学的治校理念、大学的办学理想、大学的价值追求、大学的道德风尚,在文化传承中始终坚守的以追求真理为鹄的。在中国社会主义革命、建设、改革开放、社会主义现代化建设的各个时期和中国特色社会主义新时代,大学文化传承大学永恒的目标理念并不断赋予其新时代的内涵与使命。习近平在考察西南联大旧址时的讲话中指出:"教育要同国家之命运、民族之前途紧密联系起来。为国家、为民族,是学习的动力,也是学习的动机。艰苦简陋的环境,恰恰是出人才的地方。我们现在教育的目的,就是要培养社会主义建设者和接班人,培养有历史感责任感、志存高远的时代新人,不负韶华,不负时代。"④中国特色社会主义大学培养出来的社会主义新人,抱有服务国家社会的专业志向,练就专业本领,树立科学的世界观、崇高的人生观和正确的价值观,大学培养德智体美劳全面发展的、高级专门的社会主义建设者和接班人,并不是降低了对广大新时代中国青年的整体要求,而是在质量规格和人才标准方面的整体提升,广大青年学生不仅要有服务国家战略需求的能力本领,还要自身全面发展身心健康地提供高质量的服务;

---

① 文学国主编:《马克思恩格斯列宁斯大林论教育》,中国社会科学出版社 2016 年版,第 26 页。
② 文学国主编:《马克思恩格斯列宁斯大林论教育》,中国社会科学出版社 2016 年版,第 26 页。
③ 《马克思恩格斯文集》第五卷,人民出版社 2009 年版,第 556—557 页。
④ 王战军主编:《新时代研究生教育研究资料汇编(2010—2020)》,中国科学技术出版社 2021 年版,第 4 页。

广大青年学生不仅要有为实现中华民族伟大复兴而奋斗的远大理想，还要为了大家顾好小家而树立正确的职业理想和生活理想，为构建和谐社会、和谐家庭作出贡献；广大青年学生不仅要确立刻苦学习新时代发展所需要的知识技能，在未来的职业生涯中努力工作，不断提高全面投身社会主义现代化建设的积极性和自觉性，同时，广大学生在大学里还要具有克服曲折困难的勇气和决心，担负起新时代中国青年的使命担当，砥砺奋斗走好新时代的长征路。

（二）大学文化传承中实现教学、科研、服务和文化创新的育人实践

大学文化要传承一种育人理念，这种育人理念是通过教学、科学研究、社会服务和文化传承创新来实践的，正如马克思所说，"观念的东西不外是移入人的头脑并在人的头脑中改造过的物质的东西而已"①。目前在全国高校开展的"习近平新时代中国特色社会主义思想主题教育活动"，要用新时代中国特色社会主义思想铸魂育人，要带着大学服务社会发展中、学生学习生活中、老师们教学科研中的问题来学习的科学方法；要活学活用习近平新时代中国特色社会主义思想，解决大学各项工作中遇到的问题；要用习近平中国特色社会主义思想之矢去射全面建设社会主义现代化之的。高校的思想政治理论课和各专业课的课程设置在推进习近平中国特色社会主义思想"三进"时，只有注意科学推进、有机融入，有理讲理、讲理有据，学生才能心悦诚服地入脑入心化行，才能取得有效的教育效果。

大学通过教育教学、科学研究、社会服务和文化传承创新培养青年一代的能力、素质和本领获得全面发展和受到全面培养训练，成为全面建设社会主义现代化的中坚力量，在未来的发展中"都能自由地选择职业，不致由于现存的分工而终身束缚于某一种职业"②。大学科学研

---

① 《马克思恩格斯文集》第五卷，人民出版社2009年版，第二版跋，第22页。
② 文学国主编：《马克思 恩格斯 列宁 斯大林论教育》，中国社会科学出版社2016年版，第32页。

第三章 新时代大学文化传承中坚持社会主义核心价值体系的基本方略

究领域永远走在前列,为其他领域的进步开辟道路,科学研究这条路引领学者前进。每个学者都应以推动学科发展为己任,对大学学者而言,"在他未能使自己的学科有所进展以前,他不应当认为他已经完成了自己的职责"①。学者以学术为志业,遵守相应的规则并担负起社会责任:"学者要忘记他刚刚做了什么,要经常想到他还应当做些什么。谁要是不能随着他所走过的每一步而开阔他的活动的视野,谁就止步不前了"②。学者以其特有的专业能力和教书育人的职责使命,担负着优先地、充分地发展自身服务社会的才能和技能;学者掌握知识和传授技能不仅是为了自身发展,更是为了社会发展,因为"学者的使命主要是为社会服务,因为他是学者,所以他比任何一个阶层都更能真正通过社会而存在,为社会而存在"③。因此,大学文化传承中为社会主义现代化强国建设的第二个百年奋斗目标培养全面而自由发展的建设者和接班人;大学文化传承中关注青年学生的精神成长,兼顾人类终极关怀和个性自由发展,以诚实劳动创造真正的、属于人的幸福生活;大学文化传承中要超越育人实践的诸多困境:现代教育和现代人很难像古代社会那样,"一个人既是杰出的哲学家,同时又是杰出的诗人、演说家、历史学家、牧师、执政者和军事家"。互联网、智能手机从某种程度上已经使现代人"为自己筑起一道樊篱,把自己束缚在里面"④。现代人获得信息的途径和手段增多了,速度效率提升了,但是,碎片化的信息充斥着人们生活的方方面面,人们的思维和视野并未获得期待中的开阔,相伴而生的是出现了更多的精神焦虑和交流障碍。因此,大学文化传承对时代变革的回应,要从社会物质生活的矛盾运动、从社会生产力和生产

---

① [德]费希特:《论学者的使命 人的使命》,梁志学等译,商务印书馆1997年版,第41页。
② [德]费希特:《论学者的使命 人的使命》,梁志学等译,商务印书馆1997年版,第42页。
③ [德]费希特:《论学者的使命 人的使命》,梁志学等译,商务印书馆1997年版,第42页。
④ 《马克思恩格斯文集》第一卷,人民出版社2009年版,第630页。

关系之间的现实冲突中去解释这个时代的巨变。大学文化传承中的历史观、政治性、制度化、法治化是意识形态的重要形式，在时代巨变的不确定性和脆弱感中把握确定性和价值方向，这是新时代大学传承必须坚持的方向。在大学制度文明建设中，如何避免在大学教师人才选聘中出现的"帽子"薪酬制度设计中出现的新的学术薪酬阶层制度，让我们不由得想起，"财富和实力这种令人陶醉的增长……完全限于有产阶级"①。

（三）大学文化传承中要坚持一种"不可能走平静舒坦的道路"②的奋斗精神

马克思和恩格斯在《共产党宣言》中公开表达共产党人的观点和意图，努力争取全世界民主政党的团结和协调，号召"全世界无产者，联合起来"，用暴力革命推翻全部现存的社会制度以达成共产党人的奋斗目标，"让统治阶级在共产主义革命面前发抖吧。无产者在这个革命中失去的只是锁链。他们获得的将是整个世界"③。远大的共产主义理想目标激励每一位社会成员通过完全自由的发展和发挥其全部才能与力量，"通过对无产阶级进行宣传教育并使他们联合起来"④ 而努力奋斗追求幸福。马克思作为千年思想家，作为学者的伟大之处在于坚持问题导向从事科学研究。马克思考察资产阶级经济制度，即从事政治经济学研究是基于自己想要弄清楚一些问题展开：在作为《莱茵报》编辑遇到了莱茵省议会关于林木盗窃和地产析分的讨论中，遇到了如何对物质利益发表意见、关于摩泽尔农民状况同莱茵报展开的官方论战、关于自由贸易和保护关税的辩论等诸多难题，马克思认为自己以往的研究不容

---

① 《马克思恩格斯文集》第五卷，人民出版社2009年版，第751页。
② 华东师范大学教育系编：《马克思恩格斯论教育》，人民教育出版社1996年版，第370页。
③ 马克思、恩格斯：《共产党宣言》，中共中央马克思恩格斯列宁斯大林著作编译局编译，人民出版社2018年版，第65—66页。
④ 马克思、恩格斯：《共产党宣言》，中共中央马克思恩格斯列宁斯大林著作编译局编译，人民出版社2018年版，第70页。

第三章 新时代大学文化传承中坚持社会主义核心价值体系的基本方略

许其有力回应和评判,这些都是促使马克思开展经济问题研究的最初动因;为了解决使其苦恼的疑问和难题,马克思通过研究、批判、著书立说,虽然经历经济研究工作的中断,但是仍然坚持继续研究,并且同伟大战友恩格斯不断通信交换意见,两人从不同角度开展研究,殊途同归获得相同的研究结果,马克思对其研究进行了科学的、论战性的阐释,其"见解中有决定意义的论点"①。与此同时,根据加利福尼亚和澳大利亚金矿的发现,判断出资产阶级社会进入新的发展阶段;马克思并没有停留在已获得的研究结论上,而是深入发掘英国博物馆中的政治经济学史的大量文献资料,以伦敦作为考察资产阶级社会的方便据点,通过"再从头开始,批判地仔细钻研新的材料"②。在研究的过程中,虽然迫于生计的压力去谋生和超出政治经济学学科范围之外的研究和学习,花费了大量时间,马克思对于自己关于政治经济学的研究见解,不畏外界如何评价,具有坚定而客观理性的认识,"不管人们对它怎样评论,不管它多么不合乎统治阶级的自私的偏见,却是多年诚实研究的结果"③。1871年1月,马克思在给齐格弗里特·麦耶尔的信中提及已经能够自如阅读俄文书籍,马克思从1870年初在其52岁时开始自学俄语,为了学会一种与古典语、日耳曼语和罗曼语截然不同的语言,马克思下了一番功夫,充分印证了"成绩是付出努力才取得的"④。马克思针对政治经济学领域内自由科学研究遇到困境时指出,"问题在于这些规律本身,在于这些以铁的必然性发生作用并且正在实现的趋势"⑤ 是"不可避免的","这是时代的标志,不是用紫衣黑袍遮掩得了的"。⑥ 马克思欢迎任何科学批评的意见,但是从不对舆论的偏见让步,并坚持遵守佛

---

① 《马克思恩格斯选集》第二卷,人民出版社2012年版,第4页。
② 《马克思恩格斯选集》第二卷,人民出版社2012年版,第4页。
③ 《马克思恩格斯选集》第二卷,人民出版社2012年版,第5页。
④ 华东师范大学教育系编:《马克思恩格斯论教育》,人民教育出版社1996年版,第370页。
⑤ 《马克思恩格斯文集》第五卷,人民出版社2009年版,第一版序言,第8页。
⑥ 《马克思恩格斯文集》第五卷,人民出版社2009年版,第一版序言,第10页。

罗伦萨的伟大格言:"走你的路,让人们去说罢!"① 对于大学教授要专精学科主业,不能在专业教学和科研上表现出无能为力或者力不从心的感觉,更不能"在一个实际上不熟悉的领域内充当先生",或者"企图用博通文史的美装,或用无关材料的混合物来加以掩饰"专业上的功力欠缺。② 为科学而共处的大学师生应始终铭记马克思的话,"在科学上没有平坦的大道,只有不畏劳苦沿着陡峭山路攀登的人,才有希望达到光辉的顶点"③。马克思创造思想的过程对大学青年学生传承与弘扬奋斗精神具有重要启示:无论是从事学业学习、科学研究还是社会实践,都要勇于面对、根绝犹豫、从非功利地解除自身的疑问和困惑出发,才能真正成为一位勇攀科学高峰的时代新人。

　　新时代的中国青年生逢盛世,成长于中华民族有史以来的最佳发展期,在大学里拥有优越而更高质量的发展环境、更高端的发展平台、更广阔的成长空间和更多的选择机会与发展可能,与此同时,青年时期是大学生为远大理想而奋斗的耕耘关键期和奠定坚实基础的最佳期,能否在中华民族创造的世所罕见的"两大奇迹"即经济快速发展和社会长期稳定的高质量的发展背景之下建功立业和成就自己的出彩人生,还在于立志高远和脚踏实地地不断学习进步和超越困难险境方面下大气力、练就真本领。习近平总书记多次强调:"学习的最大敌人是自我满足,要学有所成,就必须永不自满。""中国共产党人依靠学习走到今天,也必然要依靠学习走向未来。"④ 勤奋刻苦地学习是广大青年学生的天职,在美好而珍贵的大学时光,广泛学习知识和增长才干,大学文化传承中要教育引导广大青年学生珍惜大学学习光阴,心无旁骛求真知悟真理,"既要重视知识的宽度,也要重视学习的深度",为将来干事创业打下坚实的专业基础和能力支撑,"沿着求真理、悟道理、明事理的方

---

① 《马克思恩格斯文集》第五卷,人民出版社2009年版,第一版序言,第13页。
② 《马克思恩格斯文集》第五卷,人民出版社2009年版,第二版跋,第15页。
③ 《马克思恩格斯文集》第五卷,人民出版社2009年版,法文版序言和跋,第24页。
④ 《习近平著作选读》第二卷,人民出版社2023年版,第300页。

向前进"①。

三 大学文化传承中坚持面向全人类共同利益的马克思主义世界观

习近平总书记指出，中国古代读书人就有追求天下为公和世界大同的政治理想，要教育引导广大青年学生关注世界发展大势与把握未来走向，"新时代社会主义建设者和接班人，不仅要有中国情怀，而且要有世界眼光和国际视野"②。新时代的青年学生既要有中国情怀，还要有全球观念；既能肩负起全面建设社会主义现代化强国的艰巨使命，又能担当起为全人类和全世界做贡献的全球责任。蔡元培先生针对20世纪初期教育发展面临着拜金主义、物质至上盛行的时代境遇时指出，人类不同于动物在于，人有理想。教育在致力于塑造青年学生的高尚理想，体现为四方面：一是世界观和人生观的辩证统一；二是担负保存与发展文化的责任；三是勇于独立追求真理的精神；四是坚守淡泊宁静的志趣。③ 教育应指引社会的发展，而不是随波逐流。大学文化传承与创新都是通过培养人来造福社会，大学文化是社会发展的产物，更是大学历史发展的产物，因此，大学文化既是社会的所有物，更是大学和大学人创造并享有的共有资源。每一所大学及大学人都有共同的责任和义务：大学文化要有益于大学和大学人的发展，同时也要有益于社会发展。大学作为社会的道德良知，大学文化精神要倾注于社会发展最终服务于人的最终目标。大学文化传承要使大学人日益高尚起来并不断影响社会风尚，进而使全人类都日益摆脱自然界的束缚，获得物质富足的同时，不断丰富精神世界和独立思考，发挥发展主动精神。大学人在文化传承发展中获得个性独立与自由思想，实现大学文化的终极追求，"每个人都必须真正运用自己的文化来造福社会"④。

---

① 《习近平著作选读》第二卷，人民出版社2023年版，第199页。
② 《习近平著作选读》第二卷，人民出版社2023年版，第199页。
③ 高平叔编：《蔡元培教育论著选》，人民教育出版社2017年版，第46—48页。
④ ［德］费希特：《论学者的使命 人的使命》，梁志学等译，商务印书馆1997年版，第33页。

大学文化传承中坚持社会主义核心价值体系研究

（一）大学文化传承中要"学习和实践马克思主义关于文化建设的思想"①

社会主义大学是培养国家高级专门建设人才和实现立德树人根本任务的重要场域，习近平总书记指出："马克思主义是我们立党立国的指导思想，也是我国大学最鲜亮的底色。"② 大学发展史与人类社会发展史是历史共生的关系，大学在不同的经济和社会环境中发展变迁，会产生不同大学文化的发展流变，优秀的大学文化传统一旦为大学人所掌握并传承发展，就会转化为强大的精神力量和思想武器，通过大学教育教学、科学研究、服务社会而源远流长，并通过大学文化培育时代新人投身国家建设，从而引领社会风尚。习近平总书记指出："今天，党和国家事业发展对高等教育的需要，对科学知识和优秀人才的需要，比以往任何时候都更为迫切。"③ 大学文化传承中要加强在广大师生中深化马克思主义理论学习和教育，使青年学生深刻体悟马克思主义真理的力量，以马克思主义的思想伟力引领广大师生实现文化自觉、理论自信，通过以文化人、达成价值共识、实现思想解放、坚定学术自强。

当今世界处于社会大变革、大动荡、大重组的时代，当代中国也正在经历着前所未有的、历史上未曾经历过的广泛、全面而深刻的社会变革。大学是知识分子的聚集地，也是思想文化创生的园地，习近平总书记在哲学社会科学工作座谈会上的讲话中指出："这是一个需要理论而且一定能够产生理论的时代，这是一个需要思想而且一定能够产生思想的时代。我们不能辜负了这个时代。"④ 但是，思想理论并不能自然而然产生，需要理想抱负的成就，正如马克思所说："理论需要是否会直接成为实践需要呢？光是思想力求成为现实是不够的，现实本身应当力

---

① 习近平：《在纪念马克思诞辰200周年大会上的讲话》，人民出版社2018年版，第19页。
② 习近平：《在北京大学师生座谈会上的讲话》，人民出版社2018年版，第6页。
③ 习近平：《在北京大学师生座谈会上的讲话》，人民出版社2018年版，第4页。
④ 习近平：《在哲学社会科学工作座谈会上的讲话》，人民出版社2016年版，第8页。

第三章 新时代大学文化传承中坚持社会主义核心价值体系的基本方略

求趋向思想。"① 站在两个大局当前的历史转折点上,广大高校师生应勇立时代潮头担当使命责任,以著书立说解答中国之问,发思想之先声回应时代之问,通古今之变回答世界之问,积极建言献策服务人民之问。正如冯友兰先生所言,大学的性质是教育和研究机构,是一个知识宝库,大学"教育的任务是传授人类已有的知识,研究的任务则在求新知识——当然研究也需要先传授已有的知识"②。从世界或国家的立场角度看,大学既是一个知识顾问,也是一个专家集团,大学培养的人"不能只在接受已有的结论"。大学培养的人不仅要有专门的知识,"对于世界社会有他自己的认识、看法,对已往及现在所有有价值的东西——文学、美术、音乐等都能欣赏,具备这些条件者就是一个'人'"。在冯友兰先生看来,大学教育不能仅仅局限于培养青年学生的专门知识,不能仅成"器",还要成"人","养成一个清楚的脑子、热烈的心,这样他对社会才可以了解、判断,对已往现在所有的有价值的东西才可以欣赏"③。大学文化传承中只有坚持马克思主义的指导思想,大学思想文化建设发展才能不失去灵魂和迷失方向,才能避免失去灵魂的卓越。

(二)大学文化传承中坚持家国情怀和世界胸怀的统一

联合国教科文组织"教育的未来"国际委员会递交的《一起重新构想我们的未来:为教育打造新的社会契约》的全球报告指出,现存世界中的每一个人都有责任和义务为当代及我们的子孙后代负责,全人类共同创造美好未来的潜力从未展现出如此巨大的广阔前景,"我们要确保这个世界是一个富足而非匮乏的世界,要确保每个人都能最充分地享有同等的人权。尽管形势紧迫,且充满不确定性,我们依然有理由充满希望。作为一个物种,我们正处于集体历史的关键时刻,我们拥有有

---

① 《马克思恩格斯选集》第一卷,人民出版社2012年版,第11页。
② 冯友兰:《冯友兰哲思录》,新世界出版社2022年版,第177页。
③ 冯友兰:《冯友兰哲思录》,新世界出版社2022年版,第180页。

史以来最强大的知识和工具，促进我们通力合作"①。从这个意义上说，大学文化传承中坚持家国情怀和世界胸怀的统一是实现大学文化的全球教育承诺。清华大学永远的校长梅贻琦在对新生讲话时指出，大学作为培养人才和研究高深学术的地方，"诸君来此的目的，当然是为研究学问，将来能为国家社会做些事业"②。为此，学生要善用求学的机会，因为学生上大学的目的都是一样的，学得本领服务社会；大学为配置供师生使用的各种建筑和设备，请来指导学生的教师，都是为大学达成此目的。根据当时中华民族处于抗日救亡的艰难时局，梅贻琦主张师生要共同工作、努力工作，为求学报国的共同目的，"在学校里的，应该各就所能，各尽其责，为国家做一点贡献"③。在大学求学，学生要想获得真功夫，就要在思想上具有主动自觉的力量，要有自己的判断主动探索，"不然教授虽热心灌输，恐亦不能灌入"。在学术研究中，在浩如烟海的各种理论学说中，要秉承思想自由的学术立场，"不可操切，不可盲从。总要平心静气去研求，才能真得益处"④。大学教师要为学生树立治学严谨和品格修养的楷模，发挥教师的榜样示范耳濡目染的教育成效，"学校犹水也，师生犹鱼也，其行动犹游泳也，大鱼前导，小鱼尾随，是从游也，从游既久，其濡染观摩之效，自不求而至，不为而成"⑤。

习近平总书记在澳门濠江中学附属英才学校观摩以"'一国两制'与澳门"为题的中国历史公开课后的即席讲话中指出，深深的爱国情怀才能将十四亿中国人民凝聚在一起，青年要想成为有为的一代，必须要打牢爱国主义的基础，了解中华民族悠久的历史和博大精深的中华文化，"我们拥有博大精深的中华文化、中华精神，这是我们文化自信的

---

① 联合国教科文组织编：《一起重新构想我们的未来：为教育打造新的社会契约》，教育科学出版社 2022 年版，第 7 页。
② 梅贻琦：《大学的意义》，古吴轩出版社 2016 年版，第 17 页。
③ 梅贻琦：《大学的意义》，古吴轩出版社 2016 年版，第 19 页。
④ 梅贻琦：《大学的意义》，古吴轩出版社 2016 年版，第 22 页。
⑤ 梅贻琦：《大学的意义》，古吴轩出版社 2016 年版，第 30 页。

第三章 新时代大学文化传承中坚持社会主义核心价值体系的基本方略

源泉。了解我们五千年延续不绝的历史，就能自然形成强烈的民族自尊心和民族自豪感。了解鸦片战争以来的民族屈辱史，才能理解中国人民对于民族伟大复兴的强烈愿望"①。大学文化传承中要担负起广大师生爱国情怀的养成责任。冯友兰先生在20世纪70年代关于如何养成青年学生爱国的性格的一段话，在今天对我们开展爱国主义教育仍具有现实启发意义和价值，"现在的中国人，对于中国的知识，实在是太少了。他可以到过纽约、伦敦，而没有到过南京、北平。他可以到过罗马、雅典，而没有到过西安、洛阳。他可以游过欧美的名山，而没有上过泰华。在这种情形之下，我们怎么能教他不说，外国什么东西，都比中国好？我们怎么能教他，对于中国，能自他的忠诚，油然而发出一种爱护之心，而不能自己"②？对今天的大学教育而言，要充分运用学校教育的学科教学"小课堂"和伟大祖国的壮丽山河、现代化建设举世瞩目成果的社会实践的"大课堂"，给青年学生更多机会体验中华文明中商周汉唐的优秀传统文化的精华与发展盛况；给青年学生创造更多到孔孟之乡体验与重温中华优秀传统文化的源远流长；给青年学生更多机会用脚步丈量改革开放给现代化中国城市与乡村振兴带来的巨变；给青年学生更多的机会切身体会推进现代化强国建设中存在的顽瘴痼疾并提出创新改进策略。

（三）大学文化传承中实现全人类共同利益的全球教育承诺

人类正站在事关生死存亡的转折节点和关键时刻，多重危机危险相互交织：世界经济整体复苏的艰难曲折、国际金融领域的诸多风险、多种形式的保护主义不断出现、人格尊严的尊重、基本人权的享有、地球家园的健康、人类依存关系的调整、生命与技术作用的地位、地球资源的过度利用、西方民主与自由的倒退、自动化技术的颠覆性挑战、全球治理机制完善的任重道远等，人类曾经选择的不可持续发展的老路是否还将继续？如何彻底改变发展路向？联合国教科文组织总部大楼前的石

---

① 习近平：《论党的青年工作》，中央文献出版社2022年版，第222页。
② 冯友兰：《冯友兰哲思录》，新世界出版社2022年版，第169页。

碑上，用多种语言镌刻着这样一句话，成为联合国教科文组织履行其使命的宗旨，"战争起源于人之思想，故务需于人之思想中筑起保卫和平之屏障"①。继续走不可持续发展的老路就是继续接受不平等、不合理的剥削、持续的环境破坏、毁灭性的生物多样性的丧失、社会凝聚力的削弱、个人自由的被剥夺以及多种形式的战争与暴力升级。不平等、不可持续发展的老路"不能预测和解决我们社会的技术和数字化变革所带来的风险"②。人类面临的生存与发展困境同样影响到教育在全世界发展的不平衡，世界各国重新审视学习动机、内容、方式、时空的改革诉求，充分说明教育在兑现助力人类获得公平、和平和可持续的发展未来的承诺还有相当的距离。科学技术的全球共享使各国人们紧密联系在一起，但是，也正是科学技术在这个文化多样性的星球上，面对影响全人类的全球问题和诸多难题与挑战，教育从未像今天这样在塑造共同未来和共同世界方面体现出人类共同利益的一致性。

习近平总书记在俄罗斯国际关系学院的演讲中指出："我们所处的是一个风云变幻的时代，面对的是一个日新月异的世界。"③ 面对国际形势的深刻变化，要想推进世界变得更加美好，世界各国共同推进合作共赢和同舟共济是国际社会发展的客观要求，牢固树立人类命运共同体意识，"把世界多样性和各国差异性转化为发展活力和动力"④，为人类共同利益而谋求共同发展是世界各国人民的根本利益与长远利益。为达成此根本利益和长远利益，联合国教科文组织在推动人类文明交流互鉴和世界和平方面做出卓越贡献，习近平总书记在法国巴黎联合国教科文组织总部的演讲中强调："我们必须作出努力，让战争远离人类，让全世界的孩子们都在和平的阳光下幸福成长。……通过跨国界、跨时空、跨文明的教育、科技、文化活动，让和平理念的种子在世界人民心中生

---

① 《习近平外交演讲集》第一卷，中央文献出版社2022年版，第96页。
② 联合国教科文组织编：《一起重新构想我们的未来：为教育打造新的社会契约》，教育科学出版社2022年版，第7页。
③ 《习近平外交演讲集》第一卷，中央文献出版社2022年版，第2页。
④ 《习近平外交演讲集》第一卷，中央文献出版社2022年版，第35页。

第三章
新时代大学文化传承中坚持社会主义核心价值体系的基本方略

根发芽,让我们共同生活的这个星球生长出一片又一片和平的森林。"①

人类当下和未来福祉的实现与否,在于人类的教育信念选择:"我们对技术不加批判的接纳,常常会把我们推向危险的边缘——分化我们,中断对话,破坏相互理解……"② 这一切都威胁着人类自身的可持续生存与地球上生物物种的多样性存在。在这个意义上,人们展望未来经常描绘一幅黑暗的发展画面:在这个资源日益枯竭的多样化星球上,人类的居住空间日益被挤压得越来越小,人类的善意存在被进一步侵蚀的危险,当前的课程体系受到人工智能、大数据和 ChatGPT 等的挑战,不平等的扩大、善意和信任遭受贬斥,人们最不愿意看到这样一种极端图景的出现:"在一个优质教育仅供特权阶级享有的世界里,大多数人因为无法获得基本的物品和服务而生活在苦难之中。"③ 为追求和获得人类平等发展的当下和未来福祉,《联合国教科文组织组织法》(2020年修订版)明确规定,"文化之广泛传播以及为争取正义、自由与和平对人类进行之教育为维护人类尊严不可缺少之举措,亦为一切国家关切互助之精神,必须履行之神圣义务"④。从这个意义上说,我们今天为共同利益所做的集体抉择,将决定人类共同的未来发展:生存还是毁灭,和平还是战争,对话协商还是暴力相向,这些问题的解决在于我们作出怎样的集体选择和实现共同利益的能力和决心,世界各国只要齐心协力践行为了人类共同利益的教育承诺,我们就能发挥教育的力量,找到正确的方向并能协力扭转航向。大学文化传承中,就要提高对共同利益教育承诺的认知,张扬大学文化的包容性特质,为每一个个体和学术共同体的发展进步创造机会,为重构面向未来的教学、学习、研究和文

---

① 《习近平外交演讲集》第一卷,中央文献出版社 2022 年版,第 96—97 页。
② 联合国教科文组织编:《一起重新构想我们的未来:为教育打造新的社会契约》,教育科学出版社 2022 年版,第 10 页。
③ 联合国教科文组织编:《一起重新构想我们的未来:为教育打造新的社会契约》,教育科学出版社 2022 年版,第 10 页。
④ 谢喆平:《全球治理中的中国与联合国教科文组织》,商务印书馆 2021 年版,第 325 页。

化传承，提供注重学术生态的教育行动框架和发挥新的教育契约的变革潜力。

四 大学文化传承中坚持面向不确定性未来的马克思主义方法论

马克思恩格斯在《共产党宣言》中这样概括未来新时代的精神，在全世界无产者的联合体中，"每个人的自由发展是一切人的自由发展的条件"①。恩格斯针对韦尔纳·桑巴特关于价值概念中平均化的过程是怎样完成的回信中指出，"马克思本人对此谈得不多"，"这可能逼着读者更多地进行独立思考"，从这个意义上说，"马克思的整个世界观不是教义，而是方法。它提供的不是现成的教条，而是进一步研究的出发点和供这种研究使用的方法"②。中国共产党领导各族人民经过百余年奋斗，在坚持"两个结合"的基础上，取得了举世瞩目的重大成就，中国式现代化的发展道路和改革开放的中国模式，为世界各国提供了既能实现现代化发展，又能坚持主权独立和领土完整的可供参考的中国方案。习近平总书记在党的二十大报告中强调："拥有马克思主义科学理论指导是我们党坚定信仰信念、把握历史主动的根本所在。"③ 大学文化传承中坚持马克思主义为指导，就是要运用马克思主义的科学世界观和方法论解决中国大学文化中优秀文化传统的"双创"问题，发挥大学文化学术创新、人才培养的优势，以服务国家战略需求和社会需要，而不是生搬硬套马克思主义经典作家的现成结论和经典语录，更不能将马克思主义作为高高在上的讲义教条简单地重复背诵，而是要结合新时代全面深化改革开放和全面开创社会主义现代化建设新征程中的实际问题，实事求是、与时俱进地具体问题具体分析，作出真正能够解决中国问题和新时代诉求的科学回答。大学文化传承中坚持马克思主义的方法

---

① 马克思、恩格斯：《共产党宣言》，中共中央马克思恩格斯列宁斯大林著作编译局编译，人民出版社2018年版，第51页。
② 《马克思恩格斯选集》第四卷，人民出版社2012年版，第664页。
③ 习近平：《高举中国特色社会主义伟大旗帜 为全面建设社会主义现代化国家而团结奋斗——在中国共产党第二十次全国代表大会上的报告》，人民出版社2022年版，第16页。

第三章 新时代大学文化传承中坚持社会主义核心价值体系的基本方略

论原则,是坚持运用马克思主义的立场、观点和方法与中华优秀传统文化相结合,"把马克思主义思想精髓同中华优秀传统文化精华贯通起来、同人民群众日用而不觉的共同价值观念融通起来"①,这才是结合中国特色社会主义大学的文化传承、发展和创新的具体实际,在不确定性中把握确定性的向度,正如毛泽东同志所强调的:"马克思主义的'本本'是要学习的,但是必须同我国的实际情况相结合。我们需要'本本',但是一定要纠正脱离实际情况的本本主义。"② 只有针对实际情况、具体问题开展调查研究,解决现实问题,才能切实有效地纠正本本主义。大学文化传承中要坚持办大学的正确方向。冯友兰先生曾说:"所有的大学硬要用一个模型造出来,这就是不了解大学是一个自行继续的专家的团体,有其传统习惯,日久而形成一种精神特点。"③ 以不变应万变,大学教育培养人才的成功体现在,人才基于天资、努力和机遇的资格获得"立德、立功、立言"的成功,因此,教育是为了向上向善的努力,教育工作者"鼓励人最有把握就是'人皆可以为尧舜'"④。习近平在同各界优秀青年代表座谈时的讲话中强调:"要坚持学以致用,深入基层、深入群众,在改革开放和社会主义现代化建设的大熔炉中,在社会的大学校里,掌握真才实学,增益其所不能,努力成为可堪大用、能担重任的栋梁之材。"⑤

(一) 以不断学习和实践形成的理论思维赋予科学理论鲜明的中国特色

大学优秀文化传统在新时代的"双创"传承中坚持的基本原则是"两个结合"。恩格斯在《路德维希·费尔巴哈和德国古典哲学的终结》

---

① 习近平:《高举中国特色社会主义伟大旗帜 为全面建设社会主义现代化国家而团结奋斗——在中国共产党第二十次全国代表大会上的报告》,人民出版社2022年版,第18页。
② 《毛泽东选集》第一卷,人民出版社1991年版,第111—112页。
③ 冯友兰:《冯友兰哲思录》,新世界出版社2022年版,第180页。
④ 冯友兰:《冯友兰哲思录》,新世界出版社2022年版,第188页。
⑤ 王战军主编:《新时代研究生教育研究资料汇编(2010—2020)》,中国科学技术出版社2021年版,第2页。

中指出："宗教一旦形成，总要包含某些传统的材料，因为在一切意识形态领域内传统都是一种巨大的保守力量。但是，这些材料所发生的变化是由造成这种变化的人们的阶级关系即经济关系引起的。"① 如何将传统的保守力量转变为积极的变革力量，需要在大学文化传承中对优秀大学文化传统进行"创造性转化、创新性发展"，在大学文化传承中如何开展"双创"？这需要结合大学文化历史与现实问题的实际，发挥理论思维的功用。对于理论思维的产生，恩格斯指出："经验的自然研究已经积累了庞大数量的实证的知识材料，因而迫切需要在每一研究领域中系统地和依据其内在联系来整理这些材料。同样也迫切需要在各个知识领域之间确立正确的关系。"② 当自然科学也进入理论领域，经验的方法就不管用了，至此理论思维就应运而生。理论思维的科学性在于其具有时代性，"每一个时代的理论思维，包括我们这个时代的理论思维，都是一种历史的产物，它在不同的时代具有完全不同的形式，同时具有完全不同的内容……关于思维的科学……是一种历史的科学，是关于人的思维的历史发展的科学"③。新时代的理论思维要紧紧围绕"两个结合"：将马克思主义基本原理与中国"双一流"建设和大学综合改革的具体实际相结合，将马克思主义的精髓与中国大学优秀文化传统的精华有机融合。

恩格斯指出："一个民族要想站在科学的最高峰，就一刻也不能没有理论思维。"④ 理论思维具体地、历史地形成与运用，开创了中国革命的新局面。在新民主主义革命时期，"为着创造革命的新时代"⑤，毛泽东同志创造性地将马克思主义基本原理与中国半殖民地半封建社会的现实相结合，创建了体现民族性、科学性、大众性的新民主主义的高等

---

① 恩格斯：《路德维希·费尔巴哈和德国古典哲学的终结》，中共中央马克思恩格斯列宁斯大林著作编译局编译，人民出版社2018年版，第54页。
② 《马克思恩格斯选集》第三卷，人民出版社2012年版，第873页。
③ 《马克思恩格斯选集》第三卷，人民出版社2012年版，第873—874页。
④ 《马克思恩格斯选集》第三卷，人民出版社2012年版，第875页。
⑤ 人民教育出版社编：《毛泽东论教育》，人民教育出版社2008年版，第4页。

第三章 新时代大学文化传承中坚持社会主义核心价值体系的基本方略

教育文化方针,"以共产主义的精神来教育广大的劳苦民众,在于使文化教育为革命战争与阶级斗争服务,在于使教育与劳动联系起来,在于使广大中国民众都成为享受文明幸福的人"①。根据中国文化教育的现实需要和受教育者的实际情况提出的"十大教授法"②,废止注入式采用启发式、由近及远、由浅入深的教学方式,教学话语方式方面要求通俗、说话要明白、要有趣味并以姿势助说话,教学中要注重复习以往学习的概念内容和提纲挈领式授课,针对干部班采取讨论式教学,这些教学法是既符合教学规律,又针对教育对象的实际,管用而有效。在抗日战争时期的教育政策是"为教育新后代而努力"③,实行以抗日救国为目标的新制度和新课程改革教育的旧制度和旧课程。为此,毛泽东同志为陕北公学成立与开学纪念题词强调,陕北公学的教育目标是要造就一大批革命的先锋队,"这些人具有政治的远见,这些人充满着斗争精神和牺牲精神。这些人是胸怀坦白的,忠诚的,积极的,正直的"④。中国只要有一大批这样不谋私利、不怕困难、坚定勇敢向前的、脚踏实地并富有实际精神的先锋分子,中国革命和民族解放的任务就一定能顺利解决。在抗日军政大学第四期第三大队会开学典礼上的讲话中,毛泽东同志向全体学员提出要求,在抗日军政大学就是要"学一个宗旨","抗日救国"这个宗旨就是全中华民族的宗旨,全体学员要学三样东西,即"要学一个正确的政治方向"⑤、"要学做干部"⑥、要"有抗日救国的决心"⑦,呼吁"抗大"全体学员:"你们更要有为四万万五千万同胞牺牲自己贡献生命的决心!"⑧ 新民主主义时期的教育目标是培

---

① 人民教育出版社编:《毛泽东论教育》,人民教育出版社2008年版,第7页。
② 人民教育出版社编:《毛泽东论教育》,人民教育出版社2008年版,第3页。
③ 人民教育出版社编:《毛泽东论教育》,人民教育出版社2008年版,第42页。
④ 人民教育出版社编:《毛泽东论教育》,人民教育出版社2008年版,第41页。
⑤ 人民教育出版社编:《毛泽东论教育》,人民教育出版社2008年版,第43页。
⑥ 人民教育出版社编:《毛泽东论教育》,人民教育出版社2008年版,第44页。
⑦ 人民教育出版社编:《毛泽东论教育》,人民教育出版社2008年版,第45页。
⑧ 人民教育出版社编:《毛泽东论教育》,人民教育出版社2008年版,第47页。

养学员做自由解放的中国国民,学习争取自由解放的方法,将自己塑造成为"新时代的主人翁"①。在完成社会主义革命和推进社会主义建设时期,针对在知识分子和青年学生中间思想政治工作减弱的问题,毛泽东同志在最高国务会议第十一次扩大会议上发表《关于正确处理人民内部矛盾的问题》讲话中指出,要加强思想政治工作,知识分子和青年学生要加强学习,除学习专业外,还要追求思想上和政治上的进步,都"需要学习马克思主义,学习时事政治。没有正确的政治观点,就等于没有灵魂"。第一次在最高国务会议上提出了我国的教育方针,"应该使受教育者在德育、智育、体育几方面都得到发展,成为有社会主义觉悟的有文化的劳动者"②。毛泽东同志在新中国成立初期,从保护年青一代更好地成长与发展的角度提出了"三好青年"的发展目标,指出新中国的教育方针"要为青少年设想"③。为此,要教育青年了解中国的实际情况还是一个很穷的国家,想要不费力气就享受到现成的幸福生活是不切实际的想法,为此,号召青年和全体人民团结奋斗,"用自己的双手创造出一个富强的国家"④。中国共产党人正是将马克思主义的基本原理根据中国实际具体运用和发展,"是马克思主义在中国具体化",在文化教育中都体现出"中国的特性",智慧也充满曲折地解决了"按照中国特点去应用"马克思主义基本原理的问题,通过废止"洋八股",批判空洞说教,与教条主义作斗争,"代之以新鲜活泼的、为中国老百姓所喜闻乐见的中国作风和中国气派"⑤。开创性地以中国智慧和中国方略逆转了诸多"不确定性",毛泽东思想以"马克思主义

---

① 人民教育出版社编:《毛泽东论教育》,人民教育出版社2008年版,第48页。
② 中华人民共和国教育部、中共中央文献研究室编:《毛泽东 邓小平 江泽民论教育》,中央文献出版社2002年版,第65—66页。
③ 中华人民共和国教育部、中共中央文献研究室编:《毛泽东 邓小平 江泽民论教育》,中央文献出版社2002年版,第66页。
④ 中华人民共和国教育部、中共中央文献研究室编:《毛泽东 邓小平 江泽民论教育》,中央文献出版社2002年版,第66页。
⑤ 人民教育出版社编:《毛泽东论教育》,人民教育出版社2008年版,第51页。

第三章 新时代大学文化传承中坚持社会主义核心价值体系的基本方略

中国化的第一次历史性飞跃"[①] 深刻把握了新民主主义革命和社会主义革命与社会主义建设中国特色的"确定性"。

(二) 大学文化传承在改革开放和社会主义现代化建设新时期的创新实践

大学文化传承马克思主义中国化的理论与实践成果,助推改革开放和社会主义现代化建设在新时期取得举世瞩目的成果,始终坚持并科学运用解放思想、与时俱进和科学发展的中国化马克思主义理论。在文化教育政策方面,党和国家高度重视人才培养的人本性与全面发展的要求,在结合中国实际推进教育国际化发展方面,积极以联合国教科文组织作为了解世界教育改革的重要窗口,密切结合联合国教科文组织所倡导的"教育机会均等""终身教育""走向学习化的社会"等思想观念,有效影响了改革开放和社会主义现代化建设新时期的教育思想、教育政策和教育实践,加速了中国教育在改革开放和社会主义现代化建设中走向世界的步伐。针对联合国教科文组织将全民教育作为优先任务和重点来推广,"尽管教育并非解决所有社会弊端的灵丹妙药,但教育却常是我们战胜挑战取得平等持续发展的有效途径"[②]。邓小平同志高度重视教育的优先发展,"我们国家要赶上世界先进水平,从何着手呢?……要从科学和教育着手"[③]。邓小平同志自告奋勇主管科教方面的工作,"愿意给教育、科技部门的同志当后勤部长"[④],深刻指出高等院校中的重点高等院校是科研的重要方面军,教育工作和科研工作是脑力劳动,脑力劳动者也是光荣的劳动者,倡导全社会都要"尊重劳动,

---

[①] 习近平:《高举中国特色社会主义伟大旗帜 为全面建设社会主义现代化国家而团结奋斗——在中国共产党第二十次全国代表大会上的报告》,人民出版社2022年版,第13页。

[②] 联合国教科文组织国际教育发展委员会编:《学会生存:教育世界的今天和明天》,教育科学出版社1996年版,总序,第1页。

[③] 中华人民共和国教育部、中共中央文献研究室编:《毛泽东 邓小平 江泽民论教育》,中央文献出版社2002年版,第101页。

[④] 中华人民共和国教育部、中共中央文献研究室编:《毛泽东 邓小平 江泽民论教育》,中央文献出版社2002年版,第171页。

尊重人才"，"要珍视劳动，珍视人才"①。要提高高等教育的质量，就要在教育系统树立良好的风气，教师要负起责任将"爱劳动、守纪律、求进步等好风气、好习惯"带动起来，邓小平同志强调："讲风气，无非是党风、军风、民风、学风，最重要的是党风。……建国以后相当一段时间，整个社会的风气、秩序和纪律是好的。……后来由于'四人帮'的破坏，风气不好了。……我们现在要把风气扭转过来，这就要求学校培养好的风气。"学校良好风气的形成与改善需要教师不断提高政治思想水平、业务能力和改进工作作风，"教师要成为学生的朋友，与学生的家庭联系，互相配合，共同做好教育学生的工作"②。新时期的大学文化就要通过调查研究和具有说服力的理想纪律、共产主义思想与爱国主义情怀教育，传承与创新这种优良的学风、校风和工作作风，以此引领和改变社会风尚。

在改革开放和现代化建设新时期的时代背景下，教育及教育现代化建设受到高度重视。邓小平同志指出："忽视教育的领导者，是缺乏远见的、不成熟的领导者，就领导不了现代化建设。各级领导要像抓好经济工作那样抓好教育工作。"③ 教育领域的改革全面展开和扎实推进，使得包括高等教育在内的中国教育发展，在国家整体改革发展的大背景下，赶上了时代的发展，"改革开放是决定当代中国前途命运的关键一招，中国特色社会主义道路是指引中国发展繁荣的正确道路，中国大踏步赶上了时代"④。1985年5月，《中共中央关于教育改革体制的决定》指出，教育必须为社会主义现代化建设服务，社会主义现代化建设必须

---

① 中华人民共和国教育部、中共中央文献研究室编：《毛泽东 邓小平 江泽民论教育》，中央文献出版社2002年版，第104页。

② 中华人民共和国教育部、中共中央文献研究室编：《毛泽东 邓小平 江泽民论教育》，中央文献出版社2002年版，第108页。

③ 中华人民共和国教育部、中共中央文献研究室编：《毛泽东 邓小平 江泽民论教育》，中央文献出版社2002年版，第171页。

④ 《中共中央关于党的百年奋斗重大成就和历史经验的决议》，人民出版社2021年版，第23页。

第三章
新时代大学文化传承中坚持社会主义核心价值体系的基本方略

依靠教育；教育改革要坚持"三个面向"，培养坚持社会主义方向的"有理想、有道德、有文化、有纪律"的各级各类人才，为教育事业发展和教育体制改革提出了伟大而艰巨的任务，培养的这些人才要"热爱社会主义祖国和社会主义事业，具有为国家富强和人民富裕而艰苦奋斗的献身精神，都应该不断追求新知，具有实事求是、独立思考、勇于创造的科学精神"[1]。新时期大学文化传承中坚持马克思主义的立场、原则和方法，教师发挥着至关重要的作用。大学教育是培养共产主义事业接班人的崇高事业，学生的思想品德和专业能力，都要靠教师来培育和塑造，学生们对人类文明继承和发展的能力，都要靠教师来培养，教师是人类文明的建设者与传播者，没有对教育的重视和对教师劳动的尊重，就没有中国教育事业的振兴和大批的、高质量的现代化建设人才的培养，因此，教师的劳动，"是一种科学的也是艺术的创造"，教育直接关系到我国社会主义现代化事业一代新人的成长与培育，关系到民族的兴衰和国家的前途，全社会"尊师重教"是民族文明和国家发展的重要标志。

在大学教育文化传承中，大学教师不仅要传播现代科学技术和文化知识，还是社会主义精神风尚的传播者；教师应不断提高思想政治和文化业务水平，涵养和践行高尚师德师风，全面掌握和科学运用教育教学规律，为改革开放和社会主义现代化事业做出更大的贡献，"教师工作应该成为社会上最受人尊敬和最值得羡慕的职业之一"[2]。大学文化传承中要实现助力全面建设社会主义现代化建设的时代伟业，就要充分调动广大教师投身于教育事业为"提高民族素质，多出人才、出好人才"的积极性和自觉性，认真听取和尊重广大教师的意见，发挥教师忠于党的教育事业和为人师表的示范引领作用，"要根据他们的劳绩和共享，

---

[1] 何东昌主编：《中华人民共和国重要教育文献（1976—1990）》，海南出版社1998年版，第2286页。

[2] 何东昌主编：《中华人民共和国重要教育文献（1976—1990）》，海南出版社1998年版，第2318页。

给予合理的待遇和应有的鼓励"①。

（三）大学文化传承在中国特色社会主义新时代坚持守正创新的实践路向

高等学校是巩固马克思主义在意识形态领域指导地位的重要阵地，对大学文化传承中坚持马克思主义的立场、观点和方法的新时代要求比以往任何一个时期都更高、更迫切。党的十八大以来，党中央、国务院高度重视思想文化教育发展与建设，习近平总书记多次就中华文化传承创新发展发表重要讲话，在全国宣传思想工作会议上指出："中华民族创造了源远流长的中华文化，中华民族也一定能够创造出中华文化新的辉煌。独特的文化传统，独特的历史命运，独特的基本国情，注定了我们必然要走适合自己特点的发展道路。"② 在会见第四届全国道德模范及提名奖获得者讲话时指出，推进改革开放和社会主义现代化建设的强大精神力量在于培育时代新风和弘扬中华传统美德，因为"精神的力量是无穷的，道德的力量也是无穷的。中华文明源远流长，蕴育了中华民族的宝贵精神品格，培育了中国人民的崇高价值追求"③。在主持十八届中央政治局第十二次集体学习时的讲话中强调，要坚持走中国特色社会主义文化发展道路，提高国家文化软实力"要以理服人，以文服人，以德服人"，"深入开展社会主义核心价值体系学习教育，广泛开展理想信念教育，大力弘扬民族精神和时代精神，……要努力传播当代中国价值观念。当代中国价值观念，就是中国特色社会主义价值观念，代表了中国先进文化的前进方向"④。在主持十八届中央政治局第十三次集体学习时的讲话中，进一步强调核心价值观是决定文化性质和发展方向的最深层次的要素，要在社会生活的方方面面培育和践行社会主义

---

① 何东昌主编：《中华人民共和国重要教育文献（1976—1990）》，海南出版社1998年版，第2288页。
② 《习近平谈治国理政》第一卷，外文出版社2018年版，第156页。
③ 《习近平谈治国理政》第一卷，外文出版社2018年版，第158页。
④ 《习近平谈治国理政》第一卷，外文出版社2018年版，第160—161页。

第三章 新时代大学文化传承中坚持社会主义核心价值体系的基本方略

核心价值观,"核心价值观是文化软实力的灵魂、文化软实力建设的重点"①。在北京大学师生座谈会上的讲话中指出:"青年的价值取向决定了未来整个社会的价值取向,而青年又处在价值观形成和确定的时期,抓好这一时期的价值观养成十分重要。"② 习近平总书记的这些重要论述是大学文化传承中坚持马克思主义方法论的核心要旨与基本遵循。

新时代我国大学文化传承中,在系统全面搜集整理中华传统文化资源的过程中,智慧创新展示中华文化的独特魅力,传承优秀的大学文化传统坚持古为今用、取其精华的原则;对于世界大学文化的有益成果,坚持洋为中用、去伪存真的原则,无论是国内的和国外的优秀大学文化传统都要坚持科学扬弃的原则,批判借鉴,坚持在传承中重在创新的准则,主要是通过着力贯通中外大学文化的新概念、新范畴、新传统、新方法、新表述,贵在植根于中国大学文化传统的沃土,反映中国大学发展的价值旨归,服务中国现代化建设和新时代发展的进步诉求,扎根于中国大学发展的深厚历史渊源和迫切需要解决的现实发展问题。新时代大学文化传承中要注重话语方式的创造性、感染性和公信力,以大学文化的多样、包容和开放致力于"讲好中国故事,传播好中国声音,阐释好中国特色"③。

新时代大学文化传承中要坚持运用实事求是、具体问题具体分析的方法,根据新时代青年学生的特点与发展需求,与时俱进采取润物无声的方法,明确中华优秀传统文化独特的精神标识和精神追求,基于此,在大学文化传承中,关键的着力点是:讲清楚中华优秀传统文化的历史渊源是中华文化在世界文化的激荡中站稳脚跟和坚持基本走向的重要根基;弄明白中华文化的发展脉络是中华文化源远流长和丰厚滋养的独特创造。在大学文化传承中,科学有效运用大学学习生活的方方面面践行社会主义核心价值观的机会与可能,生动运用各种大

---

① 《习近平谈治国理政》第一卷,外文出版社2018年版,第163页。
② 《习近平谈治国理政》第一卷,外文出版社2018年版,第172页。
③ 《习近平谈治国理政》第一卷,外文出版社2018年版,第162页。

学文化形式营建有助于社会主义核心价值观培育和弘扬的日常生活和校园氛围，在思政课程和课程思政中善于灵活运用高质量经典范例教学，并进行高水平精准案例分析；将社会主义核心价值观内化为青年大学生的精神追求方面，在"落细、落小、落实上下功夫"①，使社会主义核心价值观入心、入脑和化行的影响成为像大学生无时无刻都需要的空气一样的存在。

第二节 大学文化传承中坚定中国特色社会主义共同理想的基本方略

联合国教科文组织世界文化与发展委员会针对能否将经济增长本身视为终极价值，其他诸如文化等因素仅仅是达到这一价值的手段的问题，明确指出经济增长和物质资料生产是过一种有价值生活不可缺少的组成部分，其重要性毋庸置疑；但是仅仅将文化视为促进经济增长的纯粹工具的观点也是让人难以接受的，"追本溯源，所谓'我们认为有价值的东西'，本身就是一种文化现象，是文化的一部分。比如教育能够促进经济发展，因而具有工具价值，同时，教育也是文化发展的一个核心组成部分，它具有内在的价值。所以，我们绝不能把文化降低到从属地位，仅仅视为促进经济增长的一种工具"②。文化不仅具有促进经济发展的工具性作用，文化还赋予人类存在以更深意义，其本身就是人类发展的目的，如价值观和制度建设。在人类追求的发展目标过程中，文化因素发挥了促进作用，因此，"我们有充足的理由去倡导那些能够促进我们达到目的的文化态度和价值观。但是，当我们把目光转向一个更基本的问题——人类为什么会把经济增长、减少贫困、保护环境作为自己的目标时，文化的基础性作用便显现出来。文化不仅是服务目标的一

---

① 《习近平谈治国理政》第一卷，外文出版社2018年版，第165页。
② 联合国教科文组织、世界文化与发展委员会：《文化多样性与人类全面发展——世界文化与发展委员会报告》，张玉国译，广东人民出版社2006年版，导论，第2—3页。

第三章 新时代大学文化传承中坚持社会主义核心价值体系的基本方略

种手段,更是形成这些目标本身的社会基础"①。人是发展的终极目标,同时,人的发展也是达到这个终极目标的重要工具和手段,对于任何一个社会而言,"有技术、受过良好教育、健康、朝气蓬勃、富于创造力的劳动力,都是最重要的财富"②。正是文化使人与人之间相互沟通和联系,使每一个人的发展成为可能;文化规定了人与自然、人与环境之间的关系,文化决定了人与地球、人与宇宙之间的关系,文化决定了人对待生命采取何种态度。从这个意义上说,大学文化传承发展对每一位青年学生的成长发展,乃至整个社会整体繁荣都具有发展的最终目标和终极归宿的价值与意义。毛泽东同志在中国人民政治协商会议第一届全体会议上的开幕词中明确指出,中国人民站起来了,伴随着中国经济建设和文化建设高潮的到来,"中国人被认为不文明的时代已经过去了,我们将以一个具有高度文化的民族出现于世界"③。为此,我们必须要学会自己不会、不懂、不擅长的东西,向一切内行学习,要"恭恭敬敬地学,老老实实地学。不懂就是不懂,不要装懂"④。与此同时,也要坚持自己的特色与立场,毛泽东同志在60多年前就指出中华民族的形式可以有很丰富的表现形式,"……现在世界的注意力正在逐渐转向东方,东方国家不发展自己的东西还行吗"⑤?发展中国文化要学习国外文化的优长,将中外有用的有机结合,而不是照搬照抄国外的东西,学习的目的是创造中国的东西,"外国有用的东西,都要学到,用来改进和发扬中国的东西,创造中国独特的新东西。搬要搬一些,但要以自己的东西为主"⑥。在中国这样的大国,学习表现形式方面要采取多样化,应该敢于和善于"标新立异","为群众所欢迎的标新立异,越多

---

① 联合国教科文组织、世界文化与发展委员会:《文化多样性与人类全面发展——世界文化与发展委员会报告》,张玉国译,广东人民出版社2006年版,导论,第3页。
② 联合国教科文组织、世界文化与发展委员会:《文化多样性与人类全面发展——世界文化与发展委员会报告》,张玉国译,广东人民出版社2006年版,导论,第3—4页。
③ 人民教育出版社编:《毛泽东论教育》,人民教育出版社2008年版,第222页。
④ 人民教育出版社编:《毛泽东论教育》,人民教育出版社2008年版,第220页。
⑤ 人民教育出版社编:《毛泽东论教育》,人民教育出版社2008年版,第250页。
⑥ 人民教育出版社编:《毛泽东论教育》,人民教育出版社2008年版,第256页。

越好，不要雷同"①。传承中华民族源远流长的优秀文化是为了新时代的中国人服务，批判吸收世界各国文明发展的有益成果，是为了今天的中国发展和中国人的发展助力。

中国特色是以中国为基础、为本源，吸收国外有益成分，"应该越搞越中国化，而不是越搞越洋化"②。因此，中国大学文化的传承发展，不仅要坚持中国特色，同时也要批判借鉴国外大学文化发展的有益成果和经典范例。在大学文化传承中只有坚持立足中华优秀文脉和辩证审视思维，才能摒弃全盘西化的危险，学习国外先进的和有益的做法是为了更好地认识中国、了解中国、建设中国，整理中国的优秀文化资源，创造出中国特色的社会主义先进文化，形成具有中国风格、民族气派的优秀传统，才能在大学文化传承中讲通增强民族自信心的道理，体悟马克思主义的真理伟力，明确入心入脑化行的言行事理。对新时代的青年学生而言，首要的问题是要善于学习，中华民族在党的领导下经过百余年的奋斗，我们正在努力以昂扬的姿态屹立于世界的东方，向着第二个百年奋斗目标奋勇前进，但是，我们也要清醒地认识到，全面建设社会主义现代化强国的新征程任务更加艰巨，前进道路上的各种困难挑战、险滩难题层出不穷，没有现成的答案和模式可以选择和采纳，需要全国各族人民一起团结奋斗，不断学习创新，不断总结经验，"社会主义是干出来的"，中国特色是中国人民不断建设和不断总结出来的。习近平总书记在全国教育大会上的讲话中，聚焦新时代的社会主义建设者和接班人应该具备的基本素质和精神状态和如何培养问题，提出了在关键方面的"九个下功夫"，其中之一就是"要在厚植爱国主义情怀上下功夫"，"要教育引导学生把自身的理想同祖国的前途、把自己的命运同民族的命运紧密联系在一起，引导学生树立和坚持正确的历史观、民族观、国家观、文化观，增强爱国意识和爱国情感，增强民族自豪感和自信心，

---

① 人民教育出版社编：《毛泽东论教育》，人民教育出版社2008年版，第254页。
② 人民教育出版社编：《毛泽东论教育》，人民教育出版社2008年版，第257页。

第三章 新时代大学文化传承中坚持社会主义核心价值体系的基本方略

让爱国主义精神在学生心中牢牢扎根,时刻不忘自己是中国人"①。

一 新时代大学文化传承中要坚持服务全面建设社会主义现代化的办学方向

大学文化要传承一种理想,坚持坚定正确的方向,人若丧失理想信念的支撑,失却积极的人生态度,就将丧失生命力,"一旦因为看不到未来而自甘沉沦,便容易有满腹的怀旧愁思"②。蔡元培在《组织北大同学会缘起书》中强调,大学作为社会的模范和文化的中心,对于社会的任何问题都能产生直接或间接的影响,学生在校期间研究学术和砥砺德业,毕业后的北大同学还要发挥互助精神,为改良社会和服务社会而应刻不容缓地组织起来;③ 梅贻琦主政清华大学时坚持为社会培养有用人才的办学方针,突出办学的时代重要性,使清华大学成为"能够造就专门的人材,研究高深的学术的独立机关"④。并寄语清华毕业生自身的远大前程需要自己的努力,希望毕业生能够不负学校师长的培养期望并坚定自己的抱负,将来投身社会之后,"成为社会上有用的人材"⑤。坚持坚定正确的方向是中国共产党领导社会主义大学始终不渝的政治方向,毛泽东同志在抗日军政大学(简称抗大)的授课和周年纪念题词中都强调社会主义大学的教育方针要贯彻坚定正确的政治方向、发挥艰苦奋斗的工作作风和根据实际情况采取灵活机动的战略策略,始终保持"勇敢、坚定、沉着。向斗争中学习。为民族解放事业随时准备牺牲自己的一切"⑥!大学文化既要传承中华优秀传统文化的精华,也要吸收和学习一切国家和一切民族文化发展的先进成果,但是

---

① 《习近平著作选读》第二卷,人民出版社2023年版,第197—198页。
② [奥]弗兰克:《活出意义来》,赵可式等译,生活·读书·新知三联书店1998年版,第75页。
③ 高平叔编:《蔡元培教育论著选》,人民教育出版社2017年版,第462页。
④ 梅贻琦:《大学的意义》,古吴轩出版社2016年版,第57—59页。
⑤ 梅贻琦:《大学的意义》,古吴轩出版社2016年版,第59页。
⑥ 人民教育出版社社编:《毛泽东论教育》,人民教育出版社2008年版,第127页。

"必须有分析有批判地学，不能盲目地学，不能一切照抄，机械搬运。他们的短处、缺点，当然不要学"①。大学文化传承中始终坚持马克思主义的立场、观点、方法和态度，在坚持社会主义大学办学方向方面，20世纪初，以毛泽东同志为主要代表的中国共产党人经过长期的探索并创造性地将马克思主义基本原理与中国具体实际相结合，提出新民主主义文化教育是民族的、科学的、大众的性质与方针，"这是探索中国教育道路过程中最有决定意义的一个步骤"②，成为中国现代教育思想史上最有价值的创新成果。

（一）大学文化传承中要坚定社会主义的教育方针

社会主义方向是中国文化教育的方针，大学中教师知识分子和青年学生除了追求学科专业进步，政治思想进步需要不断地学习马克思主义和时事政治，毛泽东同志以二战后苏联共产党、东欧一些社会主义国家的党，淡化了坚持马克思主义基本原则、阶级斗争、党的民主集中制领导、党群关系等，结果发生了匈牙利事件为例，强调指出理论工作的重要性："我们一定要坚持马克思主义的基本理论……有计划地培养马克思主义的理论家和评论家。"③ 在中国式现代化的发展历程中，我国始终努力构建德智体美劳全面发展的中国特色现代教育体系，始终坚持培养社会主义建设者与接班人的社会主义办学方向，始终秉持扎根中国社会发展实际办高等教育，习近平总书记在全国教育大会上的讲话中指出："中国的事情必须按照中国的特点、中国的实际办。必须坚持中国特色社会主义教育发展道路，扎根中国、融通中外，立足时代、面向未来，发展具有中国特色、世界水平的现代教育。"④ 只有坚持扎根中国

---

① 人民教育出版社编：《毛泽东论教育》，人民教育出版社2008年版，第247页。
② 王炳照、阎国华主编：《中国教育思想通史》第七卷，湖南教育出版社1994年版，第424页。
③ 人民教育出版社编：《毛泽东论教育》，人民教育出版社2008年版，第264页。
④ 中共中央党史和文献研究院、中央学习贯彻习近平新时代中国特色社会主义思想主题教育领导小组办公室编：《习近平新时代中国特色社会主义思想专题摘编》，党建读物出版社、中央文献出版社2023年版，第176页。

第三章 新时代大学文化传承中坚持社会主义核心价值体系的基本方略

大地的中国特色社会主义大学才能真正实现"为党育人、为国育才"的教育现代化的奋斗目标。

(二) 大学文化传承中要坚持服务全面建设社会主义现代化新征程

大学文化要传承一种坚定的教育理想,即坚持大学文化育人服务于社会主义现代化建设的发展向度,全面建设社会主义现代化强国是一个整体布局,是中华民族的第二个百年奋斗目标,需要几代人的接续努力和团结奋斗,从新中国成立之初,毛泽东同志在最高国务会议扩大会上就号召全体青年和广大人民,"用自己的双手创造出一个富强的国家。社会主义制度的建立给我们开辟了一条到达理想境界的道路,而理想境界的实现还要靠我们的辛勤劳动。有些青年人以为到了社会主义社会就应当什么都好了,就可以不费气力享受现成的幸福生活了,这是一种不实际的想法"[1]。在中国式现代化建设的伟大征程中,我们遇到很多困难和挑战,在三年困难时期,邓小平同志强调:"我们要对青年进行共产主义教育。要多做点工作,多搞点调查研究。"建议要走群众路线,要改善社会风气,要在广大青年中广泛宣传和教育青年"要树立共产主义的远大理想。人穷志不要短,越到困难的时候,越要有志气"[2]。在科技发展日新月异和国际竞争日趋激烈的21世纪初,为实现中华民族的伟大复兴和我国社会主义教育事业的历史任务,江泽民同志强调,世界各国综合国力的竞争是人才和民族创新能力的竞争,"教育是培养人才和增强民族创新能力的基础,必须放在现代化建设的全局性、战略性的重要位置"[3]。为此,大学文化传承中要不断推进教育创新,继续坚定不移地实施科教兴国战略,通过造就大批具有丰富创新能力的高素质的人才,培养大批合格的社会主义建设者服务现代化建设。胡锦涛同志在2010年7月第四次全国教育工作会议上强调,要立足社会主义初级阶段的基本国情全面推动教育事业科学发展,提出了"五个必须":

---

[1] 人民教育出版社编:《毛泽东论教育》,人民教育出版社2008年版,第272页。
[2] 《邓小平文选》第一卷,人民出版社1994年版,第290页。
[3] 《江泽民文选》第三卷,人民出版社2006年版,第499页。

必须要坚持优先发展教育、必须坚持以人为本、必须坚持改革创新、必须促进教育公平、必须重视教育质量，"遵循教育规律，面向社会需求，优化结构布局，提高教育现代化水平"①。党的十八大以来，习近平总书记高度重视教育的社会主义方向性、教育现代化和教育强国建设的大是大非问题，在2018年的全国教育大会上强调："我国是中国共产党领导的社会主义国家，这就决定了我们的教育必须把培养社会主义建设者和接班人作为根本任务，培养一代又一代拥护中国共产党领导和我国社会主义制度、立志为中国特色社会主义奋斗终身的有用人才。"习近平总书记进一步深刻指出："我们的教育决不能培养社会主义破坏者和掘墓人。"教育的根本性失败是培养出一些"'长着中国脸，不是中国心，没有中国情，缺少中国味'的人！"②

（三）大学文化传承中要贯彻"四为服务"的新时代育人理念

新时代需要各级各类人才，人才培养要以科学的育人理念为指导。毛泽东同志在新中国成立初期，针对少数民族地区建设发展需要本民族干部和科学家的现实问题时指出："培养人才要慢慢来，不是几个月、几年的事，你们要有计划地培养科学干部。"③ 大学文化传承创新对繁荣社会主义文化具有特殊重要的价值与意义，对于促进社会主义文化繁荣、为推进文化发展和科学进步要坚持"百花齐放、百家争鸣"的方针，毛泽东同志主张："对于科学上、艺术上的是非，应当保持慎重的态度，提倡自由讨论，不要轻率地作结论……采取这种态度可以帮助科学和艺术得到比较顺利的发展。"④ 新时代的教育现代化推进之路始终坚持育人为本，习近平总书记强调，"育人的根本在于立德"，广大教师在大学文化传承中、大学教学中要紧紧围绕培养青年学生的中国心和中国情展开，扎根全面建设社会主义现代化强国的人才规格，融通中外

---

① 《胡锦涛文选》第三卷，人民出版社2016年版，第418页。
② 习近平：《论党的青年工作》，中央文献出版社2022年版，第170页。
③ 中华人民共和国教育部、中共中央文献研究室编：《毛泽东 邓小平 江泽民论教育》，中共中央文献出版社2002年版，第63页。
④ 人民教育出版社编：《毛泽东论教育》，人民教育出版社2008年版，第273页。

科技发展的一切有益成果，立足两个大局和新征程的新时代发展诉求，面向共同富裕的美好生活，切实有效培养出胸怀中国心、满怀报国情和躬行效国志的奋发有为的新时代中国青年。办人民满意的教育的首要关切就是培养什么人的问题，国家繁荣、社会进步、生活安定、个人发展的基本途径都是要通过教育才能获得，社会主义教育现代化的发展方向，全面发展的建设者与接班人的人才质量规格，都需要高质量的教育来实现，大学文化传承就要坚持实现立德树人的根本任务，在体制机制改革聚焦新时代育人理念的落实与成效来建构激励策略。

二 大学文化传承中要坚定建设中国特色世界一流社会主义大学的新时代目标

中国特色世界一流是新时代中国教育现代化建设的关键词，也是新时代中国高等教育发展的战略目标。中国作为在国际上影响力日增的政治经济文明大国，始终坚信先进强大的文化力量与文化自信是支撑起一个强大的现代化国家的逻辑前提。在中国步入社会主义现代化建设的新征程中，高等教育开启分类推进一流大学和一流学科建设成为新发展阶段的新发展目标，其责任与使命更加重大而紧迫，中国需要学习和借鉴世界高等教育发展的科学范式和有效做法，同时，中国高等教育更需要建构中国模式和为世界提供中国方案，因此，理性选择与批判借鉴是中国大学"双一流"建设和高校综合改革中的路径依赖与中国智慧。

（一）新时代大学文化传承中助力"双一流"建设的战略目标

中国共产党领导的社会主义高等教育始终担负着培养高级专门人才、发展先进科学技术和推进现代化建设的重大使命，根据中国特色社会主义现代化建设"三步走"的战略部署，在 20 世纪末，各类专门人才的拥有量要基本满足现代化建设的需要，形成面向 21 世纪的、中国特色的社会主义教育体系的基本框架；为迎接世界新技术革命的挑战，1993 年，《中国教育改革与发展纲要》中明确我国教育事业发展的战略目标是"要集中中央和地方等各方面的力量办好 100 所左右重点大学和一批重点学科、专业",力争在 21 世纪初,"有一批高等学校和学科、专业,在教育质量、科学研究和管理方面,达到世界较高水平"①。1993 年 7 月,《国家教委关于重点建设一批高等学校和重点学科的若干意见》中进一步明确,中共中央、国务院发布决定设置"211"工程重点建设项目,"即面向 21 世纪,重点建设 100 所左右的高等学校和一批重点学科"。"211"工程的实施,为迎接 21 世纪的挑战,增强综合国力和国际竞争力,有力推动我国高等教育体制改革、提高高等教育的质量、科研和管理水平,"实现高层次人才的培养立足国内,为我国进入 21 世纪准备骨干人才"的重大战略决策。② "211"工程拉开我国建设高水平大学的序幕并取得初步成效,我国进一步实施科教兴国战略,1998 年 5 月,江泽民同志在北京大学建校 100 周年校庆讲话中,明确提出要建设世界一流大学的战略目标:"我国政府决定,从 1998 年 5 月份起,抽出若干经费支持若干所大学进入国际先进行列。"③ "211"工程和"985"工程的启动实施,意味着我国高等教育进入了与国际接轨,以建设高水平的世界一流大学为发展契机开始迈向世界。2017 年,教育部、财政部和国家发展改革委印发《统筹推进世界一流大学一流学科建设实施办法(暂行)》,明确提出继"211"工程和"985"工程之后,开启建设"双一流"高校战略,并于同一年公布了"双一流"建设高校的学科和名单;2018 年,三部委联合发布《关于高等学校加快"双一流"的指导意见》,对"双一流"建设高校在人才培养、深化改革和内涵建设等方面提出了全方位的战略指导,"双一流"建设高校要坚持的主题原则:特色一流、内涵发展、改革驱动;与此同时,为缩

---

① 何东昌主编:《中华人民共和国重要教育文献(1991—1997)》,海南出版社 1998 年版,第 3469 页。
② 何东昌主编:《中华人民共和国重要教育文献(1991—1997)》,海南出版社 1998 年版,第 3531 页。
③ 侯怀银主编:《新时期教育史纲(1978—2018)》,福建教育出版社 2020 年版,第 351 页。

第三章 新时代大学文化传承中坚持社会主义核心价值体系的基本方略

小高校之间的区域差距，国家大力扶持中西部高校建设发展，整体推进我国高等教育水平和积极建设"双一流"高校和学科。① 党的十八大以来，党中央、国务院高度重视高等教育的内涵式发展，习近平总书记在教育文化卫生体育领域专家座谈会上的讲话中指出，要从党和国家事业发展全局的战略高度，在"十四五"时期坚持教育优先发展和全面贯彻党的教育方针，"坚守为党育人、为国育才，努力办好人民满意的教育，在加快推进教育现代化的新征程中培养担当民族复兴大任的时代新人"②。习近平总书记在党的二十大报告中进一步深刻指出，从"教育是国之大计、党之大计"的战略高度提出"坚持以人民为中心发展教育"，教育的根本问题是培养什么人、怎样培养人和为谁培养人，在高等教育发展方面，要"加快建设中国特色、世界一流的大学和优势学科"③。大学文化传承中要切实贯彻落实立德树人的根本任务，着力实践"为党育人、为国育才"的战略目标。

（二）新时代大学文化传承中创建中国特色世界一流社会主义大学的现实挑战

由于科技进步的迅猛，计算机、人工智能和机器人将会让个人生活和职业生活变得更加错综复杂，加拿大学者奈特认为，全球化的不同要素对世界高等教育发展产生了不同的影响：一是知识社会对终身教育和继续教育的重视加强，职业发展给高等教育创造了新的发展机遇；二是新产生的知识和技能推动了高等教育新型课程和资质认证的产生与发展；三是信息技术的发展推动本国和跨国新型教学方法的产生、运用和共享；四是市场经济的广泛发展引领了国内及国际教育和培训的商业化趋向；五是国内和国际新的治理制度和治理结构的建立，改变了政府和

---

① 侯怀银主编：《新时期教育史纲（1978—2018）》，福建教育出版社2020年版，第354页。

② 《习近平谈治国理政》第四卷，外文出版社2022年版，第339页。

③ 中共中央党史和文献研究院、中央学习贯彻习近平新时代中国特色社会主义思想主题教育领导小组办公室编：《习近平新时代中国特色社会主义思想专题摘编》，党建读物出版社、中央文献出版社2023年版，第181—182页。

非政府机构在高等教育发展中的角色。① 基于此，中国特色世界一流社会主义大学面向未来的发展模式将聚焦面向终身学习，培养思维能力和传授科技知识。全球高等教育的不断变革让生活世界与众不同，"许多现存的工作岗位将会消失，其他一些高薪工作尚未出现。唯一可以确定的是这个世界会变得不同——并且在这种变化下，既有机遇，也有挑战"②。中国特色世界一流的社会主义大学与世界高等教育的新模式一道培养面向未来的新一代的创造者，"使他们能够利用我们这个时代的科技奇迹，在被人工智能机器改变的经济体系和社会体系中蓬勃发展"。未来高等教育能"为已经进入工作生涯的毕业生继续提供学习成果，帮助其终身学习。在某种程度上，这似乎是高等教育发展方向的新路线"③。

（三）新时代大学文化传承中建设中国特色世界一流社会主义大学的价值遵循

中国特色世界一流的社会主义大学是扎根中国大地来加快推进建设的，新时代大学文化传承要坚持社会主义大学育人的"四为"服务的价值表达："坚持教育为人民服务、为中国共产党治国理政服务、为巩固和发展中国特色社会主义制度服务、为改革开放和社会主义现代化建设服务。"④ 新时代大学文化传承坚持的"四为"服务的价值遵循源于高等教育的社会功能的发挥，新时代大学文化传承坚持的社会主义方向性，在于新时代大学为治国理政服务，为文化建设发展服务，为高度的社会主义物质文明和精神文明协调发展服务。新时代的大学特别是

---

① ［美］简·柯里、［美］理查德·德安吉里斯、［荷兰］哈里·德·波尔、［荷兰］杰罗恩·胡斯曼、［法］克劳德·拉科特：《全球化与大学的回应》，王雷译，北京大学出版社2010年版，第2页。

② ［美］约瑟夫·E.奥恩：《教育的未来——人工智能时代的教育变革》，李海燕等译，机械工业出版社2019年版，前言，Ⅷ—Ⅺ。

③ ［美］约瑟夫·E.奥恩：《教育的未来——人工智能时代的教育变革》，李海燕等译，机械工业出版社2019年版，前言，Ⅺ。

④ 习近平：《思政课是落实立德树人根本任务的关键课程》，人民出版社2019年版，第10页。

第三章 新时代大学文化传承中坚持社会主义核心价值体系的基本方略

"双一流"建设高校首要职能,是为社会主义现代化建设培养大批高级专门的优秀人才服务的,培养全面发展的高级专门建设者和接班人是新时代大学的根本职能;大学文化要传承与践行"四为"服务的价值理念,是通过培养全面发展的时代新人助力社会主义现代化建设新征程新目标,以高质量的育人观、人才观和发展观推进中国教育现代化赋能社会主义现代化建设的全面实现。

三 大学文化传承中要担负创造新时代的新文化和建设中华民族新文明的使命责任

促进文化的不断进步是人类的使命,在适应与推进社会发展需要的同时,大学文化传承发展的主旨在于促进青年学生的天资和需求获得同等的、尽可能地不断发展。2023年6月,习近平总书记在文化传承发展座谈会上强调,作为世界上唯一没有中断的中华文明,我们一定要传承好,我们要担负起创造新时代的文化使命,努力建设中华民族的现代文明,"盛世修文,我们这个时代,国家繁荣、社会平安稳定,有传承民族文化的意愿和能力,要把这件大事办好"。新时代的大学文化传承中要让广大青年学生"认识中华文明的悠久历史、感知中华文化的博大精深"[①]。大学文化传承中只有让广大青年学生全面深入了解中华文明的历史发展脉络和发展的基本方向,才能在大学学习和社会生活中更有效地推动中华优秀传统文化的"双创",才能在大学的教育教学、科学研究和服务社会中更加有力地推进中国特色社会主义的文化建设,在全面开创社会主义现代化建设新征程中全面建设和推进中华民族现代文明的发展和传播。

（一）大学文化的新文化创造与新文明传承的历史传统承继

人类的真正特点就是无论何种境遇都对未来充满希望,人不会仅仅要求停留在目前的状态,人对于自我发展完善的渴望和人类对社会整体

[①]《习近平在文化传承发展座谈会上强调 担负起新的文化使命 努力建设中华民族现代文明》,《人民日报》2023年6月3日第1版。

发展的深度需要，成就了人类追求发展进步的无尽前沿。大学文化传承与创新的特殊性在于通过大学的基本职能：教学、科学研究和服务社会来实践，在教书育人、学术研究和服务社会中实现大学文化的传承与创新，大学中的学者学人是在文明状态中获得现代教养与推进文明的发展进步的。卢梭所希望的"不受干扰的内在宁静和外在宁静"[①] 是学者学人的人文传统，在科技发达时代的大学教育中，这种追求和境界仍然是现代学者在教学、人才培养和科学研究中始终不渝的价值追求，成为大学发展进程中历久弥新的精神传统。列宁通过批判资本主义社会教育同生产劳动相分离的特点，深刻表达了只有通过夺取国家政权并获得物质和财政上的帮助，社会教育工作者需要通过宣传活动，才能直接与实际生活相联系、生机勃勃地开展教学工作的教育理想，"在资本主义社会里，组织国民劳动的实际任务同教学工作没有联系。教学工作死气沉沉，不切实际，形式主义，深受宗教的毒害，无论在什么地方，即使在最民主的共和国中，也会把一切有生气的、健康的东西扼杀掉"[②]。列宁指出，共产主义的奋斗目标是"……消灭人与人之间的分工，教育、训练和培养出全面发展的、受到全面训练的人，即会做一切工作的人"[③]。正是人类追求向上向善的发展需求成就了进步从可能变为现实，大学及其学者学人作为促进文化发展进步的主体，是整个人类精神富有和文明进步的力量代表，将为人类未来发展擘画怎样的世界文化图景？这是现代大学的共有文化责任，作为全人类共同利益的教育，特别是大学教育，如何通过大学教育职责使命的实践兑现对大学文化传承与创新的承诺，成为现代大学创造新文化和发展现代文明的文化责任与使命担当。

---

① [德]费希特：《论学者的使命 人的使命》，梁志学等译，商务印书馆1997年版，第53页。
② 文学国主编：《马克思恩格斯列宁斯大林论教育》，中国社会科学出版社2016年版，第244页。
③ 文学国主编：《马克思恩格斯列宁斯大林论教育》，中国社会科学出版社2016年版，第32页。

第三章 新时代大学文化传承中坚持社会主义核心价值体系的基本方略

(二) 新时代大学传播与创造新文化的学术责任与教学成效

大学文化要传承一种使人身心健康和心灵高尚的思想文化。在人类社会的职业分工中，大学教师被赋予促进青年学生身心健康全面发展的光荣职责与角色责任。大学里教师和学者的言传身教和身体力行尤为重要。大学生活中学者的身教胜于言教和榜样示范的作用尤为可贵，学者在传播新文化和创造新思想等一切文化方面都应该走在社会其他成员的前面，这是学者终其一生追求的职业也是志业，传播新文化和创造新思想彰显出学者的学术力量和文化感召力，大学的教师学者和学生应该是创造文化、传播文化和掌握文化最优秀群体中的引领者，如果最优秀的这部分人都丧失了力量，又用什么和以什么方式感召人呢？"如果出类拔萃的人都腐化了，那还到哪里去寻找道德善良呢？……所以，学者……应当成为他的时代道德最好的人，他应当代表他的时代可能达到的道德发展的最高水平。"[1] 在哲学家费希特的眼中，学者的使命就是将所在时代和后代的教化职责担负起来，学者的工作能够"产生出未来各代人的道路，产生出各民族的世界史"。学者的使命就是追求真理、论证真理、实践真理，学者使命职责之高贵在于学者是真理的献身者，服务真理、献身真理，在人类的文明史上多少先贤为真理"承做一切，敢说敢为，忍受痛苦"。在人类文明史上，多少古圣先贤为追求真理和捍卫真理而"受到迫害，遭到仇视"，甚至为坚持真理而付出生命的代价。[2] 面对当下的诸多不确定性，大学文化要传承一种保持定力和积淀能力的精神，"要有沉静的预备、精密的打算，然后才有把握去达到我们要达到之目的"[3]。

(三) 新时代大学文化传承现代文明的范式变革

文化之间的相互交流、碰撞、互鉴，不断推动和影响着与文化相关

---

[1] [德] 费希特：《论学者的使命 人的使命》，梁志学等译，商务印书馆1997年版，第45页。

[2] [德] 费希特：《论学者的使命 人的使命》，梁志学等译，商务印书馆1997年版，第45页。

[3] 高平叔编：《蔡元培教育论著选》，人民教育出版社2017年版，第298页。

的历史、习俗、制度和观念的变化，进而反映出各国社会发展、政治权力结构布局、时代变迁乃至冲突斗争的轨迹，世界各国越来越深刻认识到："与物质环境不同，文化是人类进步与创造力的源泉。一旦我们抛弃工具性的文化观，赋予文化以建设性、决定性和创造性的意义，我们就必须把文化发展纳入到发展概念的整体之中。"① 大学文化是大学读书治学生活方式的总体样态。大学文化滋养和培育广大师生获得更多发展的机会和选择的范围，同时，任何一种大学文化都不是静止的、一成不变的，大学文化传承现代文明的范式变革，与所有文化一样始终处于动态的、不断发展变化和演进之中。大学教师和学生是大学文化共同体中的一员，要创建一种大学文化，让学生在培养过程中感受不到束缚和限制；发挥学生和教师的优势而不违背成长发展的规律。营建引导学生获得自由发展与成长的学术氛围：教学资源和学术训练的丰富供给，夯实专业基础理论的学术养分和实践机会；在大学文化共同体的同一时空，不可能有两个完全相同的人，思路与想法差异的碰撞，尊重差异并包容多样性，使大学中的每一个独立个体，既感到思想自由和精神独立，又感受不到思想和创造受到限制；既尊重天性自然，又有向上力量的支撑，这是追求学术成长、读书思考研讨的大学学术共同体所共有的力量。

　　尊重大学文化多样性的范式变革意味着大学中的教学文化、学术文化、制度文化、行为文化等都获得同等重视，教学与科研在教师选聘和职称晋级考核中的比重倾斜，归根到底是大学文化的问题；教学文化与学术文化同等重要，都应获得同等尊重，大学文化要传承这种尊重。世界各国人民在历史的发展进程中用勤劳和汗水创造了灿烂的文化，文化的多样性和差异性都应该被尊重、包容、心存敬意与谢意，克劳德·莱维·斯特劳斯指出："衡量一种文化对世界文明的真正贡献，不能只看它独立发明了多少东西，更要看它与其他文化的差异性。对于其他文化

---

① 联合国教科文组织、世界文化与发展委员会：《文化多样性与人类全面发展——世界文化与发展委员会报告》，张玉国译，广东人民出版社2006年版，导论，第4页。

的尊敬与心存谢意，只能建立在对其他文化的差异性的理解上。"① 大学文化传承的范式变革中须注意吸收外来有益文化的辩证审视，吸收人类文明的一切有益成果，使之成为本土文明的有机成分，以助力本土文明的发展，这种外来有益成分有机吸收的过程需要文明成果的消化过程，"人类之消化作用，不惟在物质界，亦在精神界"。中西方文明在交流碰撞中，选择可以消化的有益成果吸收，而不能"强饮强食"②。

四 大学文化传承中要着力培养实现中华民族伟大复兴的"新时代好青年"

习近平总书记在庆祝中国共产党成立100周年大会上的讲话中指出："一百年来，在中国共产党的旗帜下，一代代中国青年把青春奋斗融入党和人民事业，成为实现中华民族伟大复兴的先锋力量。"新时代的中国青年要不负新时代赋予的实现中华民族伟大复兴的责任使命，不负青春韶华而努力"增强做中国人的志气、骨气、底气"③。在党的二十大报告中殷切希望青年一代在成长发展的最好的新时代，在全面建设现代化的广阔舞台上，努力使自己成为施展才干和建功立业的新时代好青年，"广大青年要坚定不移听党话、跟党走，怀抱梦想又脚踏实地，敢想敢为又善作善成，立志做有理想、敢担当、能吃苦、肯奋斗的新时代好青年，让青春在全面建设社会主义现代化国家的火热实践中绽放绚丽之花"④。大学文化在长期发展积淀中形成的文化传统，包括理想人格目标、核心价值取向、学术思维方式、研究范式选择、人格气质特征等，都是大学文化传承中彰显的独特性与时代发展的可能性。大学文化

---

① 联合国教科文组织、世界文化与发展委员会：《文化多样性与人类全面发展——世界文化与发展委员会报告》，张玉国译，广东人民出版社2006年版，导论，第7—8页。
② 高平叔编：《蔡元培教育论著选》，人民教育出版社2017年版，第61—62页。
③ 习近平：《在庆祝中国共产党成立100周年大会上的讲话》，人民出版社2021年版，第21页。
④ 《高举中国特色社会主义伟大旗帜 为全面建设社会主义现代化国家而团结奋斗——在中国共产党第二十次全国代表大会上的报告》，《人民日报》2022年10月26日第1版。

传承的是中华思想文化的精华，坚持和发扬大学历久弥新的优秀传统，科学精神与人文精神的有机融合在新时代发挥的功效，是在波澜壮阔的社会发展中凝结而成的时代精神的精华，是新时代高校综合改革和"双一流"建设中办学特色的彰显，是立足两个大局实现第二个百年奋斗目标征程中大学人格特质的张扬。

（一）大学文化传承的核心旨归是落实新时代人才培养的规格质量和价值追求

马克思恩格斯认为："既然是环境造就人，那就必须以合乎人性的方式去造就环境。"[①] 人的自由全面发展的现实基础是社会生产力的发展和物质条件的不断创造，我们尽一切力量创造我们追求的物质与精神都满足的、真正的人的幸福生活。斯大林设想未来社会的发展要实行普遍的义务的综合技术教育，能够使社会成员有选择职业的自由，以避免被终身束缚于某一种职业，"必须把社会的文化发展到足以保证社会一切成员全面发展他们的体力和智力，是社会成员都能获得足以成为社会发展中的积极活动分子的教育，都能自由地选择职业，不致由于现存的分工而终身束缚于某一种职业"[②]。毛泽东同志强调，青年需要学习的东西很多，就更加需要关注青年的身体健康，也要关心教师的健康，"青年们要睡好，教师也要睡足"[③]。新中国的教育方针就是要保护青年一代更好地成长，要为青年更好地设想和照顾好青年的身心特点组织教育活动。蔡元培先生在五四运动后，希望学生要有一种自动求学的觉悟，在学校求学不能单靠教科书和教习，"课堂功课固然要紧，自动自习，随时注意，自己发现求学的门径和学问的兴趣，更为要紧"[④]。学生对自身的发展计划要以社会发展为指导地位，管理好自己，处理好自由与秩序的关系，最好的办法是学生遵守自己制定的规则，做到自治自

---

① 《马克思恩格斯文集》第1卷，人民出版社2009年版，第335页。
② 文学国主编：《马克思恩格斯列宁斯大林论教育》，中国社会科学出版社2016年版，第32页。
③ 人民教育出版社编：《毛泽东论教育》，人民教育出版社2008年版，第233页。
④ 高平叔编：《蔡元培教育论著选》，人民教育出版社2017年版，第298—299页。

第三章 新时代大学文化传承中坚持社会主义核心价值体系的基本方略

律:"只希望学生能有各方面的了解和觉悟,事事为有意识的有计划的进行,就好极了。"[1] 邓小平同志在中国共产党全国代表大会上的讲话中强调,要加强社会主义精神文明建设,物质文明与精神文明建设协调发展才能体现出社会主义的优越性;只有全面发挥社会主义的优越性,才能有效地、充分地教育我们的人民和后代,"不加强精神文明的建设,物质文明的建设也要受破坏,走弯路。光靠物质条件,我们的革命和建设都不可能胜利。过去我们党无论怎样弱小,无论遇到什么困难,一直有强大的战斗力,因为我们有马克思主义和共产主义的信念。有了共同的理想,也就有了铁的纪律。无论过去、现在和将来,这都是我们的真正优势"[2]。江泽民同志从增强我国的综合国力和在激烈的国际竞争中取得战略主动的战略高度强调:"只有培养一代又一代有理想、有道德、有文化、有纪律的献身有中国特色社会主义事业的建设者和接班人,才能保证我国长治久安。"[3] 大学文化传承中要坚定实现中国特色社会主义的共同理想,大学就要将年青一代塑造成为肩负历史责任,将青春梦融入中国梦的伟业之中,做新时代贯彻新发展理念的奋进者、开创全面建设社会主义现代化强国的开拓者、构建人类命运共同体的奉献者,通过努力奋斗将自身塑造成为现代化建设的有用之才,成为教育强国和科技强国建设的栋梁之材。

(二)大学文化传承聚焦怎样培养国家所需要的"新时代中国好青年"

大学教育要通过有形的教育和无形的教育的有机结合来教育青年认识祖国,有形的教育在学校中开展正规化的教育教学:教学、读书、做实验和听讲等;无形的教育通过潜移默化、润物无声的环境教育、体验式教育和情感教育等实现。哲学家冯友兰先生主张,对学生开展爱国主义的道德教育,不仅要跟学生讲清楚为什么爱国、什么是爱国,更重要

---

[1] 高平叔编:《蔡元培教育论著选》,人民教育出版社2017年版,第301页。
[2] 《邓小平文选》第三卷,人民出版社1993年版,第144页。
[3] 《江泽民文选》第一卷,人民出版社2006年版,第370页。

的是要培养学生爱国的性格,"教人知道他应该爱国,这是可以用有形的教育方法作的。我们可教他记住许多关于爱国的格言,可以给他讲许多关于爱国的故事。但专靠这些,是否能使他有爱国的性格,很是一个问题。性格是要'养'成的"。关于如何培养学生爱国的性格?冯友兰先生明确指出:"我们要想教我们的青年爱国,最好的方法,是把他们的国之可爱的地方,直放在他们的眼前,教他们的眼,真看见他们的国之可爱。"① 基于此,大学教师在教学中要不断提升自身的专业能力和业务素质,运用现代化信息技术手段精选教学内容,采用能够激发学生学习兴趣和激发学生探索热情的教学方法,开展让学生获得更多获得感、体验性和受益感的课堂教学和实践教学。

(三)新时代大学文化传承要充分发挥新时代青年"最肯学习,最少保守思想"的力量

为新世界培养新人是教育始终追求的使命责任。新时代的中国青年是整个社会中最积极最有生机活力的重要社会力量,"他们最肯学习,最少保守思想,在社会主义时代尤其是这样"②。青年一代的整体素质和能力本领直接影响中国梦的实现进程,我国的青年一代是大有可为的一代,要想大有可为就要练就过硬的能力本领,青年学生成长进步的阶梯是学习,提高能力本领的途径是实践,在人生成长的黄金期,习近平总书记强调,青年一代"应该把学习作为首要任务,作为一种责任、一种精神追求、一种生活方式,树立梦想从学习开始、事业靠本领成就的观念,让勤奋学习成为青春远航的动力,让增长本领成为青春搏击的能量"③。终身教育、终身学习的思想在全世界已达成实践共识,教育与学习扩展到一个人的整个一生,青年一代在大学学习中应将个人的潜力发展与社会的整体发展有机结合,终身不断学习和接受需要的教育是每一个人都可以得到的,是每一个人生活的一部分。大学文化传承中要

---

① 冯友兰:《冯友兰哲思录》,新世界出版社2022年版,第169页。
② 人民教育出版社编:《毛泽东论教育》,人民教育出版社2008年版,第238页。
③ 习近平:《论党的青年工作》,中央文献出版社2022年版,第19页。

发挥教育促进个人充分发展的使命,"将能在一切人类中为每个地方、每一个人培养热爱和平的深厚感情,使人们能随时准备抵抗侵略战争和尊重邻国的独立"①。成长发展于中国特色社会主义新时代的青年一代就是新世界的新青年,培养完善的青年一代在全世界已经成为一种共同利益,为了培养完善的人,大学教育文化要保护青年一代探索世界的好奇心,具有表达自己和倾听他人意见的能力,乐于阅读的兴趣,批判质疑的精神,将科学精神与人文关怀有机融合,培育体验美感、追求美的兴趣和鉴赏美的素质与能力。

第三节 大学文化传承中凝聚与弘扬民族精神和时代精神的基本方略

中华民族作为人类发展史上的最伟大民族之一,在五千多年的文明发展史中,为人类文明发展进步作出了不可磨灭的世界贡献,中华民族虽然历经磨难,但是,正是每一个时代的中国人都能在民族危亡、发展曲折和民族复兴的不同发展阶段弘扬与践行中国精神,才能不断推动中华民族接续奋斗,从而迎来中华民族伟大复兴和日益走向现代化建设强国的光明前景。大学文化的丰富性和多样性为大学人相互影响和持续对话提供了广阔的文化平台,为共同面对未来发展与挑战提供了共有文化精神的支撑。大学文化传承中要有高度的文化自信,习近平总书记在中国文学艺术界联合会第十次全国代表大会上指出:"要善于从中华文化宝库中萃取精华、汲取能量,保持对自身文化理想、文化价值的高度信心,保持对自身文化生命力、创造力的高度信心,使自己的作品成为激励中国人民和中华民族不断前行的精神力量。"② 因此,大学文化要传承一种精神理念,传承一种人生态度,特别是在人类正在面临局部战争频发,

---

① 联合国教科文组织国际教育发展委员会编:《学会生存:教育世界的今天和明天》,华东师范大学比较教育研究所译,教育科学出版社1996年版,第191页。
② 《习近平谈治国理政》第二卷,外文出版社2017年版,第349页。

政治性冲突依然存在，歧视、抵制、制裁等对抗相互交织，气候环境问题层出不穷的全球境遇之下，人类还是应该树立这样一种生存发展的信念，"艰困的外在环境通常能给人一个机会，让人超越自己，从而得到精神上的成长"①。德国哲学家阿诺德·盖伦对现代文明抱有悲观倾向，他认为："现代文明的特征乃是传统体制解体并趋向于一种无政府状态的知识化（intellectuation）。物质生活水平不断提高丝毫不意味着人类的进步，反而意味着在炮制永远不可能餍足的欲求——它与人性中的道德义务是背道而驰的，它包含着使人们精神生活庸俗化的危险，并且还会剥夺人们政治生活中的高贵与尊严。科学的日益专门化使得群众日益陷入蒙昧状态，而世界的一体化则会导致人们日益丧失自己的独立与自由。"②阿诺德·盖伦对当前正经历现代化进程的世界，提供了有价值的参考建议，他指出，学术研究就是要指明这种衰落的迹象，"并且能挺身而出维护传统体制中种种'合法的'成分"③。这对于处在全面建设社会主义现代化教育强国进程中的中国大学学界而言，要建设中国气派、中国风格和中国特色哲学社会科学的中国学界来说，力图尝试立足本土又面向世界的综合思考框架，是一个有借鉴意义的参考坐标。但是，中国人有自己独特的精神世界和价值追求，习近平总书记指出："一个时代有一个时代的精神。"④大学文化传承的以爱国主义为核心的民族精神和以改革创新为核心的时代精神是中华民族的文化脊梁，是大学文化传承中所应承担的重大民族责任。以爱国主义为核心的民族精神是所处时代社会生活和时代发展的精神写照，深深打上所处时代的文化烙印和价值特征；以改革创新为核心的时代精神与民族和国家发展紧密相连并发出时代诉求的最强音，大学文化传承的民族精神和时代精神就要"把握

---

① ［奥］弗兰克：《活出意义来》，赵可式等译，生活·读书·新知三联书店1998年版，第75页。

② ［德］阿诺德·盖伦：《技术时代的人类心灵》，何兆武等译，上海科技教育出版社2008年版，中译本序，第9—10页。

③ ［德］阿诺德·盖伦：《技术时代的人类心灵》，何兆武等译，上海科技教育出版社2008年版，中译本序，第10页。

④ 《习近平著作选读》第一卷，人民出版社2023年版，第537页。

第三章 新时代大学文化传承中坚持社会主义核心价值体系的基本方略

时代脉搏，承担时代使命，聆听时代声音，勇于回答时代课题"①。

一 大学文化传承中实践"为党育人、为国育才"的新时代人才培养使命责任

新时代过去的十年，中国特色社会主义大学在中国共产党的全面正确领导下，在中国高等教育百余年的奋斗历程中，在人才培养服务国家战略方面取得了重大成就：中国特色社会主义大学在办学模式、育人方式与成效、治理体制与保障机制等方面实现了整体布局创新，有力支撑了大学作为高素质专业人才培养的重要中心和创新高地；有效改善和全面开创社会主义现代化建设新征程所需劳动力素质结构和稳步提高全民族科学文化素质、道德素质和法治素养做出重大贡献。特别是在"211"工程和"985"工程实施基础上开启并有力推动的"双一流"建设高校的两轮启动计划实施与验收，中国特色一流大学和一流学科建设卓有成效，中国高等教育整体水平已经跻身世界第一方阵。② 我国已经建成全球规模最大的高等教育体系，高等教育在学总规模达到4655万，毛入学率达到59.6%，高等教育普及化水平得到进一步巩固和提升；高等教育在多样化、个性化、学习化、现代化等普及化阶段的发展特征更加显著，并进一步凸显出中国社会主义大学的特色优势。高等教育布局结构继续优化，批准甘肃设立新时代振兴中西部高等教育改革先行区，新增15所部属和东部高水平大学对口支援13所西部高校，分中央和地方赛道共计建设11761个国家级一流本科专业点，高等教育整体布局和普及化发展更加协调。③ 中国特色社会主义大学在党对高等教育事

---

① 《习近平著作选读》第一卷，人民出版社2023年版，第537页。
② 教育部高等教育司：《毛入学率57.8%，我国已建成世界最大规模高等教育体系》，2022年5月18日，中华人民共和国教育部官网（http：//www.moe.gov.cn/fbh/live/2022/54453/mtbd/202205/t20220518_628444.html）。
③ 教育部高等教育司：《2022年推进构建高质量高等教育体系有关情况》，2023年3月23日，中华人民共和国教育部官网（http：//www.moe.gov.cn/fbh/live/2023/55167/202303/t20230323_1052199.html）。

业全面领导之下，始终坚持以培养服务国家战略发展需要的高级专门人才为始终不渝的办学宗旨，在新时代高级专门人才培养的目标定位坚守、使命责任落实、方法途径选择方面，在新时代大学文化传承中紧紧围绕"为党育人、为国育才"实现服务国家的战略需求。

（一）大学文化传承中坚持培养中国特色社会主义时代新人的育才目标新定位

培育社会主义新人是中国特色社会主义大学的优良传统、显著特征与集中优势：毛泽东同志在新民主主义革命时期就提出"为教育新后代而努力"①，鼓励青年"把自己变成新时代的主人翁"②，为此，拥有厚重红色基因的新民主主义高等教育的典型代表：陕北公学要培养的是具有斗争精神、牺牲精神、富于实际精神的革命先锋队；抗日军政大学要培养学习抗日救国宗旨、坚定正确的政治方向、学习艰苦奋斗的工作作风，还要学做军人并学习打败日本侵略者的灵活战略战术。根据社会主义革命和社会主义建设时期的发展需要，依据青年身心发展特点，毛泽东同志从保护青年学生更好成长和为青年设想的角度教育"三好"青年，③成为新中国成立后社会主义大学人才培养的目标遵循；邓小平同志根据改革开放和社会主义现代化建设新时期的发展需要，先是提出培养"四有"的"社会主义新人"，继而提出"四有干部"，进而提倡对青年进行理想和纪律教育；江泽民同志指出，中国特色社会主义文化建设的基础工程是教育和科学，"培育适应社会主义现代化要求的一代又一代有理想、有道德、有文化、有纪律的公民。这是我国文化建设长期而艰巨的任务"④。胡锦涛同志向广大青年提出"四个新一代"的发展目标，就是为了激励广大青年为全面建设小康社会、构建社会主义和谐社会而努力奋斗。⑤这同样是在新时期中国特色社会主义大学文化传

---

① 人民教育出版社编：《毛泽东论教育》，人民教育出版社 2008 年版，第 42 页。
② 人民教育出版社编：《毛泽东论教育》，人民教育出版社 2008 年版，第 48 页。
③ 人民教育出版社编：《毛泽东论教育》，人民教育出版社 2008 年版，第 234 页。
④ 《江泽民文选》第二卷，人民出版社 2006 年版，第 33 页。
⑤ 《胡锦涛致中国青年群英会的信》，《人民日报》2007 年 5 月 5 日第 1 版。

第三章 新时代大学文化传承中坚持社会主义核心价值体系的基本方略

承中所应坚持的人才培养的目标指向。

党的十八大以来，中国特色社会主义大学人才培养目标建设始终坚持社会主义新人的发展方向，同时根据我国高等教育强国、科技强国和人才强国战略目标的有效实施，驱动大学文化传承中坚持为党育人和为国育才的教育优先发展引领，以全面提高社会主义大学人才自主培养质量为主线，以深入推进现代大学治理和教育综合改革试点为重要抓手，不断探索构建中国式大学教育人才培养发展模式，以更好地服务社会主义现代化国家建设战略，实现"办人民满意的教育"以构建高质量的大学教育育人体系。为此，习近平总书记高度关注和重视青年一代的成长和发展，广大青年学生出生在中国这个伟大的国家，成长在新时代这个最好的时代，广大青年学生只要"坚持爱国、坚持理想、坚持学习、坚持创新"，定能书写时代华章以报效祖国和人民。[1] 大学文化传承的根本任务是培养中国特色社会主义事业的建设者和接班人，"青年一代健康成长，直接关系中国特色社会主义事业后继有人、兴旺发达"[2]。锚定这一战略定位，习近平总书记在欧美同学会成立一百周年庆祝大会的讲话中希望，广大青年能够坚守和传承爱国主义精神，"在中华民族几千年绵延发展的历史长河中，爱国主义始终是激昂的主旋律，始终是激励我国各族人民自强不息的强大力量"[3]。为此，新时代大学文化传承中只有在当代青年中达成思想共识，才能有力引领广大青年学生面对社会环境的深刻变化、文化生活的丰富多样、社会思潮的形形色色，在站位上保持清醒理性认知，凝聚思想价值共识，激发时代责任感和奋斗精神，苦练能力本领，敢于担当作为，做弘扬以爱国主义为核心的民族精神的坚守者、传播者和践行者，成为堪当民族复兴大任的时代新人。

---

[1] 习近平：《论党的青年工作》，中央文献出版社2022年版，第52页。
[2] 习近平：《论党的青年工作》，中央文献出版社2022年版，第28页。
[3] 习近平：《论党的青年工作》，中央文献出版社2022年版，第42页。

(二) 大学文化传承中实现高级专门人才服务国家战略的高质量发展新使命

大学培养高级专门人才服务国家战略需求是世界大学共有的文化承诺。从全球范围来看，在高校内设置的跨学科政策性研究或咨询机构通常被称为高校智库，高校智库建设在中国是从提高国家软实力与推进国家治理体系和治理能力现代化的战略高度出发，以此提升国家科学民主决策能力。在西方发达国家，高校智库在智库总量中占有很高的比例，例如，在美国75%的智库是在大学中设立的。我国高校智库建设起步较晚，但是，在国家相关战略决策相继推出后，高校智库建设发展迅速。总体而言，高校智库建设对于以人才培养为核心使命的高校管理者和高校师生而言，不仅是一个新鲜事物，同时，也存在高校智库建设的一线管理经验；要建设好新型高校智库，一方面，需要借鉴国外先进的有益经验；另一方面，更重要的是国家政策的扶持并激发其内生动力。在我国，最早在《国家中长期教育改革与发展规划纲要（2010—2020)》中，在增强高等教育的社会服务能力方面提出："高校要牢固树立主动为社会服务的意识，全方位开展服务……积极参与决策咨询，主动开展前瞻性、对策性研究，充分发挥智囊团、思想库作用。"[①] 2011年，教育部国际司率先启动了国别与区域研究基地建设，首批设立了42家培育基地，开创了中国高校智库建设的先河。2015年1月，中共中央办公厅、国务院出台《关于加强中国特色新型智库建设的意见》，教育部主导的高校智库建设与国家倡导的新型智库建设砥砺前行，引领我国高校智库建设驶入快车道。特别是教育部出台的《国别和区域研究基地培育和建设暂行办法》，要求各地高校深刻认识国别和区域研究的重要意义，高校新型智库建设得以积极推进。[②] 高校是深入

[①] 《国家中长期教育改革和发展规划纲要（2010—2020年)》，人民出版社2010年版，第30页。

[②] 梁占军主编：《国外高校智库要览》，世界知识出版社2019年版，写在前面的话（代序），第1—3页。

第三章
新时代大学文化传承中坚持社会主义核心价值体系的基本方略

实施人才强国的战略高地，高校培养和造就大批高素质德才兼备人才是国家和民族发展的长远大计。习近平总书记在党的二十大报告中指出："引导广大人才爱党报国、敬业奉献、服务人民。"高校要坚持和实施党管人才的原则，以更加积极、开放和有效的人才政策，"把各方面优秀人才聚集到党和人民事业中来"①。

党的十八大以来，我国经济、社会和文化教育发展也同步进入新时代。新时代大学文化传承中坚持"为党育人、为国育才"的培养方向，在大学教学文化、学术文化和校园文化建设中着力树立青年学生的爱国主义和社会主义思想，致力于培养服务国家战略需求的、全面发展的、投身社会主义现代化建设的高级专门建设者和接班人。习近平总书记在中央经济工作会议上的讲话中指出："我国经济已由高速增长阶段转向高质量发展阶段。"② 这一重大判断对高等教育高质量发展和高质量人才培养均具有重大的现实意义和长远的历史意义。新时代大学文化传承中把握高质量发展的战略目标就是坚持"质量第一、效益优先"③ 的基本原则。习近平总书记在党的二十大报告中指出，"高质量发展是全面建设社会主义现代化国家的首要任务"④，并进一步明确提出，要强化现代化建设的人才支撑，就要大力实施科教兴国战略，作出"坚持以人民为中心发展教育，加快建设高质量教育体系"的战略部署。⑤ 为此，大学文化传承中落实高级专门人才服务国家战略的高质量发展新使命应主要聚焦：服务国家高质量发展战略的高质量人才培养着眼点在于

---

① 习近平：《高举中国特色社会主义伟大旗帜　为全面建设社会主义现代化国家而团结奋斗——在中国共产党第二十次全国代表大会上的报告》，人民出版社2022年版，第36页。

② 中共中央党史和文献研究院编：《十九大以来重要文献选编》上，中央文献出版社2019年版，第138页。

③ 中共中央党史和文献研究院编：《十九大以来重要文献选编》上，中央文献出版社2019年版，第140页。

④ 习近平：《高举中国特色社会主义伟大旗帜　为全面建设社会主义现代化国家而团结奋斗——在中国共产党第二十次全国代表大会上的报告》，人民出版社2022年版，第28页。

⑤ 习近平：《高举中国特色社会主义伟大旗帜　为全面建设社会主义现代化国家而团结奋斗——在中国共产党第二十次全国代表大会上的报告》，人民出版社2022年版，第34页。

满足青年学生全面发展的需要,关键点是服务国家高质量发展理念的厚植,重点是创新意识和创新能力的培养,生长点是大学文化协调各方力量构建高质量人才培养的育人格局,难点是大学文化传承中建构高质量发展的大学文化共享开放载体途径,发力点是高质量人才培养模式成为大学文化传承的普遍形态。

(三)大学文化传承中拓展高素质专业化创新型人才培养的新方法新途径

党的十八大以来,习近平总书记高度重视对人才的培养、选拔和任用,在诸多场合的重要讲话中都强调了"人才是第一资源","加强创新人才教育培养"问题。[1] 在哲学社会科学工作座谈会上的讲话中,针对我国哲学社会科学领域普遍存在的"有数量缺质量、有专家缺大师的状况",总体而言,"人才队伍总体素质亟待提高,学风建设方面问题还比较突出"等问题,提出要"改变这个状况,需要广大哲学社会科学工作者加倍努力,不断在解决影响我国哲学社会科学发展的突出问题上取得明显进展"。[2] 在党的十九大报告中指出,建设创新型国家,"创新是引领发展的第一动力","培养造就一大批具有国际水平的战略科技人才、科技领军人才、青年科技人才和高水平创新团队"。[3] 在科学家座谈会上的讲话中指出,要想"培养造就一批具有国际水平的战略科技人才、科技领军人才、创新团队",就"要高度重视青年科技人才成长,使他们成为科技创新主力军"。[4] 在党的二十大报告中指出,要以人才政策保障党管人才原则的贯彻落实,"坚持尊重劳动、尊重知识、尊重人才、尊重创造","努力培养造就更多大师、战略科学家、一流科技领军人才和创新团队、青年科技人才、卓越工程师、大国工

---

[1] 习近平:《在科学家座谈会上的讲话》,人民出版社2020年版,第8页。
[2] 习近平:《在哲学社会科学工作座谈会上的讲话》,人民出版社2016年版,第7页。
[3] 习近平:《决胜全面建成小康社会 夺取新时代中国特色社会主义伟大胜利——在中国共产党第十九次全国代表大会上的报告》,人民出版社2017年版,第31—32页。
[4] 习近平:《在科学家座谈会上的讲话》,人民出版社2020年版,第9页。

第三章 新时代大学文化传承中坚持社会主义核心价值体系的基本方略

匠、高技能人才"。① 这些都是新时代大学文化传承中拓展高素质专业化创新型人才培养的新方法新途径的基本遵循。新时代大学文化传承要实现的根本任务是立德树人，这是大学文化传承的根本标准，大学文化在传承中实现以文化人和以德育人，大学以育人为本，而育人与育才是辩证统一的关系，"才者，德之资也；德者，才之帅也"。在北京大学师生座谈会上的讲话中指出："大学是立德树人、培养人才的地方。"②"高校只有抓住培养社会主义建设者和接班人这个根本才能办好，才能办出中国特色世界一流大学。"③

新时代大学文化传承中要不断尝试拓展新的方法途径培养高级专门人才，开创大学文化成为孵化世界人才中心和科学文化创新高地的重要载体和途径。新时代大学要充分发挥大学文化的塑造、引领和陶冶功能，为广大师生营造教师潜心育人、专心科学研究、激发创新动力的健康教学和学术生态环境，形成尊重人才、争做人才、人才辈出、人尽其才、才尽其用的良好局面。为此，一是新时代大学文化传承中要尊重人才成长的规律，尊重科学研究活动自身的特有规律，要宽容科学研究过程中的失败和错误；要具有开放共享的胸怀理念，"面向世界汇聚一流人才，吸引海外高端人才，为海外科学家在华工作提供具有国际竞争力和吸引力的环境条件"④。二是在大学文化中要传承与推进落实教育优先发展的战略定位和全面提高教育质量的发展理念，大学文化要弘扬"宝剑锋从磨砺出""板凳一坐十年冷"的耐得住寂寞、守得住淡泊的学术精神。三是在大学文化传承中要弘扬劳模精神、劳动精神和工匠精神，营造劳动光荣、劳动者平等的社会风尚和爱岗敬业、精益求精的职业精神。四是高度重视和大力扶持基础研究，聚焦前沿基础、"冷门绝学"、通过"基础学科拔尖学生培养计划"加强数学、物理、化学、生

---

① 习近平：《高举中国特色社会主义伟大旗帜 为全面建设社会主义现代化国家而团结奋斗——在中国共产党第二十次全国代表大会上的报告》，人民出版社2022年版，第36页。
② 习近平：《在北京大学师生座谈会上的讲话》，人民出版社2018年版，第4—7页。
③ 习近平：《在北京大学师生座谈会上的讲话》，人民出版社2018年版，第5页。
④ 习近平：《在科学家座谈会上的讲话》，人民出版社2020年版，第9页。

物等基础学科基地建设，尝试探索基础学科本硕博贯通式培养模式，加强基础学科本科生人才培养和强化基础学科拔尖学生培养，吸引最优秀并有志于基础学科研究的学生投身基础研究领域。

二 大学文化传承中坚持"两个结合"、守正"双创"的新时代路向

习近平总书记在党的二十大报告中指出，要铸就社会主义文化新辉煌，就必须要坚持文化自信自强，再次强调坚持和发展马克思主义，必须要坚持"两个结合"，"必须与中国具体实际相结合"和"必须与中华优秀传统文化相结合"：从理论上发掘阐释中华优秀传统文化与社会主义核心价值观所具有的天然高度契合性，赋予科学社会主义理论以鲜明的中国特色；从实践上"把马克思主义思想精髓同中华优秀传统文化精华贯通起来、同人民群众日用而不觉的共同价值观念融通起来"[1]，让马克思主义在中国大地牢牢扎根在坚实的马克思主义中国化时代化的历史基础和群众基础之上。探寻文化在现代生活中的意义与价值是中西方学者共同的研究旨趣，虽然人们追求和创造文化的方式存在诸多差异，但是，文化至今为止仍然是一面照亮人类历史上繁华与残酷的"镜子"，英国学者特里·伊格尔顿认为："现今，文明成了一种事实性的问题，而文化则成了一种价值观上的问题。价值观意义上的文化，似乎如今只存在于不可挽回的过去。文化成了我们失掉的天堂，我们被无礼地从幸福花园中逐出，文化是那刚刚消失在历史地平线上的有机社会。"[2] 从这个角度来看，伊格尔顿对现代文化的理解过于悲观，然而，伊格尔顿的贡献在于，他认为，文化与文明并非对立的，文化是文明发展的特殊组成部分，具有象征实践意义的文化诸如"艺术、道德观以

---

[1] 习近平：《高举中国特色社会主义伟大旗帜 为全面建设社会主义现代化国家而团结奋斗——在中国共产党第二十次全国代表大会上的报告》，人民出版社2022年版，第17—18页。

[2] [英] 特里·伊格尔顿：《论文化》，张舒语译，中信出版社2018年版，第11页。

第三章
新时代大学文化传承中坚持社会主义核心价值体系的基本方略

及精神的真理代表了人类存在中最好的部分"①，文化的社会意义的重要方面是其价值观意义。中华优秀传统文化中富有创造力、建构性和批判性的思想精华和实践成效，是新时代的中国开创中国式现代化强国建设的精神价值依托。

（一）坚持中国特色社会主义文化发展方向，实现中国大学优秀文化传统的创造性转化

被公认为是中国和世界上最古老的教育学著作《学记》是在一定的社会历史文化背景之下产生的，《学记》开篇："发虑宪，求善良，足以謏闻，不足以动众；就贤体远，足以动众，未足以化民。君子如欲化民成俗，其必由学乎！"②作为《学记》的总纲体现了古代社会统治阶级"政教合一"的思想，统治阶级发布施政纲领，需要贤良之士组织执行，为巩固统治地位，需要教化老百姓。从古至今，"化民""由学"体现出文化教育具有其特殊的价值功用。梁漱溟先生用一句话概括其对历史文化的见解，"认识老中国，建设新中国"③。中国文化的历史发展呈现出极强的个性即民族性，中国文化"独自创发"且自成体系，具有悠久的历史和独特的传统，成为世界上绵延五千多年的文明仍然具有强大生命力的独特文化；与此同时，中国文化与西方文化存在较大的差异，但是，中华文化具有"伟大的同化力"，对外来文化具有极强的包容吸纳能力，并能坚守中华文化的基本精神。④中国当代的文化学家张岱年认为，文化是一个不断创造的、动态的系统，任何一个文化系统都包含着人与自然、人与人、人自身三方面的关系；文化发展有其自身的规律并体现出文化的时代性和民族性，文化的时代性是其普遍性，文化的民族性是其特殊性；中国文化博大精深，其基本精神主要体现在由诸多要素构成的统一体系，这些要素主要包括：刚健有为、和与

---

① ［英］特里·伊格尔顿：《论文化》，张舒语译，中信出版社2018年版，第12页。
② 高时良译注：《学记》，人民教育出版社2016年版，第47页。
③ 梁漱溟：《中国文化要义》，上海人民出版社2018年版，自序，第7页。
④ 梁漱溟：《中国文化要义》，上海人民出版社2018年版，第11页。

中、崇德利用、天人协调。① 张岱年先生认为，文化基本精神是从文化中创造出来的，是在文化体系中发挥主导作用的基本思想，要坚持马克思主义的唯物史观将中华文化的基本精神在现代社会生产生活中发挥时代价值与彰显现代意义。马克思在《德意志意识形态》中指出，在不同的历史时期，物质条件的概念存在差别，这是历史事实，"这种差别不是我们为每个时代划定的，而是每个时代本身在既存的各种不同的因素之间划定的，而且不是根据概念而是在物质生活冲突的影响下划定的"。在先前时代传承到后来时代的、被看作是偶然的东西，在当时是与所处时代的生产力水平相适应的交往形式，这些"生产力与交往形式的关系就是交往形式与个人的行动或活动的关系"，这些活动（交往）的基本形式即物质活动决定"精神活动、政治活动、宗教活动等"一切其他交往形式与活动。② "由于这些条件在历史发展的每一阶段都是与同一时期的生产力的发展相适应的，所以它们的历史同时也是发展着的、由每一个新的一代承受下来的生产力的历史，从而也是个人本身力量发展的历史。"③ 从这个意义上说，人类的物质创造活动及其成果具有历史承继性并具有历史规定性，体现出累积性与规则性，这同样适用于观念文化和制度文化。恩格斯在《社会主义从空想到科学的发展》中指出："现代社会主义……同任何新的学说一样，它必须首先从已有的思想材料出发，虽然它的根子深深扎在物质的经济的事实中。"④ 这同样说明，观念学说文化的产生与创造，不仅要在已有思想文化材料的基础上发展，还要受到社会物质生产方式的制约。恩格斯进一步指出："一切社会变迁和政治变革的终极原因，不应当到人们的头脑中，到人们对永恒的真理和正义的日益增进的认识中去寻找，而应当到生产方式和交换方式的变更中去寻找；不应当到有关时代的哲学中去寻找，而应

---

① 张岱年、程宜山：《中国文化精神》，北京大学出版社2015年版，第14页。
② 《马克思恩格斯选集》第一卷，人民出版社2012年版，第203页。
③ 《马克思恩格斯选集》第一卷，人民出版社2012年版，第204页。
④ 《马克思恩格斯选集》第三卷，人民出版社2012年版，第775页。

第三章 新时代大学文化传承中坚持社会主义核心价值体系的基本方略

当到有关时代的经济中去寻找。"① 因此，一切社会变革、文化发展、真理的获取、真知的获得，都是通过生产实践获得的。

教育家徐特立认为，文化是将自然的东西加以改造和创造，使其更适用、更美好，这就是文化，保守和僵化不能创造新文化；要立足中国文化看世界变化，从世界发展趋势来看，伴随着经济的国际化，伦理道德教育也要有国际化视角，这就涉及如何对待外国文化和中国古代文化的问题，对中国古代文化要批判接受，既不能"一概排斥"，也不能"盲目服从"②，"要有步骤地整理、继承自己的文化遗产，发扬先人创造文化的伟大精神"③。1938年毛泽东同志在中国共产党第六届中央委员会扩大的第六次全体会议上的政治报告《论新阶段》中指出，用马克思主义方法批判总结和学习我们的历史遗产，"我们这个民族有数千年的历史，有它的特点，有它的许多珍贵品。对于这些，我们还是小学生。今天的中国是历史的中国的一个发展；我们是马克思主义的历史主义者，我们不应当割断历史。从孔夫子到孙中山，我们应当给予总结，承继这一份珍贵的遗产"④。对于外国文化，以中国实际需要为基础批判地吸收，"应当尽量吸收进步的文化，以为中国文化运动的借鉴"⑤。例如，新中国成立初期学习苏联的经验，必须有目的有方法地学习苏联的建设经验和技术方法，要与中国建设的具体条件相结合。⑥ 习近平总书记指出："对我国传统文化，对国外的东西，要坚持古为今用、洋为中用，去粗取精、去伪存真，经过科学的扬弃后使之为我所用。"⑦ 中

---

① 《马克思恩格斯选集》第三卷，人民出版社2012年版，第797—798页。
② 戴永增、肖传京、郭建平编：《徐特立教育论语》，人民教育出版社1999年版，第109页。
③ 戴永增、肖传京、郭建平编：《徐特立教育论语》，人民教育出版社1999年版，第110页。
④ 《毛泽东选集》第二卷，人民出版社1991年版，第533—534页。
⑤ 戴永增、肖传京、郭建平编：《徐特立教育论语》，人民教育出版社1999年版，第109页。
⑥ 戴永增、肖传京、郭建平编：《徐特立教育论语》，人民教育出版社1999年版，第110页。
⑦ 《习近平谈治国理政》第一卷，外文出版社2018年版，第156页。

大学文化传承中坚持社会主义核心价值体系研究

国特色社会主义文化的厚重基因源自中华民族绵延了五千多年的中华文明孕育、滋养了根脉永续的中华传统文化，中华优秀传统文化在新时代的创造性转化要坚持三个基本原则：一是面向现代化，植根于中国式现代化社会主义强国建设的伟大实践；二是面向世界，汲取中华优秀传统文化的精华，吸收世界文明的有益成果，不断增强中华文化的影响力、传播力和软实力；三是面向未来，结合新时代新征程新使命的中国现实，立足服务人民精神世界的丰富和服务社会主义现代化建设的新征程，坚持"双百"方针，坚守中华文化作为民族的、科学的、大众的社会主义文化的立场，坚定文化自信建设文化强国。

（二）坚持中国特色世界一流大学建设方向，实现中国大学优秀传统文化的创新性发展

世界一流大学对各国的经济、社会和文化发展的贡献与作用是举世公认的，世界一流大学建设往往与"竞争力"密切相关。在过去的几十年中，建设世界一流大学作为学术体系的核心机构，在经济全球化时代对于提高国家核心竞争力至关重要。现代世界级大学的使命责任是培养新一代的科学家、创造并传承新知识、提升公共福祉、创造新产品和新产业。英国科学大臣大卫·威利茨在《大学教育》开篇说道："大学是欧洲送给世界的最好的礼物之一……欧洲的大学孕育了文艺复兴时期的人文主义，推动了宗教改革，引领了经验科学的兴起，促进了批判历史的出现。"[①] 因此，科技发展与创新是提高国家安全、文化进步、健康保障、就业机会、生活水准的关键。为此，全球各种利益相关者均将世界一流大学建设纳入提升各国在科学技术和经济领域的综合国力竞争的国家战略发展议程，同时在政治、文化、学术和贸易等方面发展与全世界的发展战略伙伴关系。在"世界一流大学"建设的整体潮流中，基本的建设价值取向是立足服务本土经济、社会发展、文化全局，面向全人类共同利益。一方面，世界各国一流大学建设的重要性和成效普遍

---

① [英] 安东尼·赛尔登、奥拉迪梅吉·阿比多耶：《第四次教育革命：人工智能如何改变教育》，吕晓志译，机械工业出版社2019年版，第7页。

第三章
新时代大学文化传承中坚持社会主义核心价值体系的基本方略

得到重视和强化；另一方面，世界各国都在寻求建构一流大学的特色发展之路。西欧现代大学自诞生之日起就是一个国际性的机构，欧洲为增强高等教育的吸引力而开启的博洛尼亚进程，"已向世界各地的高校清楚地表明，欧洲高校将表现出相当强的竞争力（即它们常说的吸引力），尤其相对于美国高校而言"[1]。根据国际大学协会（IAU）的一项世界范围内的关于高等教育国际维度的全球调查，世界级的大学都将"增进学生与教师的国际知识和跨文化理解"和"提高学术质量"作为一种普遍的核心价值追求。[2] 正如英国19世纪诗人、社会评论家和教育家马修·阿诺德在《文化与无政府主义》中对文化的意义所论述的："了解世界上最深邃的思考和最精炼的话语。"[3] 世界一流大学都高度重视并发挥文化传承的功能："如果教育不把欣赏各个领域内伟人巨匠们的成就作为核心内容，那么教育就是不值一提的。"[4] 重视知识的生产与传播、人才培养、开展科学研究和文化传承与创新是现代大学的人文传统和核心使命，但是，伴随着数字技术、人工智能等的迅猛发展，大学治理能力和治理体系的现代转向，在现今的世界各国许多大学包括一流大学在内，已经不再是约翰·亨利·纽曼理想中的为教学和学生而设的大学："教学已经转移至后台。未来的大学可能会沿着这条道路，将教学任务委托给其他机构或配备了先进人工智能技术的专门中心。"[5] 联合国教科文组织国际委员会关于"教育的未来"的报告中强调，为了使大学教学重新返回前台，要改革高等教育的教育使命，"在教学策

---

[1] ［加拿大］简·奈特：《激流中的高等教育：国际化变革与发展》，刘东风等主译，北京大学出版社2011年版，第223页。

[2] ［加拿大］简·奈特：《激流中的高等教育：国际化变革与发展》，刘东风等主译，北京大学出版社2011年版，第227页。

[3] ［加拿大］简·奈特：《激流中的高等教育：国际化变革与发展》，刘东风等主译，北京大学出版社2011年版，第22页。

[4] ［英］安东尼·赛尔登、奥拉迪梅吉·阿比多耶：《第四次教育革命：人工智能如何改变教育》，吕晓志译，机械工业出版社2019年版，第22页。

[5] 联合国教科文组织编：《一起重新构想我们的未来：为教育打造新的社会契约》，教育科学出版社2022年版，第62页。

略上超越传统的课堂教学模式及其所隐含的传播模式。……我们有必要更加重视教授们的教学工作,对他们在教学方面的学习和成长给予支持"①。

中国古代文化教育的主要功用就是培养修身美德与治国齐家的本领,以维护家国稳定。中国最早的教育学著作《学记》中阐释了大学教育的目的与使命:"比年入学,中年考校:一年视离经辨志,三年视敬业乐群,五年视博习亲师,七年视论学取友,谓之小成。九年知类通达,强立而不反,谓之大成。夫然后足以化民易俗,近者说服而远者怀之。此大学之道也。"② 中国从古至今的教育,包括大学教育,都是通过制度设计招生、教学、考核等实现教育的目标和任务,从而完善自身和服务社会。被誉为儒家思想纲领的重要经典《大学》被历代学者视为天子能力和品德的"帝王之学",《大学》作为以"德治"为治国理政指导思想的政治哲学经典,是在古代最高学府"太学",即现代称为大学里讲授的博大而精深的圣王之学,也被称为"大人之学"③。从这个意义上讲,从古代开始,培养品德才智是大学的核心使命。蔡元培先生指出,文化是活的,要时时发展而不能停滞,因为"文化是人生发展的状况,……文化是要各方面平均发展的,不是畸形发展的"④。文化发展要从普通教育入手,"要有良好的社会,必先有良好的个人,要有良好的个人,就要先有良好的教育"⑤。文化的发展不仅通过教育、图书馆、研究所,还可以通过博物院、展览会、音乐会、书籍与报刊等,都能够发展与传承文化。教育家徐特立指出,教育要坚持科学吸收古今中外的文化遗产,但是不能整套地照搬照抄外国的教育,"教育是接受遗产创造新产",大学教育的文化传承通过教材编制,不仅要学习

---

① 联合国教科文组织编:《一起重新构想我们的未来:为教育打造新的社会契约》,教育科学出版社2022年版,第63页。
② 高时良译注:《学记》,人民教育出版社2016年版,第73页。
③ 陈晓芬、徐儒宗译注:《论语 大学 中庸》,中华书局2011年版,第245页。
④ 高平叔编:《蔡元培教育论著选》,人民教育出版社2017年版,第291—295页。
⑤ 高平叔编:《蔡元培教育论著选》,人民教育出版社2017年版,第292页。

第三章 新时代大学文化传承中坚持社会主义核心价值体系的基本方略

新式生产的方法,更要了解和不断提高新中国的生活状况与水平。为此,大学教育要与生产实际相结合,培养学生基本的知识与能力,大学教育中"博"与"专"的问题,"不是学校单独能解决的,还必须到社会上去钻研,到实际工作中去长期锻炼"[①]。大学文化传承中始终秉承吸收人类文明的精华,推陈出新创造并传播新知,追逐知识创新的前沿领地,对中华优秀传统文化的精华进行创新性发展是为了克服传统文化系统的惰性,发掘其内在的创新潜力,提升中华优秀传统文化精华的发展品质;只有经过创造性转化和创新性发展的中华优秀传统文化,才能在不同文化的碰撞、交流和互鉴中强健自身,从而不断增强中华文化的吸引力、传播力和影响力,从这个意义上说,"最具有生命力的本土文化,也是最具有世界性的文化"[②]。中华文明绵延五千多年之久,创造和传承下来的丰富而优秀的传统文化博大精深,我们既要继承和弘扬历史积淀下来的厚重的优秀传统文化,又要与时俱进创造先进文化,为此,党的十八大以来,习近平总书记高度重视对中华优秀传统文化的创造性转化和创新性发展,将中华优秀传统文化誉为中华民族的"根"与"魂","我们决不可抛弃中华民族的优秀文化传统,恰恰相反,我们要很好传承和弘扬,因为这是我们民族的'根'和'魂',丢了这个'根'和'魂',就没有根基了"[③]。新时代大学文化传承中,只有学习、传承和掌握了中华优秀传统文化的精华并根据时代变迁和实践发展需要开展"双创",才能有效引领大学广大师生树立正确的世界观、人生观和价值观。习近平总书记在党的二十大报告中强调指出,社会主义文化新辉煌的铸就,要坚持"双百"方针、"双创"原则和"为人民服务、为社会主义服务"的根本指向,"以社会主义核心价值观为引领,

---

① 戴永增、肖传京、郭建平编:《徐特立教育论语》,人民教育出版社1999年版,第12—13页。
② 王建磐主编:《探求21世纪大学的坐标——华东师范大学50周年校庆中外大学校长论坛讲演集》,华东师范大学出版社2004年版,第64页。
③ 中共中央党史和文献研究院编:《习近平关于社会主义精神文明建设论述摘编》,中央文献出版社2022年版,第209页。

发展社会主义先进文化，弘扬革命文化，传承中华优秀传统文化，满足人民日益增长的精神文化需求，巩固全党全国各族人民团结奋斗的共同思想基础，不断提升国家文化软实力和中华文化影响力"①。

（三）借鉴世界一流大学文化的传承方法，坚定中国特色社会主义大学文化自信

世界一流大学巴黎高师的前校长加布里埃尔·吕杰在中外大学校长论坛交流中坦言，科学研究的持久影响力、民族精英的责任担当和精益求精的自由追求，是巴黎高师取得成功和赢得国际声誉的关键。巴黎高师将现代大学科研的所有要素：教学与科研的统一、基础研究与应用研究的联姻、重视科技交流发展成为巴黎高师大学文化传统的核心要素。巴黎高师重视与中国文化的关系建构起始于哲学家校长爱德华·沙瓦纳，这位哲学家校长不仅学习汉语，而且尝试翻译但未完成的、深奥难懂的《论礼仪》，沙瓦纳校长对来自中国的、最早的两名学生予以关注，并将有这两名中国学生的这一年级组的照片珍藏在巴黎高师图书馆至今，并留下记载文字："我相信，让法国学生更好地了解中国的历史和习俗是十分重要的。对于陌生而显得奇怪的中国文化，我们有必要去了解它过去是怎样形成的，现在又是怎样发展的。"② 以此开启巴黎高师与中国文化的交流互鉴之旅，巴黎高师的学者研究中国文化，巴黎高师第一流的科学家在中国大学进行学术交流与合作；中国的学者在巴黎高师任教，在巴黎高师"有关中国的课程也不断增加，现在许多年轻专家在研究中国的经济和社会"③。世界一流大学都具有可供世界各国大学借鉴的文化传承发展之路，从全球大学排行榜建设可以管窥一斑，世界上许多国家都有自己的大学排行榜，这些排行榜不只局限于

---

① 习近平：《高举中国特色社会主义伟大旗帜 为全面建设社会主义现代化国家而团结奋斗——在中国共产党第二十次全国代表大会上的报告》，人民出版社2022年版，第43页。
② 王建磐主编：《探求21世纪大学的坐标——华东师范大学50周年校庆中文大学校长论坛讲演集》，华东师范大学出版社2004年版，第57—58页。
③ 王建磐主编：《探求21世纪大学的坐标——华东师范大学50周年校庆中文大学校长论坛讲演集》，华东师范大学出版社2004年版，第59页。

第三章 新时代大学文化传承中坚持社会主义核心价值体系的基本方略

本国,而且还面向世界,世界许多国家在世界大学排行的压力下,为提高本国高等教育的质量和提升本国大学的国际竞争力,纷纷出台推进世界一流大学建设的系列政策与改革举措,提高质量和提升国际竞争力是世界一流大学文化传承的关键。美国联邦教育部在"世界第一"规划上斥资7500万美元竞争基金激励高等教育创新,提出构建大学评级框架,"用于学院、大学开发和测试提高学生学业成绩的创新方法和战略,帮助更多的学生有机会读大学并获得大学学位或证书,以实现到2020年美国大学毕业生的数量占人口总数的比例重回世界第一的目标"。法国政府高度重视高等教育发展问题,为推进法国大学"自治"开展大刀阔斧的改革,通过《高等教育与研究法案》,加快大学的合并与重组,通过提高高等教育质量、促进就业和提高国际竞争力以摆脱高等教育面临的管理体制、科学研究发展等困境。日本文部省发布了《国立大学改革计划》,提出国立大学法人化改革的顶层设计理念,即"最大限度地发挥各大学的优势与特色,通过构筑自我改善与自我发展体系,形成拥有持续竞争力与创造新价值的国立大学"[①]。联合国教科文组织将教育定位为全球共同利益,教育将我们共同的世界和彼此关联的未来连接起来,世界一流大学就是通过特色创建与全球共享引领学生择校流动、吸引资金流向、促进大学质量竞争、吸引全世界关注等方面发挥着教学资源共享、科研合作交流、服务全球战略、推进大学文化传承交流的功能,进而在一定程度上影响着世界各国的高等教育质量提高、国际竞争力提升和高端人才流动的政策实践。

中国在建设世界一流大学的道路上经过了学习借鉴、不断探索中国特色的发展历程。1993年《中国教育改革和发展纲要》中提出"211"工程的建设目标:"力争在下世纪初,有一批高等学校和学科、专业,

---

① 北京教育科学研究院国际教育信息中心:《全球化时代国际教育发展趋势:近年来发达国家教育改革的政策分析》,福建教育出版社2019年版,第4—5页。

在教育质量、科学研究和管理方面,达到世界较高水平"[①]。《国家教委关于重点建设一批高等学校和重点学科的若干意见》中指出,为我国进入21世纪准备骨干人才,决定设置"211"工程重点建设项目,这是一项为迎接21世纪的挑战,为增强综合国力和国际竞争力,使我国高等教育在国际上占有重要地位并适应现代化建设需要,为加快改革和积极发展我国高等教育而采取的重大战略决策。[②] 1998年5月,江泽民同志在北京大学建校100周年校庆讲话中明确提出要建设世界一流大学的目标,从国家政府层面决定自1998年5月起,"抽出若干经费支持若干所大学进入国际先进行列"。这为"985"工程的实施奠定了经费支持和物质基础。"211"工程的实施和"985"工程的提出,都明确了我国的高等教育事业发展开启与国际接轨,迈向世界,开启建设世界一流大学的战略之路。[③] 1999年颁布《面向21世纪教育振兴行动计划》,中国高校建设一流大学行动正式开始,当时共有39所高校入围"985"工程向世界一流大学建设目标迈进。2010年7月,中共中央、国务院印发的《国家中长期教育改革和发展规划纲要(2010—2020年)》中明确指出:"加快建设一流大学和一流学科。以重点学科建设为基础,继续实施'985工程'和优势学科创新平台建设,继续实施'211工程'和启动特色重点学科项目。改进管理模式,引入竞争机制,实施绩效评估,进行动态管理。"[④] 2017年,教育部、财政部和国家发展改革委印发《统筹推进世界一流大学学科建设实施办法(暂行)》,明确提出继"211"工程和"985"工程之后建设"双一流"高校的发展目标,同年公布"双一流"高校建设名单;2018年,三部委联合发布

[①] 何东昌主编:《中华人民共和国重要教育文献》(1991—1997),海南出版社1998年版,第3469页。

[②] 何东昌主编:《中华人民共和国重要教育文献》(1991—1997),海南出版社1998年版,第3531页。

[③] 侯怀银主编:《新时期教育史纲(1978—2018)》,福建教育出版社2020年版,第354页。

[④] 《国家中长期教育改革和发展规划纲要(2010—2020年)》,人民出版社2010年版,第31页。

第三章 新时代大学文化传承中坚持社会主义核心价值体系的基本方略

《关于高等学校加快"双一流"建设的指导意见》,对"双一流"建设高校的人才培养、内涵建设、深化改革等方面提供了全方位的指导,对"双一流"建设高校的重大意义在于:"坚持特色一流、内涵发展、改革驱动、高校主体的原则,积极为建设世界一流大学和世界一流学科而努力。"[1] 习近平总书记在北京大学师生座谈会上的讲话中指出:"要把中国特色社会主义道路自信、理论自信、制度自信、文化自信转化为办好中国特色世界一流大学的自信"[2]。习近平总书记在党的二十大报告指出:"加强基础学科、新兴学科、交叉学科建设,加快建设中国特色、世界一流的大学和优势学科"[3]。在我国"双一流"建设高校的发展探索中,经历了学习借鉴、总结反思和创新探索的历程,逐步明晰未来的发展方向,正如习近平总书记于2022年4月25日在中国人民大学考察时发表的重要讲话中指出的:"要坚持党的领导,坚持马克思主义指导地位,坚持为党和人民事业服务,落实立德树人根本任务,传承红色基因,扎根中国大地办大学,走出一条建设中国特色、世界一流大学的新路。"我国高等教育在传承我国独特的历史和文化的过程中,应立足中国高等教育发展的独特国情,建设中国特色世界一流大学,"不能跟在别人后面依样画葫芦,简单以国外大学作为标准和模式",而应根据中国高等教育发展的历史传统和现实问题,立足本国国情走出一条符合中国国情的世界一流大学建设发展之路,一味地借鉴和模仿他国的做法,无法切实有效推动中国特色世界一流大学走出一条自主发展和建设之路。[4]

---

[1] 侯怀银主编:《新时期教育史纲(1978—2018)》,福建教育出版社2020年版,第354页。

[2] 习近平:《在北京大学师生座谈会上的讲话》,人民出版社2018年版,第7页。

[3] 习近平:《高举中国特色社会主义伟大旗帜 为全面建设社会主义现代化国家而团结奋斗——在中国共产党第二十次全国代表大会上的报告》,人民出版社2022年版,第34页。

[4] 《习近平在中国人民大学考察时强调 坚持党的领导传承红色基因扎根中国大地 走出一条建设中国特色世界一流大学新路》,《人民日报》2022年4月26日第1版。

三 大学文化坚持科学研究的基础性与服务公共利益的新时代价值取向

当今世界综合国力的竞争主要是科学技术的竞争，更深一步讲就是科学创新的竞争。一个国家想要在综合国力竞争中赢得一席之地，一个国家要在世界中安全、繁荣和健康地发展主要依靠科学进步，而科学要进步必须要不断地改革创新，就目前的国际形势而言，我们任何的原创性科技创新和重大突破都要走自主创新之路，在第二次世界大战结束之前，美国罗斯福总统的非正式科技顾问范内瓦·布什在科学报告《科学：无尽的前沿》中指出，科学进步至关重要，"我们要努力追赶，不能再依靠我们的盟友来阻挡敌人"[①]。面对美西方国家对中国的封锁、制裁、断链和打压，习近平总书记指出，一方面，依靠改革创新激发科技活力，坚持做好中国自己的事情，不断增强，充分激发和释放我国科技队伍的创新潜能，持续提升科技自立自强和自主创新能力；另一方面，务实推进国际科技合作交流，"越是面临封锁打压，越不能搞自我封闭、自我隔绝，而是要实施更加开放包容、互惠共享的国际科技合作战略"[②]。在党的二十大报告中强调，要加快实施创新驱动发展战略，要增强自主创新能力打赢关键核心技术的突围战、攻坚战，就要"加强基础研究，突出原创，鼓励自由探索"。而大学是"培育创新文化、弘扬科学家精神，涵养优良学风，营造创新氛围"的最佳科学研究高地，[③] 大学通过学术研究、学者之间的学术交流与合作、学生的留学与交换，成为全球科技开放合作交流的最重要的广阔舞台。

（一）大学文化传承科学是无尽前沿的科学精神

世界大学教育发展史表明，人类社会在文化、科学技术和智力上的发展，在很大程度上都源于大学科学研究对知识传播和创新的决定性作

---

① [美]范内瓦·布什、拉什·D.霍尔特：《科学：无尽的前沿》，崔传刚译，中信出版社2021年版，第117页。
② 习近平：《在科学家座谈会上的讲话》，人民出版社2020年版，第10页。
③ 习近平：《高举中国特色社会主义伟大旗帜 为全面建设社会主义现代化国家而团结奋斗——在中国共产党第二十次全国代表大会上的报告》，人民出版社2022年版，第35页。

第三章 新时代大学文化传承中坚持社会主义核心价值体系的基本方略

用,正是基于此,大学对促进社会发展、人类进步、强化共同价值观和形塑社会文化空间意识具有无可取代的地位和作用。蔡元培先生之所以能够名垂中国高等教育史册就因为其为北京大学厘定了"大学者,研究高深学问者也"的办学宗旨①,并将北京大学改造成为一所崇尚科学与民主的、生机勃勃的、真正意义上的现代大学,并成为中国大学的一面旗帜。欧洲大学协会的《格拉斯哥宣言》强调,强势欧洲需要具有创造性的强势大学,"强势大学必须具有强势的学术价值和社会价值,以支撑其贡献于社会。大学认可经济增长的社会维度,赞同高等教育与研究的伦理原则"②。大学对教学、学习、研究和质量的追求,是基于大学科学研究使命对知识的创新、传播、保护、评估与开发,这是大学文化对维护与实现人类共同利益的学术承诺。习近平总书记在党的十九大报告中指出:"要瞄准世界科技前沿,强化基础研究,实现前瞻性基础研究、引领性原创成果重大突破。"③大学具备为前沿技术、颠覆性技术原创性突破提供创新源泉的诸多优势:自然科学与人文学科之间、各学科之间、科学与技术之间的跨学科研究、交叉融合趋势,深刻影响着综合国力竞争的前途命运,深刻影响着民生福祉。

科学发展和成就累积离不开精神支撑,科技工作者在长期的科学实践中积累的宝贵精神财富凝聚而成科学家精神。从新中国成立之日起,几代科技工作者长期坚持不懈地努力,创造了一座座科技创新的丰碑,同时铸就了科技工作者独特的精神气质。习近平总书记号召要大力弘扬科学家精神以加强科技工作者的作风和学风建设,即大力弘扬"胸怀祖国、服务人民的爱国精神,勇攀高峰、敢为人先的创新精神,追求真理、严谨治学的求实精神,淡泊名利、潜心研究的奉献精神,集智攻

---

① 高平叔编:《蔡元培教育论著选》,人民教育出版社2017年版,第75页。
② 王晓辉主编:《全球教育治理:国际教育改革文献汇编》,教育科学出版社2008年版,第25页。
③ 习近平:《决胜全面建成小康社会 夺取新时代中国特色社会主义伟大胜利——在中国共产党第十九次全国代表大会上的报告》,人民出版社2017年版,第31页。

关、团结协作的协同精神,甘为人梯、奖掖后学的育人精神"①。在不确定性中建构确定性,需要大学哲学社会科学和人文学科开展跨学科研究,协同发力深入发掘人文传统及其各种存在形式,赋予全人类共有知识的共享价值,需要"重新定义身为人类意味着什么,需要重新平衡我们彼此之间、与我们赖以生存的星球之间、与科技之间的关系"②。为解决人类面临的诸多问题的方法之一,就是要让人们认识到文化、知识和研究为人类共建世界所做出的巨大贡献的至关重要性。美国科学促进会前首席执行官拉什·D. 霍尔特在对美国科学政策的"开山之作"《科学:无尽的前沿》作的导读中这样论述:"科学家必须承担起他们的职责,他们要为公共利益而行动,对赋予他们工作许可的公民负责,并允许非科学家在公民活动中贡献力量,参与科学的教育和传播。"③世界发达国家为摆脱关键核心技术受制于人的局面,都在寻求变革与改变,中国要实现民族复兴的伟大梦想,"就一定要大力发展科学技术,努力成为世界主要科学中心和创新高地"④。中国要建设成为世界科技强国,就必须要创造出有标志性的科学成就,历史与现实一再提醒我们,"关键核心技术是要不来、买不来、讨不来的。只有把关键核心技术掌握在自己手中,才能从根本上保障国家经济安全、国防安全和其他安全"⑤。

(二)大学文化传承中坚持基础研究服务国家战略的价值理念

在全球化浪潮无法阻挡和逆全球化趋向不断显现相互交织的复杂国际境遇之下,人类愈益达成一种相对清晰的文化共识:全人类命运与共

---

① 习近平:《在科学家座谈会上的讲话》,人民出版社2020年版,第11页。
② 联合国教科文组织编:《一起重新构想我们的未来:为教育打造新的社会契约》,教育科学出版社2022年版,第73页。
③ [美]范内瓦·布什、拉什·D. 霍尔特:《科学:无尽的前沿》,崔传刚译,中信出版社2021年版,第39页。
④ 习近平:《在中国科学院第十九次院士大会、中国工程院第十四次院士大会上的讲话》,人民出版社2018年版,第8页。
⑤ 习近平:《在中国科学院第十九次院士大会、中国工程院第十四次院士大会上的讲话》,人民出版社2018年版,第11页。

第三章 新时代大学文化传承中坚持社会主义核心价值体系的基本方略

不是我们可以自由选择的生活生存方式，而是人们正在经历与体验的共同命运。人类面临的脆弱性和不确定性需要在个体命运和全球共同命运休戚相关的思想共识基础上寻求破解方案。与此同时，应世界各国社会进步和综合国力竞争的需要，在更高的层次上向大学服务国家战略的文化价值取向提出新的挑战。在新的全球文化体系形成过程中，世界各国大学作为具有差异性的文化社区，文化传承的价值理念不是消灭、敌视或抵制差异，而是在尊重文化多样性和文化差异的前提下，通过彼此能够接受和理解的方式沟通和交流，通过科学研究、学术交流、教学资源互通来分享不同的文化模式和发展经验，尊重并达成通过科学研究、人才培养和文化进步服务国家需要的思想共识。基于此，大学文化传承中秉持科学研究服务国家战略的共同核心理念，成为世界大学发展服务共同利益的普遍共识。在欧洲高等教育标志性一体化——波伦亚进程中，大学普遍承诺促进和加强科学研究与创新，将大学的优先发展致力于推动社会发展领域，"大学应当履行其加强研究和创新的责任，以最佳方式利用资源，发展大学自身的研究战略"[1]。法国巴黎高等师范学院的前校长加布里埃尔·吕杰指出，巴黎高师在法国所获得的崇高学术威望，在于建校早期就成功开创了科学研究的持久影响，巴黎高师培养的民族精英担负了为持续变化的社会指明方向的实践责任，学校具备了现代科研的所有要件：科研与教学的有机结合、基础研究与应用研究的成功联姻、对科技交流与合作的高度重视和有力推动，以科学研究促进学术水平提高是巴黎高师的价值共识，"学术的提高是我们在教学、研究、公共管理、经济生活方面为社会服务的必要基础"[2]。大学以多样化的角色功能定位，在研究与创新中开展与不同伙伴的合作，保证大学文化不断拓展的服

---

[1] 王晓辉主编：《全球教育治理：国际教育改革文献汇编》，教育科学出版社2008年版，第26页。

[2] 王建磐主编：《探求21世纪大学的坐标——华东师范大学50周年校庆中文大学校长论坛讲演集》，华东师范大学出版社2004年版，第60页。

务承诺。与此同时，大学教学为本和自治自由的传统也呼吁政府与各界平衡研究投入和教学资源需求之间的紧张关系。

大学文化传承中坚持基础研究服务国家战略的价值理念，体现了大学文化传承和弘扬的科学精神与人文精神的内在统一性。虽然在德国的社会文化中盛行一种对技术的批判倾向，"技术往往是在扮演着一个被告（defendant）的角色；然而它在美国和苏联，却似乎引人瞩目地风行一时。美国人有着广泛流传的科学幻想文学，它们在热心地勾画着技术的乌托邦，它们喜欢构想各种狂幻出奇的概念，诸如驾驭了时间就能使人像旅客一样地漫游到各个过去时代的社会里去"[①]。但是，大学文化传承的新知识只有通过基础研究才能获得，这仍然是世界大学的思想共识。从这个意义上说，大学文化传承中坚持基础研究服务国家战略建基于人类共有利益，不仅强调科学的技术应用价值，同时也重视科学的人文启蒙价值，是价值理性与工具理性在大学文化传承上的统一。习近平总书记指出："科学研究特别是基础研究的出发点往往是科学家探究自然奥秘的好奇心。"为此，大学文化要传承科学精神与服务国家战略的人文精神，通过大学以人为本的教学文化、志趣专注的科学文化、鼓励创新的校园文化潜移默化地引领大学师生"树立敢于创造的雄心壮志，敢于提出新理论、开辟新领域、探索新路径，在独创独有上下功夫"[②]。因此，在大学文化传承引领下，不仅让青年学生更多地学习、了解科学知识和掌握科学方法；更要以宽松自由的制度文化，保障有志于科学研究的广大师生能够葆有探究的好奇心；培养和引导青年学生对科学研究的兴趣，终身探索的科学研究事业，形成一大批专注基础研究淡泊名利的、具有科学家潜质的青少年群体，激励广大优秀青年学子将个人的科研旨趣和科学追求投入到社会主义现代化事业的伟大洪流之中，在不断完善自身和奉献社会中创造有价值的人生。

---

① [德]阿诺德·盖伦：《技术时代的人类心灵》，何兆武等译，上海科技教育出版社2008年版，第1页。

② 习近平：《在科学家座谈会上的讲话》，人民出版社2020年版，第13页。

第三章 新时代大学文化传承中坚持社会主义核心价值体系的基本方略

（三）大学文化传承中实现科学研究成果和人才培养服务共同利益的价值旨归

世界格局演变带来发展思想框架和模式选择的变迁，教育势必要建设性而非工具性地思考变革路向。对高等教育而言，变局之下的大学呼唤新的教育文化形式，不同的大学文化代表不同的思想视野，为培养顺应今天和明天的社会发展和经济建设所需人才的能力素质，大学文化传承中要创新适应新环境和学习新要求的教育理念和方式方法，以促进社会的公平正义和全球的团结平等。为此，大学文化传承中要实现的价值旨归依然可以达成共同承诺，"教育必须教导人们学会如何在承受压力的地球上共处。它必须重视文化素养，立足于尊重和尊严平等，有助于将可持续发展的社会、经济和环境方面结为一体"[1]。从这个意义上说，大学教育是一项共同利益。正如印度教育部部长阿布·卡拉姆·阿扎德曾说的："将教育本身视为一项目的，我们从中认识到知识是终极价值之一。"[2] 这是一种"全球教育"的共识。"全球教育"倡议发起于20世纪90年代，国际社会对通过教育作为共同利益推动世界各国的交流、合作和保护受教育人权给予更多的关注和寄予更高的期望。时至今日，距离这一"全球教育"倡议的共同承诺的实践，在诸多不确定性、教育在全球发展的不均衡性以及技术、数字化变革所带来的风险性等复杂国际形势之下，教育对于兑现实现和平、公平和可持续发展的未来承诺仍然存在巨大差距；但是，教育作为人们共同选择和共同实现的公共福祉成为一种共同利益，这种共同利益的实现及其实现程度在于教育作为一种社会公共事业，在促进个人完善发展和社会繁荣进步的目标建构和兑现承诺。为此，教育为了兑现实现共同利益的未来承诺，"必须让我们的年轻人

---

[1] 联合国教科文组织编：《反思教育：向"全球共同利益"的理念转变？》，联合国教科文组织总部中文科译，教育科学出版社2015年版，序言，第1页。

[2] 联合国教科文组织编：《反思教育：向"全球共同利益"的理念转变？》，联合国教科文组织总部中文科译，教育科学出版社2015年版，第64页。

做好准备,在社会发展中发挥积极和建设性的作用,在这样的社会里,所有成员都要同甘共苦,我们衡量进步的标准是人类福祉,而不是豪宅、汽车或者其他此类东西,无论它们是私人的还是公有的。因此,我们的教育必须向受教育者灌输面向整个社会的责任感,帮助学生们接受适应未来的价值观"[1]。

大学文化传承是一种价值实践活动,大学文化传承要树立正确的价值取向,遵循大学文化的内在逻辑。科学研究、人才培养、服务社会和文化传承作为大学文化的核心内容与基本功能,统合为大学科学研究和人才培养服务公共利益的价值旨归。这种价值旨归的实现在于:一方面,大学的广大科研工作者作为个体的创造性活动,凸显广大师生研究者的个体学术价值理念;另一方面,大学作为学术共同体,通过研究者之间的思想碰撞、协同攻关、交流对话,形成学术共同体的价值追求,这种个体在共同体中确立的研究领域、学术地位、价值目标和方法策略,凝聚为整体性、系统性和传承性的大学学术文化服务公共利益的价值旨归。大学文化传承一种社会承诺,将基础研究成果服务于安全、健康、繁荣、良好生态的公共利益和民生福祉。习近平总书记在北京大学师生座谈会上的讲话中指出,古今中外的教育价值观,思想流派和理论观点繁多且各异,但是,教育在必须要培养社会所需要的人这一点上是达成共识的:"大学对青年成长成才发挥着重要作用。"大学培养社会发展所需要的人的质量规格体现在:"就是培养社会发展、知识积累、文化传承、国家存续、制度运行所要求的人。"[2] 大学通过教育教学、科学研究、文化传承所培养的高级专门人才,都是按照每个民族国家的政治要求来培养的,大学科学研究及其成果转化都是为国家服务的,这是大学文化传承的价值旨归。

---

[1] 联合国教科文组织编:《一起重新构想我们的未来:为教育打造新的社会契约》,教育科学出版社2022年版,第19页。

[2] 习近平:《在北京大学师生座谈会上的讲话》,人民出版社2018年版,第5页。

四 大学文化传承中创新弘扬中国精神在新时代的方法途径

习近平总书记在全国宣传思想工作会议上强调，要加强社会主义核心价值体系建设，积极培育和践行社会主义核心价值观，坚持以人为本的工作导向，将服务与教育结合起来，"多宣传报道人民群众的伟大奋斗和火热生活，多宣传报道人民群众中涌现出来的先进典型和感人事迹，丰富人民精神世界，增强人民精神力量，满足人民精神需求"①。全球的学习格局正在发生前所未有的变化，世界各国的教育系统都在关注对弱势群体的教育需求，教育机会、高质量的培训和教育如果高不可攀，教育公平就难以实现；世界上大多数国家，无论是发达国家还是发展中国家，都缺乏基本的社会保护，这类问题的普遍存在加剧了社会不平等现象。在过去的25年，世界财富越来越集中在少数人手中，"将近一半的财富归最富有的1%人口所有，另一半归其余的99%人口。收入差距如此迅速扩大，正在导致社会排斥，破坏社会融合。在所有社会当中，极端不平等都是造成社会矛盾的根源，是引发政治动荡和暴力冲突的潜在催化剂"②。与此同时，在世界范围内的一些国家仍然存在基于文化、种族、宗教等的身份认同问题和毒品、暴力、恐怖、战争、内乱等事件频发与剧增，甚至家庭暴力以及校园霸凌等现象的增多，使人们对教育所传承和培养的人类和平共处的价值观和共处能力产生质疑，特别是社会阶层难以通过接受教育产生流动，一代又一代没有接受过教育的人在发展政策中被忽视甚至被有失公允地对待，"这些问题是对于人类互相理解和全球社会融合的严峻挑战"③。为应对全球格局的这些变化，我们需要新的方法、新的途径和新的视角来审视教育价值目的的厘定和学习组织方式的变革。教育部高等教育司2023年工作要点中明

---

① 《习近平谈治国理政》第一卷，外文出版社2018年版，第154页。
② 联合国教科文组织编：《反思教育：向"全球共同利益"的理念转变？》，联合国教科文组织总部中文科译，教育科学出版社2015年版，第15页。
③ 联合国教科文组织编：《反思教育：向"全球共同利益"的理念转变？》，联合国教科文组织总部中文科译，教育科学出版社2015年版，导言，第8页。

确要求："探索推进未来学习中心试点，发挥高校图书馆优势，整合学校各类学习资源，利用新一代信息技术，打造支撑学习方式变革的新型基层学习组织。"①

大学文化传承中坚持弘扬中国精神，即以爱国主义为核心的民族精神和以改革创新为核心的时代精神，需要不断创新方式途径：一是制度化统整正式教育与非正式教育的有机结合。从思政课程到课程思政，从课堂教学到社会实践，从校园生活到公共生活，从寝室文化到校园文化，从教学文化到学术文化，从思政小课堂到社会大课堂，有计划、有目的、有组织、系统地坚守主阵地、畅通主渠道和唱响主旋律。二是建构互联网和数字技术的全媒体平台。互联网改变并已成为人们获取信息、知识，进行交流的主要方式途径，构建传承与弘扬中国精神的数字平台，将中国精神的丰富内涵、发展历程、经典范例、视频音频等以喜闻乐见、人们乐于接受、迅速便捷的方式贡献中国精神资源。三是与时俱进挖掘、凝练、表彰、宣传并推广弘扬和践行中国精神的典型案例，通过在广大师生中采取征集评选的方式，发掘大学师生身边可复制、可模仿的弘扬中国精神的典型案例，在广大师生中广泛宣传、学习践行，成为大学文化传承的精神载体，"关键是要提高质量和水平，把握好时、度、效，增强吸引力和感染力，让群众爱听爱看、产生共鸣，充分发挥正面宣传鼓舞人、激励人的作用"②。四是加强大学文化传承中国精神的环境建设。马克思在《关于费尔巴哈的提纲》中指出："环境是由人来改变的，而教育者本人一定是受教育的。"③ 大学作为文化、知识和研究中心，不仅担负着传播知识、为现在和未来几代人提供教育和培训的使命任务；同时还要为社会服务，为整个社会的文化的、经济的和社会的未来负有无可替代的责任，为此，大学要发挥其作为文化、知

---

① 教育部高等教育司：《教育部高等教育司2023年工作要点》，2023年3月29日，中华人民共和国教育部官网（http://www.moe.gov.cn/s78/A08/tongzhi/202303/t20230329_1053339.html）。
② 《习近平谈治国理政》第一卷，外文出版社2018年版，第155页。
③ 《马克思恩格斯选集》第一卷，人民出版社2012年版，第134页。

识和研究中心的环境优势，使广大师生"尊重自然环境和生活本身的伟大和谐"①。从这个意义上讲，大学文化传承中弘扬中国精神的环境建设，应在实践中达成环境的创设与人的自我改变的一致。人创造环境的同时，环境也创造着人，环境"从价值取向、道德品性、审美趣味、思维方式、行为习惯等等多个方面影响着人、塑造着人"②。中国现代大学自诞生之日起，就注重建设并充分发挥环境育人、服务社会的优良传统，加强校风学风建设以增强大学环境育人的特殊功效，普遍强调民族精神和家国情怀的培育与践行，从清华大学历任校长演讲中都强调道德和学风建设就可管窥一斑：罗家伦校长在开学典礼中曾强调，清华大学的教师和学生应担负民族使命，"民族再生，为人人的责任，我们应从今天起，改变我们的态度，振作精神，造成民族再生的学风，这是全体学生和教职员，应当负的责任"③。梅贻琦校长进一步强调："大学不要因自己环境之舒适，而忘怀园外的情形。在中国今日状况之下，除安心读书外，还要时时注意到国家的危难。"④ 为此，大学环境建设不仅在于物质环境建设本身，关键是环境建设中要体现中华文化精神和学术灵魂；在大学校园中的广大师生更要以家国情怀回馈社会和报效祖国。

第四节　新时代大学文化传承中培育和践行社会主义荣辱观的基本方略

新时代的大学文化传承在新一轮即第四次工业革命浪潮中展开，大学文化究竟要传承与塑造怎样的道德观念，这是第四次教育变革需要作

---

① 王晓辉主编：《全球教育治理：国际教育改革文献汇编》，教育科学出版社2008年版，第26页。
② 沈壮海主编：《兴国之魂——社会主义核心价值体系释讲》，湖北教育出版社2014年版，第172页。
③ 顾良飞主编：《清华大学历任校长演讲精选：开学和毕业的精彩瞬间》，清华大学出版社2013年版，第23—24页。
④ 顾良飞主编：《清华大学历任校长演讲精选：开学和毕业的精彩瞬间》，清华大学出版社2013年版，第31页。

出有效回应的现实问题。首次提出第四次工业革命这一概念的是德国工程师兼经济学家克劳斯·施瓦布,他也是瑞士达沃斯世界经济论坛的创立者,2016年施瓦布出版《第四次工业革命》,2016年达沃斯年会的主题是"掌握第四次工业革命"。前三次工业革命以技术进步为主要特征:第一次工业革命发生在18世纪和19世纪的欧洲和美国,以蒸汽机发明推动农业社会向工业社会转变为标志;第二次工业革命发生在1870年到1914年,以电话、灯泡和内燃机的发明为标志;第三次工业革命发生在20世纪80年代,以信息通信技术革命和互联网推动为标志。① 第四次工业革命,对相互关联的政府、企业和各类组织机构产生重大影响。② 第四次工业革命,在一定意义上意味着第四次教育革命,大学应该在第四次教育革命的影响下做出何种改变来应对呢?"越来越多的人认为,大学需要花更多精力来培养学生的就业技能,尤其是那些人工智能和机器人无法代替的技能。"③ 第四次教育革命,大学生应具备人工智能和机器人无法替代的技能,主要包括创造力、社交能力、伦理道德选择能力、灵活应变能力。④ 蔡元培先生在100多年前就指出:"国家富强,恃乎人才,人才陶铸,端赖教育。"⑤ 良好的社会风气是社会文明程度高低的重要标志,要建构社会主义和谐社会就要坚持正确的社会价值导向和倡导社会主义基本道德规范。胡锦涛同志在参加全国政协十届四次会议民盟、民进界委员联组讨论时的讲话中指出:"在我们的社会主义社会里,是非、善恶、美丑的界线绝对不能混淆,坚持什么、反对什么、倡导什么、抵制什么,都必须旗帜鲜明。"为促进良好

---

① [英]安东尼·赛尔登、奥拉迪梅吉·阿比多耶:《第四次教育革命:人工智能如何改变教育》,吕晓志译,机械工业出版社2019年版,第178—179页。
② [英]安东尼·赛尔登、奥拉迪梅吉·阿比多耶:《第四次教育革命:人工智能如何改变教育》,吕晓志译,机械工业出版社2019年版,第179页。
③ [英]安东尼·赛尔登、奥拉迪梅吉·阿比多耶:《第四次教育革命:人工智能如何改变教育》,吕晓志译,机械工业出版社2019年版,第179页。
④ [英]安东尼·赛尔登、奥拉迪梅吉·阿比多耶:《第四次教育革命:人工智能如何改变教育》,吕晓志译,机械工业出版社2019年版,第180—181页。
⑤ 高平叔编:《蔡元培教育论著选》,人民教育出版社2017年版,第159页。

第三章 新时代大学文化传承中坚持社会主义核心价值体系的基本方略

社会风气形成与发展,就要教育广大青少年树立社会主义荣辱观,"坚持以热爱祖国为荣、以危害祖国为耻,以服务人民为荣、以背离人民为耻,以崇尚科学为荣、以愚昧无知为耻,以辛勤劳动为荣、以好逸恶劳为耻,以团结互助为荣、以损人利己为耻,以诚实守信为荣、以见利忘义为耻,以遵纪守法为荣、以违法乱纪为耻,以艰苦奋斗为荣、以骄奢淫逸为耻"①。新时代大学文化传承中要加强对大学生的社会主义荣辱观教育,知荣辱方能成长为时代新人,明辨是非善恶才能作出正确的价值选择和树立正确的价值观念。习近平总书记在主持十八届中央政治局第十二次集体学习时的讲话中强调,要建设文化强国就要不断提高国家文化软实力,就需要深入开展社会主义核心价值体系的学习教育,要夯实中华民族的文化根基,就要从思想道德和社会风气抓起,这一重要的工作要从每一个人抓起,使每一个中国人都成为传播中华美德和中华文化的鲜活主体:"要继承和弘扬我国人民在长期实践中培育和形成的传统美德,坚持马克思主义道德观、坚持社会主义道德观,在去粗取精、去伪存真的基础上,坚持古为今用、推陈出新,努力实现中华传统美德的创造性转化、创新性发展,引导人们向往和追求讲道德、尊道德、守道德的生活。"② 新时代大学的广大青年学生在继承中华传统美德和践履社会主义道德中,要积极争做自觉践行社会主义核心价值观的生力军和先锋队,广大师生在共同的价值追求和道德规范遵守中,大力弘扬师德师风以引领青年学生精神成长,营建追求真理和遵守学术道德的学术风气和学术生态。

大学从产生之日起就担负着传承文化与维护社会价值准则的使命责任。大学教育发展的基本目的"就是传递并丰富共同的文化和道德价值观念。正是从这些价值观念中,个人和社会发现了自己的特性和价

---

① 《胡锦涛选集》第二卷,人民出版社2016年版,第430页。
② 《习近平谈治国理政》第一卷,外文出版社2018年版,第160—161页。

值"①。梅贻琦建议大学新生一入校门就应该根据国家发展形势，注意持久的、树立根基的工作，即做好学业应尽职责，形成自制能力和维护团体生活秩序，"团体中最重要的是法律道德，要顾全公众利益，不但自己要照顾自己，还要处处为别人着想。因为一己的行动，处处足以影响到他人的，团体秩序，是要大家特别尊重才好"②。大学教师将大学的文化资源运用于教学、科研和管理是其必须承担的学术责任。大学教师探求真理、尊重学科传统、传授与交流知识、首要责任是"坚持学术道德并且在参与政治或公共活动时坚持学术道德所赋予他的责任"③。大学的学术自由意味着大学教师和学生学习的自由、教学的自由和从事科学研究的自由，在公共生活中与其他所有社会成员一道要遵守道德规范与法律制度的规约，不能自赋以"学术自由"为名超越法律和道德之外的任何特权。从大学是社会道德灯塔的角度来看，大学师生作为社会成员中从事高深学问学习和研究的群体，应争做道德规范的遵守者、践行者、模范表率者。基于此，大学学术职业通过大学高水平的教学与基础性的科研来实现促进知识增长与推进社会进步的功能。大学里的各种委员会应由大学里最优秀即最具有学术成就和责任感的教师担当，这是教师的学术责任，"大学教师对于他们的学生、同事、大学和社会所负有的一切特殊义务都来自于他们的基本职责，即要在他们的研究、学习和教学中探索真理，认真评价那些被作为真理而传授下来的知识，并且培养和传播一种积极追求真理的理想"④。大学优秀的专职教师服务于各专业委员会并提高大学教书育人、科学研究和文化传承创新的效率和效果。

---

　　① 联合国教科文组织编：《一起重新构想我们的未来：为教育打造新的社会契约》，教育科学出版社 2022 年版，第 31 页。
　　② 梅贻琦：《大学的意义》，古吴轩出版社 2016 年版，第 15 页。
　　③ [美] 爱德华·希尔斯：《教师的道与德》，徐弢等译，北京大学出版社 2010 年版，第 85 页。
　　④ [美] 爱德华·希尔斯：《教师的道与德》，徐弢等译，北京大学出版社 2010 年版，第 35 页。

第三章
新时代大学文化传承中坚持社会主义核心价值体系的基本方略

一 共同的价值追求：自觉坚守和践行社会主义核心价值观

2012年1月，李长春同志在全国宣传部部长会议上指出，要以解放思想为先导加强正面引导，坚持推进社会主义核心价值体系建设巩固共同的思想道德基础；以社会主义思想道德建设促进良好社会风尚形成与巩固，"广泛开展社会主义荣辱观宣传教育，开展'双百人物'、全国道德模范评选活动，宣传郭明义、杨善洲、任长霞等一大批先进典型，弘扬了知荣辱、讲正气、作奉献、促和谐的良好风尚"[①]。通过加强马克思主义在哲学社会科学领域指导地位来繁荣和发展哲学社会科学、强化高校思想政治理论课教学来加强大学生的思想政治教育、加强互联网建设和管理以净化网络文化环境作为传播社会主义先进文化的新空间，以此维护国家文化安全和为大学文化传承中的意识形态安全提供重要保障。在高校师生中以深化社会主义核心价值体系这个兴国之魂的宣传教育为重要抓手，引导大学广大师生做中华传统美德的有力传承者、社会主义道德规范的模范践行者、良好社会风尚的积极创造者。在《社会主义核心价值体系建设实施纲要》的制定颁布过程中，在大学文化传承中兴起社会主义核心价值体系的建设热潮，在此基础上，"要大力宣传各地区各领域推进核心价值观教育实践活动成果，……进一步探索提炼全社会普遍认可的社会主义核心价值观"[②]。胡锦涛同志在十七届中央纪委七次全会上的讲话中强调党员干部要保持马克思主义政党思想纯洁性，要"认真学习和实践中国特色社会主义理论体系，做到真学真懂真信真用，自觉划清马克思主义同反马克思主义等重大是非界限，旗帜鲜明抵制各种错误思想理论影响。……做共产主义远大理想和中国特色社会主义共同理想的坚定信仰者和忠实践行者。……带头弘扬

---

① 中共中央文献研究室编：《十七大以来重要文献选编》下，中央文献出版社2013年版，第742页。
② 中共中央文献研究室编：《十七大以来重要文献选编》下，中央文献出版社2013年版，第756页。

以爱国主义为核心的民族精神和以改革创新为核心的时代精神,模范践行社会主义荣辱观,树立良好道德风尚,争做社会主义道德的示范者、诚信风尚的引领者、公平正义的维护者"①。胡锦涛同志在纪念中国共产主义青年团成立九十周年大会上的讲话中要求全党都要"关注青年、关心青年、关爱青年",对广大青年提出了"五个坚持":坚持远大理想、坚持刻苦学习、坚持艰苦奋斗、坚持开拓创新和坚持高尚品行,希望广大青年"主动走在建设社会主义核心价值体系的前列,为开创社会新风发挥积极作用。广大青年一定要把正确的道德认知、自觉的道德养成、积极的道德实践紧密结合起来,提高品德修养,弘扬传统美德,倡导新风正气,用高尚的道德行为推动全社会文明程度的提高。……让社会主义荣辱观更好引领社会风尚"②。这成为大学文化传承中培育和践行社会主义荣辱观的基本遵循。

核心价值观作为社会主义核心价值体系的具体化的表述首次出现在政法领域,将政法干警坚持的核心价值观:"政治本色、宗旨理念、价值追求、基本操守问题,是社会主义核心价值体系在政法领域的具体化,……是政法干警应当自觉奉行的共同价值追求。"③ 2012年7月,胡锦涛同志在全国科技创新大会上的讲话中强调,在全面建设小康社会的关键时期,在深化改革开放和加快经济发展方式转变的攻坚时期,在加快创新型国家建设的重要机遇期,为广大科技工作者提供了施展才华的广阔舞台,"广大科技工作者要始终把祖国和人民放在心中,增强历史责任感和使命感,自觉践行社会主义核心价值体系,……坚持从推动国家发展和改善人民生活的需要出发确定科研方向、开展科研工作,树立实事求是的科学精神、服务社会的崇高理想,争做社会道德楷模,努

---

① 中共中央文献研究室编:《十七大以来重要文献选编》下,中央文献出版社2013年版,第806页。
② 中共中央文献研究室编:《十七大以来重要文献选编》下,中央文献出版社2013年版,第955—956页。
③ 中共中央文献研究室编:《十七大以来重要文献选编》下,中央文献出版社2013年版,第980页。

第三章 新时代大学文化传承中坚持社会主义核心价值体系的基本方略

力作出无愧于时代、无愧于人民的创新成果"①。胡锦涛同志在党的十八大报告中强调,要扎实推进社会主义文化强国建设,就要加强决定中国特色社会主义发展方向的兴国之魂即社会主义核心价值体系建设,并具体明确提出了"倡导富强、民主、文明、和谐,倡导自由、平等、公正、法治,倡导爱国、敬业、诚信、友善,积极培育和践行社会主义核心价值观"②。2013年11月,党的十八届三中全会审议通过的《中共中央关于全面深化改革若干重大问题的决定》中明确指出,社会主义文化大发展大繁荣要紧紧围绕社会主义核心价值体系和社会主义文化强国建设来推进和深化文化体制改革,国家文化软实力的增强和文化强国建设,"必须坚持社会主义先进文化前进方向,坚持中国特色社会主义文化发展道路,培育和践行社会主义核心价值观,巩固马克思主义在意识形态领域的指导地位,巩固全党全国各族人民团结奋斗的共同思想基础"③。2013年12月中共中央办公厅印发《关于培育和践行社会主义核心价值观的意见》的通知,明确社会主义核心价值观与社会主义核心价值体系之间的关系:要从推进中国特色社会主义事业和实现中华民族伟大复兴的战略高度来培育和践行社会主义核心价值观。④ 为有效贯彻落实把培育和践行社会主义核心价值观融入国民教育全过程的实施方略,要从学校抓起,从小抓起,紧紧围绕"三个倡导"的基本内容,坚持以人为本的原则,在大学要搭建课堂教学、校园文化和社会实践的育人平台协同发力;构建大中小学校思想政治理论课一体化内容贯通、学段衔接推动社会主义核心价值观"三进";发挥家庭家教家风建设的良好家庭氛围和崇德向善的社会风气有效、积极配合学校思想政治教

---

① 中共中央文献研究室编:《十七大以来重要文献选编》下,中央文献出版社2013年版,第1057—1058页。
② 中共中央文献研究室编:《十八大以来重要文献选编》上,中央文献出版社2014年版,第24—25页。
③ 中共中央文献研究室编:《十八大以来重要文献选编》上,中央文献出版社2014年版,第533页。
④ 中共中央文献研究室编:《十八大以来重要文献选编》上,中央文献出版社2014年版,第578页。

育，形成家校社协同育人的强大合力。

大学文化传承中要坚持正确导向，发挥大学科学研究和文化传承的学科专业和师资队伍优势，挖掘中华优秀传统文化思想的新时代价值，阐释中华文化思想精华的独特精神标识与精神追求；发挥重要传统节庆日传播主流社会价值的独特优势，深入开展志愿服务、道德实践和精神文明创建活动，积极广泛、灵活有效地涵养、培育和践行社会主义核心价值观；让广大师生在将社会主义核心价值观落细、落小、落实中，切实体悟并践行在实现中华民族伟大复兴的中国梦的征程中；树立为实现国家层面价值目标的共同理想并不懈奋斗，为构建和谐社会而坚守社会层面的价值取向，为成就出彩人生而躬身践履个人层面的价值准则。新时代的大学文化要强化师德师风建设，以高尚的师德师风引领青年精神成长发展，新时代的大学文化要传承教师教书育人的责任感、使命感和荣誉感；新时代的大学文化要传承学者学人对学术研究的热爱、对学术尊严的敬畏和对学术规范的遵守；新时代的大学文化要传承大学、教师与学生对民族国家、社会、家庭和自身的责任感和使命感；新时代的大学传承要坚持马克思主义在高校意识形态领域的主导权和领导权，以社会主义核心价值体系引领社会思潮和凝聚价值共识，以时代精神和民族精神丰富广大大学师生的精神世界，鼓舞和增强广大师生的精神力量。

二 共同的道德规范：锤炼道德品格以投身崇德向善的道德实践

大学不仅是一个学术共同体，也是一个道德共同体，更是一个责任共同体。马克思和恩格斯在《德意志意识形态》中指出："只有在共同体中，个人才能获得全面发展其才能的手段，也就是说，只有在共同体中才可能有个人自由。"① 中国共产党领导下创建的第一所大学湖南自修大学是毛泽东同志亲手创办的，湖南自修大学在入学须知中明确提

---

① 《马克思恩格斯文集》第一卷，人民出版社2009年版，第571页。

第三章 新时代大学文化传承中坚持社会主义核心价值体系的基本方略

出:"我们的目的在改造现社会。我们求学是求实现这个目的的学问。我们不愿意我们同学中有一个'少爷'或小姐,也不愿意有一个麻木糊涂的人。"湖南自修大学招生入学非常严格,采取比较慎重的态度,特别重视对学生人生观和社会观等方面的考察。[1] 在《湖南自修大学组织大纲》中进一步明确其办学宗旨与教学要求:"本大学鉴于现在教育制度之缺失,采取古代书院与现代学校二者之长,取自动的方法,研究各种学术,以期发明真理,造就人才,使文化普及于平民,学术周流于社会。"[2] 大学生活以共同制定的"自治规约"来管理。[3] 蔡元培先生高度评价湖南大学:"注重研究,注重图书馆、实验室"和注重自修、自治,其"组织可以为各省的模范"[4]。蔡元培先生在北京天安门举行的庆祝协约国胜利大会上的演说词中强调,要认清劳工的价值,提出"劳工神圣","凡用自己的劳力作成有益他人的事业,不管他用的是体力,是脑力,都是劳工。……学校职员、著述家、发明家,是教育的工,我们都是劳工"[5]。战胜黑暗争取光明是劳工的价值,要认清和重视劳工的价值,因为,此后的世界定将是劳工的世界。毛泽东同志在社会主义革命和建设时期明确提出:"……发展共产主义的情操、风格和集体英雄主义的气概,就是我们时代的德育。"[6] 邓小平同志在"文革"后的科学和教育工作方面的拨乱反正,致力于从科学和教育着手赶上世界先进水平,鼓励教师终身为教育事业服务,"要珍视劳动,珍视人才"[7],高等教育质量的提高在于好的风气,教师要负起责任培养良好的风气,带动形成"爱劳动、守纪律、求进步等好风气、好

---

[1] 曲士培:《中国大学教育发展史》,山西教育出版社1993年版,第417页。
[2] 高平叔编:《蔡元培教育论著选》,人民教育出版社2017年版,第447页。
[3] 高平叔编:《蔡元培教育论著选》,人民教育出版社2017年版,第452页。
[4] 高平叔编:《蔡元培教育论著选》,人民教育出版社2017年版,第447页。
[5] 高平叔编:《蔡元培教育论著选》,人民教育出版社2017年版,第185页。
[6] 人民教育出版社编:《毛泽东论教育》,人民教育出版社2008年版,第294页。
[7] 中共中央文献研究室:《毛泽东 邓小平 毛泽东论教育》,中央文献出版社2002年版,第104页。

习惯"①。在改革开放和社会主义现代化建设新时期,要继承和弘扬我们党领导的教育事业的优良传统,加强共产主义品德教育,加强秩序和纪律教育,培养和造就"具有社会主义觉悟的一代新人"②。江泽民同志强调,发展教育和科学是发展社会生产力和提高民族素质的百年大计,对广大青年学生坚持不懈地加强"爱国主义、集体主义、社会主义和自力更生、艰苦奋斗的思想教育以及革命传统教育,……培养科学的健康的文明的生活方式,使他们真正成为奋发进取的社会主义劳动者和建设者"③。胡锦涛同志强调,教育事业的科学发展的战略主题是坚持以人为本和全面推进实施素质教育工程,以人为本在教育工作的科学推进中最集中的表现是德育为先和育人为本:"德是做人的根本,只有树立崇高理想和远大志向,从小打牢思想道德基础,学习才有动力,前进才有方向,成才才有保障。"④ 坚持优先发展教育事业和人才培养是实现中华民族伟大复兴的关键,将德育融入大学课堂教学、大学生校园管理和学生日常生活全过程,结合教育教学规律和学生身心发展规律,创新道德教育的目标、理念、内容和方法,不断在道德实践中锤炼青年学生的道德品格和道德行为。

新时代青年一代要做中国特色社会主义事业的合格建设者和可靠接班人,就要学会自学、学会自我管理、学会自我保护、学会自律自强;在继承大学优良传统的基础上,广泛参与思想道德建设,不断锤炼道德品格,在社会实践中不断健康成长和全面发展,以风华正茂创造与实现自身价值,以德才兼备服务祖国和人民。习近平总书记在纪念五四运动100周年大会上的讲话中指出,在世界复杂变局之下,

---

① 中共中央文献研究室:《毛泽东 邓小平 毛泽东论教育》,中央文献出版社2002年版,第108页。
② 中共中央文献研究室:《毛泽东 邓小平 毛泽东论教育》,中央文献出版社2002年版,第140页。
③ 中共中央文献研究室:《毛泽东 邓小平 毛泽东论教育》,中央文献出版社2002年版,第203页。
④ 《胡锦涛文选》第三卷,人民出版社2016年版,第420页。

第三章　新时代大学文化传承中坚持社会主义核心价值体系的基本方略

"要在奋斗中摸爬滚打,体察世间冷暖、民众忧乐、现实矛盾,从中找到人生真谛、生命价值、事业方向"①。青年一代只有恪守正道才能明辨是非,中国特色现代化强国建设,物质与精神都要强,而精神上的强才更具持久性、深沉性和力量感。青年一代品德修为的锤炼与提升要将道德认知的正确性、道德养成的自觉性和道德实践的积极性紧密结合在一起,只有牢牢把握"品德是为人之本",才能切实做到立德修身;只有打牢道德认知、养成和实践的根基,才能在青春发展的路上走得更坚定、走得更远;只有在各种诱惑面前保持定力和守住规矩,才能拒斥投机取巧和远离自作聪明,永远怀着感恩之心用勤劳双手和诚实劳动创造美好生活和面向美好未来。青年一代要厚植继承与传承中华优秀传统文化精华的责任感和使命感,在内省体察和反求诸己中明大德、守公德和严私德;青年一代努力在创造自我价值和社会价值的道德实践中不断提升道德修为,自觉抵制大学生活中拜金主义、极端个人主义和享乐主义的错误人生观与历史虚无主义等错误思潮的侵蚀,奋力追求高尚的人生境界和有品位的人生追求,以青年一代的豪情壮志引领社会风尚的风清气正。

三　共同的学术规范:创建追求真理遵守学术道德的学术风气和学术生态

蔡元培先生1918年11月在《北京大学月报》发刊词中阐明了大学的职责与使命:"尽吾校同人所能尽之责任"研究高深学问,大学教师不仅仅是为学生按时授课以使学生获得毕业资格,大学的根本职责使命是研究学术的机关,而大学所从事的研究,并非只是简单输入西方的知识技术,大学教师的职责关键是要将西方更为先进的发明创造引入大学的研究;大学的研究"非徒保存国粹,而必以科学方法,

---

① 习近平:《在纪念五四运动100周年大会上的讲话》,人民出版社2019年版,第11页。

揭国粹之相"①。大学研究的高深学问就包括运用科学的方法研究中华文化精华的传承与发扬的可能与可行。西方学界的公共知识分子对待学术研究和公共生活责任的态度:"学术思考和写作若不与对人类生活的现实关怀和情感投入相结合,就会变得苍白无力,必将堕落为一种自娱自乐的游戏,或者成为一种猎取个人名声的手段。"② 2023年6月,习近平总书记在文化传承发展座谈会上强调指出:"中华文明具有突出的创新性,从根本上决定了中华民族守正不守旧、尊古不复古的进取精神,决定了中华民族不惧新挑战、勇于接受新事物的无畏品格。"③ 大学文化要传承的就是这种进取精神和无畏品格,新时代的哲学社会科学研究要重新定义何为创新和重构创新的路径选择,"哲学社会科学创新可大可小,揭示一条规律是创新,提出一种学说是创新,阐明一个道理是创新,创造一种解决问题的办法也是创新"④。新时代大学文化传承中要着力建构以尊重学术规范为前提、以创新为永恒主题的学术生态;要以敢于直面新问题新情况的勇气,提出超越传统和经验意义上的新观点、新思路和新方法;要以强烈的时代命题消解理论的苍白无力,以直面矛盾和问题的理论创新担负起哲学社会科学的新时代实践。

新时代大学从事科学研究、追求真理的过程中要尊重差异与多样性,这也是共同的学术规范之一。美国政治哲学家努斯鲍姆认为,大学的教学与研究尊重人的理性尊严和道德选择,因为"教育的目标应该是发展人的个性和个人尊严感,加强对人权和基本自由的尊重,……国家之间的理解、包容和友谊"⑤。正是文化的差异与多样

---

① 高平叔编:《蔡元培教育论著选》,人民教育出版社2017年版,第178页。
② [美]玛莎·C.纳斯鲍姆:《善的脆弱性——古希腊悲剧与哲学中的运气与伦理》,徐向东等译,译林出版社2018年版,导读,第11页。
③ 《习近平在文化传承发展座谈会上强调 担负起新的文化使命 努力建设中华民族现代文明》,《人民日报》2023年6月3日第1版。
④ 习近平:《在哲学社会科学座谈会上的讲话》,人民出版社2016年版,第20页。
⑤ [美]玛莎·纳斯鲍姆:《培养人性:从古典学角度为通识教育改革辩护》,李艳译,上海三联书店2013年版,第53页。

让我们的生活多姿多彩，为此，大学文化传承的学术责任在于关心未来和思考如何塑造未来，"对人文学科的未来深感忧虑"，通过培养人性，让人们追求有尊严的生活，在对功利教育进行批判的过程中，"给正在为塑造自己相信的未来而斗争的人们提供一些依据，帮助不同地方的人们为人文学科找到存在理由"①。新时代赋予学术职业人的理想是能够大胆发表自己的见解并努力培养完整的人。然而，全球学术职业都演变为：学术职业人必须选择越来越狭窄的研究领域从事学术职业，"当今大学人必须选择一个极其狭窄的研究领域，才能写出可供发表的文章，在学术界立足，拿到学位，晋升副教授或教授，搞到各级项目和大奖……"②学术职业越来越细的分工具有很强的压迫性和局限性，将越来越多的学术职业人的研究视野和学术努力裹挟进精细而狭窄研究领域，然而，能够完全理解这些学术职业人所撰写的并令其获得学位、晋升教授、赢得奖项的学术论文的仅限于极少数人，而且即使在同一学科领域，从业者也无法完全理解彼此的工作。可以说，"日益细密的专业化一方面使社会整体认识水平不断提高，一方面对个体生命构成了压制，而人之所以为人在于他有一种内在冲动，一种把多变为一，把杂多变为整全，把纷繁复杂的外部世界变得可以把握的内在冲动"③。正是因为学术职业人的这种上下求索的冲动与执着，自然和宇宙的奥秘才在追寻生命和存在的意义中创造了现代文明。

四　弘扬师德师风：教师以人格魅力和学术造诣引领青年学生精神成长

教育是民族振兴的奠基工程，教师职业是一项寓神圣于平凡的工

---

① ［美］玛莎·纳斯鲍姆：《功利教育批判——为什么民主需要人文教育》，肖聿译，新华出版社2017年版，第184页。
② ［美］玛莎·纳斯鲍姆：《培养人性：从古典学角度为通识教育改革辩护》，李艳译，上海三联书店2013年版，导读，第1页。
③ ［美］玛莎·纳斯鲍姆：《培养人性：从古典学角度为通识教育改革辩护》，李艳译，上海三联书店2013年版，导读，第1页。

作。中华民族自古以来就是重视教育、尊师重教的有作为、有担当、负责任的民族，对于教师职业来说，几千年的历史造就了教师在人们心目中的形象，进而形成得以代代相传的尊师重教精神。党的十八大以来，习近平总书记在多次考察、讲话中，先后提出了"四有好老师""四个引路人""四个相统一""六个要"素质要求等，围绕尊师重教作出一系列重要论述，表达了对教师的关心关怀，对教师工作的殷切期望，并用实际行动充分体现出对教育的重视、对教师的敬重。广大教师是打造中华民族"梦之队"的筑梦人，尊师重教是习近平总书记对"筑梦人"的庄严承诺。教育是党的事业发展的重要保证，实现教育强国和教育现代化的关键在教师，教师作为加快推进教育现代化的中坚力量，其思想政治素质和师德水平是教师队伍现代化建设的重要指标之一。在现代大学向着全面建成社会主义现代化强国的第二个百年奋斗目标迈进的新征程中，培养各级各类高级专业建设人才是关键，而人才培养的关键在教师，无论是整体提高国民素质、学生的文明素养，培养时代新人、建设者与接班人，还是加快教育现代化、推进教育高质量发展、建设教育强国，都离不开高素质创新型专业化的教师队伍建设。

新时代对于高素质专业化创新型现代大学教师队伍建设标准而言，还不同程度上存在一定的短板：一是专业素质能力方面，对于适应时代新人培养方面存在欠缺；二是教师的政治思想素质和师德素养水平有待进一步提升；三是大学教师的评聘制度和考核晋升机制尚需科学建构与人性化管理的制度安排；四是大学教师职业吸引力、岗位幸福感、事业成就感和社会荣誉感尚需进一步切实提高；五是让大学教师成为让人羡慕和向往的职业，尊师重教社会风气有待切实营建和塑造。《中华人民共和国国民经济和社会发展第十四个五年规划和2035远景目标纲要》的开篇就是"开启全面建设社会主义现代化国家新征程"，作为国之大计和党之大计的中国教育已经进入了高质量发展阶段，在社会主义现代化新征程中，教育现代化的加速推进发展，对社会主义现代化建设全局与整体推进具有举足轻重的作用。而作为教育第一资源的教师是教育之

第三章
新时代大学文化传承中坚持社会主义核心价值体系的基本方略

本,而师德又是教师之本。从这个意义上说,大学教师在引导学生立德成人、立志成才方面发挥着不可替代的作用。基于此,新时代大学教师政治素质、师德风范和行为修养既关系着大学生思想素质、道德品质、文明素养、行为习惯和社会责任意识的养成,更关系着国家、民族的希望与未来。因此,在继往开来的新时代,提升大学教师师德素养和加强师德师风建设对引领广大青年学生的精神成长具有重大而深远的时代意义。

总之,联合国教科文组织在1998年高度概括了世界各国高等教育的使命责任:高等教育不是"商品",而是致力于服务于公共利益,"高等教育的使命是促进整个社会的可持续发展和进步。它培养能满足社会各部门需要的高素质人才;通过科学研究发展和传播知识;在文化多元化和多样化的框架下解释、保护和传播各种文化;为人们提供终身高等教育的机会;促进各个层次教育的发展和进步,以民主社会的基本价值观念教育青年一代,以冷静客观的态度探讨人类社会的战略选择"[1]。为此,我国大学文化传承中坚持社会主义核心价值体系基本方略的探索,要不断创新方式方法。只有润物无声,才能有效外化于行;只有勤学敏行,才能更好地乐观向上。20世纪初期,科学的飞速发展,学科综合与分化引发了学界的热议,德国哲学家胡塞尔曾批判指出:"我们的概念只是'剩余的'概念。我们所有的理解只是片面的理解,科学学科的分散使我们再也看不见知识的意义和条件。"[2] 荣辱在人们身上唤醒对崇高的追求,让我们重新发现被忽视或被丢失的生命,我们需要找回出发的起点和明确出发的初心,从起点重新出发,让青春的生命怒放在灿烂的阳光之中,"思想家的素质也应当是,成为最后一个对人类处境并非漠不关心的人"[3]。因此,在大学文化传承中,道德规范

---

[1] 王建磐主编:《探求21世纪大学的坐标——华东师范大学50周年校庆中外大学校长论坛讲演集》,华东师范大学出版社2004年版,第200页。
[2] [法]让·布伦:《苏格拉底》,傅勇强译,商务印书馆1996年版,第69页。
[3] [法]让·布伦:《苏格拉底》,傅勇强译,商务印书馆1996年版,第43页。

和行为法则只有内化于心才能有效外化于行,最后才能形成良好的社会风尚。大学是研究高深学问的重要场域,大学文化传承的极高明之处在于润物无声和心悦诚服。大学中具有高尚师德的学者的榜样示范是最好的身教胜于言教范例,传说中集智慧、自由和见识于一身,而自称自己无知、教会人们要"认识你自己"[①]的苏格拉底校长,其学校是类似公共场所的"广场",置身商人、小人物和贵族之中,在走街串巷中开展"有教无类"的生活教育,采用聊天和提问的方式,将数不清的生活问题作为思考讨论的主题,要完成的教育使命是:"没有别的目的,只是为了无论长幼都说服你们,不要停留在身体和财富上,而是要以同样的热情去关心灵魂的完善。……不是财富带来美德,而是正因为有了美德,才产生出财富和一切对个人和国家有益的东西。……我是一只牛虻,整天不停地唤醒你们,给你们提建议、责备你们每一个人,你们到处都看见它,它就落在你们旁边。"[②] 苏格拉底这只"牛虻"通过不断侵扰当时的雅典人不要睡着在"道德和社会的现成答案上休息"[③],以此完成唤醒他同时代人的使命。在科技至上的国际竞争中,认识你自己能够帮助我们摆脱迷失在外在陌生知识的世界。

今天充斥进步发展中的各种科技、机器和器械为人类探索未知世界提供锁钥的同时,也让人们与质朴和对自己的认识分离,外在的东西聚拢甚至裹挟着现代人被动前行。在网络和数字世界中,现代人在一定程度上成为被困在柏拉图洞穴中的囚徒,技术为人类带来便利和进步的同时,也让人类疏远了离我们最近的东西,特别是疏远了我们对自己内心的深切感受和真实需求的观照,技术"不能产生灵魂的回忆,而是顶多产生习惯组合,以及惯性力量"[④]。从这个角度来讲,大学文化传承中,既要坚持追求真善美的精神传统,同时,也要传承一种批判精神,

---

① [法] 让·布伦:《苏格拉底》,傅勇强译,商务印书馆1996年版,第61页。
② [法] 让·布伦:《苏格拉底》,傅勇强译,商务印书馆1996年版,第30—31页。
③ [法] 让·布伦:《苏格拉底》,傅勇强译,商务印书馆1996年版,第36页。
④ [法] 让·布伦:《苏格拉底》,傅勇强译,商务印书馆1996年版,第73页。

第三章 新时代大学文化传承中坚持社会主义核心价值体系的基本方略

培育和传承一种为了社会、民族、国家和个人更加美好的建设性批判精神。有人曾评价苏格拉底善于倾听学生的心声,不愿接受教学的金钱报酬和不接受荣誉或荣誉职位,在怎样的时代能够体现出金钱和荣誉无法用来酬报教学的荣耀?而在当今时代的大学里,在一定程度上,似乎奖励、称号和荣誉都成了"相应教学的准确报酬"[①]。没有教育的内容、没有教师、没有学生、没有教学的方法,也就不存在教育和教学。在大学文化传承中,教师并非比学生知道得多,而是共同的学习者、探讨者和研究者,师生之间的交流对话是共同走向真理所做努力的科学精神和人文精神的主要表达方式。

---

① [法]让·布伦:《苏格拉底》,傅勇强译,商务印书馆1996年版,第45页。

第四章

新时代大学文化传承中坚持社会主义核心价值体系的世界贡献

世界之乱和中国之治，中国的风景成为世界各国的憧憬。习近平总书记在文化传承发展座谈会上的讲话中指出，中华文明源远流长，具有"五个突出特性"：连续性、创新性、统一性、包容性与和平性，中华文明的突出的和平性，"从根本上决定了中国始终是世界和平的建设者、全球发展的贡献者、国际秩序的维护者，决定了中国不断追求文明交流互鉴而不搞文化霸权，决定了中国不会把自己的价值观念与政治体制强加于人，决定了中国坚持合作、不搞对抗，决不搞'党同伐异'的小圈子"①。以人民为中心来发展中国教育在全世界的贡献率发生了前所未有的巨大变化和取得了举世瞩目的伟大成就："到2004年底，全国普及九年义务教育人口覆盖率达到94%，青壮年文盲下降到4%，女童入学率达到98.9%。"② 到2022年10月，习近平总书记在党的二十大报告中向全世界庄严宣告：我国已经"建成世界上规模最大的教育体系……教育普及水平实现历史性跨越"③，

---

① 《习近平在文化传承发展座谈会上强调 担负起新的文化使命 努力建设中华民族现代文明》，《人民日报》2023年6月3日第1版。

② 王晓辉主编：《全球教育治理：国际教育改革文献汇编》，教育科学出版社2008年版，序言，第9页。

③ 《习近平著作选读》第一卷，人民出版社2023年版，第9页。

第四章
新时代大学文化传承中坚持社会主义核心价值体系的世界贡献

中国高等教育整体实力已经进入强起来的发展征程；2022年全国教育事业发展基本情况是：我国已经建成世界上最大规模的高等教育体系，接受高等教育人口达到2.4亿人；高等教育毛入学率59.6%，比2021年提高1.8个百分点；新增劳动力平均受教育年限达到14年，比2021年提高0.2年；各级各类教育均取得显著进展，高质量高等教育体系建设取得新进展；① 基本形成幼有所育、学有所教、时时能学、处处可学的终身教育和学习化社会的基本教育格局，人民的教育生活得到全方位提升与改善。

大学文化传承的范式多种多样，这是文化多样性的反应，文化多样性获得关注和被认为具有至关重要性，是源于这个世界上的每一种文化都有自己的世界，人们理应毫无偏见地进入一个文化世界且深入了解并尊重其发展现状。在文化多样性的星球中，人类这个相互依赖的大家庭如何能够做好文化共存与共处，尊重文化多样性是这个不确定的时代留给我们的一个具有确定性答案的时代命题。当欧美发达国家纷纷走上现代化的工业发展之路后，从20世纪70年代开始，罗马俱乐部针对"人口爆炸、资源短缺和环境污染"的"全球问题"提出，西方的现代化发展之路如果不加控制的话，将会造成全球性灾难的警醒世人的报告但并未提出解决方案；匈牙利裔美国哲学家欧文·拉兹洛作为罗马俱乐部的成员在其报告《人类的目标》中对西方文化和价值展开了批判性反思，人类未来发展面临的生存问题究其根源在于人类自身，"引导人类走上工业化道路的西方文化中的某些基本观念和价值"是可以朝向有利于人类共同发展的方向改变的。② 从20世纪末期开始，拉兹洛为寻找解决全球问题的途径而发起推动"意识革命"，即在人类经历了信息社会后，社会从工业文明向生态文明的可持续进化并给人类带来光明的未来，"人类能有

---

① 教育部发展规划司：《2022年全国教育事业发展基本情况》，2023年3月23日，中华人民共和国教育部官网（http://www.moe.gov.cn/fbh/live/2023/55167/sfcl/202303/t20230323_1052203.html? eqid=a810f665000c146a00000005643e96e1）。

② [美] 欧文·拉兹洛编：《多种文化的星球——联合国教科文组织国际专家小组的报告》，戴侃等译，社会科学文献出版社2001年版，序言，第1—2页。

意识地改变自己的价值和行为，从而避免或至少减轻灾变"①。当全世界都进入一个不确定的时代，通信技术却将全球的信息、贸易、文化、教育等交流网络其中，文化在信息网络的世界中既不能被完全隔绝，同时也面临着被稀释的风险，文化总体的发展趋向是在全球文化的交流互动中得以丰富和发展。从这个意义上，人类的生态意识、价值观念、文化传统和行为模式的变革及其速度，直接决定了人类社会的生存发展是直接与生态灾难迎头撞击还是擦肩而过。

现今世界各大学曾经坚守的远离社会的传统观念已经被文化智性化（intellectualization）、主观化（subjectivization）和功用性的行动遮蔽，这既是时代创新的一部分，也是我们日常生活的一部分。② 理性与秩序构成当代大学人的意识框架，当情感领域也渗入了利益，人性的尊严和价值的追求均需要担负起发展的代价。中国式教育现代化道路意味着要对中国城市与乡村的教育负责，我们致力于现代大学教育治理能力与治理体系现代化的发展，为了中华民族的教育振兴与中华文化的传承发展负责，而不是为西方或为西方某一个国家负责。人类历史上战争的破坏、21世纪20年代的新冠疫情之下，谎言和冷漠所列出的资产负债表，称其为令人发指也不为过，"对于人和事的可理解性，已经沦落到以往所曾经达到过的水平之下了"。人类在一定程度上陷入了敏感、焦灼与无助之中，对科学的发展与技术的抗议并存于世。中国道路、中国智慧、中国方案为全球发展所做的贡献，在大学文化传承发展之中主要体现在坚持社会主义核心价值体系的六个维度：遵循的共同价值理念、建构的基本内容框架、落实立德树人的根本任务、实施的多元方法策略、厚植的命运与共情怀、培育的世界公民素质。

---

① ［美］欧文·拉兹洛编：《多种文化的星球——联合国教科文组织国际专家小组的报告》，戴侃等译，社会科学文献出版社2001年版，序言，第2页。
② ［德］阿诺德·盖伦：《技术时代的人类心灵》，何兆武等译，上海科技教育出版社2008年版，第72页。

第四章
新时代大学文化传承中坚持社会主义核心价值体系的世界贡献

第一节　新时代大学文化传承中坚持社会主义核心价值体系遵循的共同价值理念

我国在"十四五"时期，高等教育开启以高质量发展全面推进中国式教育现代化的新征程，充分发挥科教兴国战略和关注教育强国目标对教育、科技、人才的基础性支撑的优势，全方位把握高等教育高质量发展的新定位、改革发展使命任务的新部署、深化体制机制创新的新要求、全面提升战略人才培养能力的新任务，"以全面提高人才自主培养质量为主线，以深入推进高等教育综合改革试点为抓手，探索构建中国式高等教育发展模式，更好服务国家区域经济社会发展"①。大学文化传承中在解决高质量发展的重大问题、支撑国家发展高水平自立自强能力和服务国家区域高质量发展能力方面遵循的共同价值理念：推进文化自信自强，增强实现中华民族伟大复兴的精神力量；坚定的共产主义信仰是中华民族攻坚克难的"秘密武器"，坚持马克思主义在高校意识形态领域的指导地位；新时代大学文化传承中坚持"两个结合"将"中华文明的精神标识和文化精髓"② 提炼阐释和展示出来的基本策略：一是来自西方文化的马克思主义和起源中华文明的中华优秀传统文化在"天下为公""世界大同"方面的高度契合，将马克思主义基本原理的精髓与中华优秀传统文化的精华有机结合；二是"两个结合"成就了中国特色社会主义新文化，开辟了中国化时代化马克思主义的新境界，中华优秀传统文化经由"双创"成为中国式现代化的新的文化生命体和民族的、科学的、大众的先进文化新形态；三是"两个结合"拓宽和铸牢了中国式教育现代化的文化根基，赋予大学文化传承中华文明以

---

① 教育部高等教育司：《教育部高等教育司2023年工作要点》，2023年3月29日，中华人民共和国教育部官网（http：//www.moe.gov.cn/s78/A08/tongzhi/202303/t20230329_1053339.html）。

② 《习近平著作选读》第一卷，人民出版社2023年版，第38页。

大学文化传承中坚持社会主义核心价值体系研究

中国精神的力量,中华文明新形态赋予大学文化发展创新以深厚的时代底蕴;四是"两个结合"在新时代大学文化传承中创生了发扬历史主动精神和新的思想解放的空间,以发掘和汲取中华优秀传统文化的宝贵资源来创新思想文化,并主动发力于道路、理论和制度的创新与开拓;五是"两个结合"在新时代的大学文化传承中有力地巩固和体现了文化主体性,大学文化传承要深刻把握中华文明的发展规律,使我们党的历史自信、文化自信和文化自觉在大学文化传承中达到新的认识高度并达到实践自觉。

现代大学在培养青年学生的生活技能和价值观念方面作用巨大,但是在大学的"教育工作中所面临的最大挑战是培养学生的个性、良心、公民意识、宽容、礼貌和个人与社会责任感"[①]。人们都渴盼一种稳定的生存与发展环境,在现代快节奏的生活中,人们愈加追求一种秩序感的生活。诺贝尔奖经济学获得者阿马蒂亚·森通过合作研究完成的印度各邦比较研究表明:"高速的经济增长并不能自动改善健康和教育此类重要领域的生活品质。"[②]"在一个有时让人觉得这些品质可有可无的社会里,我们不敢忽视这一培养义务。这些品质应该成为对大学毕业生的标准要求的一部分,而不能只供选择。"[③] 美国国际与地区问题专家塞缪尔·亨廷顿认为:"文化是人类社会不可化约的成分,要对发展和政治有所理解,就不能不参照文化价值。"[④] 大学文化传承中要坚持一种批判的精神,大学文化传承中需要对外国的制度与文化进行辩证的价值判断和智慧"取舍"。对于西方文化制度模式,在学习借鉴的过程中,一些发展中国家在一定程度上背离了这种模型,因为这些模型需

---

① [美] L.迪·芬克:《创造有意义的学习经历——综合性大学课程设计原则》,胡美馨等译,浙江大学出版社2006年版,第12页。
② [美] 玛莎·C.纳斯鲍姆:《寻求有尊严的生活——正义的能力理论》,田雷译,中国人民大学出版社2016年版,第34页。
③ [美] L.迪·芬克:《创造有意义的学习经历——综合性大学课程设计原则》,胡美馨等译,浙江大学出版社2006年版,第12页。
④ [美] 弗朗西斯·福山:《历史的终结与最后的人》,陈高华译,广西师范大学出版社2014年版,第349页。

第四章
新时代大学文化传承中坚持社会主义核心价值体系的世界贡献

要进行调整才能适应不同的教育和文化发展的社会背景和历史传统。中国的历史传统和文化价值观与西方社会的组织制度框架与文化惯例存在历史与现实的差异，基于此，立足本土面向世界成为中国文化教育发展的必然选择，而中国特色的发展道路选择为国家组织与制度框架建构及其社会运转提供了实质性的有效支持，同时取得了举世公认的巨大成就。因此，在全球面临社会转型的关键时刻，人类更加珍惜即将失去的某些东西，世界各国对于教育在应对"当前的脆弱性和未来的不确定性"等这些艰巨挑战方面发挥至关重要作用的关键是达成高度一致的价值共识，正如联合国教科文组织总干事奥德蕾·阿祖莱所说："我们需要采取紧急行动，改变人类的发展路径，使地球免遭进一步破坏。"[1] 中国共产党以人民为中心的治国理念与国际上以人类的发展为目的的发展路径选择达成一种发展向度的价值共识，这也成为我国新时代大学文化传承中坚持社会主义核心价值体系遵循的价值理念，为大学文化传承发展提供一种价值理念的可供参考的实践框架。

一 全人类共同价值：社会主义核心价值观的国际表达

这是一个风起云涌和史无前例的深度变革时代，世界各国对科技创新提高国际竞争力的期求与投入前所未有，国际关系风云诡谲、变化急剧，这是一个拥有无限发展可能性的最好的时代，与此同时，这也是一个充满诸多摧毁人的善的脆弱性的最坏的时代。教育与文化在应对重大社会转型的历史挑战与提高发展机遇方面具有先天优势，教育文化的共同价值理念：与人合作、尊重他人、国际磋商的平等参与，获得世界各国的价值认同。于是，世界各国将改变发展样态、生存境遇和寻求发展意义的目光转向教育与文化。《世界人权宣言》中有这样的论述："教育的目的应是充分发展人的个性，加强对人权和基本自由的尊重。教育

---

[1] 联合国教科文组织编：《一起重新构想我们的未来：为教育打造新的社会契约》，教育科学出版社2022年版，序言，第1页。

应促进各个国家、种族和宗教群体之间的理解、宽容和友好。"① 美国政治哲学家、公共知识分子努斯鲍姆认为，在这个世界中，每个人都有弱点，都需要相互帮助，在世界上的任何地方，人都不是独自生活，每一个人都有自己的生活方式和需要，而且每一个人都有选择生活方式和追求需要满足的权利。② 为此，人们要改变看待世界的方式，尊重差异，教育要培养尊重差异的能力，世界并非为某一个人而存在，世界为所有人而存在。

启蒙运动后的德国大学坚守了大学理念与传统的人文知识的密切联系，发挥了塑造德国民族性的作用；由康德发起哲学家追求学术自由的权利为开端，以发展自由教育为核心，以"学科间的冲突"系列论文为斗争载体，主要围绕为学术自由和大学理念的长期论争建立一套术语。③ 雅斯贝尔斯认为："大学是一个教学、科研、文化传递同时发生的地方。"④ 由此可见，大学文化传承中需要具体的、高质量的工作，因为"良好的教育需要对语境、历史，以及文化和经济环境的敏锐感受力"⑤。法国当代著名哲学家、社会学家埃德加·莫兰对现在盛行的全球性的现代娱乐文化发出质疑：现代人在现代娱乐文化中是陷入自我陶醉，还是能获得灵魂升华和自我救赎？现代文化体现着时代精神，而时代精神不能被"放逐于科学世界之外"⑥，埃德加·莫兰从自己一生的经验教训中推演出一个世纪的经验教训，引导世人悲观地选择对未来的

---

① ［美］玛莎·努斯鲍姆：《功利教育批判——为什么民主需要人文教育》，肖聿译，新华出版社 2017 年版，第 15 页。

② ［美］玛莎·努斯鲍姆：《功利教育批判——为什么民主需要人文教育》，肖聿译，新华出版社 2017 年版，第 124 页。

③ ［英］杰勒德·德兰迪：《知识社会中的大学》，黄建如译，北京大学出版社 2010 年版，第 38—39 页。

④ ［英］杰勒德·德兰迪：《知识社会中的大学》，黄建如译，北京大学出版社 2010 年版，第 50 页。

⑤ ［美］玛莎·C. 纳斯鲍姆：《寻求有尊严的生活——正义的能力理论》，田雷译，中国人民大学出版社 2016 年版，第 109 页。

⑥ ［法］埃德加·莫兰：《时代精神》，陈一壮译，北京大学出版社 2011 年版，前言，第 1 页。

第四章
新时代大学文化传承中坚持社会主义核心价值体系的世界贡献

不信任:"不要再相信当下能永远延续、持续发展,未来可以预测。短暂而意外的突发事件——有时是好的,有时是坏的——总会无情地动摇或改变我们个人的、作为公民的、国家的和全人类的命运。"① 埃德加·莫兰对于现代娱乐文化的评价有其思想见地的一面,但是,也应该认识到,文化具有稳定社会的作用,文化理论与大学文化理念之间关系密切;虽然同属于文化,然而,大学文化不同于大众文化,大学文化是大学历史发展与文化传统在长期积淀基础上形成的,既具有所有大学所共有的教学、科研、服务社会和文化传承创新的文化共性,同时,也具有每一所大学文化的特殊个性,充满着创造精神、学术精神、文化精神、自由精神,是时代精神精华的集中体现和精准表达。

圣雄甘地提出了"托管"的概念:"我们不是作为'所有者',而是受所有生物和子孙后代的'委托',持有地球的财富。"② 这从一定意义上就意味着人类要对地球负有"托管责任"。习近平总书记在俄罗斯国际关系学院的演讲中针对人类共同所处的风云变幻的时代,面对国际社会的巨变,在这个日新月异的世界中,人类依然要面临诸多世界性的难题和挑战,为让世界变得更加美好,首次提出共建人类命运共同体:"这个世界,各国相互联系、相互依存的程度空前加深,人类生活在同一个地球村里,生活在历史和现实交汇的同一个时空里,越来越成为你中有我、我中有你的命运共同体。"③ 人类同在一个地球,共处一个世界,"应该牢固树立命运共同体意识,顺应时代潮流,把握正确方向,坚持同舟共济"④,为携手共建世界美好未来而共同努力。习近平总书记在法国巴黎联合国教科文组织总部的演讲进一步指出:"当今世界,人类生活在不同文化、种族、肤色、宗教和不同社会制度所组成的世界

---

① 联合国教科文组织编:《一起重新构想我们的未来:为教育打造新的社会契约》,教育科学出版社 2022 年版,第 29 页。
② 联合国教科文组织编:《反思教育:向"全球共同利益"的理念转变?》,联合国教科文组织总部中文科译,教育科学出版社 2015 年版,第 23 页。
③ 《习近平外交演讲集》第一卷,中央文献出版社 2022 年版,第 2 页。
④ 《习近平外交演讲集》第一卷,中央文献出版社 2022 年版,第 33 页。

里，各国人民形成了你中有我、我中有你的命运共同体。"① 人类命运共同体建构的世界性贡献之一是基于对共同利益的责任担当："普遍人性中蕴含着团结和社会正义的价值观，在这种精神的感召下，获得作为全球共同利益的知识和教育的权利原则，对于诸多利益攸关方在追求可持续发展以及力争实现包容性的人类发展和社会发展的集体努力当中的作用和责任，都具有重要意义。"② 大学排名的热潮反映了国际社会对高等教育机构质量的关注与兴趣，从积极的角度看，大学排名满足了大众对高等教育质量的综合信息的简明了解，以便获得对多样化高等教育办学主体的信息掌握和选择，还有利于增加对高等教育机构的问责和透明监管。但是，大学排名遭到来自学者、学生、办学主体和一些机构的批评，因为大学排名更重科研成果而引导大学特别是杰出大学将关注点从教学和所应承担的社会责任转移到排名指标的简单满足。有人指出："用一套有限的标准来衡量世界各地的大学，而且考虑到各大学希望挤进世界排名前200位的强烈愿望，排名实际上鼓励了高等教育机构的同质化，削弱了大学对于自身环境的响应能力和实际作用。……排名看重的是200强大学拥有的优势，这对于公平性产生了极大的影响。"③

在知识社会中，教师的教学承诺不会被数字技术取代。知识信息量的猛增，使得知识信息传递手段和方式多样，教师职业能否消亡引起热议，但是，从全球范围来看，教师职业都是各国教育政策的优先发展事项，新的数字技术，更广泛的知识传播，更需要教师坚定职责指向："教师现在应成为向导，引导学习者（从幼儿时期开始，贯穿整个学习轨迹）通过不断扩大知识库来实现发展和进步。"④ 教育若想达到促进个人全面

---

① 《习近平外交演讲集》第一卷，中央文献出版社2022年版，第2页。
② 联合国教科文组织编：《反思教育：向"全球共同利益"的理念转变?》，联合国教科文组织总部中文科译，教育科学出版社2015年版，第73页。
③ 联合国教科文组织编：《反思教育：向"全球共同利益"的理念转变?》，联合国教科文组织总部中文科译，教育科学出版社2015年版，第45页。
④ 联合国教科文组织编：《反思教育：向"全球共同利益"的理念转变?》，联合国教科文组织总部中文科译，教育科学出版社2015年版，第46页。

第四章
新时代大学文化传承中坚持社会主义核心价值体系的世界贡献

发展和促进发展模式更新，教师仍然是全球行动的主要推动力量，然而教师的非专业化趋势使得教师难以兑现教学承诺："无论是发达国家还是发展中国家，都出现了教师非专业化的情况。这些趋势包括：大量不合格的教师涌入，部分原因是师资匮乏，但也有资金短缺的原因；通过合同制教学，聘用代课教师，特别是在日益依靠辅助人员来完成教学工作量的高等教育机构；教师的自主性降低；由于实行标准化考试和高风险的教师评估，教学专业质量下降；私营部门的管理方法侵入教育机构；许多国家的教师薪酬与其他部门专业人员的薪酬之间存在差距。"[①]

新时代大学文化传承中坚持马克思主义在高校意识形态的指导地位，这是大学文化传承的根本制度保障。新时代的大学文化传承的是以社会主义核心价值观为引领的社会主义先进文化，新时代的大学文化是具有强大的凝聚力和引领力的社会主义意识形态，在大学文化传承中为大学服务国家战略锚定社会主义方向，巩固住大学文化的主流思想舆论阵地，用党的创新理论丰富充实大学文化以武装和教育广大师生，以社会主义核心价值观凝聚师生投身社会主义现代化强国建设的精神力量，加快构建中国特色、文化自觉的哲学社会科学的学科体系、学术体系和话语体系，在大学文化传承中广大师生成为切实践行社会主义核心价值观的先锋和典范。习近平总书记在庆祝中国共产党成立100周年大会上的讲话中强调，中国共产党始终与世界各国爱好和平的人民一道，"弘扬和平、发展、公平、正义、民主、自由的全人类共同价值"[②]，新时代的大学文化要传承并践行全人类共同价值，不断推进大学文化发挥国际交流、开放包容和教学、研究合作的功能，充分发挥大学文化传承在大中小思想政治教育一体化建设过程中以社会主义核心价值观铸魂育人的精神引领和典型示范的优势。

[①] 联合国教科文组织编：《反思教育：向"全球共同利益"的理念转变？》，联合国教科文组织总部中文科译，教育科学出版社2015年版，第46页。

[②] 习近平：《在庆祝中国共产党成立100周年大会上的讲话》，人民出版社2021年版，第16页。

二 以人民为中心：人类文明新形态的教育现代化实践

中国共产党领导创办的社会主义大学与党的百年奋斗是一种历史共生的关系，在党的第三个历史决议中，深刻总结了中国共产党百年奋斗的十大历史经验的第二个方面就是"坚持人民至上"，人民是党治国理政的根基、血脉和力量，"人民是党执政兴国的最大底气"①。党领导的社会主义大学在办学之初确立的教育方针和文化宗旨就是围绕着为民族、为人民来发展教育，毛泽东同志在延安抗日军政大学开学典礼上的讲话中指出，在"抗大"要学习下一个决心："你们要为中华民族的解放，为建设新中国而永不退缩，勇往直前，要坚决地为全国四万万五千万同胞奋斗到底！不是为了自己，而是为了全国四万万五千万同胞，不是为了自己的家，而是为了四万万五千万同胞的家，牺牲一切。"② 在延安文艺座谈会上的讲话中强调："为什么人的问题，是一个根本的问题，原则的问题。"③ 在中央警备团追悼张思德的演讲中进一步明确，中国共产党领导的革命队伍，"我们是为人民服务的"，只要对人民有好处的想法党都采纳和照办，"只要我们为人民的利益坚持好的，为人民的利益改正错的，我们这个队伍就一定会兴旺起来"④。正是新民主主义革命时期红色高等教育的厚重基因，为新民主主义革命培养了大量的革命干部，红色大学文化形成了教育与生产劳动相结合、理论与实际相结合的基本原则，培养了学生独立思考、独立工作和独立斗争的能力，成为我国大学精神文化历久弥新、生生不息、熠熠生辉的红色印痕，形成激励一代又一代学者学人服务国家需要和服务人民的光荣传统。

以人民为中心的教育是人类文明新形态的教育现代化实践。邓小平

---

① 《中共中央关于党的百年奋斗重大成就和历史经验的决议》，人民出版社2021年版，第66页。
② 中共中央文献研究室编：《毛泽东 邓小平 江泽民论教育》，中央文献出版社2002年版，第17页。
③ 《毛泽东选集》第三卷，人民出版社1991年版，第857页。
④ 《毛泽东选集》第三卷，人民出版社1991年版，第1004—1005页。

第四章 新时代大学文化传承中坚持社会主义核心价值体系的世界贡献

同志为推进改革开放和社会主义现代化建设的全面展开而高度重视教育现代化问题,明知道教育和科学难搞,但还是自告奋勇来抓科教,"不抓科学、教育,四个现代化就没有希望,就成为一句空话"①。1983年为景山学校题词:"教育要面向现代化,面向世界,面向未来。"② 发展科学和教育事业,成为社会主义现代化建设中具有全局性和先导性的战略决策,现代化建设教育方针紧紧围绕党的社会主义事业发展,"坚持教育为社会主义现代化建设服务,为人民服务"③,教育与生产劳动和社会实践紧密结合,培养社会主义建设者和接班人的规格质量是全面发展。大学文化作为社会主义先进文化,其前进方向始终坚持为人民服务和为社会主义现代化建设服务,牢牢把握大学文化传承发展的主导权,传承大学优秀文化传统,坚持马克思主义在高校意识形态领域的指导地位和文化话语领导权。社会主义现代化建设在全面协调可持续的科学发展道路上始终坚持以人为本,在社会主义先进文化建设领域,社会主义核心价值体系稳步扎实推进,为加快社会主义现代化建设全面建设小康社会的宏伟目标,"全心全意为人民服务是党的根本宗旨,党的一切奋斗和工作都是为了造福人民"④。党的十七届六中全会通过的《中共中央关于深化文化体制改革、推动社会主义文化大发展大繁荣若干重大问题的决定》中,确立了建设社会主义文化强国的中国特色社会主义文化发展战略目标,大学教育在促进人的全面发展、提高全民族的科学文化素质和思想道德素质、增强国家文化软实力方面发挥着提供强大精神力量和人才支撑的优势作用。⑤ 大学文化在提高教育质量、发展科学技

---

① 中共中央文献研究室编:《毛泽东 邓小平 江泽民论教育》,中央文献出版社2002年版,第125页。
② 《邓小平文选》第三卷,人民出版社1993年版,第35页。
③ 中共中央文献研究室编:《十六大以来重要文献选编》上,中央文献出版社2011年版,第31页。
④ 中共中央文献研究室编:《十七大以来重要文献选编》上,中央文献出版社2013年版,第12页。
⑤ 中共中央文献研究室编:《十七大以来重要文献选编》下,中央文献出版社2013年版,第12页。

术文化和培养高级专门人才方面，有力促进了社会主义现代化建设的重大使命，高等教育强国建设的国际竞争力显著增强；大学文化围绕人才培养质量、提升科学研究水平和增强社会服务能力方面整体提升了高等教育的质量，推动了一流大学和一流学科的内涵建设，加快了"创建世界一流大学和高水平大学的步伐"，在拔尖创新人才培养、一流学科建设力量和国际领先的原创性成果方面为提高我国综合国力作出重要的贡献。①

党的十八大以来，中国特色社会主义高等教育进入新时代，"教育优先发展""办好人民满意的教育""加快教育现代化""落实立德树人的根本任务"成为中国特色社会主义大学落实党的教育方针在教育理论和实践领域的关键词与高频词，习近平总书记高度重视办好人民满意的教育，在党的十九大报告中提出，要使绝大多数城乡新增劳动力更多接受高等教育，"加快一流大学和一流学科建设，实现高等教育内涵式发展"②。在2018年9月10日的全国教育大会上的讲话中提出了教育的首要问题是培养什么人的问题，中国特色社会主义教育培养的建设者和接班人，要"从做好小事、管好小节开始起步，踏踏实实修好品德，学会感恩、学会助人、学会谦让、学会宽容、学会自省、学会自律，成为有大爱大德大情怀的人"③。以人民为中心、办人民满意的教育在人类教育发展史上是一种崭新的人类文明，教育现代化的关键是人的现代化，关键是青年一代的教育现代化，亿万中国青年在科教兴国、教育强国、人才强国等国家顶层设计和发展战略支持下，通过接受高质量教育、提高学历层次，不仅改变了中国青年的命运，而且实现了创造美好生活、成就出彩人生的机会。同时，新时代中国青年的成长发展享受到全方位的政策保障支持，"从中央到地方的青年工作机制基本建

---

① 《国家中长期教育改革和发展规划纲要（2010—2020年）》，人民出版社2010年版，第31页。
② 习近平：《决胜全面建成小康社会 夺取新时代中国特色社会主义伟大胜利——在中国共产党第十九次全国代表大会上的报告》，人民出版社2017年版，第46页。
③ 《习近平著作选读》第二卷，人民出版社2023年版，第198—199页。

第四章 新时代大学文化传承中坚持社会主义核心价值体系的世界贡献

成,具有中国特色的青年发展政策体系初步形成。青年充分享受政策红利,实实在在感受到关爱就在身边、关怀就在眼前"[1]。新时代大学文化传承中培育和践行社会主义核心价值观方面取得显著成效,"中国青年从身边做起、从小事做起,努力将牢固的理想信念、健康的价值认知、坚定的文化自信转化为良好的社会心态"[2]。新时代中国青年在共享了我国教育事业优先发展取得的历史性成就的基础上,充分享受到党和国家高度重视并全力推进的公平而有质量的教育,增强了提高能力本领的学习自觉性和主动性,对世界、国家和自己未来的发展前景充满信心,相信青春奋斗的力量和价值,对未来美好生活的向往化为青春奋斗自强的内在动力,自立自强是中国青年的主流,达观自信是中国青年的鲜明形象。

教育作为人类社会共同利益的伦理道德基础是以人为本的人本主义思想。人文教育以传承发展独立思考、批判性思维来摆脱盲从。教育要在关注人性与价值多元之间寻求平衡,国家教育决策与全球教育模式的复杂与多样,"根据当前形势重新审视教育治理基本原则的必要性,特别是受教育权和以教育为公共利益的原则"[3]。从大学教育教学的角度而言,大学教师在讲台上是否应该进行实际的价值判断,这其实是大学自身的现实政策问题,从这个意义上讲,世界各国大学教师资格的获取均具有一定的选聘标准,大学文化的传承一定程度上是根据教师的价值判断,依循学科教学任务所采取的文化观念来"发挥塑造人、向学生灌输政治的、伦理的、美学的和其他意识的一般作用";与此同时,现在的专业教育教学也存在一种偏向:主张只有施行专业教育的专业人士才能发挥专业教育的文化传承价值,专业教育认为:"'理智的诚实'

---

[1] 中华人民共和国国务院新闻办公室:《新时代的中国青年》,人民出版社2022年版,第12页。
[2] 中华人民共和国国务院新闻办公室:《新时代的中国青年》,人民出版社2022年版,第20页。
[3] 联合国教科文组织编:《反思教育:向"全球共同利益"的理念转变?》,联合国教科文组织总部中文译,教育科学出版社2015年版,第75页。

是应该培养的唯一特殊的美德。"① 教育的经济功能是毋庸置疑的，人力资本观念也是源远流长的，但是，我们还要试图超越这种功利主义的观点，充分认识到教育在培养能力方面的重要功能，因为"教育不仅关系到获取技能，还涉及尊重生命和人格尊严的价值观，而这是在多样化世界中实现社会和谐的必要条件"②。大学教育如何培养大学生变革创新的素质与态度：批判性思维、独立见解、分析解决问题的能力、信息和媒体素养。党的十九大不仅提出了"五大发展理念"推进可持续发展战略，在这样的新时代背景下，"经济增长要服从环境管理和对于社会正义的关切；要实现可持续发展，需要采取综合教育方法来应对社会、道德、经济、文化、公民和精神等多个层面"。21世纪的教育宗旨是"维护和增强个人在其他人和自然面前的尊严、能力和福祉"③。让教育成为推动社会变革的主要力量，从而实现人人共享的可持续发展的未来前景。

三　文化传承发展：大学担负文化使命建设现代文明

新时代的十年是承前启后的十年，中国特色社会主义思想文化建设取得重大进展；新时代的十年是继往开来的十年，中国特色高等教育进入普及化高质量发展阶段。新时代大学文化传承中紧紧围绕扎根中国大地，坚定中国特色社会主义大学教育发展之路，"立足中华民族伟大历史实践和当代实践，用中国道理总结好中国经验，把中国经验提升为中国理论，实现精神上的独立自主"④。中国特色社会主义大学的文化传承发展是在中国特色社会主义文化教育现代化进程中整体推进的，马克

---

①　[德] 马克斯·韦伯：《韦伯论大学》，孙传钊译，江苏人民出版社2006年版，第81页。

②　联合国教科文组织编：《反思教育：向"全球共同利益"的理念转变？》，联合国教科文组织总部中文科译，教育科学出版社2015年版，第29页。

③　联合国教科文组织编：《反思教育：向"全球共同利益"的理念转变？》，联合国教科文组织总部中文科译，教育科学出版社2015年版，第30页。

④　《习近平在文化传承发展座谈会上强调 担负起新的文化使命 努力建设中华民族现代文明》，《人民日报》2023年6月3日第1版。

第四章
新时代大学文化传承中坚持社会主义核心价值体系的世界贡献

思主义在意识形态领域的指导地位更加鲜明有力，党对高校意识形态工作的领导进一步加强，"中国特色社会主义和中国梦深入人心，社会主义核心价值观和中华优秀传统文化广泛弘扬，群众性精神文明创建活动扎实开展"①。新时代大学文化传承中担负起唱响主旋律，弘扬正能量，彰显文化自信和价值观自信，在国际间大学文化研究和合作交流中大幅度提升了中华文化的影响力和传播力，国家文化软实力显著增强。新时代大学文化传承中坚定青年学生报效祖国的远大志向和实现中华民族伟大复兴的理想信念，培养青年学生自强不息的意志品格和朝气蓬勃的精神风貌。

新时代中国青年的成长发展与中华民族的中国式现代化始终是同呼吸、共命运，习近平总书记在同各界优秀青年代表座谈时的讲话中指出："我国青年不懈追求的美好梦想，始终与振兴中华的历史进程紧密相联。"② 在新民主主义革命时期，党领导创办的社会主义革命大学教育引导广大青年觉悟起来，成为反帝反封建的革命骨干和根本力量，为建立人民民主的国家制度而努力，中国的知识青年和青年学生们充分发挥组织、动员广大工农大众参加反帝反封建革命先锋队的作用，新民主主义革命时期的红色高等教育主要传承一种马克思主义信仰、与广大工农群众相结合的革命文化，全国青年运动的模范是延安的青年运动，毛泽东同志发起向延安的青年运动学习的号召，"延安的青年运动的方向，就是全国的青年运动的方向"。希望广大青年要担负团结全国青年和组织全国人民，打倒日本帝国主义，"一定要把旧中国改造为新中国"③。新民主主义文化教育的性质是马克思主义指导的，"属于世界无产阶级的社会主义的文化革命的一部分"④，"是以无产阶级社会主义文化思想为领导的人民大众反帝反封建的新民主主义"性质的文化教育，

---

① 《习近平著作选读》第二卷，人民出版社2023年版，第4页。
② 习近平：《论党的青年工作》，中央文献出版社2022年版，第17页。
③ 《毛泽东选集》第二卷，人民出版社1991年版，第568—569页。
④ 《毛泽东选集》第二卷，人民出版社1991年版，第698页。

为此，新民主主义革命时期大学文化传承的使命主要致力于"扩大共产主义思想的宣传，加紧马克思列宁主义的学习"①，为引导中国革命进入社会主义阶段、取得新民主主义革命的胜利发挥了文化引领和培养了大批革命干部的人才支撑作用。在社会主义革命和社会主义建设时期，党和人民事业的发展在毛泽东思想活的灵魂"实事求是、群众路线、独立自主"的科学指引下，在科学文化领域实行"百花齐放、百家争鸣"的方针，②文教事业作为社会主义建设事业的重要方面之一，在提高思想和改进作风方面认真学习贯彻马克思列宁主义和毛泽东著作中关于经济建设、文化教育建设的原则指示，在文教工作中做好调整、巩固、充实和提高的工作，在艰苦细致的工作中，"发扬发愤图强、埋头苦干，自力更生，勤俭建国的精神，认真地提高各项文教工作的质量"③，新中国成立17年的文化教育，为社会主义建设事业获得新的、更有利的发展奠定了坚实的文化教育基础。在改革开放和社会主义现代化建设新时期，在解放思想、实事求是、实践是检验真理的唯一标准的文化教育政策背景之下，高校在传播和建设社会主义精神文明方面具有重要地位和发挥着特殊作用，高校将培养社会主义建设者和接班人的政治方向、道德规范、价值观念和文化环境摆在更加突出的位置，有效地发挥了抵御西方敌对势力对我国"西化""分化"的图谋以及资本主义和封建主义腐朽没落思想的侵蚀，确保为现代化建设事业输送所需人才的思想政治素质，新时期的大学文化传承中始终坚持宣传和捍卫马克思列宁主义、毛泽东思想、邓小平理论、"三个代表"重要思想和科学发展观；大学文化传承中在继承和发扬中华民族优秀传统文化、革命传统和革命文化、社会主义先进文化，吸收和借鉴世界文明的有益成果，追求科学进步和科技自立自强；研究和探索中国特色社会主义市场经济和

---

① 《毛泽东选集》第二卷，人民出版社1991年版，第706页。
② 《中共中央关于党的百年奋斗重大成就和历史经验的决议》，人民出版社2021年版，第13页。
③ 《中华人民共和国重要教育文献（1949—1975）》，海南出版社1998年版，第1018页。

第四章
新时代大学文化传承中坚持社会主义核心价值体系的世界贡献

现代化建设的新目标、新情况、新问题等方面发挥了不可替代的作用，大学文化传承在社会主义精神文明建设方面走在全社会的前列，成为社会主义精神文明建设的典型示范区。从20世纪90年代开始，"我国教育学界开始走自己的路，创造中国特色社会主义教育理论和经验"[1]。新时期大学文化传承发展中坚持社会主义方向，反对资产阶级自由化，对社会错误思潮和有害倾向开展国情教育为主流和主题，特别是在高校对广大青年学生广泛开展社会主义荣辱观的"进课堂、进教材、进头脑"教育，对形成良好的社会风尚和构建和谐社会、巩固共同思想基础方面发挥了积极作用。

中国特色社会主义进入新时代，中国特色社会主义伟大事业的全面发展和全面进步不能缺席社会主义文化的繁荣辉煌和社会主义现代化的全面建设。党和国家将文化建设提到一个崭新的历史高度，继道路自信、理论自信和制度自信后又提出文化自信在内的"四个自信"，新时代的十年我国的文化建设在"正本清源、守正创新中取得历史性成就、发生历史性变革"；党的十九大以来，更是把文化建设摆在突出位置，"把坚持马克思主义在意识形态领域指导地位的制度确立为中国特色社会主义制度体系的一项根本制度，把坚持社会主义核心价值体系纳入新时代坚持和发展中国特色社会主义的基本方略"[2]，这是新时代坚持和发展中国特色社会主义的制度创举，为开创中国特色社会主义文化强国和教育强国建设提供了强大的精神力量和制度保障。在"十四五"时期，大学文化传承发展处于铸就中国特色社会主义文化新辉煌的奋斗目标之下，以社会主义核心价值观引领大学文化建设深入人心和得到广泛的文化认同，中华优秀传统文化的"双创"在大学课堂教学、学术研究、文化传承和社会服务中获得广泛的弘扬且效果显著，广大师生在大学

---

[1] 余雅风、蔡海龙等：《中国教育改革开放40年：政策与法律卷》，北京师范大学出版社2019年版，总序，第2页。

[2] 《习近平谈治国理政》第四卷，外文出版社2022年版，第309页。

文化传承中的课堂参与感、研究获得感和社会志愿服务的幸福感普遍提升，相比历史上以往任何一个时期，新时代大学文化传承发展担负创造中华文化光耀时代和影响世界关键时期的文化铸魂使命责任。① 在广大师生中，以大学文化传承发展凝聚精神力量、增强价值引领、共建大学学术共同体的精神家园、应对各种意识形态领域的风险挑战方面有效发挥了文化软实力的影响力、向心力和凝聚力的引领作用。

四 尊重教师重视教育：大学落实立德树人根本任务的终极关切

现代大学的诞生形式最初就是教师与学生的聚集地。大学文化传承中所坚持的价值理念都围绕学生的全面成长和教师的专业发展展开。尊师重道是中华民族的优良传统，世界上最古老的教育学著作《学记》中开篇明理，从古至今，"君子如欲化民成俗，其必由学乎！"在我国古代阶级社会，统治阶级若想教化民众，形成良好的风俗习惯以稳固其统治地位，都是从创办学校和重视教育教学入手："建国君民，教学为先。"② 人只有通过学习，才能明白道理；这既说明了人具有可塑性和发展的可能性，同时也说明，教育对社会发展和人的发展的巨大作用；为此，大学办学要遵循教育发展的规律、尊重教师和师生之礼，"大学始教，皮弁祭菜，示敬道也"③。学生进入大学学习，要先行敬学之礼，敬拜先圣先师，在中国封建等级社会，敬学之礼有着严格的等级性，时移世易，时至今日，尊师重道和重视教育教学不仅成为中国也成为了世界各国教育始终不渝的共同价值追求。教育是培养人的社会实践活动，教育的首要问题是培养什么人，中国共产党领导的社会主义大学教育必须

---

① 中办国办印发《"十四五"文化发展规划》，《人民日报》2022年8月17日第1版。
② 高时良译注：《学记》，人民教育出版社2016年版，第5页。
③ 高时良译注：《学记》，人民教育出版社2016年版，第82页。

第四章
新时代大学文化传承中坚持社会主义核心价值体系的世界贡献

将培养社会主义合格建设者和可靠接班人作为根本任务，习近平总书记在全国教育大会上强调："这是推进教育现代化、建设教育强国必须把握的大是大非问题，没有什么可隐晦、可商榷、可含糊的。"[①] 立德树人是新时代社会主义大学的根本任务，育人育心是新时代社会主义大学教师的职责使命。无论中西方现代大学均逐渐形成了这样的价值共识："教师是机构中最昂贵、最重要的资源，投资教师发展计划，显著增强教师能力具有重要的经济意义。绝大多数新教员没有经过正式培训就承担起教学责任，为了培养一支通晓理论、强于科研和能够进行有效教学的大学教师队伍，需要高层次的在职培训。"[②] 现代大学教师职业是否能够保持追求优质教学的热情和动力，获得来自教育主管部门、社会、家长和学生等各方的认可，激励和奖励机制是必不可少的。教学奖励不排除经济奖励，通过良性竞争鼓励产生更多的优秀教师。

从全球范围来看，优秀大学教学的显著特点是促进学生主动自觉地学习、有意义地学习。习近平总书记强调，我国教育培养的人要有坚定的理想信念，加强对青年学生的"四史"学习教育，要给学生讲清楚"只有社会主义才能救中国，只有坚持和发展中国特色社会主义才能实现中华民族伟大复兴"这一被中国革命、建设和改革开放的实践证明了的历史逻辑和实践逻辑，以中国特色社会主义的历史和现实的百年成就和成功经验增强学生的"四个自信"，引领青年学生懂道理、明事理和悟真理，不为任何干扰和破坏所惑，激励青年一代立志担负起中华民族伟大复兴的时代责任。为此，中国教育现代化需要一支高素质专业化创新型的现代化大学教师队伍。大学教师要担负起建设中国式教育现代化的学术职业，应加强

---

① 中共中央党史和文献研究院编：《十九大以来重要文献选编》上，中央文献出版社2019年版，第647页。
② ［美］L.迪·芬克：《创造有意义的学习经历——综合性大学课程设计原则》，胡美馨等译，浙江大学出版社2006年版，第167页。

中期培训、自我职业发展更新、不断钻研教学法；其中，教师的专业发展是其核心使命，大学教师教育发展中心应支持教师教学理念不断更新。如何培养和塑造大学教师关注学生学习的教学观念成为世界各国教师发展和培训的关键举措：一是世界各国大学教师队伍建设主要集中于：重视师生交流，教学策略，教学成果的发表，"如果高等院校和其他高等教育机构能够多方面支持教师，……教师将为学生提供完全不同的、更为卓越的学习经历，回报机构提供的这些支持"[①]。二是优秀教学的人文价值在于师生之间的有效、顺畅的沟通与交流。为增强大学文化传承和教育教学的效果，主要聚焦如何增进教师与学生之间的交流：教师的亲和力（亲其师方信其道）、方向引领才能和教学的精神维度。三是增加学生选择的自由和学习的自觉性才能使教师获得学生更多的信任和尊敬：专业能力、与时俱进的能力、倾听的习惯、教师教学胜任力、"由学生来评价教师，并且在他们认定某个教师能够胜任课程教学、值得信赖、具有活力的基础上，决定选修其课程"[②]。教师在学生中威信与权威的塑造：学科知识能力、尊重学生的需要；对课程教学和学生的热爱、情感和责任。四是大学教师的专业发展应对标学科专业的胜任能力和渊博的知识领域：透彻精准讲授学科专业知识的能力、课堂管理的责任与能力、善于回答学生问题并与学生形成良好沟通回馈、推荐专业前沿与人生成长的重要著作、创造机会与可能让学生运用所学知识。教师的竞技状态、激发吸引学生的学习热情、灵活运用旁征博引的内容、综合运用教学手段的能力、课堂教学中的个性和独特性的保有与展现。五是大学教师要发扬并在教学中传递一种精神，以此引领学生的精神成长。将教学"赋予爱和工作以生

[①] ［美］L. 迪·芬克：《创造有意义的学习经历——综合性大学课程设计原则》，胡美馨等译，浙江大学出版社 2006 年版，第 187 页。

[②] ［美］L. 迪·芬克：《创造有意义的学习经历——综合性大学课程设计原则》，胡美馨等译，浙江大学出版社 2006 年版，第 188 页。

第四章 新时代大学文化传承中坚持社会主义核心价值体系的世界贡献

命的渴望"①,彰显教学由教师、课程、学生三个基本力量相互作用的结果。教师对其职业的认同感和高尚的师德,对教师共同体具有归属感;在共同体中成长,求知、切磋、交流、成长,"需要教师培养一种用心倾听来自学生和学科的声音的高超能力,所有这一切是为了帮助学生发展与学科、教师、自己和集体的情感、智力和精神联系"②。教师要将课堂建设成让学生获得内心丰富、自由生活的美好幸福经历。

总之,习近平总书记指出,现代化强国建设的重任和中华民族的未来都需要青年和属于青年,"青年一代的理想信念、精神状态、综合素质,是一个国家发展活力的重要体现,也是一个国家核心竞争力的重要因素"。大学教师在文化传承中实现立德树人的根本任务要通过自尊自爱自信地引领学生自觉地精神成长,切实将青年学生塑造成为"可爱、可信、可为的一代"③。在浩瀚的知识海洋中,再博学的师者也无法穷尽所有学科之发展,不可能了解和把握学生的每一种需求,因此,谦冲以自牧,"接受自己的局限性",教师无法包办学生成长的一切方面,但是,大学教学的理想是尽可能促成学生全面发展和成长,一方面,学生的成长靠师生之间的教学相长;另一方面,还要靠教师与学生相互的精神交流与相互合作。大学教师能否通过精神引领让学生获得奠定其一生不断学习的精神理念与生活模式,真正认识并获益于高质量生活与高质量学习之间的正相关,大学教师在职业成长之路上都应坚守这样一个教学梦想:想要看到"所有的人们,都过着不断学习的生活。在他们人生的每一步、每一个阶段,他们都有学习的需要;他们清楚地认识到学习丰富了他们的生活,给他们的生

---

① [美] L. 迪·芬克:《创造有意义的学习经历——综合性大学课程设计原则》,胡美馨等译,浙江大学出版社2006年版,第189页。
② [美] L. 迪·芬克:《创造有意义的学习经历——综合性大学课程设计原则》,胡美馨等译,浙江大学出版社2006年版,第190页。
③ 中共中央文献研究室编:《习近平关于青少年和共青团工作论述摘编》,中央文献出版社2017年版,第9页。

活注入力量"①。

第二节　新时代大学文化传承中坚持社会主义核心价值体系建构的基本内容框架

在中国的学术发展史上，学术思想划时代发展存在于两大历史时期：一是在春秋战国时期，被誉为中国的"希腊"，"德行、语言、政治、文学及哲学都有大发展"。二是在"五四"时期②，五四运动"是一场传播新思想新文化新知识的伟大思想启蒙运动和新文化运动""以全民族的行动激发了追求真理、追求进步的伟大觉醒"③。在新中国成立后，学术思想划时代发展也发生了三次历史性飞跃：一是在马克思主义基本原理与中国具体实际第一次结合的毛泽东思想指导下，开创学术思想民族的、科学的、大众的"为人民服务"的第一次历史性飞跃；二是十一届三中全会之后，解放思想、实事求是、百花齐放、百家争鸣的文化教育政策，迎来改革开放以来中国学术思想在马克思主义中国化新时期的思想解放、科学发展、与时俱进的第二次历史性飞跃；三是党的十八大以来，中国特色社会主义进入新时代，在习近平新时代中国特色社会主义思想的指导之下，"坚持和发展马克思主义，必须同中国具体实际相结合。……必须同中华优秀传统文化相结合"。即"两个结合""四个自信"引领中国特色哲学社会科学体系建构、科技强国、文化强国和教育强国正阔步走向世界现代化发展的前列，这一切为新时代大学文化传承中坚持社会主义核心价值体系构筑了坚定丰富的内容框架。

---

①　[美] L. 迪·芬克：《创造有意义的学习经历——综合性大学课程设计原则》，胡美馨等译，浙江大学出版社2006年版，第192页。
②　戴永增、肖传京、郭建平编：《徐特立教育论语》，人民教育出版社1999年版，第110页。
③　习近平：《在纪念五四运动100周年大会上的讲话》，人民出版社2019年版，第2—3页。

第四章
新时代大学文化传承中坚持社会主义核心价值体系的世界贡献

一 坚持马克思主义、中国化时代化马克思主义的世界观和方法论

习近平新时代中国特色社会主义思想是当代中国马克思主义、21世纪马克思主义,"是中华文化和中国精神的时代精华"①,用习近平新时代中国特色社会主义思想武装全党和铸魂育人,为文化和教育高质量发展提供了根本保证。新时代始终坚持中国特色发展道路不断铸就社会主义文化的新辉煌,"全党全社会的思想自觉和理论自信进一步增强,习近平新时代中国特色社会主义思想绽放出更加绚丽的真理光芒,人民在精神上更加主动,新时代中国发展进步的精神动力更加充沛"②。在新时代大学文化传承中坚定"两个确立"的历史决定性意义的方向指引,坚持"两个结合"中"把马克思主义思想精髓同中华优秀传统文化精华贯通起来、同人民群众日用而不觉的共同价值观念融通起来"③,以全面建设中国式现代化的成果成效扩大和丰富优质大学文化的资源供给,激励大学师生在为建设文化强国、教育强国、科技强国和追求美好幸福生活的新征程上,在探索新知和求学问道中共建共享更加健康、更加丰富、更加充实、更高质量的大学精神文化生活,担负起建设好中国特色社会主义一流大学,凝聚广大师生的价值共识和精神力量,培育堪当民族复兴重任的中国好青年,发展和繁荣中国特色社会主义大学文化,展现扎根中国大地办社会主义大学的中国教育形象,以此实践新时代文化传承发展的使命任务。

二 厚植中华优秀传统文化的精神支撑与价值滋养的文化铸魂根基

被朱德同志誉为"推着历史车轮前进的人"④ 的教育家徐特立主

---

① 《中共中央关于党的百年奋斗重大成就和历史经验的决议》,人民出版社2021年版,第26页。
② 中办国办印发:《"十四五"文化发展规划》,《人民日报》2022年8月17日第1版。
③ 《习近平著作选读》第一卷,人民出版社2023年版,第15页。
④ 戴永增、肖传京、郭建平编:《徐特立教育论语》,人民教育出版社1999年版,第297页。

张，文化传承发展要"以中国为中心参考世界"①，以中国自主发展为中心，参考世界其他国家的有益经验，在中国文化的基础之上创新与发展文化理论。梁漱溟先生指出，"文化是吾人生活所依靠之一切"②，文化是极其重要而实在的东西，可以将其称为人们生活的"精神食粮"，并将中国文化的要义概括为"特指吾中国人素昔生活所依靠之一切"③，中华文化的特殊性在于，"唯中国能以其自创之文化绵永其独立之民族生命，至于今日岿然独存"④。中国文化在五千多年的绵延中展现出特殊的优势与独特性：独立自发首创、自成体系特征、同化吸收能力强、具有内在的协调性、世界影响力大。⑤张岱年先生主张运用文化的辩证的综合创造论来解决中国的问题，"不能依靠亦步亦趋的方法解决，而需要迎头赶上，……只有凭借综合创造所形成的文化优势，才有希望弥补因落后而造成的劣势"⑥。没有深厚的文化理论，对于现实文化问题的研究也不可能深入，没有深入的理论研究，就不可能有效解决现实中存在的关键问题，因此，在大学文化传承中要有理论创新研究的学术勇气，要敢于触碰重大的基础理论问题，从而切实解决重要实践问题。习近平总书记在主持中共十九届中央政治局第二十三次集体学习讲话中指出，我国的文化自信是建基于五千多年文明绵延不绝基础上的，是更为基本、深沉和持久的力量，"历史文化领域的斗争会长期存在，我们必须高度重视考古工作，用事实回击对中华民族历史的各种歪曲污蔑，为弘扬中华优秀传统文化、增强文化自信提供坚强支撑"⑦。因此，新时代大学文化要传承正确的历史文化价值观念，以中华优秀传统文化为理论创新发展的根脉，以马克思主义基本原理为解决中国具体问题的魂

---

① 戴永增、肖传京、郭建平编：《徐特立教育论语》，人民教育出版社1999年版，第112页。
② 梁漱溟：《中国文化要义》，上海人民出版社2018年版，第9页。
③ 梁漱溟：《中国文化要义》，上海人民出版社2018年版，第10页。
④ 梁漱溟：《中国文化要义》，上海人民出版社2018年版，第11页。
⑤ 梁漱溟：《中国文化要义》，上海人民出版社2018年版，第10—11页。
⑥ 张岱年、程宜山：《中国文化精神》，北京大学出版社2015年版，第308页。
⑦ 《习近平谈治国理政》第四卷，外文出版社2022年版，第312页。

第四章 新时代大学文化传承中坚持社会主义核心价值体系的世界贡献

脉。在新时代大学文化传承中强调文化铸魂的根基,缘于东西方文化在世界文化激荡中交融交锋,中华文化面临如何保持定力以固本培元来应对西方敌对势力分化西化的威胁与挑战的艰巨任务,习近平总书记在福建武夷山朱熹园考察时的讲话中强调:"我们要特别重视挖掘中华五千年文明中的精华,把弘扬优秀传统文化同马克思主义立场观点方法结合起来,坚定不移走中国特色社会主义道路。"① 为此,在大学文化传承的意识形态领域要始终坚持马克思主义的指导地位,坚持中华民族伟大复兴和追求美好生活的共同理想,坚实弘扬中国精神振奋民族士气,坚持知荣辱方为人的基本道德操守。基于此,新时代的大学文化要坚持和传承的中国特色社会主义价值观念不能采取"硬灌输"的生硬机械策略,而是要在了解新时代青年学生的成长背景、关注新时代青年学生的身心特点、尊重新时代青年学生的发展选择,才能润物无声地支撑与滋养新时代青年学生的文化铸魂根基。

三 锚定中国特色社会主义物质生活和精神生活共同富裕的共同理想

中国特色社公平正义的基本体现是共享发展和共同富裕,追求中国特色社会主义精神生活和物质生活共同富裕的共同理想具有实现的根本制度保障。习近平总书记在中共中央召开的党外人士座谈会上的讲话中指出:"广大人民群众共享改革发展成果,是社会主义的本质要求,是我们党坚持全心全意为人民服务根本宗旨的重要体现。我们追求的发展是造福人民的发展,我们追求的富裕是全体人民共同富裕。改革发展搞得成功不成功,最终的判断标准是人民是不是共同享受到了改革发展成果。"② 对新时代的中国青年而言,享受到的是公平而高质量的教育,共享中国教育改革开放发展所取得的举世瞩目的重要成果基础之

---

① 《习近平谈治国理政》第四卷,外文出版社2022年版,第315页。
② 中共中央党史和文献研究室编:《习近平关于尊重和保障人权论述摘编》,中央文献出版社2021年版,第50页。

上茁壮成长起来的一代,实现物质生活与精神生活共同富裕的共同理想激励着华夏儿女砥砺前行,新一代的青年学生正接续奋斗在实现共同理想的新的远征途中。在一百多年前,蔡元培谈到新生活观时说:"什么是新生活?是丰富的,是进步的。"这种丰富的、进步的新生活值得每一个人拥有,特别是在今天这样一个充满着脆弱感和不确定性的世界,"要是有一个人肯日日作工、日日求学,便是一个新生活的人;有一个团体里的人,都是日日作工、日日求学,便是一个新生活的团体;全世界的人都是日日作工、日日求学,那就是新生活的世界了"①。实现物质生活和精神生活共同富裕的中国特色社会主义共同理想是历史的,是党领导我国各族人民共同追求的奋斗目标;同时,实现物质生活和精神生活共同富裕的中国特色社会主义共同理想也是现实的,成为各个历史时期党领导的社会主义大学文化传承的时代主题:在新民主主义革命、社会主义革命和建设时期,中国共产党领导各族人民推翻"三座大山",建立人民当家作主的新中国,在克服重重困难、解决人民的温饱问题的基础上,人民共享科学化民族化大众化的文化教育;在解放思想、独立思考、共同奔赴小康社会的改革开放和社会主义现代化建设新时期,物质文明和精神文明都要建设,培养"三个面向"的"四有新人"成为大学文化文化传承的时代主题,在用中国的历史教育青年一代和树立远大的共产主义理想方面,充分发挥了积极的示范引领作用;在21世纪之初,大学文化传承的主题以"三个代表"重要思想为指导,聚焦基于"211"工程和"985"工程旨在提高综合国力和国际竞争力的高水平大学和世界一流大学建设,在人才培养、科学研究和社会服务方面提供社会发展的基石作用;在全面建设小康社会的科学发展时期,大学文化传承的主题是到祖国需要的地方去,从我做起,从身边的小事做起,为服务于全面建设小康社会办好人民满意的教育;在继往开来的新时代,习近平总书

---

① 高平叔编:《蔡元培教育论著选》,人民教育出版社2017年版,第309—310页。

第四章 新时代大学文化传承中坚持社会主义核心价值体系的世界贡献

记高度重视教育事业，针对教育培养什么人、为谁培养人和怎样培养人的根本问题多次发表重要讲话，新时代大学文化传承发展中不断推进教育强国建设，加快高校治理能力和治理体系现代化建设步伐，以高质量的教育教学为广大人民提供满意的教育。

四 高扬民族精神与时代精神的思想旗帜"走好新的赶考之路"

1949年3月5日至13日，毛泽东同志在中国人民革命取得全国胜利的前夜召开的党的七届二中全会上的报告中指出，党的工作重心在革命取得全国胜利后将从乡村转移到城市，开启城市领导乡村的时期必须以生产建设为中心，为在城市站住脚并避免失败，规定了在全国胜利后党在政治、经济、外交方面应采取的基本政策。1949年3月23日，中共中央从西柏坡起程前往北平时，毛泽东同志与周恩来同志的一段对话，毛泽东同志说："今天是进京的日子，……是进京'赶考'嘛。"周恩来同志说："我们应该都能考试及格，不要退回来。"毛泽东同志说："退回来就失败了。我们绝不当李自成，我们都希望考个好成绩。"这段"进京赶考"的著名对话，永远地镌刻在中共党史和新中国史上，由此，"赶考"在中国成为具有特殊意义的历史话题。毛泽东同志在中国革命即将取得全面胜利，将中共中央进入北平、建立新中国比喻为"进京赶考"①。中国特色社会主义进入新时代以来，习近平总书记在不同场合多次提到"赶考"：在庆祝中国共产党成立100周年大会上的讲话中指出："过去一百年，中国共产党向人民、向历史交出了一份优异的答卷。现在，中国共产党团结带领中国人民又踏上了实现第二个百年奋斗目标新的赶考之路。"② 党的二十大报告强调，要不负历史、不负时代、不负人民，"全面从严治党是党永葆生机活力、走好新的赶考之

---

① 《毛泽东为什么要把进入北平城称作"进京赶考"?》，2015年5月14日，中共中央党史和文献研究院官网（https：//www.dswxyjy.org.cn/n/2015/0514/c244514-27000054.html）。

② 习近平：《在庆祝中国共产党成立100周年大会上的讲话》，人民出版社2021年版，第22页。

路的必由之路"①。新时代的大学文化传承面临着为第二个百年奋斗目标的实现培养全面发展的、高级专门的合格建设者和可靠接班人的艰巨使命，基于此，新时代大学文化传承正确的历史观、文化观、民族观和国家观，志存高远，奋斗创新，为不断推进实现教育强国和教育现代化"走好新的赶考之路"。

五 立足私德、公德、大德培育与践行社会主义荣辱观

新时代大学文化的德性之美在于传承一种让生命更有价值的东西，致力于让广大青年享有公平而高质量的大学教育，对于青年学生个体而言，正直的品格、高尚的境界和自觉的修养，成为完善自律的青年；对于作为家庭成员和未来职业人的青年学生而言，对家庭亲情的珍视、对家教家风和家庭美德的传承弘扬、对规范秩序法规的遵守、对职业和劳动的尊重是青年一代成长为家庭成员和社会公民的基本道德；对于作为国家和世界的成员的青年学生而言，对祖国忠诚的热爱、关注人类终极命运是德之大者。教育家徐特立认为，教育就是根据一定社会的需要，"培养一定的人格，为一定的社会服务"②。今日所处数字化时代的大学文化传承同样遇到伦理道德困境：如何尊重个体？人们在新时代对自由与隐私有何新的社会期望，"谁负责制定、实施和修改这些规则和规范"③。习近平总书记在全国教育大会上指出："要坚持教育引导学生培育和践行社会主义核心价值观，做到品德润身、公德善心、大德铸魂。"④ 从这个意义上说，社会主义荣辱观是人与人、人与社会、人与自然之间的道德承诺和共同践履的社会契约。

---

① 《习近平著作选读》第一卷，人民出版社 2023 年版，第 57 页。
② 戴永增、肖传京、郭建平编：《徐特立教育论语》，人民教育出版社 1999 年版，第 10 页。
③ [美] 希拉·贾萨诺夫：《发明的伦理：技术与人类未来》，尚智丛等译，中国人民大学出版社 2018 年版，第 105 页。
④ 中共中央党史和文献研究院编：《十九大以来重要文献选编》上，中央文献出版社 2019 年版，第 650 页。

第三节　新时代大学文化传承中坚持社会主义核心价值体系落实立德树人的根本任务

习近平总书记在全国教育大会上的讲话中强调，推进教育强国和教育现代化建设必须把握好大是大非问题，我国教育不断健全和贯彻全员、全程和全方位育人的体制机制就是要实现立德树人的根本任务，培养一代又一代为中国特色社会主义现代化国家建设接力奋斗的建设者和接班人，立德树人、育人育心并非易事，需要付出艰苦的努力才能实现的根本任务。自从中华人民共和国以独立的姿态屹立于世界的东方开始，各种敌对势力从没有放弃、放松、停止过对我们党和国家的社会主义制度进行各种破坏、颠覆和污名化的活动，各种西化、分化我国的战略图谋，甚至企图策划"颜色革命"来阻挠、干扰和搞乱我国社会主义现代化强国建设的步伐和节奏，国内外各种敌对势力，"他们下功夫最大的一个领域就是争夺我们的青少年。……争夺青少年的斗争是长期的、严峻的，我们不能输，也输不起。我们一定要警醒！"[1]

一　坚持党对高校的全面领导和扎根中国大地办好中国特色社会主义大学

中国共产党百余年奋斗重大成就的取得和历史第一经验就是坚持党的领导，党是领导中国特色社会主义事业的核心，"中国人民和中华民族之所以能够扭转近代以后的历史命运、取得今天的伟大成就，最根本的就是有中国共产党的坚强领导"[2]。中国共产党自诞生之日起就高度

---

[1] 中共中央党史和文献研究院编：《十九大以来重要文献选编》上，中央文献出版社2019年版，第650页。

[2] 《中共中央关于党的百年奋斗重大成就和历史经验的决议》，人民出版社2021年版，第65页。

重视教育，党领导的新民主主义高等教育厚重的红色基因，书写着扎根中国大地办中国特色社会主义大学的历史印痕，自新中国成立以来，在中国共产党的领导下，全国各民族人民同心同德，"开辟了中国特色社会主义教育发展道路，建成了世界最大规模的教育体系，保障了亿万人民群众受教育的权利"[①]。"教育优先发展""办人民满意的教育""公平而有质量的教育""教育现代化""教育强国"等广大人民关于教育领域的这些高频词、热词，成为新时代"扎根中国大地办好中国特色社会主义大学"[②] 正在实现的奋斗目标。

二 坚持以人为本尊重大学师生教与学的主体地位

大学文化传承中坚持的以人为本，包括坚持以教师和学生这对"教与学"的双主体为本。在教育教学的理论研究和实践中，尊重大学师生教与学的主体地位是以人为本的充分体现。毛泽东同志在新中国成立初期就提出，要充分相信青年人，"青年就是青年"，"要照顾青年特点，组织和教育广大青年群众"，进而提出"身体好、学习好、工作好"的"三好"青年教育目标。[③] 教师的科学研究包括针对教学问题和社会现实问题的综合研究，同样包括基于学术旨趣的基础研究，基于学术旨趣的基础研究是这样一种学问："虽然与工作没有直接的关系，但是学了以后，眼光一日一日的远大起来，心地一日一日的平和起来，生活上无形中增进许多幸福。"[④] 中外学者在这一点上达成共识，任何一个大学教师都应该具有从事学术职业的热情和天赋并与此所大学学术声望相匹配。"一所不好的大学可以毁掉一名优秀而有前途的科学工作者或学者；一所出色的大学则可以促使一名优秀的科学工作者或学者去充

---

① 《国家中长期教育改革和发展规划纲要（2010—2020 年）》，人民出版社 2010 年版，第 9 页。
② 《中国共产党普通高等学校基层组织工作条例》，人民出版社 2021 年版，第 3—4 页。
③ 《建国以来毛泽东文稿》第四册，中央文献出版社 1990 年版，第 260—261 页。
④ 高平叔编：《蔡元培教育论著选》，人民教育出版社 2017 年版，第 309 页。

第四章 新时代大学文化传承中坚持社会主义核心价值体系的世界贡献

分发挥其自身的潜能，促使他超越自我。"① 美国学者内尔·诺丁斯主张："真正的教育必须充分考虑受教育者的目的，激发他们的能量。为了达到这种效果，教师必须与学生建立起关怀和信任的关系，只有在这种关系里，学生和教师才能合作构建教育目标。"② 新时代在大学文化传承中尊重教师和学生的教与学的主体性，尊重每一位学生的独立个性，在尊重与被尊重中，让青年学生体会到成长与发展的信心与快乐，正如习近平总书记所强调的："要尊重学生、理解学生、信任学生、激励学生，公平公正对待学生，相信每一个学生都是可塑之才，善于发现每一个学生的闪光点和特长。"③

三 坚持大学文化传承的服务育人和守正创新

新时代大学文化传承中坚持社会主义核心价值体系的终极旨归是为了培养国家社会发展需要的人，为完善青年学生自身全面发展和为强国梦、民族复兴梦的实现服务的。新时代大学文化传承中的价值导向是围绕"四为服务"而培育时代新人的，习近平总书记在全国高校思想政治工作会议上指出，中国特殊的历史、文化和国情，决定了中国必须走中国特色高等教育发展之路，要扎实办好中国特色社会主义大学，就要将我国高等教育的发展目标与国家现实与未来发展的目标紧密结合，"为人民服务，为中国共产党治国理政服务，为巩固和发展中国特色社会主义制度服务，为改革开放和社会主义现代化建设服务"④。这是新时代大学文化传承发展中培育时代新人的育人价值评判标准，新时代中国特色社会主义一流大学建设的立身之本是实践立德树人的根本任

---

① [美]爱德华·希尔斯：《教师的道与德》，徐弢等译，北京大学出版社 2010 年版，第 55 页。
② 联合国教科文组织编：《一起重新构想我们的未来：为教育打造新的社会契约》，教育科学出版社 2022 年版，第 51 页。
③ 中共中央党史和文献研究院编：《十九大以来重要文献选编》上，中央文献出版社 2019 年版，第 653 页。
④ 《习近平谈治国理政》第二卷，外文出版社 2017 年版，第 377 页。

务,加快中国特色世界一流大学和一流学科建设的根本目标是"四为服务",坚持党的领导和马克思主义在意识形态领域的指导是保证"四为服务"的正确政治方向,大学文化传承要牢牢把握服务于人才培养实现"四为服务"能力这个核心点,习近平总书记在主持召开的学校思想政治理论课教师座谈会的讲话中指出:"我们通过守正创新形成了中国特色社会主义理论体系,守正就不能偏离马克思主义、社会主义,但不是刻舟求剑,还要往前发展、与时俱进,否则就是僵化的、陈旧的、过时的。"① 新时代的大学文化传承在坚持守正创新中,不断提高"四为服务"的人才培养水平,不断增强广大青年学生实现"四为服务"的政治觉悟、思想水平、能力本领、文化修养和品德素养,使青年一代在"四为服务"中成长为全面发展和德才兼备的有用人才。

四 坚持问题导向凸显研究自由与学术责任

学术自由不能离开大学和社会真实的问题,不能离开学术道德和教学纪律,更不能触碰法律法规的红线和底线。列宁在《党的组织和党的出版物》中从写作自由出发阐释对言论、出版和结社自由的理解:"把一批又一批新生力量吸引到写作队伍中来的,不是私利贪欲,也不是名誉地位,而是社会主义思想和对劳动人民的同情。这将是自由的写作,因为它不是为饱食终日的贵妇人服务,不是为百无聊赖、胖得发愁的'一万个上层分子'服务,而是为千千万万劳动人民,为这些国家的精华、国家的力量、国家的未来服务。"② 列宁的阐释对新时代大学文化传承发展服务教育强国和文化强国建设具有深刻的现实启示和警醒价值。大学文化传承的学术精神、科研选题和学术自由的原则限度,究竟应坚持怎样的价值观念和为谁服务的问题,这是新时代大学文化传承

---

① 习近平:《思政课是落实立德树人根本任务的关键课程》,人民出版社2019年版,第9页。

② 《列宁选集》第一卷,人民出版社2012年版,第666页。

第四章 新时代大学文化传承中坚持社会主义核心价值体系的世界贡献

需要首先明确回答的问题。中国式现代化建设要实现人口规模巨大、全体人民共同富裕、物质文明和精神文明相协调、人与自然和谐共生、走和平发展道路的现代化,新时代的大学文化就要发思想之先声,以自然科学的发达和哲学社会科学的繁荣服务于中国式现代化实践走在世界前列。

2016年5月,习近平总书记在哲学社会科学座谈会上的讲话"确立了新的历史起点上中国学术崛起的行动纲领"[1],中国特色哲学社会科学研究的主题应围绕三方面展开:一是中国特色的哲学社会科学要体现出继承性和民族性,融通古今中外的各种思想文化资源,包括马克思主义基本原理、中国化时代化马克思主义的成果及其文化样态在内的马克思主义的资源、中华优秀传统文化的宝贵的精华、不可多得的资源;世界所有国家的哲学社会科学的积极成果。[2] 二是中国气派的哲学社会科学要体现出原创性和时代性,"跟在别人后面亦步亦趋,不仅难以形成中国特色哲学社会科学,而且解决不了我国的实际问题"[3]。新时代大学文化传承扎根中国大地、独立思考、创新解决中国问题,批判借鉴西方文化有益成果,深入挖掘、灵活有效运用红色资源,深刻阐释、大力弘扬和广泛宣传以伟大建党精神为源头的中国共产党人精神谱系的研究成果,使其成为高校思政课程和课程思政的重要教学资源,使大学教学自由与研究自由均有所遵循、主题鲜明。三是中国风格的哲学社会科学要体现出系统性和专业性。中国特色哲学社会科学系统性体现在涵盖诸多学科的"全方位、全领域、全要素的哲学社会科学体系",专业性体现在"学科体系、叙述体系、话语体系"的创建[4],新时代构建中国特色哲学社会科学体系在党和国家顶层设计和统筹推进方面成效卓著,哲学社会科学的中国特色、中国气派、中国风格日益凸显;中国

---

[1] 沈壮海等:《文化强国建设的中国逻辑》,人民出版社2017年版,第137页。
[2] 习近平:《在哲学社会科学工作座谈会上的讲话》,人民出版社2016年版,第16页。
[3] 习近平:《在哲学社会科学工作座谈会上的讲话》,人民出版社2016年版,第19页。
[4] 习近平:《在哲学社会科学工作座谈会上的讲话》,人民出版社2016年版,第22页。

特色哲学社会科学繁荣的课题立项、智库建设和国内外智库交流、高水平研究成果的海外推介、中国问题的海外学术研究中心建设等举措全面铺开，我国哲学社会科学在国际上的发言权、中国声音、中国故事正在引起国际关注并产生重要的国际影响。从这个意义上说，新时代大学文化传承中坚持中国特色哲学社会科学的体系建构要担负起立志创新研究、坚定做真学问的学术使命；同时，新时代的大学文化传承更要担负起首要的社会责任，重视学术研究的社会效益，以追求真善美的学识修养赢得尊重，以社会主义核心价值观的自觉践行者、传播者和示范者的人格魅力引领社会风尚，在服务人民和奉献社会中立德立言以成就人生价值。

五 发展公平正义的高质量教育需要团结合作

今天世界各国在教育机会、参与率和结果公平方面的差距，是由于在以往历史中在受教育权利方面的不平等、排斥、不对称和压迫造成的。自从1948年《世界人权宣言》将教育视作一项基本人权以来，全球受教育机会提高的成果令人赞叹：1990年至2020年，在人口显著增长的前提下，全世界的教育普及率大幅提高，世界上所有国家的青少年和成人的识字率均呈现稳步上升趋势，均达到90%以上，其中女性青年的识字率明显提升，与男性青年识字率差距缩小："2020年，小学入学率超过90%，初中入学率超过85%，高中入学率超过65%。……在过去50年中，全世界失学儿童和青少年的比例明显下降。"[①] 虽然世界各国经过几十年的努力在扩大受教育机会方面取得显著成效，但是，低收入国家的一些人们被排斥在受教育机会之外，"依然不能充分、平等地享有接受高质量教育的机会。……低收入国家仍有四分之一的青年不识字。……即使在中等收入和高收入国家，身处一个对公民事务和经济

---

① 联合国教科文组织编：《一起重新构想我们的未来：为教育打造新的社会契约》，教育科学出版社2022年版，第20—21页。

第四章
新时代大学文化传承中坚持社会主义核心价值体系的世界贡献

行为的要求变得越来越复杂的世界里,依然有相当一部分15岁在校生无法理解超出基本水平的阅读内容"①。与此同时,人工智能在英美国家的发展现状也为享有公平、正义和高质量的教育带来新的挑战:人工智能的迅速崛起让人类始料不及,未来的教育会因人工智能而变得更好,还是会被科技的巨轮压垮?目前为止,我们还无法精准预测和研判人工智能的未来发展图景。奥巴马在2010年国情咨文中说:"在21世纪,最好的扶贫计划是世界一流的教育。"②英国2017年"英国社会流动委员会"的报告称:"在促进社会流动性方面,一代或更多代人经年累月地致力于提高社会流动性的集中努力,并未对英国社会的流动性造成任何重大影响。"报告认为:"在很大程度上,问题变得更加严重了。"③在数十亿英镑的投资努力下,英国在小学阶段,来自贫困家庭和富裕家庭的孩子在学习上的表现差距已经在缩小了,但是在中学阶段的差距再次扩大,16岁通过普通中等教育证书资格考试和18岁通过高等教育考试的青少年之间的没有差距缩小的任何可能性。在英国伦敦,在政治远景、资源分配方面的努力,学校学生学业成就间的差距缩小明显,但是令人沮丧的是,"这个国家大片土地上的社会流动性都很缓慢或已经停滞了"④。人工智能是为了让世界变得更加美好,人类的所有改革都是对心灵需要和精神期盼的回应。教育变革的目的并非"让所有学生成为同类机器人",而是相反,"给学生通过自由表达成为独特个体的机会"⑤。基于此,新时代大学文化传承中教师更应该对学生的

---

① 联合国教科文组织编:《一起重新构想我们的未来:为教育打造新的社会契约》,教育科学出版社2022年版,第21—22页。
② [英]安东尼·赛尔登、奥拉迪梅吉·阿比多耶:《第四次教育革命:人工智能如何改变教育》,吕晓志译,机械工业出版社2019年版,第41页。
③ [英]安东尼·赛尔登、奥拉迪梅吉·阿比多耶:《第四次教育革命:人工智能如何改变教育》,吕晓志译,机械工业出版社2019年版,第45页。
④ [英]安东尼·赛尔登、奥拉迪梅吉·阿比多耶:《第四次教育革命:人工智能如何改变教育》,吕晓志译,机械工业出版社2019年版,第46页。
⑤ [英]安东尼·赛尔登、奥拉迪梅吉·阿比多耶:《第四次教育革命:人工智能如何改变教育》,吕晓志译,机械工业出版社2019年版,第58页。

思想感兴趣而不是对问题的标准答案感兴趣。新时代大学教育该有的作为是让青年学生认识自己的独特性并获得成长，助力青年一代拥有的智慧具有多样性。

第四节　新时代大学文化传承中坚持社会主义核心价值体系实施的多元方法策略

新时代大学文化传承中坚持社会主义核心价值体系在方法策略方面展开了多维的有益尝试，注重科学方法的选择追求入脑入心化行，讲究生活化策略关注青年学生的获得感，教育家徐特立认为："把生活与学习结合起来，把做事与作文结合起来，这是进行思想教育的方法。"[①]教育教学与科学研究的并驾齐驱是大学为之奋斗并实践至今的神圣理想。然而，教学与研究之间也存在微妙的制衡压力，幸运的是，在大学史上二者之间还从未发生过偏离，在大学文化的制度建构中坚持了这一原则。在国外大学或异地大学的学术经历会激发学者和学人对同一学科的探究及扩大其在公共生活中的影响，使得学者和学人期望彼此之间取得联系，这种学术交流经历对学者的学术生涯有重要的甚至是深远的影响。如果一所大学，研究的空气非常稀薄、学生无法在课程上发出自己的声音、教师的教学不能分享知识世界的经验，这就不是一所真正意义上的现代大学。

一　自立自强与批判借鉴的辩证思维

恩格斯指出，犹如人类历史永远不会在一种完美的状态中终结一样，完美的国家和社会也只能存在于幻想之中，历史发展的必然性是由其所处时代的内外部条件决定的："辩证哲学推翻了一切关于最终的绝对真理和与之相应的绝对的人类状态的观念。"在辩证法面前，"不存

[①] 戴永增、肖传京、郭建平编：《徐特立教育论语》，人民教育出版社1999年版，第95页。

第四章
新时代大学文化传承中坚持社会主义核心价值体系的世界贡献

在任何最终的东西、绝对的东西、神圣的东西"①。辩证哲学唯一承认的绝对的东西就是革命性。毛泽东同志在《论人民民主专政》中感谢马克思、恩格斯、列宁和斯大林为中国新民主主义革命提供了先进武器——马克思列宁主义——"这个放之四海而皆准的普遍真理",因为掌握了事物生存发展的辩证规律,全世界的马克思主义者同属于先进的人们,"为了使国家复兴,不惜艰苦奋斗,寻找革命真理,这是相同的"。中华民族自近代以来,为改变积贫积弱的社会现实,一批批先进分子历经千辛万苦,向西方进步的资本主义国家寻求救国救民真理,"中国人向西方学得很不少,但是行不通,理想总是不能实现"。特别是帝国主义对中国的侵略及其犯下的滔天罪行"打破了中国人学西方的迷梦。……为什么先生总是侵略学生呢"②?一次次的奋斗,一次次的失败,就当国家和人们的生存境遇逼迫得人都要活不下去的时候,"十月革命一声炮响,给我们送来了马克思列宁主义"③。学习俄国十月革命和学习苏联社会主义建设经验,中国共产党人在探求马克思主义基本原理与中国具体实际相结合的过程也是充满曲折,经过不断地学习、总结经验教训和重新学习,"中国人从思想到生活,才出现了一个崭新的时期"④。从此,中国革命的面貌开始焕然一新。在中国坚持和发展马克思主义的任何历史时期,我们始终坚持与中国具体实际和中华优秀传统文化的"两个结合",获得符合规律的科学认识,形成与时俱进的理论成果;坚持自立自强,"把马克思主义思想精髓同中华优秀传统文化精华贯通起来、同人民群众日用而不觉的共同价值观念融通起来",通过"两个结合"不断开辟中国化时代化马克思主义新境界并指导中国实践,不断赋予马克思主义中国化时代化的理论创新成果以中国特色,夯实其历史基础和群众基础,正如习近平总书记所强调的:"只有

---

① 恩格斯:《路德维希·费尔巴哈和德国古典哲学的终结》,中共中央马克思恩格斯列宁斯大林著作编译局编译,人民出版社2018年版,第9页。
② 《毛泽东选集》第四卷,人民出版社1991年版,第1470页。
③ 《毛泽东选集》第四卷,人民出版社1991年版,第1471页。
④ 《毛泽东选集》第四卷,人民出版社1991年版,第1470页。

植根本国、本民族历史文化沃土，马克思主义真理之树才能根深叶茂。"① 马克思主义在中国扎根就在于这种中国化时代化的辩证智慧。新时代的大学文化就要传承这种自立自强的辩证智慧和培育广大青年学生自立自强的辩证思维。

二 调查研究与有的放矢的科学方法

新时代大学青年学生学习的内容和学习方式受到经济全球化的影响日益加深，人工智能和数字化时代的"未来已来"，这一切极大地改变了青年一代在21世纪学习准备就业所需知识和能力的预期，以此，无论是从大学教育人才培养的整体布局，还是从青年个体完善自我的自我实现，都需要基于调查研究对教育目标进行整体把握，采取有的放矢的有效教育策略，为此，联合国教科文组织提出为了迈向更加公平的教育未来，"从更广阔的范围来看，在不同的背景、文化和环境中，人们应用、生产和传播知识的方式也千差万别。这就要求我们的教育不能局限于培养读写和算术方面的基本技能，还要涵盖丰富的跨文化知识传承——这些传承对全球的、地方的、祖传的、具身的、文化的、科学的和心灵的种种知识都给予肯定"②。新时代人类追求的公平而有质量的教育必须接纳人类多种形式的知识和文化表达。毛泽东同志认为，马克思与仅有书本知识的知识分子具有根本的区别，将马克思誉为"一个代表人类最高智慧的最完全的知识分子，……（马克思）在实际斗争中进行了详细的调查研究，概括了各种东西，得到的结论又拿到实际斗争中去加以证明，这样的工作叫做理论工作"③。大学文化传承中坚持社会主义核心价值体系实施的方式方法不能停留在书本上的现成结论和理论文章中的精彩文字，而是实事求是地针对具体问题具体分析。

---

① 《习近平著作选读》第一卷，人民出版社2023年版，第15页。
② 联合国教科文组织编：《一起重新构想我们的未来：为教育打造新的社会契约》，教育科学出版社2022年版，第27页。
③ 《毛泽东选集》第三卷，人民出版社1991年版，第817页。

第四章
新时代大学文化传承中坚持社会主义核心价值体系的世界贡献

三 教学模式与话语方式的时代转变

新时代大学文化传承在科技迅猛发展、现代信息技术普遍应用、人工智能引发的第四次教育革命的浪潮来袭的背景之下发展和创新,教学语言与话语方式的时代转变应运而生。20世纪的教育教学开始被技术裹挟前行,诸如打印机一类的机械技术引入教育领域,以及复制学习材料的钢网设备;两次世界大战期间,电影技术被应用于士兵的指导和训练;20世纪50年代,幻灯片放映机被引入课堂,学校里开始出现电脑;20世纪60年代,英国首相哈罗德·威尔逊为推动大多数家庭的电视普及,创立了开放大学;成人教育的推动者詹姆斯·雷德蒙德,通过解决技术难题,实现电视在英国全国播放教学节目;美国斯坦福大学通过亨利计算机课程公司为学生提供个性化教学;控制数据公司从20世纪60年代到2006年持续开发Plato系统,尝试依靠技术实现教师角色转型。[①] 从20世纪70年代开始,计算机对教育领域产生巨大影响,1997年,美国"智能版"即白板在学校教育中引进,"这些技术都提高了教师的教学能力,让他们的教学方式更现代、更具吸引力、更省时,也更积极。但从本质上来说,他们仍属于第三种教育模式,都是老师在前面讲,学生同步进行课堂学习"[②]。"在线讲座"和"翻转课堂"所发起的对传统课堂的挑战,应更多致力于"花更多的时间来帮助学生理解,而不只是被动地灌输"[③]。正如毛泽东同志在延安文艺座谈会上的讲话中指出的,文艺工作者要充分认识、了解和熟悉"人民群众的丰富的生动的语言",要建立与广大人民群众"打成一片"的深厚的思想感情,才能创作出人民群众赏识的文艺作品,"如果连群众的语言都

---

① [英]安东尼·赛尔登、奥拉迪梅吉·阿比多耶:《第四次教育革命:人工智能如何改变教育》,吕晓志译,机械工业出版社2019年版,第113页。
② [英]安东尼·赛尔登、奥拉迪梅吉·阿比多耶:《第四次教育革命:人工智能如何改变教育》,吕晓志译,机械工业出版社2019年版,第114页。
③ [英]安东尼·赛尔登、奥拉迪梅吉·阿比多耶:《第四次教育革命:人工智能如何改变教育》,吕晓志译,机械工业出版社2019年版,第121页。

有许多不懂，还讲什么文艺创造呢？英雄无用武之地，就是说，你的一套大道理，群众不赏识"①。习近平总书记在主持召开的学校思想政治理论课教师座谈会上的讲话中指出，马克思主义理论教育的基本方法是灌输，"让学生接受马克思主义，离不开必要的灌输，但这不等于搞填鸭式的'硬灌输'。要注重启发式教育，引导学生发现问题、分析问题、思考问题，在不断启发中让学生水到渠成得出结论"②。因此，加快建构中国特色哲学社会科学的学科体系和教材体系，顺应时代诉求转换教学模式和话语范式，新时代大学文化传承发展要因事、因时、因势而不断转化、改进和创新，充分运用新媒体技术促使教学模式变革和话语方式转变，有力推动大学文化传承的时代感和吸引力。

四　家庭大学社会教育合力的价值重建

家庭是天下的根本，是社会的细胞，是每个人成长的第一所学校，是社会和谐发展、民族团结进步、国家繁荣强大的重要基点；和谐社会是全面建设社会主义现代化国家的内在要求，是广大人民追求美好幸福生活的基本载体和人生出彩的重要舞台；大学是社会的风向标，是追求精神生活的人聚集在一起相互交流与切磋的科学殿堂，是教育一代代新人精神成长的理想世界。家庭、大学与社会形成重要合力共同推动和促进青年一代健康成长和全面成才成为全球价值共识。法国当代著名社会学家埃德加·莫兰指出，在一个加速演进的文明社会中，"革命的年轻化"成为普遍的发展动向，埃德加·莫兰以青年黑格尔派和青年马克思投入世界的、旨在变革人的思想的革命为例，强调青年人相对于老年人更能"跟进愈益稳固建立起来的新的价值观"，青年人以"宣示青春的热忱和标志青年人的觉醒的广泛的运动，……宣告了新人的向往"③。

---

①《毛泽东选集》第三卷，人民出版社1991年版，第851页。
② 习近平：《思政课是落实立德树人根本任务的关键课程》，人民出版社2019年版，第22页。
③ [法] 埃德加·莫兰：《时代精神》，陈一壮译，北京大学出版社2011年版，第164页。

第四章 新时代大学文化传承中坚持社会主义核心价值体系的世界贡献

在我们当前所处的文明社会中,"不再存在将童年和成年生硬分开的断裂。家庭的蚕茧以它温暖的保护壳长久地包围着个人的成长"①,文化的真正力量在于将青年的基本价值观和共同向往方面发挥家庭父母子女之间的关爱包容的情感伦理重建,以超越西方社会家庭中父母"双亲与孩子彼此失落、寻找、分裂"的家庭悲剧,从"家庭我恨你"发展为"家庭我爱你"②。习近平总书记强调,从人的一生的成长目标来看,无论是家庭教育还是学校教育,"如果最后没有形成健康成熟的人格,那是不合格的"③。无论是作为教师、家长还是父母,"应该把美好的道德观念从小就传递给孩子,引导他们有做人的气节和骨气,帮助他们形成美好心灵,促使他们健康成长,长大后成为对国家和人民有用的人"④。新时代大学文化传承和弘扬优良家风、大学优良学风中重视教师与家长的言传身教和榜样示范,以广大师生的品格素养和大学优良的学风、校风和工作作风引领社会风尚,形成家庭、大学和社会的教育合力、重建人类社会的价值标准选择和人文精神导向。

第五节 新时代大学文化传承中坚持社会主义核心价值体系厚植的命运与共情怀

在人与人之间的联系愈益紧密的地球村落,在一定程度上呈现出"危在旦夕"的危局,世界各国经济社会发展的不平等日益明显、气候变化引发的极端天气在全球不断出现、地球资源由于过度使用和开发面临承受极限、社会分裂民主倒退在发达国家的常态化、技术自动化发展颠覆了人力资源理论的实践预测,历史转折处于以往承诺与不确定未来之间的踟蹰与犹疑,未来的发展呈现出可以想象的黯淡前

---

① [法]埃德加·莫兰:《时代精神》,陈一壮译,北京大学出版社2011年版,第163页。
② [法]埃德加·莫兰:《时代精神》,陈一壮译,北京大学出版社2011年版,第166—169页。
③ 习近平:《论党的青年工作》,中央文献出版社2022年版,第234页。
④ 《习近平谈治国理政》第二卷,外文出版社2017年版,第355页。

景:"地球资源的枯竭、人类宜居空间日益减少。"更有一种极端的未来发展预测有可能危及人类基本的人性,"优质教育成为精英特权,广大民众因基本商品和服务匮乏而生活悲惨"①。这是我们所栖居的整个世界和培养人的教育界所面临的共同问题与危机,如何加强全球持续对话和创造性重新构建一条通向民主平等、包容各方和基础广泛的前途光明的发展道路,需要世界各国采取命运与共的科学策略和积极行动。泰戈尔认为:"第一次世界大战造成的恐怖,大多起因于文化的失败,因为各国都教育自己的年轻人选择主宰他人,而不是相互理解和互利互惠。"② 2013 年 3 月,习近平总书记在俄罗斯莫斯科国际关系学院的演讲中指出,面对这个风云变幻的时代和日新月异的世界,各国之间的相互依存和相互联系的程度空前加深,新兴发展中国家要走上现代化加速发展的快车道,"和平、发展、合作、共赢成为时代的潮流,……人类生活在同一个地球村里,生活的历史和现实交汇的同一个时空里,越来越成为你中有我、我中有你的命运共同体"③。新时代的中国青年是国家和世界的未来,新时代中国青年所怀有的家国情怀和人类命运与共的胸襟,与世界各国有为、有责任的青年一道成为推动人类命运共同体建构和弘扬全人类共同价值的关键力量。

一 自觉用中华优秀传统文化、革命文化和社会主义先进文化培根铸魂

习近平总书记在新时代文化传承发展座谈会上的讲话中强调:"在五千多年中华文明深厚基础上开辟和发展中国特色社会主义,把马克思主义基本原理同中国具体实际、同中华优秀传统文化相结合是必由之

---

① 联合国教科文组织编:《一起重新构想我们的未来:为教育打造新的社会契约》,教育科学出版社 2022 年版,执行摘要,第 3 页。

② [美]玛莎·努斯鲍姆:《功利教育批判——为什么民主需要人文教育》,肖聿译,新华出版社 2017 年版,第 107 页。

③ 《习近平谈治国理政》第一卷,外文出版社 2018 年版,第 272 页。

第四章　新时代大学文化传承中坚持社会主义核心价值体系的世界贡献

路。这是我们在探索中国特色社会主义道路中得出的规律性的认识,是我们取得成功的最大法宝。"[1] 历史与现实的经验与教训告诉我们,要发扬前人创造的优秀文化对现代青年培根铸魂,就要善于运用科学的方法学习人类一切文明有益成果,特别是学习运用毛泽东同志创造性运用马克思主义的基本原理与中国革命的具体实践有机结合的毛泽东思想,实现了推翻旧世界、建立新中国的伟大创举,改造旧文化传承中华优秀传统文化,创造民族的、科学的、大众的新民主主义文化教育策略。习近平总书记在主持召开的学校思想政治理论课教师座谈会上的讲话中指出,"中华民族几千年来形成了博大精深的优秀传统文化,我们党带领人民在革命、建设、改革过程中锻造的革命文化和社会主义先进文化"[2],为新时代大学文化传承提供了对青年一代培根铸魂的深厚力量。

二　把握时代潮流和世界发展大势增强做中国人的志气、骨气、底气

当今中国青年所处的发展时代,一方面,生逢盛世,改革开放 40 多年取得举世瞩目的成果,新时代的中国青年赶上了完善自身和为祖国建功立业、创新创业的最好的时代,可以说是英雄有了广阔的用武之地;另一方面,世界并不太平,社会思想观念、价值取向多元和社会思潮纷纭相互激荡,情况越来越复杂多变,特别是在文化价值领域对青年一代的争夺日趋激烈,这些情况对新时代的大学文化传承带来创新的机遇,同时,也提出前所未有的挑战和问题,基于此,习近平总书记强调:"思想舆论领域大致有红色、黑色、灰色'三个地带'。红色地带是我们的主阵地,一定要守住;黑色地带主要是负面的东西,要敢于亮剑,大大压缩其地盘;灰色地带要大张旗鼓争取,使其转化为红色地

---

[1]《习近平在文化传承发展座谈会上强调 担负起新的文化使命 努力建设中华民族现代文明》,《人民日报》2023 年 6 月 3 日第 1 版。

[2] 习近平:《思政课是落实立德树人根本任务的关键课程》,人民出版社 2019 年版,第 9 页。

带。"① 新时代大学文化传承中要引导青年学生把握时代发展潮流和世界形势走向，自觉将马克思主义中国化时代化的理论创新成果贯穿于教学和研究的全过程，形成青年学生根植于血脉之中的：坚定的理想信念、科学的思维方式、奋发的行动自觉，从而增强广大青年学生拥有中国心民族魂的志气、科技自立自强的骨气和全面建成社会主义现代化强国的底气。

三 心系人类共同利益担负实现中华民族伟大复兴的使命责任

世界各国的教育与知识是全球共同利益。从全人类共同利益的角度而言，重要的不仅仅是个人过上好日子，"人类共同拥有美好生活也很重要。共同利益不是个人受益，也不是狭隘的善意"。教育作为全人类共同利益的概念重新阐释了教育作为一项社会共同努力在集体层面的责任分担和精诚团结。对全人类共同利益的理解要根据文化和历史背景的多样性，以及不同社会对幸福和共同生活的不同理解来界定，文化教育公共政策的制定与执行就是为了增进人类的共同福祉，在尊重人的教育基本人权的前提下，"承认并培养关于环境、世界观和知识体系的这种多样性"②。人类命运应该由各国人民自己掌握，人类追求美好幸福的生活要靠自己勤劳的双手来创造。习近平总书记在党的二十大报告中指出："我们所处的是一个充满挑战的时代，也是一个充满希望的时代。中国人民愿同世界人民携手开创人类更加美好的未来！"③ 新时代的中国青年在心系人类共同利益的同时，在实现中华民族伟大复兴的第二个百年奋斗目标的新征程上敢于勇挑重担并堪当大任：在平凡的岗位上靠自己的双手打拼中国光明的未来；在急难险重任务中展现挺身而出的责任担当；在基层一线做实事，在实践磨砺中增长才干、强壮筋骨；以创

---

① 《习近平谈治国理政》第二卷，外文出版社2017年版，第328页。
② 联合国教科文组织编：《反思教育：向"全球共同利益"的理念转变？》，联合国教科文组织总部中文科译，教育科学出版社2015年版，第70页。
③ 《习近平著作选读》第一卷，人民出版社2023年版，第52页。

造力和开拓进取参与国际竞争，成为走在创新创业前列的有生力量；在社会文明建设中成为弘扬正能量和践行新风尚的引领者。①

四 锤炼本领以青春担当构建人类命运共同体而不负韶华、不负时代

由于科技进步的迅猛发展，计算机、人工智能和机器人将会让个人生活和职业生活变得更加错综复杂。大学的文化教育传承发展让这个世界与众不同，"许多现存的工作岗位将会消失，其他一些高薪工作尚未出现。唯一可以确定的是这个世界会变得不同——并且在这种变化下，既有机遇，也有挑战"②。未来的世界高等教育模式和大学文化传承范式，对大学的要求是培养创造者，"让他们的思维引擎重新适应，用创造性心态和思维灵活性去校正，去发明、发现或者创造对社会有价值的东西"③。大学教育内容和文化传承发展要充满更多的原创元素，在以往培养学生所应具有的能力的基础上，加上数据素养、科技素养和人文素养，课程设置和教育教学都要紧紧围绕培养人文素养、科技素养和数据素养来展开。未来大学文化传承发展在锤炼青年学生能力本领方面主要面向终身学习，培养思维能力、科技知识和数据素养。新时代的中国青年以能力本领支撑的青春担当胸怀天下，与世界各国青年一道，深刻认识世界各国前途命运紧密相连，自信自强地融入世界，在倡议并践行人类命运共同体理念的过程中不负时代、不负韶华，"围绕脱贫减贫、气候变化、抗议合作等主题，征集世界各国青年故事、传播世界各国青年声音、凝聚世界各国青年共识"④。

---

① 中华人民共和国国务院新闻办公室：《新时代的中国青年》，人民出版社2022年版，第25—32页。
② [美]约瑟夫·E.奥恩：《教育的未来——人工智能时代的教育变革》，李海燕等译，机械工业出版社2019年版，前言，Ⅷ—ⅩⅦ。
③ [美]约瑟夫·E.奥恩：《教育的未来——人工智能时代的教育变革》，李海燕等译，机械工业出版社2019年版，前言，ⅩⅢ。
④ 中华人民共和国国务院新闻办公室：《新时代的中国青年》，人民出版社2022年版，第25—32页。

第六节　新时代大学文化传承中坚持社会主义核心价值体系培育的世界公民素质

改革开放40多年来，中国对外开放的大门并未因全球化出现逆流而发生改变，在对外开放的大门越开越大的过程中，新时代的中国青年在发展的深度和广度方面获得了前所未有的机会与可能认识世界、与世界各国青年交流互动，进而融入这个文化多样性的世界，特别是在对外学习交流合作中，中国青年体现出了"更加理性包容、自信自强"①。习近平总书记在联合国教科文组织第九届青年论坛开幕式上的贺词中指出，要落实青年论坛"推动可持续发展，塑造全球公民"的主题，需要"建立一个公平、包容、可持续的地球，是包括全球青年在内的每个人都要重视和担当的责任"②。我国党和政府重视青年、尊重青年、信任青年、关怀青年，《中长期青年发展规划（2016—2025年）》以青年马克思主义者培养工程、青年社会主义核心价值观培养工程、青年文化精品工程等十大重点项目，支持青年在思想道德、教育、健康、文化、社会融入与社会参与等发展领域"发展自身、贡献社会、造福人民"，使青年一代成为推进人类和平与全球发展的源源不断的强大力量。③ 西方有学者认为我们所处的时代是文化的过渡时代，即便西欧—美国文化模式已经处于衰老化过程之中，但是仍以西欧—美国文化模式为衡量标准，将包括印度、埃及和中国在内的国家列为"未经历史考验的各个民族"，斯宾格勒将这些民族看作"农夫民族"是"没有定型似的""衰落文化的废弃土壤之上的产物"，并认为"今天全世界充满了这样的民族"，这些观点都是一种狭隘的偏见，历史不是任人打扮的

---

① 中华人民共和国国务院新闻办公室：《新时代的中国青年》，人民出版社2022年版，第35页。
② 习近平：《论党的青年工作》，中央文献出版社2022年版，第114页。
③ 中华人民共和国国务院新闻办公室：《新时代的中国青年》，人民出版社2022年版，第13页。

第四章 新时代大学文化传承中坚持社会主义核心价值体系的世界贡献

小姑娘,以中国为代表的发展中国家正在崛起于世界舞台,并非"重新登上了历史舞台",而是从未离开追求共同发展的人类历史舞台。①

一 家国情怀和世界责任

当今世界各国之间的相互联系度与依存度超越以往任何历史时期,全球性共同问题的解决方案的推出与践行的复杂性、矛盾冲突性和紧张关系达到了前所未有的程度,由此产生对采取全球共同行动的诉求和共担责任的需要比以往任何时期都更为迫切,为了实现全人类可以人人共享的美好未来,"要求人们努力探索促进人类进步和保障人类福祉的各种途径"②。在第一次世界大战结束后,蔡元培在天津青年会的演说中指出,欧战后世界各国无不有所改变,教育问题的改变主要围绕"为本国造成应用之人材……为世界养成适当之人物"③。世界各国大学教育均根据本国的历史传统并适应社会政治经济的变化而变革教育。习近平总书记强调:"新时代社会主义建设者和接班人,不仅要有中国情怀,而且要有世界眼光和国际视野。"④ 新时代大学文化传承中要教育引导青年学生关注世界格局与国际形势及其发展走向,"不仅能肩负起建设祖国的使命,而且能承担起为世界、为人类作贡献的责任"⑤。

二 理解包容和共同发展

泰戈尔创办的维斯瓦-巴拉蒂大学的教育目的在其1929年的招生简章中明确宣布,这所大学"将教育视为一种追求,即追求跨越更多

---

① [德]阿诺德·盖伦:《技术时代的人类心灵》,何兆武等译,上海科技教育出版社2008年版,第110页。
② 联合国教科文组织编:《反思教育:向"全球共同利益"的理念转变?》,联合国教科文组织总部中文译,教育科学出版社2015年版,第12页。
③ 高平叔编:《蔡元培教育论著选》,人民教育出版社2017年版,第210页。
④ 《习近平著作选读》第二卷,人民出版社2023年版,第199页。
⑤ 中共中央党史和文献研究院编:《十九大以来重要文献选编》上,中央文献出版社2019年版,第651页。

学科的世界公民素质，追求全世界的相互理解。……希望本大学的学生了解现行制度的运作，了解世界不同国家中兴起的、旨在改善大众社会环境的新运动"①。在这所大学中，为了和平的需要，从学生视野的角度开展对国际组织的变革，尝试将文科教育计划扩展到大学层次以推进落实泰戈尔提倡的"世界公民素质"理念，因为"只要人们学会了互相理解，共同追求整个人类的未来，就能避免社会政治的大灾难"②。新时代的中国青年向全球发起行动倡议，"时代呼唤全世界青年团结一心，加强彼此了解、相互取长补短，用欣赏、互鉴、共享的观点，携手构建人类命运共同体"③。青年一代要以相互欣赏、相互借鉴和共享共建的观点来看待我们共同生活的世界，在不同文明交流互鉴中和谐共生，为共建人类命运共同体友好对话并添砖加瓦。新时代的青年不仅具有担负建设祖国的情怀使命，还要成为具有全球视野的中国人，承担起为全人类做贡献的世界责任。新时代的中国青年在广阔的发展舞台上与世界各国青年在交流互鉴中，发展自身、了解彼此、播种友谊、共同发展、造福世界。

三 勇于奋斗和善于担当

习近平总书记在法国巴黎联合国教科文组织总部的演讲中指出："此时此刻，世界上很多孩子正生活在战乱的惊恐之中。我们必须作出努力，让战争远离人类，让全世界的孩子们都在和平的阳光下幸福成长。"④ 面向未来，我们所期待的是一个需要精神振奋而非精神统治的时代，一方面，以中国为代表的世界上的许多国家和民族能够尊重自己

---

① ［美］玛莎·努斯鲍姆：《功利教育批判——为什么民主需要人文教育》，肖聿译，新华出版社 2017 年版，第 108 页。

② ［美］玛莎·努斯鲍姆：《功利教育批判——为什么民主需要人文教育》，肖聿译，新华出版社 2017 年版，第 107 页。

③ 中华人民共和国国务院新闻办公室：《新时代的中国青年》，人民出版社 2022 年版，第 40—41 页。

④ 《习近平外交演讲集》第一卷，中央文献出版社 2022 年版，第 96 页。

第四章
新时代大学文化传承中坚持社会主义核心价值体系的世界贡献

且能反思自己,共同遵守公认的价值标准,在秩序井然的社会中追求并实现个人价值;另一方面,在商业化和资本逻辑的共同作用下,国际社会中个别国家的"高度警觉性、道德的随意性和缺乏内在的权威模式以及各种意识形态题材的供应过度,这一切东西都造成了十分可疑的正确性的各种结合,它们仍然可以有很多信徒"①,进而催生了宗教狂热、民族仇恨和过度敌意。人类期待的美好生活的完整画面应该是:道德成为生活习惯,人们对信任关系作出真正积极承诺的时代,个体的孤立状态被淡化,共同体意识日益增强。但是,学校的老师们也在抱怨"消极性、思想懒惰和袖手旁观正在青年人中间令人惶惑不安地日益增长着"②。从一定意义上说,道德归属、勇于奋斗和敢于担当会强化人们的责任感。在高度物质文明的社会中,却在一定程度上抑制了对高尚世界的追求。原因之一是大众文化在一定程度上威胁了人格及其发展。大众文明的社会中一种普遍的人格理想类型是:"富有活力和能量、智慧和超脱能力、果断和主动性、创造力和谨慎的形象——就仿佛是一种被个人化了的成就。"③ 在西方社会一种受到普遍关注的文化发展参照点是大学文化,德国学者阿诺德·盖伦认为,高等文化(包括大学文化)是对几个世纪以来的"高尚思想和重大决策"进行加工和传递的过程,这一过程不仅成为可能,而且这一过程已经成为一种固定的模式,即便传递者能力有限、灵魂平庸,这种模式也能够被传递下去。这种高级文化的传递模式和所达成的结果,"不只是在反抗时间,也在反抗着人类本身"④。新时代中国的大学文化传承不是被动应对时代和实践,而是以中国特色社会主义核心价值体系的精髓社会主义核心价值观引领大学

---

① [德]阿诺德·盖伦:《技术时代的人类心灵》,何兆武等译,上海科技教育出版社2008年版,第81页。
② [德]阿诺德·盖伦:《技术时代的人类心灵》,何兆武等译,上海科技教育出版社2008年版,第83页。
③ [德]阿诺德·盖伦:《技术时代的人类心灵》,何兆武等译,上海科技教育出版社2008年版,第146页。
④ [德]阿诺德·盖伦:《技术时代的人类心灵》,何兆武等译,上海科技教育出版社2008年版,第141页。

文化传承发展，核心旨归是塑造"四为服务"的新时代中国青年，新时代的中国青年勇于奋斗和乐观向上，发起全球行动倡议为世界和平发展贡献青春智慧和力量担当，胸怀世界和未来，"秉持全人类共同价值，顺应时代潮流和历史大势，站在历史正确的一边、人类进步的一边，维护世界和平，促进共同发展，弘扬公平正义，捍卫民主自由，为建设繁荣美好的世界作出积极贡献"①。

四 练就本领和知行合一

伴随着人类需要直接面对威胁人类生存发展和生命健康的多重危机，世界各国人民需要作出彻底改变和构建新的教育社会契约来贯彻落实这种改变。法国心理学家阿兰·柯林斯教授为这个不确定性的世界敲响了警钟，"在这个复杂、网络化、极度偶然、问题越来越'诡异'的世界中，富有想象力地重新思考教育需要变成何等模样，……换句话说，这些问题不稳定，在持续变形，深刻地相互交织着"②。新时代大学文化传承中应该引领学生锤炼怎样的本领能力、价值观念和实践力行，将广大青年塑造成为有广博学识、品德修养、价值理性、扎实专业和反思能力的思想者、实践者。在大学文化传承中，精神力量不应为我们所疏离，在日常生活中，高尚的人格发挥巨大的力量，以激励人们有足够的精力和创造力服务于更高的价值。要摒弃过于拘谨和过分自信，以共同理想为指引，不断增强自身应变复杂环境的能力。美国前总统奥巴马在告别演讲中有一句话值得我们深刻思考目前国际社会的一些"诡异"现象："我们变得越来越安于自己的幻想，因为我们只接受符合自己观点的信息——不管它真实与否——而不是根据已知证据形成观点。"③ 联合国

---

① 中华人民共和国国务院新闻办公室：《新时代的中国青年》，人民出版社2022年版，第41页。

② [法]柯林斯·哈尔弗森：《什么值得教？技术时代重新思考课程》，陈家刚译，华东师范大学出版社2020年版，序，第3页。

③ [法]柯林斯·哈尔弗森：《什么值得教？技术时代重新思考课程》，陈家刚译，华东师范大学出版社2020年版，序，第1页。

第四章
新时代大学文化传承中坚持社会主义核心价值体系的世界贡献

教科文组织呼吁世界各国开展教育研究和创新,学者们针对培养人才的规格质量和方式方法等展开广泛和深刻的探究和讨论:"什么知识值得教?""基于怎样的教育过程赋能人才培养?""如何增强青年一代的前瞻能力和未来素养?""教学法如何团结合作?""如何更有效地进行知识共享?""如何构建教育的未来?"所有的全球教育议题都围绕着培养人的社会实践活动而展开,世界各国政府和领导人都高度重视国家事业发展中的教育事业发展规划的制定与实施,2021年4月,习近平总书记在清华大学考察时的讲话中指出,当代中国青年与新时代同向同行的新征程上,要肩负起与新时代共同前进的重任,"要实学实干,脚踏实地、埋头苦干、孜孜不倦、如饥似渴,在攀登知识高峰中追求卓越,在肩负时代重任时行胜于言,在真刀真枪的实干中成就一番事业"①。

总之,理想人格的完整性与坚定性,为人类幸福而辩护,工业社会的发展需要消费,追求福祉的权利和重构社会组织,这是对启蒙传统的承继,全球人口数量扩增过程中,人类的思想和道德为此付出了代价;人类真正的福祉是人类心灵充满自信与满足,迸发着无尽的想象力和承载力。传统与现代的思想之花共同绽放,多样化的花蕾在人类文化的大花园繁花似锦。正如法国哲学家索雷尔(Sorel)所言:"需要有强而有力的、有特色的和各不相同的元素混合而成的文化,人们才能够获得艺术、哲学和宗教,这也就是今天我们称之为自由的东西。"② 根据中国大学文化传承的传统和中华民族的特殊国情,本书提供的是一个理想之于现实的大学文化传承中坚持社会主义核心价值体系的基本方略框架:综合模式,即这种传承范型的理性选择,既体现国家意志的意识形态性,同时又保护大学教学研究的自由和人的创造性;以文化传统资源和核心价值来增强大学文化传承的价值引领和人才培养规格与质量的价值追求;在务实操作性层面建构大学文化传承创新的实践路向,这不仅是

---

① 习近平:《论党的青年工作》,中央文献出版社2022年版,第236页。
② [德]阿诺德·盖伦:《技术时代的人类心灵》,何兆武等译,上海科技教育出版社2008年版,第101页。

一种规范性的理论分析框架，而且也是一种直面大学教育教学的具体实践；在创新教学模式中真正体现现代大学文化传承理念，以学生为本、服务育人、开放性为原则路向，从宏观到微观，从根本到具体，兼顾文化传承的问责性、适切性、适应性和创造性；突围困境的有效策略是解放思想和对新视野的开拓，打破陈规与牢笼的释然，在曲折中前进，以想象力和创造性为价值力量进行各种尝试探索，以此凝练以社会主义核心价值体系基本方略统领大学文化传承是中国大学文化对世界文化的独特贡献。

结　　语

21世纪的中国在深刻变革的世界格局中的崛起与发展，为大学文化传承注入了社会变迁、信息技术和科技革命的"文化自觉"和"文化自信"。21世纪的中国大学，在全面深化改革开放的社会背景之下，在传承与创新中华优秀传统文化中，在世界格局面临着诸多不确定性的变局当中，在立足本土文化基础上与世界不同文化开展对话交流，在尊重文化多样性和文明交流互鉴的智慧选择中，发挥着愈益重要和独特的作用。一定意义上，文化传承与创新不仅影响学术发展之路，还将"直接影响国民性格之倾向"[1]。英国学者马凌诺斯基给文化下了一个经典定义："文化是指那一群传统的器物、货品、技术、思想、习惯及价值而言的，这概念实包容着及调节着一切社会科学。"[2] 大学具有学术组织文化的特性，是培养高级专门人才的最重要的场域之一，文化传承中势必具有习惯、信仰和价值观等的守正与创新。人类在生存和发展的过程中，不断改造和改变着周遭的世界，推动人类社会进步的原动力不仅包括意义和价值最先被关注的物质文化，还包括精神文化，而精神文化的复杂性、难以类别化地体现在"道德上、精神上及经济上的价值体系，包括着社会组织的方式"[3]，正如维特根斯坦所说："一种文化犹如一个大型组织。它给每个成员分配一席之地，使这些成员按照整体精

---

[1] ［英］马凌诺斯基：《文化论》，费孝通译，华夏出版社2002年版，译序，第4页。
[2] ［英］马凌诺斯基：《文化论》，费孝通译，华夏出版社2002年版，第2页。
[3] ［英］马凌诺斯基：《文化论》，费孝通译，华夏出版社2002年版，第5页。

神进行工作,按照每个成员给整个组织作出的贡献来衡量他的力量,是完全公正的。但是,在没有文化的时代,力量是分散的,个人的力量在克服敌对势力的倾轧性对抗中衰竭。"① 因此,马凌诺斯基指出:"世界上是没有'自然人'的。"② 所有的思想文化都具有历史与过往的价值痕迹可循。

人工智能时代的教育变革主要聚焦于两点:一是学生的全面发展;二是学习模式的创新。人工智能会带来诸如医疗、交通、工业、金融等多个行业的布局调整和转型升级,而教育与人工智能深度融合的诸多挑战也凸显出来,当下的教育模式仍然是以传统模式为主导,教育领域的革命性变革还任重道远,但是未来已来,如何展开教育领域的变革? 教育领域经历了四次革命:第一次教育变革以有组织学习和在家庭、团体和部落中的必要的教育;第二次教育变革以制度化的学校教育和大学教育为主要特征;第三次教育变革以印刷术带来的大众化教育为标志;第四次教育变革以人工智能带来的现实与虚拟教育结合为个性化教育提供可能。技术进步为教育变革提供机遇与可能:提高了学习质量,减轻教师负担,但是传统规模教育的基本形式未能改变,教育的个性化和学习效果的体现仍未能充分彰显;在促进学生全面发展和创新学习模式方面仍然是难以逾越的障碍。③ 人工智能时代是否可以不同程度上缓解教师专注教学的诸多困境:教材编写、教案撰写、作业批改、课堂管理、学生过程评价与记录等诸多事务性工作,真正花费在教学上的、为学生制订个性化教学方案的时间与精力有限,计算机技术在教学上的应用,在一定程度上缓解了教师的事务性压力,提高了教学效率,但是在解放教师、将人工智能与教育教学过程深度融合、组织课堂、高效全面准备教学资料、布置与批改作业方面、期中考核期末考试、试卷出题评阅等方

---

① [英]路德维希·维特根斯坦:《文化和价值》,黄正东等译,译林出版社 2011 年版,第 8 页。
② [英]马凌诺斯基:《文化论》,费孝通译,华夏出版社 2002 年版,第 4 页。
③ [英]安东尼·赛尔登、奥拉迪梅吉·阿比多耶:《第四次教育革命:人工智能如何改变教育》,吕晓志译,机械工业出版社 2019 年版,推荐序一,Ⅳ—Ⅴ。

面还无法实现个性化评价与考查，对每名学生的情况无法准确了解与掌握，因材施教无法真正有效实现。人工智能时代，真正意义上的教师身份转换应该是："从教导者转变成为引领者、组织者、鼓励者和合作者。"①

在完成国家社科基金项目《新时代大学文化传承中坚持社会主义核心价值体系基本方略研究》的最终结项成果之后，概括而言，本书有三方面的研究收获：一是在研究内容创新和研究方法方面，充分运用文献研究法、深度访谈法和跨学科研究法开展了全面、系统和综合研究，围绕新时代大学文化传承中坚持社会主义核心价值体系的已有理论和实践研究成果、政策文献梳理分析，总体概括课题研究的选题背景、研究意义、研究现状；深刻阐释大学文化传承与社会主义核心价值体系的内涵意蕴与逻辑关联；在整体把握大学文化传承中坚持社会主义核心价值体系的发展脉络、国内现实、国际困境、新时代机遇与使命的基础上，全面探究构建新时代大学文化传承中社会主义核心价值体系的基本方略具体实践操作框架；发掘凝练新时代大学文化传承中坚持社会主义核心价值体系的世界贡献，呈现的是在学术界鲜见的全面、系统和综合研究的、具有创新性的理论和实践成果。二是研究视角选择的突出特色，以新时代大学文化传承为研究视角，综合多学科的知识，采用跨学科研究方法，在大学文化传承视域下从文本与现实结合的角度，以面向新时代的文化传承发展现实，面向大学文化传承中坚持社会主义核心价值体系的国内国际境遇，面向大学文化传承的历史与现实使命，对新时代大学文化传承与坚持社会主义核心价值体系开创性地开展整体研究和进行理论阐释，以新时代大学文化传承发展为研究的逻辑进路，全面构建新时代大学文化传承中坚持社会主义核心价值体系基本方略的具体框架，为有效落实新时代大学文化传承中坚持社会主义核心价值体系基本方略提供实践参照框架。三是研究成果的主要建树，在对大学文化传承

---

① ［英］安东尼·赛尔登、奥拉迪梅吉·阿比多耶：《第四次教育革命：人工智能如何改变教育》，吕晓志译，机械工业出版社2019年版，推荐序一，Ⅶ。

大学文化传承中坚持社会主义核心价值体系研究

与坚持社会主义核心价值体系的理论阐释、国内外境遇把握、基本方略建构的基础上,探究凝练新时代大学文化传承中坚持社会主义核心价值体系的世界贡献,深入挖掘遵循共同价值理念、构建基本内容架构、落实立德树人的根本任务、实施多元方法策略、厚植命运与共情怀和培育世界公民素质六重维度的世界贡献,进一步升华和提炼新时代大学文化传承中坚持社会主义核心价值体系基本方略研究的理论意义与实践价值。

哲学家维特根斯坦曾说:"我背着鼓涨的哲学背包,只能缓慢地在数学山上攀爬。"[1] 这同样可以成为课题研究中遇到的未竟问题与后续研究的主题:在推进新时代大学文化传承中坚持社会主义核心价值体系基本方略的研究中,虽然在课题负责人尽全力、尽可能高质量全面、系统、综合开展研究并按照研究计划承诺撰写完成最终结项书稿,但是,由于学术研究的永远的未完成性,课题研究还存在三方面尚待深入研究的问题:一是在研究内容方面,课题在理论、实践、国内现实境遇、国外经典范例借鉴与世界贡献六个维度全方位探究和明晰了新时代大学文化"传承什么""为什么传承""怎样传承"与坚持社会主义核心价值体系的逻辑关联,在推进课题进展中发现"新时代大学文化传承中坚持'两个结合'的基本方略"是一个具有时代性的、需要理论上深入探究、实践上不断拓展的研究课题,是课题负责人未来首选的研究主题方向。二是在研究方法方面,充分运用文献研究法、深度访谈法和跨学科研究法,对课题展开全面、系统、综合研究,达到预期的研究框架设计要求,但是,运用比较研究法建构国外经典范例借鉴、关于"新时代大学文化传承发展的内容、方法和目标"这一研究方向,特别是对于"两个结合"中"第二个结合"的深入阐释和贯彻实践具有重要的学术价值,运用实证调查问卷的方法可以成为课题组下一步研究的计划方案。三是从大学文化传承发展与坚持社会主义核心价值体系和弘扬社

---

[1] [英]路德维希·维特根斯坦:《文化和价值》,黄正东等译,译林出版社2011年版,第2页。

会主义核心价值观的理论研究与实践探索的未来发展而言，在世界价值、比较视野与实践落实三个维度，还有非常开阔的研究和探讨空间与可能：

世界价值维度：高等教育的全球化表现为学术人员、资本、知识、技术在全世界范围内的流动，也是全世界范围内的国际关系的强化。一方面，任何大学和学术组织都无法置身于全球化进程之外，全球化是一种尚未完成的、不断深化全球各地的相互关联和相互影响的发展过程和存在状态，全球化最突出的特征之一就是产生了新的社会分化，从全球化根本性质而言，"全球化并不是一个同质化的过程，而是一个充满差异甚至张力的过程"，全球化带来的全新的全球网络逻辑兼具"'吸纳'与'排斥'两个方面"[①]。中国特色世界一流大学的环境建设应致力于推进富有想象力的建筑，体现校园的日新月异，反映大学人的勇敢精神和价值观：以我们拥有的知识和才能来改变人类的命运。另一方面，世界各国大学的发展都受到其所固有的传统的影响，大学文化传统对大学发展而言，一是具有阻碍改革的因素；二是大学文化的核心价值观对于大学应对广泛变革时代的挑战具有价值定位的意义。特别是21世纪以来，世界高等教育普遍步入由大众化到普及化的发展转型，使全球高等教育面临治理方略、办学方向、财政支持等方面的挑战，同时，世界知识经济和全球化压力为大学的价值选择与价值观塑造带来新的生长点和必要的重建张力。

比较视野维度：新时代大学文化传承中坚持社会主义核心价值体系基本方略研究是在一个全球竞争日益激烈、国际局势充满了诸多不确定性的时代展开的，各民族国家为了取得经济的繁荣和发展，采取各种竞争手段致力于发展和变革，对很多人来说，"大学看起来比以前更有吸引力了"，"大学被看成是……知识主导型社会中的关键因

---

① ［美］菲利普·G. 阿特巴赫：《高等教育变革的国际趋势》，蒋凯主译，北京大学出版社2009年版，丛书序言，第1页。

素和助推器"①。国家的起源不同，各国大学制度的历史发展轨迹也不相同，但是，在全球化境遇下的各国大学越来越面临着一种相似的困境。在欧洲大陆、英国、美国的大学制度和文化中，关于大学的理念：将大学作为公共服务机构还是私立机构呈现不同的特征，这种差异也体现在大学与政府之间的关系上。英国学者巴尼特和德兰蒂认为，大学的发展前景不是成为经济发展的代理人，"而是成为公开的和对话式的交流的场所"，这种交流是为了整个社会，是为了帮助促进国内和国际的民主的制度与管理的发展。由于大学里知识的普遍性，"大学因此……更适合全球化及其各种机会"，而不仅仅受到国内的各种约束、要求和限制。② 从比较视野综合研究国外大学文化传承的价值观念与治理模式对中国特色世界一流大学建设提供有益的批判借鉴。

实践落实维度：每一种文化都应该坚持自己的价值与传统，同时为了不断丰富自身而汲取借鉴人类文化的有益成果，每一个民族对于人类所面临的问题都可以其独特方式来面对、解决和思考。大学文化传承发展如何指引大学教育更好地服务于国家乃至世界，实现更大程度的共同价值追求，探求学术追求与社会需求之间存在问题挑战的解困之法，坚持大学文化传承的核心价值观是把握时代复杂性和实现人类的共同目标而团结起来的文化纽带和精神动力。中国拥有世界上最庞大的高等教育体系，习近平总书记指出，一个国家的高等教育体系需要一流的大学群体有力支撑，一流大学群体的水平和质量决定了高等教育系统的水平和质量，中国的高等教育在实现从跨越式发展到普及化的新发展征程上，无论在大学制度理念、学术传统还是管理机制和治理策略方面，都需要紧紧跟上我国日益开放的全面建设社会主义现代化强国的建设步伐。中国在全球经济、政治、军事和文化上的影响日益重要，共建人类命运共

---

① ［英］罗杰·金等：《全球化时代的大学》，赵卫平主译，浙江大学出版社2008年版，导言，第3页。
② ［英］罗杰·金等：《全球化时代的大学》，赵卫平主译，浙江大学出版社2008年版，导言，第4页。

同体作为一种不可抗拒的历史力量，也是一种新的思维方式和新的精神状态，即便在不同程度出现逆全球化的趋向之下，如何实现在开阔国际视野和立足本土根基的协同创新中构建一流的中国特色高等教育体系和中国特色的社会主义大学文化，是新时代大学文化发展立足新发展格局的中国智慧和中国方案。因此，大学文化传承中坚持核心价值体系基本方略的建构不仅需要更为宽阔的国际视野，还需要深切关注国外大学文化传承的主要模式与核心价值观的基本范式，中国大学文化传承中坚持核心价值体系基本方略的建构过程中，不仅需要对西方国家大学文化传承中的核心价值观的关键要素和时代影响进行批判借鉴，还需要通过比较研究以大学文化传承原则、方法及模式为逻辑起点来深刻剖析中西方大学教育史上大学文化传承的生成路线，阐明对中国大学文化传承模式建构的深刻启示和有益影响，将中国特色大学文化传承发展的核心价值观融入到办人民满意的教育的公共政策的制定和实施过程中，使大学的科学研究和人才培养不仅要为国家战略服务，也要为公民的公共生活服务。

参考文献

一　经典文献

《马克思恩格斯全集》第1卷，人民出版社2009年版。
《马克思恩格斯全集》第3卷，人民出版社2009年版。
《马克思恩格斯全集》第42卷，人民出版社2009年版。
《马克思恩格斯文集》第1卷，人民出版社2009年版。
《马克思恩格斯文集》第2卷，人民出版社2009年版。
《马克思恩格斯文集》第3卷，人民出版社2009年版。
《马克思恩格斯文集》第4卷，人民出版社2009年版。
《马克思恩格斯文集》第5卷，人民出版社2009年版。
《马克思恩格斯文集》第6卷，人民出版社2009年版。
《马克思恩格斯文集》第7卷，人民出版社2009年版。
《马克思恩格斯文集》第8卷，人民出版社2009年版。
《马克思恩格斯文集》第9卷，人民出版社2009年版。
《马克思恩格斯文集》第10卷，人民出版社2009年版。
《马克思恩格斯选集》第1卷，人民出版社2012年版。
《马克思恩格斯选集》第2卷，人民出版社2012年版。
《马克思恩格斯选集》第3卷，人民出版社2012年版。
《马克思恩格斯选集》第4卷，人民出版社2012年版。
《列宁选集》第1卷，人民出版社2012年版。

《列宁选集》第 2 卷，人民出版社 2012 年版。
《列宁选集》第 3 卷，人民出版社 2012 年版。
《列宁选集》第 4 卷，人民出版社 2012 年版。
《毛泽东选集》第一卷，人民出版社 1991 年版。
《毛泽东选集》第二卷，人民出版社 1991 年版。
《毛泽东选集》第三卷，人民出版社 1991 年版。
《毛泽东选集》第四卷，人民出版社 1991 年版。
《邓小平文选》第一卷，人民出版社 1989 年版。
《邓小平文选》第二卷，人民出版社 1994 年版。
《邓小平文选》第三卷，人民出版社 1993 年版。
《江泽民文选》第一卷，人民出版社 2006 年版。
《江泽民文选》第二卷，人民出版社 2006 年版。
《江泽民文选》第三卷，人民出版社 2006 年版。
《胡锦涛文选》第一卷，人民出版社 2016 年版。
《胡锦涛文选》第二卷，人民出版社 2016 年版。
《胡锦涛文选》第三卷，人民出版社 2016 年版。
《习近平谈治国理政》第一卷，外文出版社 2018 年版。
《习近平谈治国理政》第二卷，外文出版社 2017 年版。
《习近平谈治国理政》第三卷，外文出版社 2020 年版。
《习近平谈治国理政》第四卷，外文出版社 2022 年版。
《习近平外交演讲集》第一卷，中央文献出版社 2022 年版。
《习近平外交演讲集》第二卷，中央文献出版社 2022 年版。
《习近平著作选读》第一卷，人民出版社 2023 年版。
《习近平著作选读》第二卷，人民出版社 2023 年版。
习近平：《在中国科学院第十七次院士大会、中国工程院第十二次院士大会上的讲话》，人民出版社 2014 年版。
习近平：《在哲学社会科学工作座谈会上的讲话》，人民出版社 2016 年版。

习近平：《决胜全面建成小康社会 夺取新时代中国特色社会主义伟大胜利——在中国共产党第十九次全国代表大会上的报告》，人民出版社 2017 年版。

习近平：《在中国科学院第十九次院士大会、中国工程院第十四次院士大会上的讲话》，人民出版社 2018 年版。

习近平：《在北京大学师生座谈会上的讲话》，人民出版社 2018 年版。

习近平：《在纪念马克思诞辰 200 周年大会上的讲话》，人民出版社 2018 年版。

习近平：《齐心开创共建"一带一路"美好未来——在第二届"一带一路"国际合作高峰论坛开幕式上的主旨演讲》，人民出版社 2019 年版。

习近平：《思政课是落实立德树人根本任务的关键课程》，人民出版社 2019 年版。

习近平：《为实现民族伟大复兴 推进祖国和平统一而共同奋斗——在〈告台湾同胞书〉发表 40 周年纪念会上的讲话》，人民出版社 2019 年版。

习近平：《在纪念五四运动 100 周年大会上的讲话》，人民出版社 2019 年版。

习近平：《在庆祝澳门回归祖国二十周年大会暨澳门特别行政区第五届政府就职典礼上的讲话》，人民出版社 2019 年版。

习近平：《在庆祝中华人民共和国成立 70 周年大会上的讲话》，人民出版社 2019 年版。

习近平：《在全国民族团结进步表彰大会上的讲话》，人民出版社 2019 年版。

习近平：《在中央政协工作会议暨庆祝中国人民政治协商会议成立 70 周年大会上的讲话》，人民出版社 2019 年版。

习近平：《在经济社会领域专家座谈会上的讲话》，人民出版社 2020 年版。

习近平:《在科学家座谈会上的讲话》,人民出版社2020年版。

习近平:《在企业家座谈会上的讲话》,人民出版社2020年版。

习近平:《同舟共济,继往开来,携手构建新时代中非命运共同体》,人民出版社2021年版。

习近平:《在"七一勋章"颁授仪式上的讲话》,人民出版社2021年版。

习近平:《在庆祝中国共产党成立100周年大会上的讲话》,人民出版社2021年版。

习近平:《论党的青年工作》,中央文献出版社2022年版。

习近平:《在文化传承发展座谈会上的讲话》,人民出版社2023年版。

《关于坚持和完善普通高等学校党委领导下的校长负责制的实施意见》,人民出版社2014年版。

《关于若干历史问题的决议》《关于建国以来党的若干历史问题的决议》,中共党史出版社2010年版。

何东昌主编:《中华人民共和国重要教育文献(1949—1975)》,海南出版社1998年版。

何东昌主编:《中华人民共和国重要教育文献(1976—1990)》,海南出版社1998年版。

何东昌主编:《中华人民共和国重要教育文献(1991—1997)》,海南出版社1998年版。

《习近平总书记教育论述重要讲义》编写组:《习近平总书记教育论述重要讲义》,高等教育出版社2020年版。

《新时代爱国主义教育实施纲要》,人民出版社2019年版。

《新时代的中国青年》,人民出版社2022年版。

《新时代公民道德建设实施纲要》,人民出版社2019年版。

中共中央党史和文献研究院编:《十九大以来重要文献选编》上,中央文献出版社2019年版。

中共中央党史和文献研究院编:《十九大以来重要文献选编》中,中央文献出版社 2021 年版。

中共中央党史和文献研究院编：《习近平关于尊重和保障人权论述摘编》，中央文献出版社 2021 年版。

《中共中央关于党的百年奋斗重大成就和历史经验的决议》，人民出版社 2021 年版。

《中共中央关于加强党的政治建设的意见》，人民出版社 2019 年版。

《中共中央关于坚持和完善中国特色社会主义制度推进国家治理体系和治理能力现代化若干重大问题的决定》，人民出版社 2019 年版。

《中共中央 国务院关于加强基层治理体系和治理能力现代化建设的意见》，人民出版社 2021 年版。

《中共中央 国务院关于全面加强新时代大中小学劳动教育的意见》，人民出版社 2020 年版。

《中共中央 国务院关于全面深化新时代教师队伍建设改革的意见》，人民出版社 2018 年版。

中共中央文献研究室编：《十八大以来重要文献选编》上，中央文献出版社 2014 年版。

中共中央文献研究室编：《十八大以来重要文献选编》下，中央文献出版社 2018 年版。

中共中央文献研究室编：《十八大以来重要文献选编》中，中央文献出版社 2016 年版。

中共中央文献研究室编：《十六大以来重要文献选编》上（2002.11—2004.3），中央文献出版社 2011 年版。

中共中央文献研究室编：《十六大以来重要文献选编》下（2002.11—2004.3），中央文献出版社 2011 年版。

中共中央文献研究室编：《十六大以来重要文献选编》中（2004.3—2005.10），中央文献出版社 2011 年版。

中共中央文献研究室编：《十七大以来重要文献选编》全 3 册，中央文献出版社 2013 年版。

中共中央宣传部：《习近平新时代中国特色社会主义思想学习纲要》，学习出版社、人民出版社 2023 年版。

中共中央宣传部：《习近平新时代中国特色社会主义思想学习问答》，学习出版社、人民出版社 2021 年版。

中共中央宣传部：《习近平总书记在文艺工作座谈会上的重要讲话学习读本》，学习出版社 2015 年版。

《中国共产党第二十次代表大会报告》，人民出版社 2022 年版。

《中国共产党第十九届中央委员会第四次全体会议文件汇编》，人民出版社 2019 年版。

《中国共产党普通高等学校基层组织工作条例》，人民出版社 2021 年版。

《中华人民共和国高等教育法（含草案说明）》，中国法制出版社 2016 年版。

《中华人民共和国高等教育法》，中国法治出版社 2016 年版。

《中华人民共和国国民经济和社会发展第十四个五年规划和 2035 年远景目标纲要》，人民出版社 2021 年版。

中华人民共和国国务院新闻办公室：《中国的民主》，人民出版社 2021 年版。

《中华人民共和国教育法 中华人民共和国义务教育法 中华人民共和国教师法》，中国法制出版社 2021 年版。

二 中文专著

艾四林、吴潜涛主编：《党的理论创新与思想政治教育》，人民出版社 2017 年版。

艾四林、吴潜涛主编：《高校马克思主义理论学科发展报告（2020）》，人民出版社 2022 年版。

北京教育科学研究院国际教育信息中心：《全球化时代国际教育发展趋势》，福建教育出版社 2019 年版。

北京师范大学国际与比较教育研究院组编:《国际教育政策与发展趋势年度报告2015》,北京师范大学出版社2016年版。

邴正:《当代人与文化——人类自我意识与文化批判》,吉林教育出版社1998年版。

常艳芳:《大学精神的人文视界》,吉林人民出版社2013年版。

常艳芳:《高校思想政治教育基本问题研究》,吉林大学出版社2022年版。

常艳芳、张贺楠编:《教育的责任与使命:现代教育学原理案例库》,吉林大学出版社2016年版。

常艳芳:《组织文化视阈下现代大学制度模式建构研究》,中国社会科学出版社2019年版。

陈秉公:《思想政治教育学原理》,高等教育出版社2006年版。

陈坚、陈秉公、陈劳志、程永亮:《高校思想政治教育学概论》,东北师范大学出版社1992年版。

陈学飞主编:《高等教育国际化:跨世纪的大趋势》,福建教育出版社2002年版。

成伯清:《格奥尔格·齐美尔:现代性的诊断》,杭州大学出版社1999年版。

程莹、王琪、刘念才主编:《世界一流大学:对全球高等教育的影响》,上海交通大学出版社2015年版。

戴永增、肖传京、郭建平编:《徐特立教育论语》,人民教育出版社1999年版。

单中惠、杨汉麟主编:《西方教育学名著提要》,江西人民出版社2000年版。

当代中国研究所:《中华人民共和国简史(1949—2019)》,当代中国出版社2019年版。

丁学良:《什么是世界一流大学》,北京大学出版社2004年版。

冯刚等:《高校思想政治教育工作质量评价研究》,人民出版社2020

年版。

冯刚、彭庆红、佘双好、白显良等：《新时代高校思想政治教育学原理》，人民出版社2021年版。

冯刚：《探索思想政治教育发展的内生动力》，人民出版社2017年版。

冯刚、郑永廷主编：《思想政治教育学科30年发展研究报告》，光明日报出版社2014年版。

高平叔编：《蔡元培教育论著选》，人民教育出版社2017年版。

高时良：《学记研究》，人民教育出版社2006年版。

顾明远主编、刘复兴副主编：《改革开放30年中国教育纪实》，人民出版社2008年版。

顾明远总主编：《中国教育大系·马克思主义与中国教育（下）》，湖北教育出版社1994年版。

国务院研究室编写组：《2021政策热点面对面》，中国言实出版社2021年版。

贺来：《现实生活世界——乌托邦精神的真实根基》，吉林教育出版社1998年版。

胡适：《读书与治学》，生活·读书·新知三联书店1999年版。

季羡林：《学问之道》，沈阳出版社2001年版。

教育部社会科学委员会学风建设委员会组编：《高校人文社会科学学术规范指南》，高等教育出版社2009年版。

教育部中外大学校长论坛领导小组：《中外大学校长论坛文集》，高等教育出版社2002年版。

《教育学原理》编写组：《教育学原理》，高等教育出版社2019年版。

金生鈜：《德性与教化——从苏格拉底到尼采：西方道德教育哲学思想研究》，湖南大学出版社2003年版。

联合国教科文组织编：《一起重新构想我们的未来：为教育打造新的社会契约》，教育科学出版社2022年版。

联合国教科文组织国际教育发展委员会编：《学会生存——教育世界的

今天和明天》，教育科学出版社1996年版。

刘书林：《思想政治教育学原理专题研究纲要》，人民出版社2018年版。

柳海民主编：《现代教育学原理》，东北师范大学出版社2003年版。

吕达、周满生主编：《当代外国教育改革著名文献（德国、法国卷）》，人民教育出版社2004年版。

吕达、周满生主编：《当代外国教育改革著名文献》（英国卷·第二册），人民教育出版社2004年版。

骆郁廷主编：《思想政治教育原理与方法》，北京师范大学出版社2018年版。

倪愫襄主编：《思想政治教育元问题研究》，中国社会科学出版社2014年版。

彭正梅、邓莉、周小勇：《为了人的更好发展：国际社会谋划2030年教育研究》，华东师范大学出版社2019年版。

齐鹏飞主编：《中华人民共和国史》，中国人民大学出版社2009年版。

秦宣：《分化与整合：社会转型期的思想政治教育研究》，中国人民大学出版社2017年版。

曲士培：《中国大学教育发展史》，山西教育出版社1993年版。

沈壮海：《思想政治教育的文化视野》，人民出版社2005年版。

沈壮海：《思想政治教育有效性研究》第3版，武汉大学出版社2016年版。

沈壮海主编：《思想政治教育发展报告2014/2015》，高等教育出版社2016年版。

石中英：《知识转型与教育改革》，教育科学出版社2001年版。

《思想政治教育学原理》编写组：《马克思主义理论研究和建设工程重点教材 思想政治教育学原理》第2版，高等教育出版社2018年版。

孙其昂：《社会学视野中的思想政治工作》（第二版），科学出版社2017年版。

孙其昂：《思想政治教育学前沿研究》，人民出版社2013年版。

孙其昂主编：《思想政治教育学基本原理》，河海大学出版社2004年版。

陶爱珠主编：《世界一流大学研究——透视、借鉴、开创》，上海交通大学出版社1993年版。

童世骏主编：《建设社会主义教育强国研究》，人民出版社2019年版。

王辉主编：《思想政治工作与社会学》，天津人民出版社1988年版。

王建磐主编：《探求21世纪大学的坐标——华东师范大学50周年校庆中外大学校长论坛讲演集》，华东师范大学出版社2004年版。

王树荫主编：《中国共产党思想政治教育史》，中国人民大学出版社2016年版。

王晓辉主编：《全球教育治理：国际教育改革文献汇编》，教育科学出版社2008年版。

王燕主编：《G20成员教育政策改革趋势》，教育科学出版社2015年版。

韦冬、王小锡主编：《马克思主义经典作家论道德》，中国人民大学出版社2017年版。

吴潜涛、刘建军：《新时期思想政治教育史论》，安徽人民出版社2004年版。

吴琼：《高校思想政治教育范式转换研究》，北京交通大学出版社2016年版。

吴式颖、任钟印主编：《外国教育思想通史》（第七卷），湖南教育出版社2002年版。

项贤明：《泛教育论——广义教育学的初步探索》，山西教育出版社2001年版。

谢维和：《教育活动的社会学分析——一种教育社会学的研究》，教育科学出版社2000年版。

学习时报编辑部编：《以教育现代化助力强国建设》，人民出版社2020年版。

阎光才、曹妍、李梅等：《中国高等教育发展年度报告（2019）——聚焦高校"双一流"建设》，华东师范大学出版社2021年版。

阎光才：《识读大学——组织文化的视角》，教育科学出版社2002年版。

杨东平主编：《2035：迈向教育治理现代化》，人民出版社2019年版。

张维迎：《大学的逻辑》，北京大学出版社2004年版。

张耀灿等：《思想政治教育学前沿》，人民出版社2006年版。

张耀灿主编：《中国共产党思想政治教育史论》，高等教育出版社2020年版。

张应强：《文化视野中的高等教育》，南京师范大学出版社1999年版。

张忠华：《共和国教育学70年·德育原理卷》，北京师范大学出版社2020年版。

赵中建选编：《全球教育发展的研究热点——90年代来自联合国教科文组织的报告》，南京教育科学出版社1999年版。

郑永廷主编：《思想政治教育方法论》修订版，高等教育出版社2010年版。

郅庭瑾、钱冬明、李廷洲等：《国家教育发展报告》，华东师范大学出版社2021年版。

周谷平主编：《马克思主义教育思想的中国化历程——选择·融合·发展》，浙江大学出版社2008年版。

朱小蔓：《教育的问题与挑战——思想的回应》，南京师范大学出版社2000年版。

三 中文译著

教育研究和改革中心：《OECD展望 高等教育至2030》（第二卷 全球化），杨天平、王宪平译，重庆大学出版社2012年版。

联合国教科文组织总部：《教育——财富蕴藏其中》，联合国教科文组织总部中文科译，教育科学出版社1996年版。

参考文献

［波］彼得·什托姆普卡：《默顿学术思想评传》，林聚任等译，北京大学出版社 2009 年版。

［德］恩斯特·卡西尔：《人论》，甘阳译，上海译文出版社 1985 年版。

［德］汉斯·布鲁门贝格：《隐喻学范式》，李贯峰译，东方出版社 2023 年版。

［德］汉斯-格奥尔格·伽达默尔：《哲学生涯》，陈春文译，商务印书馆 2004 年版。

［德］卡尔·雅斯贝尔斯：《大学之理念》，邱立波译，上海人民出版社 2007 年版。

［德］卡尔·雅斯贝斯：《时代的精神状况》，王德峰译，上海译文出版社 2003 年版。

［德］康德：《论优美感和崇高感》，何兆武译，商务印书馆 2001 年版。

［德］马丁·布伯：《我与你》，徐胤译，天津人民出版社 2018 年版。

［德］马克斯·韦伯：《学术与政治》，冯克利译，生活·读书·新知三联书店 1998 年版。

［德］伊曼努埃尔·康德：《论教育学·系科之争》，杨云飞、邓晓芒译，中国轻工业出版社 2019 年版。

［法］让-皮埃尔·韦尔南：《希腊思想的起源》，秦海鹰译，东方出版社 2021 年版。

［古希腊］柏拉图：《理想国》，郭斌和、张竹明译，商务印书馆 2018 年版。

［美］C. 赖特·米尔斯：《社会学的想象力》，陈强、张永强译，生活·读书·新知三联书店 2001 年版。

［美］阿伦特：《黑暗时代的人们》，王凌云译，江苏教育出版社 2006 年版。

［美］爱德华·W. 萨义德：《知识分子论》，单德兴译，生活·读书·新知三联书店 2002 年版。

［美］爱德华·希尔斯：《教师的道与德》，徐弢、李思凡、姚丹译，北

京大学出版社 2010 年版。

［美］爱德华·希尔斯：《学术的秩序——当代美国大学论文集》，李家永译，商务印书馆 2007 年版。

［美］爱因斯坦：《我的世界观》，张卜天译，商务印书馆 2023 年版。

［美］安德鲁·德尔班科：《大学：过去，现在与未来——迷失的大学教育》，范伟译，中信出版社 2014 年版。

［美］伯顿·克拉克：《探究的场所——现代大学的科研和研究生教育》，王承绪译，浙江教育出版社 2001 年版。

［美］伯顿·克拉克主编：《高等教育新论——多学科的研究》，王承绪、徐辉、郑继伟、张民选、张维平译，浙江教育出版社 1998 年版。

［美］查尔斯·维斯特：《麻省理工学院如何追求卓越》，蓝劲松主译，北京大学出版社 2013 年版。

［美］戴维·施韦卡特：《反对资本主义》，李智、陈志刚等译，中国人民大学出版社 2013 年版。

［美］菲利普·G. 阿特巴赫主编：《世界级大学领导力》，姜有国译，中国人民大学出版社 2014 年版。

［美］凯文·凯里：《大学的终结：泛在大学与高等教育革命》，朱志勇、韩倩等译，人民邮电出版社 2017 年版。

［美］克拉克·克尔：《大学的功用》，陈学飞译，江西教育出版社 1993 年版。

［美］罗洛·梅：《权力与无知：寻求暴力的根源》，郭本禹、方红译，中国人民大学出版社 2013 年版。

［美］玛莎·C. 纳斯鲍姆：《善的脆弱性——古希腊悲剧与哲学中的运气与伦理》，徐向东等译，译林出版社 2018 年版。

［美］玛莎·C. 纳斯鲍姆：《寻求有尊严的生活——正义的能力理论》，田雷译，中国人民大学出版社 2016 年版。

［美］玛莎·C. 纳斯鲍姆：《正义的前沿》，朱慧玲等译，中国人民大学出版社 2016 年版。

[美]玛莎·纳斯鲍姆:《培养人性:从古典学角度为通识教育改革辩护》,李艳译,上海三联书店2013年版。

[美]玛莎·努斯鲍姆:《功利教育批判:为什么民主需要人文教育》,肖聿译,新华出版社2017年版。

[美]玛莎·努斯鲍姆:《欲望的治疗:希腊化时期的伦理理论与实践》,徐向东、陈玮译,北京大学出版社2018年版。

[美]伊万·伊利奇:《去学校化社会》,吴康宁译,中国轻工业出版社2017年版。

[意]詹尼·瓦蒂莫:《现代性的终结》,李建盛译,商务印书馆2013年版。

[英]杰勒德·德兰迪:《知识社会中的大学》,黄建如译,北京大学出版社2010年版。

[英]柯瑞思:《剑桥:大学与小镇800年》,陶然译,生活·读书·新知三联书店2013年版。

[英]齐格蒙·鲍曼:《现代性与大屠杀》,杨渝东、史建华译,译林出版社2011年版。

《大学文化传承中坚持社会主义核心价值体系研究》
访谈提纲（教师版）

1. 在您所从事的专业教学中，您认为技术时代什么知识值得教？您作出判断的标准是什么？

2. 能谈谈您所体验到的大学文化吗？您是学生和教师的不同角色，对于大学文化的体悟是否有所不同？相同点与不同点在哪里？

3. 作为教师，您在教学中或与学生交往、交流中，传递过怎样的社会主义核心价值体系或社会主义核心价值观？收到过学生怎样的反馈？这种反馈对您的教学有影响吗？请举例说明。

4. 从您的专业教学和课程思政的角度，您在教学、科研或指导学生的过程中，对于国内外的大学文化是否有"尊崇"或"排斥"？您"吸纳""尊崇"与"排斥"的标准是什么？

5. 从教书育人的角度，您认为大学最应该传承什么？发展什么？为什么？

6. 人工智能时代，您认为大学文化传承发展遇到了怎样的机遇与挑战？您认为，应该基于怎样的核心价值观念赋能人才培养？

7. 在充满不确定性的时代，您认为应该如何增强青年一代的前瞻能力和未来素养？

8. 您在教学或科研中做过教学研究吗？在教学中尝试过不同的教学方法提升教学效果吗？您认为教学法能实现团结合作提升教学质量

吗？请您举例说明自己的实践。

9. 您认为国内外大学文化传承的核心价值观念有区别吗？这种差异是否影响国内外大学更有效地进行知识共享？

10. 您认为大学文化传承最根本的价值是什么？社会主义核心价值体系对于构建教育的未来意义何在？

《大学文化传承中坚持社会主义核心价值体系研究》
访谈提纲（学生版）

1. 作为新时代的大学生，你最想在大学学习生活中获得什么？
2. 请你谈一谈所体验到的大学文化（包括国内的、国外的），通过什么方式体验？（亲身经历、文献阅读、视频资料等）请举例说明。
3. 在你的专业课教学中，是否涉及社会主义核心价值观的内容？从哪个角度讲的？对你有何影响？
4. 你认为大学文化应该传承什么？应该怎样传承？
5. 请你谈一谈对社会主义核心价值观的认知。哪些关键词是你切身体验到的或者是最向往的？

后　　记

时间的流逝如同沉默无声的相守，岁月无痕却留下无尽的难忘回忆。转眼已是2023年的最后一天！在2024年新年钟声敲响之前，也想"盘点一下"流逝的好时光。细想起来，在2018年6月课题获立到2023年8月课题结项成果提交的五年有余的时间里，原来我也"辜负"了"几段珍贵时光"，特别是这五年中的三年时光，无论是作为个体的"我"，还是作为集体的"我们"，无论你我身在何处，天涯还是故里，其间，都共同经历了我们未曾计划或规划的别样的"成长"：留下了"三年抗疫"的共同记忆，体验过了新冠病毒"中招"的"苦痛折磨"，忽然发现，无论是作为个体的"人"，还是作为群体的"共同体"，中国人身上的"团结互助""包容忍耐""韧劲干劲"等均充分体现！

所有的经历都是财富，越是在困境中越能激发人的创造力与想象力。"停课不停学""停课不停教""居家读书治学"是作为大学教师的我在三年疫情中的生活常态！在疫情三年的沉淀中，生活忽然变得可以如此简单，少了开车上下班、躲避早晚交通拥堵高峰的"劳顿"，远去了"不消费无生活"的都市消费往昔，居家办公更多的时间专注教学，线上课堂教学的质量得以更多地提升，由于在腾讯会议上开展的线上教学，需要面向各级督学和所有任课老师开放，因为担心被听课，所以细细打磨和精心备课，教学上真的是收获多多。

五年来，压力始终都有，因为还有课题未结项的重任在肩。课题研究进展虽然没有停歇，但是，一直未能等到期待中的突飞猛进；然而，积累的法则还是适时地发挥了效用,在疫情政策调整后,在广泛阅读和深入访谈的基础上,开始撰写结项书稿,历时近一年的时间,每一天都有要完成的任务,每一天都在阅读、思考和写作,在每一个日出的清晨到日落的黄昏,只有当完成或接近完成"今日"的写作任务后才"能够"走出家门,体会在东师家园周围甬路散步的最美时光!虽然也有写不下去和进展缓慢的艰难时刻,但是,努力面对当下不时迎来"柳暗花明""又一村"!那些撰写书稿的日子过得充实而有成效,现在回忆起来那一段努力奋斗的历程,真的有一种自己为自己感动的骄傲!作为高校思政课教师28年,感动于自己的一份坚持,感动于对自己承诺的一份坚守!面对即将开启的2024,新的一年!新愿望!新征程!

感谢吉林大学"重点马克思主义学院建设学术文库"的资助出版!感谢责任编辑刘艳老师的专业、专心和高质量的编辑工作,为书稿在内容与形式统一方面增色良多!感谢2022级博士研究生仪修洋对"研究现状"部分期刊文献的初步整理!感谢2023级硕士研究生薛宜林对"参考文献"的"排列组合"!

感谢我的至爱亲人,母亲重病中兄弟姐妹的悉心照顾,让异地工作的我得以安心教学和撰写书稿;为了更好地照顾母亲的日常生活,两位姐姐付出了太多的辛劳!还记得母亲87岁生日时,所有儿女都赶回家给母亲过生日,家人们围在母亲身边唱生日歌时,还清晰地记得母亲也拍着手和我们一起吟唱时的幸福微笑!那一天母亲真高兴!当时内心最大的感触就是:如果父亲还在世该有多好,母亲的生活也一定会更加美满幸福!

感谢丈夫26年来的包容与理解,支持我每一次的挑战和尝试!感谢大宝贝儿子在此部结项书稿撰写过程中再次精心制作的"爱心书架"!至爱亲情永远是我面临压力和超越困境时最温暖的依靠!

常艳芳

2023年12月31日

于东师家园二区小芳书斋